travis barker

travis barker

com gavin edwards

vivendo a mil, enganando a morte e batera, batera, batera

Título original: Can I Say: living large, cheating death, and drums drums drums
Copyright © 2015, Clarence Worley, Inc.
Copyright desta edição © 2016, Edições Ideal

Todos os direitos reservados. Nenhuma parte desta publicação pode ser reproduzida, armazenada em sistema de recuperação ou transmitida, em qualquer forma ou por quaisquer meios (eletrônico, mecânico, fotocópia, gravação ou outros), sem a permissão por escrito da editora.

Esta é uma obra de não ficção. Os acontecimentos e experiências detalhados aqui são todos verdadeiros e foram expressos fielmente à medida que foram lembrados da melhor forma possível pelo autor. Alguns nomes e características identificadoras foram mudados para proteger a privacidade dos indivíduos envolvidos.

Editor: **Marcelo Viegas**
Conselho Editorial: **Maria Maier e Frederico Indiani**
Capa, Projeto Gráfico e Diagramação: **Guilherme Theodoro**
Tradução: **Paulo Alves**
Revisão: **Ricardo Pereira e Mário Gonçalino**
Comercial: **Renato Malizia**
Marketing: **Aline Gïercis**
Foto da capa: **Michael Muller**
Foto da quarta capa: **Clemente Ruiz**
Supervisão Geral: **Felipe Gasnier**
Exceto onde indicado, todas as fotografias são cortesia de Travis Barker.

Dados Internacionais de Catalogação na Publicação (CIP)
(eDOC BRASIL, Belo Horizonte/MG)

B255t

Barker, Travis.
Travis Barker: vivendo a mil, enganando a morte e batera, batera batera / Travis Barker, Gavin Edwards; tradução Paulo Alves. – São Bernardo do Campo (SP): Ideal, 2016. 392 p. : 15,8 x 22,8 cm

Título original: Can I say: living large, cheating death, and drums drums drums.
ISBN 978-85-62885-63-1

1. Músicos de rock – Estados Unidos - Biografia. 2. Barker, Travis, 1975 - Autobiografia. I. Edwards, Gavin. II. Alves, Paulo. III. Título.

CDD-787.87

19.05.2016

EDIÇÕES IDEAL

Caixa Postal 78237
São Bernardo do Campo/SP
CEP: 09720-970
Tel: 11 2374-0374
Site: www.edicoesideal.com

apoio cultural

ID-38

DEDICATÓRIA

Para minha família – vocês me tornaram quem eu sou hoje. Não tenho orgulho de tudo o que fiz neste livro – algumas coisas me fazem ter arrepios de vergonha –, mas é a verdade.
Amo vocês.

NOTA DO AUTOR:

ÀS VEZES, QUANDO ESTOU TOCANDO, ESFOLO AS JUNTAS DOS DEDOS E SANGRO POR TODA A BATERIA. O DESIGN DE RESPINGOS DE SANGUE AO LONGO DO LIVRO É BASEADO NO MEU PRÓPRIO DNA, ESCANEADO POR JAYSON FOX.

SUMÁRIO

Prefácio à edição brasileira · 11
Prólogo · 15
1. Quase Famoso · 17
2. Qual é Mesmo a Minha Idade? · 41
3. Caminhonetes dos Outros · 53
4. Melhor Amiga Por Uma Noite · 67
5. A Fúria dos Aquabats · 79
6. Batera, Batera, Batera · 101
7. Califórnia Babilônia · 115
8. Famous Stars and Straps · 131
9. Comprimidos, Ossos Quebrados e Anéis de Noivado · 139
10. Amor à Queima-Roupa · 161
11. Quero Isso Tudo · 183

12. Meet the Barkers	203
13. Hoje Não	215
14. E aí, Garotas	241
15. O Teto Vai Sair	253
16. Outro Estado de Espírito	263
17. Fantasma na Pista de Dança	289
18. O Baterista Merece Alguns Aplausos?	299
19. C.R.E.A.M.	315
20. Cuidado	323
21. Vamos Começar Hoje	331
Agradecimentos	349
Discografia Selecionada e Participações Especiais	351

CORTESIA DE WILLIE TOLEDO

TRAVIS BARKER E BRUNO CLOZEL (ACTION 182) EM 2013

PREFÁCIO À EDIÇÃO BRASILEIRA

Pequenos detalhes mudam vidas

Por Bruno Clozel

Em 1998, quando Travis Barker entrou no Blink-182, eu ainda tinha 10 anos e pouco sabia sobre música, muito menos sobre Blink-182... Mas foi a partir daí que a carreira dele tomaria um novo rumo e expandiria de vez, e eu ainda sem nem conhecer a banda que mudaria a minha vida, seria indiretamente impactado por isso. Como? Anos mais tarde, este (então) adolescente fanático por Blink-182 precisava tocar algum instrumento, e inevitavelmente escolheu os tambores e as baquetas. Afinal, como não desejar ser como ele? Tocar daquela forma? Com toda aquela energia e plástica? Além da perfeição em todas as batidas, visualmente era algo impressionante.

E quando falamos de bateristas, há poucos que chamam tanta atenção quanto ele. Converse com qualquer baterista que começou a tocar nos anos 2000 e dificilmente achará alguém que nunca se inspirou em Barker. Não me tornei um excepcional baterista e não viajei pelo mundo tocando com minha banda e ganhando milhões de dólares, mas alguns outros atributos de Travis me influenciam até hoje.

Travis foi esperto, aproveitou o sucesso do disco *Enema Of The State* e, em 1999, fundou a Famous Stars And Straps. O sucesso era questão de tempo: a Famous hoje é uma marca com distribuição de seus produtos em muitos países, inclusive no Brasil. Barker também tem restaurante e é sócio do Musink, evento anual que mistura música e arte.

Sempre gostei de me aventurar em novos projetos também, e foi assim que, em 2003, comecei o Action182: na época, não tinha nenhuma pretensão ou algum objetivo financeiro, a ideia era apenas passar o tempo e contemplar os fãs de Blink-182 no Brasil com conteúdo traduzido sobre a banda. Hoje, 13 anos depois, o Action182 se tornou a principal fonte sobre Blink-182 no país, sendo reconhecido pela banda e cobrindo as tours de 2009, 2011, 2013 e 2015, além de ser chamado por Mark Hoppus em 2010 para conhecer os estúdios do programa que ele fazia na Fuse TV e bater um papo com ele no dia. Com toda essa história do Action182 e reconhecimento dos fãs e da banda, em 2012 foi criada a Action Clothing, marca de roupas com propósito streetwear, bastante focada no lifestyle. Qualquer semelhança é mera coincidência, tá?

Ao longo dos anos também participei da organização de eventos e das tours do Millencolin (2010) e A Day To Remember (2011) no Brasil. Travis, sem saber – e muito menos me conhecer –, me influenciou e muito, mas em 2013 essa história mudou um pouco. Cobrindo uma tour do Blink-182, sem querer nos encontramos no estacionamento de um dos shows, e então conseguimos trocar algumas palavras e fazer uma foto juntos. Acho importante ressaltar a humildade desse homem que não cansa de responder e dar atenção a todos os fãs que aparecem no seu caminho, seja pessoalmente ou pela Internet.

O que você pode esperar deste livro que tem em mãos? Uma obra rica em experiência de vida e sinceridade, um passeio por toda sua trajetória – contada por ele mesmo – desde sua infância, passando por sua ascensão, sua fama (e todas as coisas boas e ruins que vieram com ela), sua experiência de ver a morte ao seu lado e sua ressurreição. Este livro é uma obra única, pois retrata esse lado pessoal e humano do artista. O próprio Travis já dá o tom do livro na sua dedicatória: "Não tenho orgulho de tudo o que fiz neste livro – algumas coisas me fazem ter arrepios de vergonha –, mas é a verdade."

Um dos maiores bateristas da atualidade, Travis Barker é, acima de tudo, um grande músico e não tem medo de se reinventar a cada ano que passa, tocando com distintos tipos de artistas e se aventurando em diversos estilos. Ele vive e respira bateria e música, em todos os dias de sua vida. Hoje já não é mais o Travis do Blink-182: ele é Travis Barker, o cara que renasceu e toca de tudo e com todos. Sua imagem é apontada por alguns até como sendo maior que a do próprio Blink-182, e ele é o principal responsável por isso, afinal soube trabalhar sua imagem como poucos, soube empreender e soube também manter sua humildade ao longo do processo, construído sempre com sua família ao seu lado.

Travis influenciou e continua influenciando toda uma geração. E eu, felizmente, estou no meio disso tudo.

Prólogo

Estou pegando fogo.

    Estou correndo o mais rápido que posso, e estou pegando fogo. A noite está escura, mas consigo enxergar o caminho devido à luz das chamas que queimam meu corpo. Nunca senti tanta dor na minha vida: a sensação é de que todas as minhas entranhas estão fervendo e tentando atravessar minha pele. Estou tirando minhas roupas enquanto corro por um campo gramado, mas ainda estou pegando fogo.

    Atrás de mim, consigo sentir a morte: um avião em chamas que contém os corpos de dois pilotos e dois grandes amigos. Em menos de um minuto, o avião vai explodir. À minha frente há uma rodovia. Nada do que está acontecendo parece real, ou mesmo possível. Se eu conseguir chegar à rodovia, acho que talvez consiga me manter vivo. Ouço pessoas gritando para mim, mas não sei o que elas estão dizendo. Só me preocupo em tentar sobreviver. Quero ver meus filhos, minha esposa, meu pai, minhas irmãs. Nos segundos finais da minha vida, tudo que não é importante arde em chamas. A cada passo que dou, tudo em minha vida está queimando, exceto a minha família. Estou correndo mais rápido do que sabia ser possível. Estou correndo em direção à estrada que vai me manter vivo. Estou correndo pelo amor, estou correndo por meu futuro, estou correndo por minha vida.

AMANDO A BATERIA DESDE MUITO NOVO

1
Quase Famoso

Animal. Ele era pura insanidade primitiva cor de laranja, e era meu herói. Ele surtava, tocava um solo incrível de bateria e então comia os pratos. A primeira vez que vi o Animal em *O Show dos Muppets*, quis comer os pratos. Eu tinha quatro anos de idade e queria ser baterista.

Minha mãe e meu pai garantiram que eu tivesse aulas de bateria e me levavam a cada uma delas. Meu pai nos levava de carro e minha mãe sempre ficava na sala para gravar a aula. Ela aprendeu a ler partitura e a segurar corretamente as baquetas; se eu não entendesse alguma coisa, eu sempre podia consultá-la. Ela estava aprendendo tão rápido quanto eu – quando eu era criança, minha mãe era tão boa na bateria quanto eu. Mas ela não andava por aí imitando o Animal e colocando os pratos na boca, como eu fazia.

Seu nome era Gloria Marie Rose McCarty, mas seus amigos a chamavam de Cookie. Ela nasceu em 10 de setembro de 1947, em Chicago. Parte de sua ascendência era da tribo indígena Osage. Sua meia-irmã era uma atriz, Mary McCarty, que atuou na versão original de *Chicago* na Broadway[1].

Cookie conheceu meu pai, Randall Leonard Barker (nascido em 12 de março de 1942) em Fontana, a leste de Los Angeles; eles se casaram e começaram uma vida juntos. Tiveram duas meninas, Randalai e Tamara, e então, em 14 de novembro de 1975, eu nasci: Travis Landon Barker. Fui um acidente – Tamara é cinco anos mais velha do que eu, e Randalai, sete. Não sei como minha mãe escolheu o nome Travis, mas Landon foi por causa de Michael Landon, o astro do seriado *Little House on the Prairie* (*Os Pioneiros*). Ela era uma grande fã dele (e também dos Beatles, de Elvis Presley e do Police). Se dependesse dela, eu provavelmente teria sido batizado de Michael Landon Barker. Fui um bebê extremamente obeso: aos doze meses de idade, já pesava quinze quilos. Minha mãe tentava me dar banho

---

[1] Mary McCarty interpretou Mama Morton em *Chicago* – o papel feito por Queen Latifah no filme. Ela foi indicada para um prêmio Tony por uma montagem de 1977 de *Annie Christie*, de Eugene O'Neill, e participou também do seriado de TV *Trapper John, M.D.*, mas morreu após a primeira temporada.

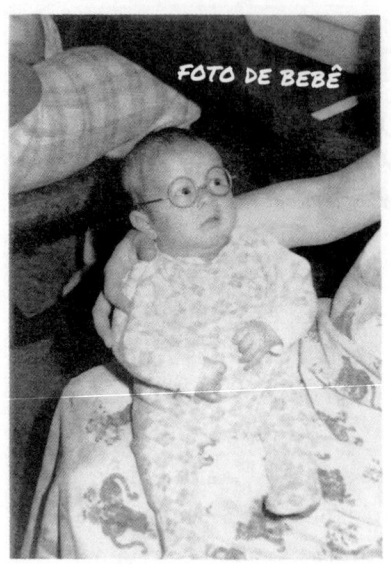

FOTO DE BEBÊ

na pia, mas ela não conseguia nem me encaixar ali. À medida que cresci, fiquei mais magro.

Cresci na classe média baixa, mas nunca soube disso. Tanto mamãe quanto papai vieram do nada. Papai construíra nossa casa por conta própria, com a ajuda de um amigo da família – ele não queria pagar aluguel, nem prestações. Comprou um terreno e disse: "Vou construir essa casa com as minhas próprias mãos". Quando nos mudamos para ela, foi como acampar: não havia cortinas, carpete, nem mesmo banheiros ou água encanada. Dormíamos no chão, em sacos de dormir. Mamãe aquecia água numa cafeteira para nos dar banho.

Eu era apenas um neném quando papai estava construindo a casa. Aos quinze meses, eu estava brincando com seus materiais de construção e uma pilha de tábuas caiu na minha mão, quebrando meu dedo médio esquerdo. Meus pais tiveram de decidir se iam deixá-lo torto ou reto. Para minha sorte, deixaram-no torto – se o tivessem deixado reto, eu não seria capaz de tocar bateria de forma eficaz e estaria o tempo todo mostrando o dedo do meio para as pessoas. O dedo é torto até hoje.

Eu tinha meu próprio quarto; havia uma TV, uma sala de estar e uma cozinha. Papai foi do exército por dois anos e serviu no Vietnã. Quando voltou para casa, trabalhou na Kaiser Steel – a siderúrgica que era a principal indústria em Fontana. E então ele foi operário em diferentes depósitos e fábricas. Era da classe trabalhadora, labutava duro de quarenta a sessenta horas por semana. Nunca parou de trabalhar: quando chegava em casa, trabalhava no jardim, consertava o carro ou fazia alguma coisa na casa. E ele nunca ligava o ar-condicionado ou o aquecedor, não importava o quão quente ou frio estivesse o tempo.

Papai sempre se vestiu como um engraxate. Passava semanas sem lavar o cabelo: "O cabelo da gente precisa de óleo natural", ele nos dizia. Sempre carregava um pente e sempre estava bem vestido: uma camiseta branca extralimpa e calça jeans vincada. Ele pendurava as calças num cabide especial para manter o vinco. Calçava botas pretas de motociclista e pilotava uma Harley. Quando ele me levava à Sears, eu ia na garupa, segurando firme e morrendo de medo – mas eu adorava cada minuto do passeio.

RANDY BARKER (PAI)

Cresci numa cidade industrial chamada Elizabeth, nos arredores de Pittsburgh. Quando eu tinha dezoito anos, minha família se mudou da Pensilvânia para a Califórnia – tínhamos parentes que moravam em Fontana. Fui chamado para o exército por volta de 1973, e fui militar por dois anos: um nos Estados Unidos e o outro no Vietnã. Fui treinado para ser radiotelegrafista, mas, quando cheguei lá, me deram as chaves de um jipe e disseram: "Você é o motorista do jipe". Os jipes deveriam ter rádios, mas estes tinham sido retirados porque diziam que não era seguro – quem estivesse no banco de trás poderia bater a cabeça no aparelho. Assim, durante o tempo todo que fiquei lá, o que mais fiz foi dirigir. Fui para lá com uma divisão de engenharia e, cerca de dois meses depois, fui mandado para a divisão de artilharia na Coreia com uma equipe de comunicações. De início, eu não estava louco para fazer parte das forças armadas, mas provavelmente é uma experiência pela qual todo moleque deveria passar. Não a guerra – mas sim conviver com todo tipo de pessoas diferentes de todo o País e nossos territórios.

Quando voltei para casa, tudo o que queria fazer era correr por aí e me divertir. Nas primeiras duas semanas, recebi cinco multas por excesso de velocidade. Um policial rodoviário me perseguiu até eu parar num sinal vermelho. Ele disse: "Não sei o quanto você estava correndo, mas sei muito bem que você não estava dentro do limite de velocidade. Vou te multar por andar a 120 km/h". Eu aceitei, porque eu estava a algo entre 140 e 160 km/h.

MEU PAI E EU

Um amigo meu tinha um restaurante em Fontana chamado Red Devil – servia pizzas e pratos italianos variados. Ele vendeu o restaurante, mas eu continuei a frequentá-lo. Gostava de uma garçonete, Cookie – ela era uma garota muito bonita e pequenina. Pesava apenas uns 43 kg. Eu acabei me afeiçoando por ela e ninguém conseguiria me convencer do contrário. A mãe e o tio de Cookie eram os novos donos do Red Devil, mas ela não se dava muito bem com a mãe. Certa noite, Cookie simplesmente saiu e foi embora. Perguntei a sua mãe: "Cadê a Cookie?".

"Ela foi embora".

Saí e a encontrei no caminho para casa, e lhe dei uma carona. Dirigimos por cerca de quatro horas naquela noite, só conversando e se conhecendo. Daí em diante, se transformou num romance. Namoramos por talvez uns quatro ou seis meses antes de nos casarmos. Eu estava vadiando por aí, mas antes de decidirmos nos casar achei que era melhor encontrar um emprego. Então fui trabalhar na Kaiser Steel – comecei como auxiliar na oficina e daí fui subindo. Sempre tive uma inclinação para a mecânica – não sei quantas vezes fui para baixo do carro do meu tio para mexer no motor. Eu queria ser mecânico – era o que meu pai fora, e ele era meu herói (ele morreu aos sessenta e dois anos, quando Travis tinha cerca de três anos. Tinha cirrose hepática: contraiu hepatite C numa transfusão de sangue).

Cookie me contou que, quando comecei a aparecer no restaurante, sua mãe dizia a ela: "Por que você não sai com um bom rapaz como ele?". É claro que, uma vez que estávamos juntos, a mãe dela só me desaprovava. Mas depois de um tempo ela soube que eu estava apaixonado por sua filha.

PRIMEIRA BATERIA

Cookie tinha uma meia-irmã, Mary McCarty, que era atriz. Tinha essa profissão desde criança – mas nós jamais a conhecemos. Cookie não queria impor nada a ninguém: "Não quero que ela pense que estamos tentando ficar amigos dela para ajudar as crianças".

Nesse período em que trabalhei na Kaiser, fazia bicos colocando carpetes e frequentava um curso noturno de técnica em ar-condicionado. Quando eu chegava do trabalho, ela me recebia na porta com as crianças e dizia: "Esse é o seu pai – ele vai entrar, jantar, trocar de roupa e depois vai para o curso. Ele vai chegar em casa depois que vocês já estiverem dormindo". Chegou a um ponto em que ela me disse que eu precisava dispensar alguma coisa. Larguei o curso e a colocação de carpetes, embora de vez em quando ainda pegasse algum trabalho.

No primeiro Natal de Travis, demos a ele um tambor de lata. Certo dia, ele estava sentado no chão batendo no tambor feito doido. Minha esposa olhou para ele e disse: "Sabe de uma coisa, acho que ele vai ser baterista". Assim, em seu quarto aniversário, compramos uma bateria completa. Nós o levávamos para as aulas de bateria: Cookie não gostava muito de dirigir, então eu era o chofer e ela gravava as aulas. Depois, ao longo da semana, ela praticava junto com ele com o gravador. Quando ele era difícil com ela, eu dizia a ele que tinha de ouvi-la. Eu era apenas o motorista e o incentivador.

Eu não deixava as meninas saírem do quarteirão, mas deixava Travis correr pelas ruas. Pensava que, um dia, ele teria de ganhar a vida e sustentar uma família, ao passo que as garotas deveriam contar com um marido. Então ele tinha de ser um pouco mais safo do que elas.

Quando eu estava crescendo, minha mãe era muito amorosa, e me apoiava o tempo todo. Uma das minhas primeiras lembranças é adormecer enquanto ela me fazia cafuné. Mamãe trabalhava muito, muito mesmo. Ela tinha uma creche em nossa casa, então todos os dias havia de sete a doze crianças lá. Eu adorava minhas irmãs e brincava muito com elas, mas às vezes elas me vestiam de menina. Então eu achava legal que houvesse alguns meninos com quem brincar na creche. Íamos para fora e andávamos de bicicleta e skate e brincávamos de cowboy.

Eu sabia onde meu pai guardava todas as suas medalhas do exército. Quando eu queria brincar de polícia e bandido, entrava no closet dele e colocava as medalhas. Eu me amarrava em usar os broches dele, mas perdi todos correndo por aí. Ele não descobriu logo de cara – mas eu sabia o que tinha acontecido e me sentia culpado. Ele também tinha uma caixa de fotos do Vietnã: quando eu perguntava sobre a guerra, ele não me dizia muita coisa. Mas, por causa da guerra, ele nunca teve uma arma em casa.

Eu assistia boxe na TV com meu pai, mas luta-livre era do que eu mais gostava, era como uma novela para meninos. Eu adorava o Iron Sheik, "Rowdy" Roddy Piper e George "The Animal" Steele. Junkyard Dog era um dos meus favoritos: ele usava uma grande corrente no pescoço e uivava quando entrava no ringue. Certa vez, papai me fez uma surpresa e me levou a um evento da WWF em San Bernardino. Para mim, foi o grande momento daquele verão. Junkyard Dog lutou naquela noite, e eu estendi o braço e toquei nele depois que venceu a luta, ficando com um pouco do suor dele na minha mão.

Eu era basicamente um moleque. Curtia skate e bicicross. Gostava de andar de kart pela vizinhança e bater nas cercas de arame. Gostava de jogar pedras. Arrumava briga com as minhas irmãs, arrumava encrenca, respondia para o meu pai e levava umas palmadas. Sempre que meu pai achava que eu estava passando dos limites, ele me colocava na linha. Se dependesse da minha mãe, eu conseguiria me livrar de um assassinato, mas papai era o responsável pela disciplina.

Nunca aceitei a autoridade de ninguém: quando mamãe tentava me convencer a fazer alguma coisa, muitas vezes eu apenas discutia com ela e, em geral, respondia. Então ela começou a me gravar secretamente com um gravador de miniatura, que guardava numa gaveta da cozinha. Quando papai chegava em casa, ela não apenas dizia que eu tinha perdido a linha, ela tinha provas documentais. Aprendi a temer o gravador.

TAMARA BARKER (IRMÃ)

Na formatura do jardim de infância de Travis, ele ficava se levantando e fazendo reverências mesmo quando o nome chamado não era o dele. Ele era muito engraçado.

Era também um pentelho. Provavelmente ele vai negar, mas eu me lembro de uma vez em que ele estava jogando pedrinhas em mim no quintal. Quando entrei na casa para contar à nossa mãe, ele negou que estivesse fazendo aquilo. Outra vez, ele pulou da cornija da lareira e caiu no chão – e então disse que eu o tinha empurrado.

Tamara e eu

Mais do que qualquer outra coisa, eu adorava tocar bateria. No ensino fundamental, todos os anos eu preenchia um anuário no qual eu deveria dizer o que queria ser quando crescesse, e eu sempre disse que seria baterista numa banda de rock. Não houve um único ano em que eu quis ser jogador de futebol ou super-herói: para mim, não havia nada mais legal do que ser um baterista. Todas as outras crianças me convenceram de que eu tocaria bateria numa banda de rock.

Do momento em que peguei as baquetas pela primeira vez, minha mãe já me disse que eu seria um rock star. Não sei se ela tinha suas próprias aspirações de ser musicista ou se ela só estava tentando me incentivar, mas ela vivia me dizendo que eu seria seu garoto baterista. Certa vez, no Natal, ela me fez aprender "The Little Drummer Boy" e tocar o tempo todo. Ela colocava essa música para tocar repetidas vezes, mesmo que não fosse época de Natal, na esperança de que isso teria um efeito duradouro sobre mim.

Eu teria passado todo o meu tempo acordado tocando bateria ou andando de skate, se pudesse, mas minha mãe me mantinha ocupado. Assim que eu chegava da escola, tinha de fazer a lição de casa. Depois, tinha o que ela chamava de "estudos", que era uma lição de casa extra que ela inventava para que eu avançasse na escola, ou pelo menos recuperasse as notas se estivesse indo mal (nada na escola me empolgava tanto quanto tocar bateria ou andar de skate). Ela sempre tentou me manter com a inteligência afiada.

Minha outra lição de casa extra era o catecismo – no caso, a escola dominical, onde me ensinavam sobre Deus e a Igreja Católica. Quando eu tinha sete anos, fiz minha Primeira Comunhão. Colocaram a hóstia na minha boca e o gosto era horrível, então eu cuspi. Depois, me deram de beber o ponche de vinho. Eu estava bem curioso para saber qual era o gosto. A resposta é que era nojento – cuspi o vinho também. Então, fiz a Primeira Comunhão, mas estava rejeitando o corpo e o sangue de Cristo. Mamãe ficou constrangida e papai ficou furioso.

Mais ou menos nessa época, descobri que a morte era uma coisa real. Não sei se vi um filme ou se ouvi pessoas falando sobre alguém que tinha morrido. Mas me dei conta de que meus pais poderiam morrer e me apavorei. Deitei no chão do quarto, chorando histericamente – só conseguia pensar que eles podiam morrer a qualquer momento. Mamãe e papai tentaram me reconfortar, dizendo que não ia acontecer nada. Mas eu não conseguia me livrar daquela sensação.

A primeira briga na qual me envolvi foi na terceira série – um garoto, Brandon, disse que o Papai Noel não existia, então fui até ele e lhe dei um soco. Para piorar,

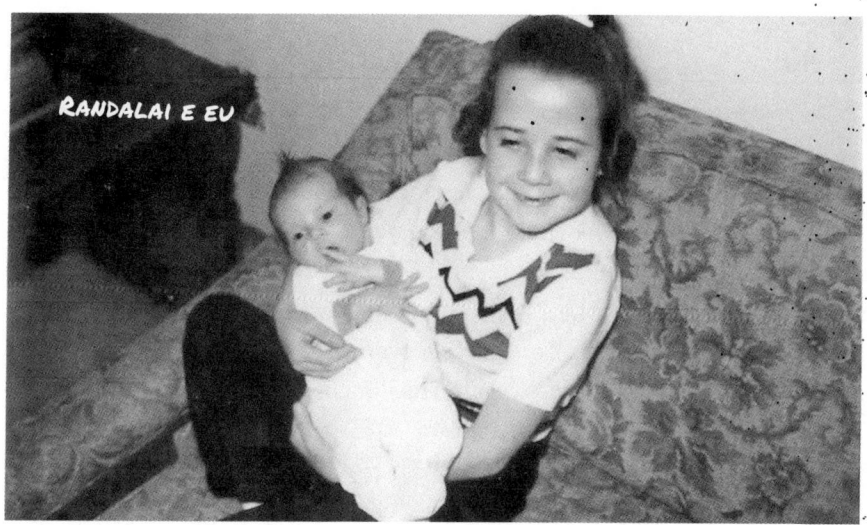
RANDALAI E EU

mais tarde naquele ano, meus pais me disseram que talvez o Papai Noel me trouxesse uma bateria de verdade no Natal. Eu vinha batucando na minha bateria de brinquedo dos Muppets ou em potes, panelas e em qualquer coisa que encontrasse: estava sempre batucando, batucando, batucando. Na véspera de Natal, fiquei acordado até tarde e fui escondido até a sala, onde espiei meus pais montarem a bateria. Na manhã seguinte, eles disseram: "Olha o que o Papai Noel trouxe pra você!".

Eu disse: "Vocês estão mentindo pra mim – eu vi vocês montando a bateria ontem à noite". Eles ficaram boquiabertos. E então eu me dei conta de que tinha socado aquele menino por nada! O Papai Noel era uma farsa!

RANDALAI BARKER (IRMÃ)

Morávamos do lado da escola. Quando meu irmão fez o ensino fundamental lá, achou que, por morar a duas casas de distância, podia sair a hora que quisesse. Então ele saía da escola e ia até em casa para ir ao banheiro; gostava de usar o banheiro de casa, não o da escola. Minha mãe dizia: "O que você está fazendo em casa?", e tinha de levá-lo de volta à escola. Ele fazia isso o tempo todo.

Quando ele ia dormir na casa dos amigos, eles geralmente moravam na casa da frente ou a um ou dois quarteirões de distância. Travis arrumava suas coisas, nós o deixávamos lá e ele ficaria para passar a noite. Por volta da meia-noite ou da uma da manhã, vinha o telefonema: "Mãe, você pode vir me buscar? Eu só quero muito ir pra casa". Toda vez. Ele nunca passou a noite na casa de um amigo. Quando eu já tinha idade para dirigir, eu saía para buscá-lo, poupando nossos pais do trabalho. Eu nem sei por que meus pais o deixavam ir dormir fora: nós sabíamos que ele voltaria para casa. Ele tinha essa coisa de querer dormir em sua própria cama. Se os amigos dele vinham dormir em casa, ele ficava em sua cama e seus amigos, no chão.

Meu melhor amigo no ensino fundamental se chamava Ruben: ambos tocávamos bateria e começamos a andar juntos. Éramos obcecados por todos os filmes sobre break, em especial *Breakin'* – acreditávamos ser as versões da vida real dos personagens principais, Ozone e Turbo. Eu passava horas diante do espelho, treinando. Fazíamos shows de break. Ele sabia os movimentos e eu era um bom dançarino de break. Andávamos pela rua com um aparelho de som no ombro e uma caixa de papelão e nos apresentávamos na beira da calçada. Não estávamos em busca de um público de fato, mas às vezes alguns carros buzinavam para nós, e isso era incrível – era o máximo de animação que se conseguia na minha vizinhança.

Às vezes nós fazíamos batalhas com outros dançarinos de break, em particular uns caras que moravam na nossa rua. Se soubéssemos um passo que eles não sabiam, eles ficavam muito putos e queriam brigar conosco.

Eu adorava rap: Run-D.M.C., os Beastie Boys, Doug E. Fresh, Slick Rick. Eu era muito fã do Whodini – ainda consigo recitar as letras de todas as músicas deles. Mas, incrivelmente, eu também curtia metal. Costumava colocar pôsteres do Slayer e do King Diamond na parede do meu quarto, e mamãe os arrancava porque os considerava satânicos. Às vezes eu comprava um pôster na Sound City, a loja de discos local, e ele não durava 24h na minha parede.

DANÇANDO BREAK

Não havia muito o que fazer em Fontana. Na minha vizinhança, havia algumas casas à esquerda e alguns prédios à direita – sempre havia alguma encrenca acontecendo nos apartamentos. Rua acima, havia um lava-rápido e um lugar chamado Golden Ox Burger. Era uma cidade barra pesada: havia tiroteios e esfaqueamentos no Golden Ox. Atrás de nós havia uma casa velha onde moravam um bando de motoqueiros e Hell's Angels, mas eles eram legais.

Parecia que sempre havia uma equipe de obras construindo mais prédios na vizinhança. Eu ia até as construções à noite e roubava madeira para que pudéssemos construir rampas para nossos skates e bicicletas BMX. Quase sempre havia montes de areia nessas construções, então nós a transformávamos em pistas de bike. Certa vez, subi na cerca de uma construção, pulei e caí bem em cima de uma tábua com um prego. O prego entrou inteiro no meu pé e o atravessou até sair pela parte de cima do tênis. A tábua ficou pregada em mim. Fiquei apavorado e caminhei até em casa com a madeira pregada no meu pé. Papai a arrancou, mas depois precisei ir até o hospital para tomar uma vacina contra tétano.

Quando Ruben e eu estávamos entediados, íamos de skate até a 7-Eleven local, que tinha um posto de gasolina e também um cantinho com dois ou três fliperamas. Havia uma máquina com uma mangueira de alta pressão com a qual as pessoas podiam calibrar os pneus por uma moeda de 25 centavos; descobrimos que a lingueta do compartimento de moedas não estava funcionando. Assim, nós pegávamos todas as moedas da máquina e comprávamos raspadinhas e doces e jogávamos videogames. Depois, o plano ficou mais elaborado: quando não havia moedas na máquina e nós queríamos algumas, esperávamos até alguém entrar na 7-Eleven, então íamos escondidos até o carro e esvaziávamos o máximo de pneus que conseguíssemos antes que a pessoa voltasse. Sempre que alguém ia àquela 7-Eleven, acabava com pelo menos um pneu murcho. Se sobrava algum dinheiro, nós comprávamos revistas – nossas favoritas eram *Circus*, *BMX Plus!* e *Thrasher* – ou íamos até a Rick's Bicycle City, onde podíamos comprar adesivos para nossas bikes. Esse golpe funcionou por cerca de duas semanas – até que, certo dia, instalaram uma nova trava na máquina e tudo acabou.

Eu tinha uma veia maluca, era encantado pelo fogo. Fogos de artifício, pirotecnia, explosões na TV. Eu tinha um amigo chamado Richie, cuja família tinha dinheiro – eles tinham uma oficina de customização de carros numa cidade vizinha de Fontana. De todo mundo que eu conhecia, sua casa era a melhor. Certa tarde, estávamos lá e começamos a brincar com spray de cabelo e um isqueiro, que transformamos num daqueles lança-chamas caseiros. E conseguimos botar fogo nas cortinas da sala. O alarme de incêndio disparou e a empregada da família começou a surtar em espanhol. Richie e eu fingimos não ter nada a ver com aquilo e, de algum modo, nos safamos.

Por volta da mesma época, mamãe levou minhas irmãs e a mim numa viagem a Chicago para visitar a família dela. Papai tinha de trabalhar, então ficou em casa. Foi a primeira vez que entrei num avião, e descobri que mamãe tinha um medo terrível de voar. Ela estava chorando quase freneticamente e, como eu conseguia ver que ela estava com medo, me apavorei também. Esse foi o começo do meu medo de avião.

Quando chegamos a Chicago, fui à loucura com os meus primos. A primeira coisa que fiz foi encher toda a vizinhança de papel higiênico. Depois, quis atear fogo em alguma coisa – e havia uma igreja vizinha à casa onde estávamos ficando. Consegui um spray de cabelo, exatamente como quando queimei as cortinas na casa do Richie. Achei também uma lata de gasolina – estava à procura de qualquer coisa inflamável – e fui até o terreno da igreja com meus primos. Eles me diziam para não fazer isso, mas comecei um incêndio. Não escolhi aquela igreja por um motivo religioso (ou antirreligioso): ela só era grande e conveniente. Não havia ninguém perto da igreja à noite, então comecei a queimar folhas e grama que havia ao redor dela. Usei um pouco de spray de cabelo para começar o fogo, mas a grama estava bem seca. A igreja pegou fogo muito rapidamente – de "*Fogo, fogo, fogo*" passei a pensar "*Puta merda, está pegando fogo*". Saí em disparada. A igreja não foi destruída pelo incêndio, mas os danos foram sérios; o corpo de bombeiros precisou ir apagar o fogo. Os vizinhos saíram de casa para ver o que estava acontecendo e eu agi como se não soubesse de nada.

Antes de irmos embora de Chicago, eu cortei a energia da casa dos meus primos. Duas vezes. Neguei tudo, mas eles sabiam que tinha sido eu – nada daquilo vinha acontecendo antes de eu chegar. Sem papai por perto, eu estava à solta e só queria descobrir até onde eu conseguiria me safar. Até que ponto iria? Acho que mamãe sabia que eu estava aprontando, mas ela nunca disse nada a papai, pois sabia que as consequências seriam inimagináveis.

Mamãe fazia comida italiana muito bem, como gnocchi e manicotti. E, se eu me comportasse bem a semana toda, ela me recompensava com pudim de tapioca – um dos prediletos meus e do meu pai. Mas por volta dos dez anos de idade, passei a não gostar de comer carne. Não era uma grande questão ética para mim – não acho que, naquela idade, eu de fato entendia que estava comendo uma vaca ou um porco. Eu simplesmente não gostava da textura. Porém, eu nunca quis magoá-la e só podia sair da mesa quando meu prato estivesse limpo, então escondia a carne nos bolsos e jogava fora depois. Às vezes eu me esquecia e colocava a roupa para lavar. E ela então ficava bem aborrecida: "O que essa carne está fazendo na máquina de lavar roupa?".

Jantávamos todos os dias às cinco da tarde: nós, crianças, chegávamos da escola, papai chegava do trabalho e nós nos sentávamos juntos à mesa. Porém, certo dia, papai não chegou em casa. Minha mãe esperou um pouco, ficou preocupada e começou a ligar para os hospitais: "Tem algum Randy Barker aí?". Ficamos com medo de ele ter se acidentado na Harley, porque ele a pilotava como um selvagem (pelo menos quando eu não estava na garupa). Dito e feito, ele tinha derrapado com a moto, mas era tão durão que não quis ligar em casa para nos avisar que estava no hospital.

Minha mãe detestava aquela moto: ela morria de medo de papai se matar andando nela. Às vezes ela empurrava a moto até a frente de casa e colocava uma placa de VENDE-SE. Papai dizia: "Meu Deus do céu, o que você está fazendo? É a minha moto. Você não vai vendê-la". Não havia dúvidas de que ele amava sua Harley-Davidson.

Papai se atrasou para o jantar uma outra vez, mas então o hospital ligou para nós: "Estamos com seu marido, Randy Barker, aqui. Ele teve um ataque do coração. A senhora quer vir até o hospital?". Mas papai não queria que fôssemos: ele insistia que estava bem e se recusou a se consultar com um cardiologista. Papai sempre foi cabeça dura.

Quando eu estava na quinta série, havia um garoto na vizinhança que tinha um half-pipe irado no quintal. Eu queria andar de skate lá, e ele me fez um desafio: eu tinha de aprender a tocar *Master of Puppets*, do Metallica, do começo ao fim, ou então não poderia ir andar de skate com ele e seus amigos. Levei uma semana e meia para aprender as partes de Lars Ulrich – e então consegui um passe para aquele quintal.

Comecei a andar de skate com o que sobrava para mim das minhas irmãs: skatezinhos laranja de plástico. Então meus pais me deram um skate Kamikaze do Price Club, que era mais grosso e mais largo. Comecei a aprender as manobras nesse skate, mas era tão genérico que os skatistas de verdade tirariam sarro de mim se eu aparecesse na pista com ele. Nossa pista de skate local se chamava Upland Pipeline e ficava a cerca de meia hora de carro; às vezes papai me levava até lá. Sempre havia skatistas profissionais andando lá. Meu primeiro skate de verdade foi um Brand X, mas eu sempre me atualizava. Depois dele, consegui um Vision Psycho Stick, e era obcecado pela Powell Peralta. Eu gostava tanto de andar de skate que comecei a vender tambores e pratos da minha bateria para conseguir dinheiro para novas peças de skate. Na época, nenhum dos meus amigos tocava instrumentos musicais, então eu não conhecia ninguém com quem começar uma banda.

Explorávamos todos os bairros vizinhos em busca de lugares legais onde andar de skate e de boas guias para manobrar. Nessa época, meu amigo Matt e eu começamos a fumar: pegávamos bitucas que não estavam queimadas até o fim e fumávamos para um barato rápido. Nós nos achávamos muito descolados, sentados no chão depois do skate, conversando sobre quem tinha mandado tal manobra, fumando cigarros usados.

Havia um armazém Pick 'N' Save bem perto de casa – um centro de distribuição para a loja de descontos – e a propriedade tinha uma vala onde andávamos de skate às vezes. Era um pico de skate muito popular, mas o local era fechado, então era preciso empurrar um portão ou quebrar os trincos. A cada duas semanas, papai levava a mim e meus amigos de carro até o armazém, o que era demais – ele me apoiava tanto no skate que até fazia vista grossa para o fato de invadirmos a propriedade. Seis ou sete amigos embarcavam no nosso Buick '79, com os skates no porta-malas. Quando chegávamos lá, geralmente havia de vinte a trinta pessoas andando de skate na vala. Às vezes a polícia aparecia – e prendia quem não conseguisse fugir rápido o bastante. Papai não cortava a cerca de arame para nós, mas ele não se importava em ajudar numa fuga rápida.

Andar de skate era demais – sempre parecia que os skatistas tinham o melhor gosto para tudo. Eu assistia ao filme The Search for Animal Chin repetidas vezes. Tinha pôsteres de skate nas minhas paredes, ouvia skate rock[2] o tempo todo: basicamente, eu queria uma imersão total no mundo do skate. A única coisa que queria vestir eram roupas de skate: a moda então eram shorts mais longos, com a metade de baixo num tecido diferente. Mas eles eram muito caros, então mamãe costurava muitos deles ela mesma. Comprávamos o tecido e ela os fazia com sua amiga Twyla, que era costureira. Minha mãe nunca bebeu, nem fumou, mas Twyla fumava constantemente. Então, quando eu chegava da escola e sentia cheiro de cigarro em casa, isso significava que Twyla estava em casa e eu ganharia um monte de shorts novos.

Eu escrevia mensagens como SKATE OR DIE ("ANDE DE SKATE OU MORRA") ou SKATE AND CREATE ("ANDE DE SKATE E CRIE"), ou nomes de bandas como FACTION nos meus tênis, que em geral eram da Vision Street Wear. Normalmente eu não tinha tênis legais, mas certa vez meus pais me deram os novos Air Jordans (eles sempre foram muito legais nesse sentido: gastavam até o último centavo comigo). Uma tarde, eu estava numa lanchonete de burritos chamada Baker's – por US$ 1,07, você comprava um burrito, fritas e uma bebida. Um grupo de uns oito *cholos*[3] entrou e roubou meus Jordans. Voltei para casa pedalando descalço. E nunca mais quis Jordans.

Meus pais queriam que eu me desenvolvesse musicalmente o máximo que pudesse. Cantei num coral na escola por três ou quatro anos, assim como minhas irmãs tinham feito, e era bem divertido. Tive aulas de piano por algum tempo, o único instrumento que estudei além da bateria: tinha de praticar to-

---

2 Suicidal Tendencies, Agent Orange, DRI, JFA, TSOL.

3 Termo utilizado nos EUA para designar membros de gangues de origem hispânica. (N. do T.)

dos os dias. Então eu estava andando de skate na rua quando mamãe me chamava: "Travis, venha para casa, você tem aula de piano".

Eu ficava com muita vergonha: tocar bateria era tão mais legal do que tocar piano. E o piano não era tão masculino. Quando eu tocava bateria, estava descendo a mão nas coisas. Eu fingia não ter ouvido o chamado da minha mãe e dizia aos meus amigos: "Ela não está falando comigo, deve estar chamando a minha irmã"[4]. Certa vez, minha irmã Randalai saiu na rua para me dizer que era hora da aula de piano. Fiquei tão bravo que lancei meu skate da rampa – bem na canela de Randalai. E então me senti culpado – não era culpa dela eu odiar o piano.

Até onde me lembro, sempre fui louco por garotas. Tive uma namorada chamada Toni: ambos adorávamos metal, de Slayer a Guns N' Roses. Gravei o nome dela na minha perna com uma navalha, e ela fez o mesmo com o meu nome. Não foi uma medida suicida – só uma maneira de me marcar antes de começar a ter tatuagens.

Aos onze anos, fui a uma festa na casa do Ruben – a irmã dele era mais velha, gostava do Jane's Addiction e ouvia a KROQ, que era a estação de rádio descolada. Nessa festa, tentei dar em cima de uma das amigas da irmã dele, que era uns cinco anos mais velha do que eu. Tentei impressioná-la tomando cerveja e fumando maconha. E não dei conta – passei mal. Meus pais tiveram de me buscar na festa e, quando perguntaram por que eu estava passando mal, disse a eles que tinha tomado muito refrigerante e comido muita batata frita.

O primeiro show que fui na vida foi numa igreja perto de casa, que costumava receber bandas de metal cristão, como o Stryper. Minhas irmãs me levaram com elas, e eu fiquei muito impressionado. Adorei ver um baterista tocar ao vivo, não importava o estilo de música. Pouco depois disso, fui ver Stacey Q, que fazia sucesso com "Two of Hearts" – eu tinha uma grande queda por ela. Eu também era apaixonado por Belinda Carlisle. Logo eu estaria frequentando um clube ali perto chamado Spanky's Café – era basicamente uma casa de shows de punk rock, e vi o Minutemen e o 411 lá.

Quando cheguei na sétima série, Ruben ainda era meu amigo. Começamos a passar mais tempo com um outro garoto, Dick. Ele era descolado e tinha muitos amigos mais velhos. Quando tínhamos treze anos, um amigo dele, Chucky, era um cara fodão do metal: tinha cabelo comprido e usava uma jaqueta de couro com patches do Metallica, Ozzy e Slayer. Às vezes ele ia andar de BMX conosco. Se

---

[4] Hoje, quando estou produzindo músicas, me arrependo profundamente e gostaria de ter praticado mais piano – toco o suficiente para gravar progressões de acordes, mas não sou nem um pouco fluente no piano como o sou na bateria. Porém, nunca é tarde para melhorar. E não sei cantar tão bem quanto cantava quando menino, mas provavelmente ainda conseguiria dar conta dos vocais numa banda de punk rock.

alguém olhasse torto para Chucky, ele saía na mão ali mesmo. Não se importava em ganhar ou perder, mas ganhava na maioria das vezes. Eu achava Chucky muito corajoso: arrumando brigas daquele jeito, não havia como saber o quão bom de luta era o outro cara, ou que tipo de arma ele poderia estar carregando.

Depois da escola, eu ia até a casa de Dick – o tio dele ficava lá à toa ouvindo Ozzy Osbourne e fumando maconha. Ele usava um cachimbo e nos deixava fumar também. Não sei nem se eu tragava devidamente, mas sei que fumei maconha todos os dias na sexta e na sétima séries.

Aos treze anos, eu já passava a noite toda fora de casa. Eu, Dick, Ruben e nosso amigo Ozzy (não o Osbourne) usávamos aquele truque clássico: dizíamos a nossos pais que íamos dormir na casa de um amigo, e então saíamos pedindo carona e arrumando encrenca. Às vezes éramos bem babacas e jogávamos pedras nos carros. Uma vez, vimos um Corvette amarelo brilhante e o pintamos com spray preto[5].

Umas duas vezes fiquei fora a noite toda e fui pego – o sol nascia na hora em que eu estava voltando para casa de skate. Às sete da manhã meu pai já estava rodando por aí e me encontrava a oito quilômetros da nossa casa. "Venha já pra cá!", ele dizia. "Procurei por você a noite toda! Por que você não está na casa do seu amigo?".

"Eu estava lá agora mesmo, pai – estava voltando pra casa". Quando menino, eu achava que conseguia enganar qualquer adulto.

Ele não se convencia. "Entre no carro!". E então, *bam!* Ele me dava umas palmadas no carro a caminho de casa. Houve vezes em que o meu rosto bateu na janela do passageiro enquanto ele me dava uma surra por ter ficado fora de casa a noite toda – e eu continuava a responder, mentindo sobre o que fizera a noite toda. Eu mereci todas essas vezes.

Eu era o príncipe da sétima série. Ha, ha – não, sério. Não é só uma metáfora: houve uma votação entre os alunos da sétima série para eleger o príncipe e a princesa para o baile de *homecoming*[6], e os vencedores foram eu e Amber, que logo seria minha namorada. Eu era louco pela Amber – ela era muito gostosa, com olhos verdes incríveis e já tinha seios desenvolvidos. Rapidamente começamos a namorar, mas não ficamos juntos por muito tempo. Tínhamos um relacionamento muito inocente, só nos beijávamos e trocávamos olhares melosos. Eu estava no

---

5 Acredito em karma. Tudo o que você faz, um dia volta – para mim, geralmente não vem da mesma maneira que fiz, mas volta. Os momentos que mudam sua vida podem parecer aleatórios na hora, mas não acho que realmente o sejam.

6 Baile que acontece tradicionalmente nas escolas americanas no outono do hemisfério norte para recepcionar os alunos de volta às aulas. (N. do T.)

topo do mundo: tinha uma boa namorada, passava muito tempo tocando bateria e andando de skate com meus amigos da nona série, que se vestiam como piratas (eles pareciam membros da equipe do Tony Alva), e a vida parecia superlegal.

Nessa época, toquei na banda marcial – nessa idade, é bem tranquilo, em comparação com o ensino médio. Tínhamos ficado sabendo o quão a sério eles levavam a banda marcial no ensino médio, então decidimos nos preparar desde cedo. Nossa divisão de percussão era bem fodona: íamos com sangue nos olhos. Sempre que havia uma competição ou um duelo de tambores, nós vencíamos.

Foi nesse período também que tive a minha primeira banda de rock. Chamava-se Necromancy: eu e meu amigo Steve tocávamos covers de metal, em sua maioria King Diamond[7]. Planejávamos durante toda a semana – *vamos tocar no sábado* – e então montávamos nosso equipamento no quintal da minha casa e tocávamos bem alto. Tínhamos umas duas músicas autorais, mas em geral tocávamos covers de Metallica, Slayer, Megadeth, qualquer coisa nesse estilo. Na maior parte das vezes, não tinha ninguém nos ouvindo, mas não nos importávamos.

Fiz alguns shows com uma banda de punk rock que não tinha nome. Eu adorei punk rock desde a primeira vez que ouvi, nas minhas coletâneas de skate rock – e então, certo dia, depois da escola, três skinheads vieram falar comigo. Eles eram do nono ano, um pouco mais velhos do que eu. Sabiam que eu tocava bateria e perguntaram: "Você consegue tocar esta batida?". Era o ritmo mais básico, *tum-pá-tum-tum-pá*. Sim, consigo tocar essa batida. "Consegue tocar rápido?". Ah, consigo. "Você entraria para a nossa banda?". OK, claro. Eles usavam o uniforme completo de skinhead: botas Doc Martens de vinte furos e suspensórios. Fizemos um ensaio antes do nosso primeiro show, que foi numa festa de bairro. Eu não tinha Docs, nem suspensórios, então eles me disseram para usar jeans e uma camiseta branca. Cheguei no show na esperança de que aqueles caras fossem *sharps* – sigla para *skinheads against racial prejudice*, skinheads contra o preconceito racial – e não skinheads racistas, porque, quando eles cantavam, eu não conseguia entender porra nenhuma do que estavam falando. Mas, no fim das contas, eles eram legais. Fiz apenas uns dois shows com eles, mas foi bem divertido.

Se você quisesse que eu tocasse bateria na sua banda, tudo o que tinha de fazer era pedir. Foi assim que acabei tocando no Jynx, uma banda de metal ruim cujas influências principais eram Poison e Dokken. Tocamos numa batalha de

---

[7] King Diamond é um cantor de metal dinamarquês que começou uma banda excelente (que levava seu próprio nome) em meados dos anos 80.

bandas do Spanky's – como de costume, passamos semanas antes do show distribuindo flyers. Os vencedores daquela noite foram uns desconhecidos chamados No Doubt. Eu fiquei completamente apaixonado pela Gwen Stefani, com uns oito anos de antecedência em relação ao restante dos Estados Unidos. Naquela noite, eu estava do lado de fora do Spanky's e ela me pediu um isqueiro.

Eu quis tanto ter um, de modo que pudesse começar uma conversa com ela, mas tive de dizer: "Eu não fumo".

"Eu também", disse Gwen.

Eu ainda cantava no coral, que tinha séries misturadas – eu estava na sétima série, mas também havia alunos da nona. Uma delas era uma *cheerleader* supergata chamada Lorelei. Eu ficava fitando ela durante os ensaios, e ela sempre dizia aos meus amigos: "O Travis é bonitinho", ou "Eu tenho uma queda pelo Travis". Embora ela fosse o mais clara possível, eu pensava que ela estava só afagando meu ego. Eu sabia que ela era demais para mim. Mas começamos a trocar cartas e ela me disse que era para eu ir até a casa dela uma noite, quando os pais dela estivessem fora. Por volta das duas da madrugada, fui de skate com Dick, Ruben e Ozzy. Os pais de Lorelei estavam em casa, mas a família tinha um trailer estacionado no quintal, então ela se esgueirou para fora da casa e fomos para o trailer – os outros caras apenas continuaram a andar de skate na rua.

Lorelei e eu nos pegamos por uma eternidade, e então eu fiz sexo pela primeira vez. Eu não fazia ideia do que estava fazendo. Ela basicamente teve de me dizer: "Não, coloca aqui". Fiz uma nota mental: uma vagina tem a sensação de geleia quente. Acabou em cinco minutos. Me lembro de ficar maravilhado – eu era louco por aquela garota. Ela era uma mina gostosa e mais velha, e eu não acreditava que ela me curtia, e menos ainda que perderia a virgindade com ela.

Fui para casa a pé com Dick, Ruben e Ozzy, carregando os skates na mão, conversando e rindo o tempo todo, comigo contando todos os detalhes sujos aos meus amigos. Me lembro de pensar: "*Eu fiz essa porra. Eu fiz sexo! Não é grande coisa – nem ligo se não fizer de novo*". Essa última parte era mentira, obviamente. Cheguei em casa por volta das cinco ou seis da manhã, enquanto o sol nascia. De jeito nenhum eu ia dormir depois do que tinha acontecido. Fiquei deitado na cama, olhando para o teto, completamente desperto. O mundo todo tinha uma sensação diferente, embora parecesse o mesmo.

E então, algumas semanas depois, sacaneei Lorelei. Basicamente eu nunca mais falei com ela. Eu nem sei por que, mas eu não tinha mais tesão nela. Não olhava para ela; simplesmente não me importava com ela. Tinha partido para a próxima garota. Simplesmente a esnobei. Porém, ela deu o troco – me escreveu uma carta dizendo que estava grávida, que era escroto eu não falar com ela e que era melhor eu entrar em contato. Ela realmente me deu um baque: pensei que estava prestes a ser pai aos treze anos. Mas foi só uma brincadeira maldosa por eu ter sido babaca. Eu definitivamente mereci.

Eu diria que ela me endireitou, exceto que eu não aprendi a lição. Isso se tornou o meu padrão: eu queria conseguir uma garota, fazer sexo com ela, e então terminar e passar para a próxima. Não sei por que eu fazia isso – talvez eu apenas gostasse do desafio? Talvez fosse como Pringles, não dava para parar depois de comer uma? Fiz muitas garotas passarem de completamente apaixonadas por mim a me acharem um babaca. Eu me achava o fodão por passar por todas essas garotas.

Havia duas garotas, Tawny e Miranda, de quem tanto eu quando Dick gostávamos. Tawny falava com Dick e comigo, mas não considerava nenhum de nós dois seu namorado. À noite, eu saía escondido de casa e ia até a casa dela. Ela saía da casa, e então nós nos pegávamos. Certo dia, ela me ligou de tarde, algo que nunca acontecia: "E aí, vem pra cá". Pensei haver algo estranho naquela situação, mas montei na minha bicicleta e fui.

Chegando na casa de Tawny, fui derrubado por Chucky e um bando de amigos mais velhos dele. Alguém me pegou de surpresa e me nocauteou no chão. Fui chutado e então alguém me levantou e bateu a minha cara numa cerca de arame. Dick estava lá só assistindo isso tudo, o que me deixou mais puto do que se ele estivesse me batendo também. Eu deveria ter dito a ele o que estava acontecendo entre Tawny e eu, mas eu não a considerava a garota dele. Obviamente, ele discordava. E ela se dispôs a armar uma cilada para mim, o que me deixou chocado. Nunca mais falei com Dick, Tawny ou Chucky. Quando estive no lado errado de uma surra de Chucky, ele parecia mais um psicopata do que um fodão. A principal lição que aprendi dessa experiência toda foi que eu precisava prestar atenção em quem eu confiava. Ou que, talvez, eu não podia confiar em ninguém.

Meu maior problema na época era ser zoado pelos atletas. Um moleque tinha uns quatorze anos, mas ele já tinha dois metros de altura e um bigode cheio. Ele vinha até mim por trás e batia na minha cabeça com toda força, e então simplesmente continuava andando. Fui falar com o meu pai e disse a ele que estava sofrendo *bullying*; ele disse: "Bata de volta", mas eu nem sabia brigar. Escrevi jocks (atletas) no meu skate, com um grande X sobre a palavra, para mostrar que eu os odiava.

Alguns dos meus amigos skatistas começaram a andar com os atletas que sempre me faziam *bullying*. Fui convidado para uma festa onde havia muita dessa gente. Me senti derrotado pela situação toda: bem, já que metade dos meus amigos vai, e eles parecem estar se tornando jogadores de futebol americano, que seja, vou na festa e ficar por lá. Foda-se, o que é o pior que pode acontecer? Na festa, estávamos todos na piscina, e três desses atletas pularam em cima de mim e quase me afogaram. Acredito que eles acharam que eu precisava ser iniciado para então poder andar com eles. Estavam me dando uma puta surra e me segurando dentro d'água – eu revidei e consegui colocar a cabeça para fora d'água de novo. Esse foi o sinal de alerta. Desse ponto em diante, exceto por Ruben, mandei todos se foderem – esses supostos amigos com quem eu tinha crescido andando de skate.

No verão antes de eu começar o ensino médio, mamãe descobriu que papai estava tendo um caso. Ela contratou um detetive particular que o seguiu por aí e confirmou a suspeita, e então tudo foi para o inferno. Durante minha vida toda, parecia que tudo era perfeito na nossa casa, mas agora, tarde da noite, eu podia ouvir meus pais discutindo através das paredes do meu quarto. Eu ficava acordado até tarde, ouvindo. Era surreal – eu não conseguia acreditar que agora aquela era a minha vida. A coisa toda me deixava triste, furioso e confuso.

Fiquei com muita raiva do meu pai. Eu tinha apenas treze anos, mas tentei dizer a ele que ele não podia viver na nossa casa: "Você não é mais bem vindo aqui".

Pouco depois dessa bomba, mamãe ficou doente. Ela achou que estava apenas com dor no pescoço, então usou uma compressa quente na área. Mas não melhorava: estava cansada o tempo todo, e a boca dela ficava tão seca que ela tinha dificuldade em falar. No fim das contas, ela tinha síndrome de Sjögren, que é uma doença na qual seu sistema imunológico ataca seu próprio corpo. Quando eles finalmente descobriram, ela foi internada. Mamãe não queria que ninguém fora da família soubesse que ela estava hospitalizada: ela não queria receber visitas que simplesmente ficassem ali com pena dela.

A essa altura, papai estava sempre no trabalho ou visitando mamãe no hospital. Mas nosso Buick branco estava parado na garagem, e eu sabia onde ficavam as chaves. Dei uma volta no quarteirão, mal conseguindo operar os pedais e enxergar acima do painel. Nada de ruim aconteceu, então, no dia seguinte, dirigi até o 7-Eleven e comprei um Slurpee. Passei a ir cada dia mais longe de casa, até que, depois de uma semana, estava cruzando uma rodovia de duas pistas. Me arrastei no meio do tráfego e os carros na estrada meteram o pé nos breques. Atravessei a rodovia e atrás de mim consegui sentir o cheiro de fumaça e borracha queimada e ouvir os carros batendo uns nos outros. Houve um engavetamento enorme, e foi culpa minha. Fui para casa o mais rápido possível e nunca mais saí dirigindo à toa. Eu estava me rebelando e abusando da minha nova liberdade – não teria feito aquilo se não estivesse puto da vida e magoado. Nunca estivera longe da minha mãe por tanto tempo até então.

Pensei que mamãe voltaria logo do hospital. Todos os dias, eu esperava a porta abrir e ela entrar dizendo que estava tudo bem. Mas ela piorou incrivelmente rápido – ela recebia diagnósticos incorretos havia algum tempo, e seu corpo tinha basicamente destruído as próprias glândulas.

Durante todo o verão, fui ao hospital com minha família todos os dias para vê-la. Era muito triste vê-la tão fraca e desamparada. Ela deixou de reagir e, quando eu a visitava, ficava lá sentado, vendo-a acordar e desacordar, apenas deitada ali. Um dia antes das aulas começarem, minha família estava indo visitá-la de carro, mas eu quis ir de bicicleta. Subi na minha *beach cruiser* Schwinn e cheguei lá cerca de uma hora depois de todo mundo. Quando entrei no quarto do hospital, todos estavam chorando histericamente – eu soube o que tinha acontecido antes que alguém pudesse dizer qualquer coisa. Ela tinha falecido, e eu tinha acabado de perdê-la. Minha mãe estava morta.

O velório foi com o caixão aberto. Eu não estava pronto para ver mamãe deitada ali, gelada, com um cheiro estranho de formaldeído. Caminhei até o caixão sentindo um peso em meu estômago e um vazio em meu coração que eu nunca tinha sentido antes. Dei um último beijo de adeus nela e toquei em sua mão. Seu corpo estava frio. Durante todo aquele dia, senti vontade de matar alguém, ou talvez de eu mesmo morrer. Me arrependi de cada discussão que tivemos. Eu estava tentando bloquear tudo o que aconteceu. Sentia como se estivesse preso num filme ruim – não conseguia imaginar minha vida sem ela.

Todos da minha família estavam chorando, até papai, que eu nunca tinha visto chorar. Aquilo partiu meu coração. Eu tentei ser forte o dia todo, mas quando minha tia Nan veio até mim, ela disse: "Eu sinto muito, Travis" – e então eu também caí em prantos.

Uma das últimas coisas que mamãe me disse foi: "Não importa o que aconteça, toque bateria. Continue fazendo isso, não importa o que digam. Não pare de tocar bateria, Travis. Siga seus sonhos".

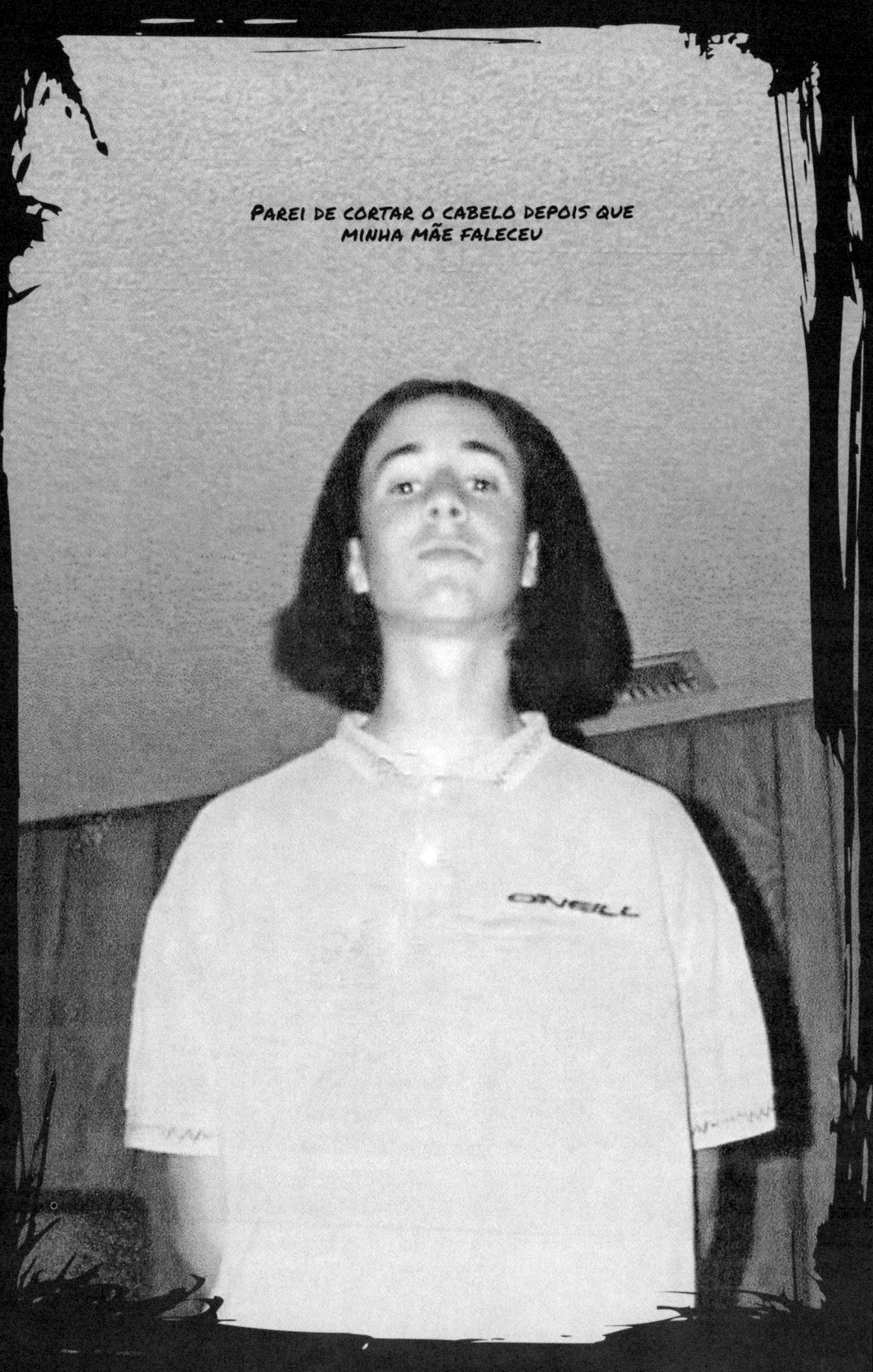

Parei de cortar o cabelo depois que minha mãe faleceu

FOTO OFICIAL DA BANDA MARCIAL

2
Qual é Mesmo a Minha Idade?

Mamãe faleceu um dia antes das aulas começarem. Faltei no primeiro dia de aula e apareci no segundo dia, extremamente deprimido, caminhando pelos corredores num transe.

Eu vinha planejando entrar para a bateria da banda marcial da escola. Quem quisesse fazer isso tinha de ir aos ensaios durante todo o verão. Eles eram muito rigorosos a respeito disso: diziam que se você não participasse dos ensaios durante o verão, não seria autorizado a fazer o teste para entrar. Porém, como minha mãe estava muito doente, não fui a um ensaio sequer e não fui buscar nem as partituras. Depois do meu primeiro dia de aula, fui até a sala da banda. Disse a eles que tinha passado todo o verão com a minha mãe no hospital e perguntei se poderia, por favor, pelo menos fazer o teste. Eles foram decentes e me deixaram fazer. Eu não tinha tocado nada de bateria durante o verão, e não tinha aprendido os exercícios que todos os outros vinham praticando, mas as palavras da minha mãe ressoavam na minha mente: *Toque bateria, não pare, siga seus sonhos.*

No dia seguinte, eles anunciaram quem iria tocar o quê: eu tinha pegado segunda caixa, o que significava que eu tinha vencido todo mundo, exceto por um aluno mais velho. Todos os outros moleques da banda ficaram putos comigo, mas eu nem liguei.

Perto deles, comecei a nutrir um orgulho em ser solitário. Não ligava um puto para o que aqueles ao meu redor diziam ou pensavam. Era só eu e meus tambores. Mesmo que estivesse cego pelo luto, pude perceber todos os meus colegas se unindo em tribos. No ensino médio, parecia que ninguém mais andava de skate: jogadores de futebol americano e outros atletas dominavam a escola. E quem não era atleta, era membro de gangue – mas eu não pertencia a nenhum desses dois grupos.

Eu mal passava nas matérias – minhas notas eram meia-boca. A única razão pela qual não repeti de ano foi porque meus professores sabiam que eu estava na pior depois do falecimento da minha mãe. Eu estava no fundo do poço, mas a bateria era algo ao qual me agarrar. Minha atitude em relação a todos a meu redor era: "*Vão se foder, vou fazer música*". As crianças podiam tentar me fazer *bullying*, os professores podiam tentar me fazer prestar atenção nas aulas deles, e nada disso importava para mim. Eu quase tive um desejo suicida. Era um alívio para mim ter uma única coisa no mundo com a qual se preocupar, e saber que ela nunca iria embora, de jeito nenhum. Essa coisa era o meu amor pela bateria.

Quando você ama tocar, é preciso abrir mão de ser *cool*. É preciso abrir mão de ter um carro irado no colégio, ou um aparelho de som irado, ou roupas novas. Deve-se estar disposto a aparecer para ensaiar com a mesma roupa que você usou nos últimos dois anos, e estar de bem com isso, e fazer a coisa funcionar. Quando se é apaixonado por algo, você nem se preocupa com as outras coisas – elas simplesmente somem.

Durante os jogos e competições, toda a banda marcial tocava junta, mas durante a semana nós tínhamos ensaios separados por grupos de instrumentos. Isso significava que nós da bateria passávamos muito tempo juntos – somente nós e uns dois ótimos instrutores.

Um dos instrutores era o meu primo Scott – não éramos superpróximos porque ele era muito mais velho do que eu, mas tínhamos tocado bateria juntos nos feriados em que a família dele vinha nos visitar[1]. Alguns dos meus parentes não se preocuparam em esconder o desgosto por mim. Pouco depois da morte da minha mãe, minha família foi jantar na casa de um tio, e um dos meus parentes estava simplesmente falando merda sobre mim. "Vocês viram o que o Travis e os amigos dele fizeram? Tem um muro todo pichado no Alder Boulevard".

Eu ri – só porque havia grafite no muro, o que o fazia pensar que tínhamos sido eu e meus amigos? "Bom, eu só presumi que foram aqueles idiotas com quem você anda". Ele tirava sarro da maneira como eu me vestia e sempre presumia que nós estávamos querendo fazer coisa errada. Era como se ele estivesse determinado a me ensinar que era melhor que eu não andasse com a minha própria família.

Os percussionistas eram a minha galera. Percussionistas são os encrenqueiros em praticamente qualquer situação, e nós estávamos todos juntos, nos divertindo muito. O ensaio da bateria era intenso: em alguns dias, tocávamos por

---

1. Eu ainda o vejo nos encontros de família e nós conversamos sobre os velhos tempos. Ele ama tocar bateria tanto quanto eu.

quatros horas. E então, depois, eu ia para a minúscula sala da bateria com meus melhores amigos ali: Kevin, Richard, Brian e Jay. Deixávamos de lado nossas caixas, púnhamos para tocar algo pesado, como Slayer ou King Diamond, apagávamos as luzes e começávamos a dar *mosh* naquela salinha. Trombávamos uns nos outros e fazíamos uma bagunça fodida. Pensávamos que éramos tão *cool*.

Só me dei conta do quanto eu dependia da minha mãe depois que ela se foi. Eu era um garoto da mamãe, e sabia que me apoiava nela emocionalmente – mas não pensava em todas as outras coisas que ela fazia para mim. Então, uns dois dias depois do funeral dela, eu acordei e não havia café da manhã na mesa. Precisei fazê-lo sozinho. Minha mãe sempre tinha lavado a roupa para mim, me ajudado com a lição de casa, arrumado a cama para mim – agora eu tinha de arrumar a cama sozinho, e papai inspecionava. Ele tinha padrões militares – queria ser capaz de quicar uma moeda na cama. Lentamente, ele estava me transformando em um homem.

Papai e eu nos tratamos por "meu camarada" desde quando consigo me lembrar – a menos que ele estivesse puto comigo. Quando conversávamos, não havia muitos "como vai, Trav? Como está a escola? Te amo, meu camarada". Estava mais para "você fez a lição de casa?" – e então ele saía. Certa vez, eu o desafiei: "Será que você não consegue me dizer alguma coisa que não seja uma ordem? Uma vez que fosse, você poderia me perguntar 'e aí?' ou 'como foi seu dia?', ou só 'como vai você?'. Sempre que você fala comigo, está berrando". Eu sabia que papai me amava – aquela atitude era só o jeito dele. Ele não era de falar muito – mas eu também não era de ouvir muito.

Fui à igreja e perguntei a um padre por que Deus levaria minha mãe embora. Eu não entendia porque aquilo teria acontecido, ou o que eu deveria fazer: "Se vocês têm todas essas respostas escritas na Bíblia, por que não tenho uma resposta agora?". Ele não chegou a responder minha pergunta, não que ele pudesse ter respondido. Eu ainda acreditava em Deus, mas, depois disso, passei a ir à igreja só quando alguém morre ou se casa.

RANDALAI BARKER (IRMÃ)

Nossa mãe sempre foi uma dessas pessoas suaves e tranquilas. Me lembro dela no telefone com seus irmãos – estava sempre rindo quando falava com eles. Era uma risada feliz, alto astral. Ao contrário do meu pai, que tem uma risada que se ri porque está quase envergonhado. É hilário: pai, não ria em público.

Em casa, assistíamos a musicais o tempo todo, e filmes do Elvis Presley. E muito Lawrence Welk com nossos pais. Gostávamos muito de programas de TV com música, como *The Monkees* e *A Família Dó-Ré-Mi*. E *Star Search*.

Depois que nossa mãe faleceu, Travis e eu não nos demos nada bem por um tempo. Acho que nós nos odiávamos. Para mim, como irmã mais velha, foi difícil, sabendo que eu precisava ser uma figura maternal, embora tivesse vinte e dois anos.

Minhas irmãs sempre cuidaram de mim depois que mamãe faleceu, e até me levavam às aulas de bateria. Demorou muito tempo até que pensasse no que o resto da família estava passando depois que mamãe morreu – aos treze anos, tudo o que eu conhecia era minha própria dor, mas eu não era o único a sofrer. Ouvi dizer que alguém tinha visto papai de pé num pontilhão na rodovia. Não sei se ele estava pensando em pular, mas ele definitivamente estava passando por alguns problemas – compreensivelmente. Mas a última coisa que eu queria era perdê-lo também.

Pouco depois da morte de mamãe, papai trouxe sua namorada, Mary, para morar conosco. Isso doeu muito – era uma prova de que mamãe se fora. Pouco depois de Mary vir morar em casa, ela e papai deram uma geral no guarda-roupa de mamãe, decidindo quais das roupas dela Mary gostaria que ficassem para ela. Eu surtei. Fiquei com tanto medo de que ela acabasse usando as roupas da minha mãe que peguei um punhado delas do guarda-roupa, corri para fora da casa e as joguei numa lata de lixo de uma escola ali perto. E então ateei fogo nelas.

Eu nem estava com raiva de Mary – estava protegendo a memória da minha mãe. Mas o dinheiro estava curto e a situação, simplesmente péssima. Minhas irmãs e eu nunca conspiramos contra Mary, nem mesmo falávamos mal dela quando estávamos reunidos, mas eu ainda não estava pronto para tê-la em casa – nem ela, nem ninguém.

E então papai perdeu o emprego. Ele e Mary trabalhavam no mesmo lugar, e o pessoal descobriu que eles estavam namorando. A política da empresa era contra relacionamentos entre colegas de trabalho, então ele foi limado. Certa noite, ele anunciou que poderíamos nos mudar para o Novo México: supostamente, havia emprego lá. Tive de ir de carro até o Novo México com ele e Mary para conferir. Foi a primeira vez que passei um período extenso de tempo com Mary, dezessete horas juntos no carro. No fim das contas, ela era uma mulher legal. Foi bom podermos nos conhecer melhor, mas eu odiei o Novo México e disse isso ao meu pai.

"Pai, se você se mudar pra cá, vou morar com a tia Nan. Ninguém aqui faz música. Tudo que quero fazer é tocar bateria, e aqui não é o lugar para isso.

CURTINDO COM AS MINHAS IRMÃS

Não vou morar aqui de jeito nenhum". Papai explicou que ele tinha algo que potencialmente parecia uma boa oferta de emprego e, se não entrasse algum dinheiro para a família logo, nós todos estaríamos morando na rua, incluindo eu e minha bateria. Ficamos dois dias num hotelzinho enquanto ele era entrevistado para o emprego. A paisagem era só deserto e cactos, o que fazia a cidade parecer ainda mais dura.

O emprego no Novo México não rolou, então voltamos para a Califórnia. Mary morou um tempo conosco; depois, ela conseguiu um apartamento perto da gente, mas ainda passava bastante tempo na nossa casa. Certa noite, ela fez o jantar para todos nós. Cheguei em casa e vi que era carne. Eu disse: "Pai, não vou comer carne. Vou comer em outro lugar". Ele ficou furioso, porque eu falei bem na frente da Mary e a estava magoando, então ele me deu o maior tapa na cabeça, mandando meus quarenta e cinco quilos contra a parede.

No meu primeiro mês no ensino médio, arrumei uma namorada séria, Michelle. Eu era louco por ela: ela era muito gata e foi a minha conexão com a humanidade. Num ponto em que eu não queria andar com ninguém mais na escola, ela mudou o meu ritmo. Foi a primeira vez que eu me apaixonei de verdade. Passávamos todo nosso tempo juntos e até nos parecíamos: as pessoas diziam que parecíamos irmãos. Eu sempre tive cabelo de skatista à la Tony Hawk, com a franja na cara, mas depois que minha mãe morreu, parei de cortar o cabelo. Deixei crescer até ficar parecendo um headbanger.

No ensino médio, eu já era completamente fã de metal: Metallica, Slayer, Sepultura. Mas eu ainda adorava hip-hop: tinha descoberto KRS-One, House of Pain, The Pharcyde, N.W.A. e Cypress Hill. Então, por volta do segundo ano, descobri tudo o que estava acontecendo lá em Seattle, e me apaixonei por aquela música: Soundgarden, Alice in Chains, Screaming Trees, Mother Love Bone, Mudhoney. Michelle e eu estávamos sempre trocando fitas com esses sons.

Eu estava morando num lar partido, sentindo a dor da partida da minha mãe. A música era um meio de rebelião para mim, fosse hip-hop ou punk rock (a bateria e o skate também ajudavam). Todas essas músicas possuíam uma energia rebelde, com a qual você se sente como se estivesse botando abaixo tudo a seu redor. Eu ouvia Descendents, Face to Face e Rage Against the Machine a todo volume. Com a minha vida do jeito que estava, eu não tinha vontade de ouvir coisas tipo Billy Joel.

Todas as minhas preferências musicais convergiram quando cresci junto com os Beastie Boys, porque eles faziam rap, mas também eram punk: às vezes tocavam seus próprios instrumentos e tinham feito um cover do Minor Threat. Quando criança, eu adorava "(You Gotta) Fight for Your Right (to Party!)", mas à medida que meu gosto musical se desenvolvia, a banda amadureceu junto comigo. Bem na época de *Check Your Head* (um dos melhores álbuns de todos os tempos), conheci Jim, que se tornou um grande amigo.

Jim e eu jurávamos que éramos os Beastie Boys. Nós nos vestíamos como eles, aprendemos todas as músicas, estudamos todas as bandas de quem eles tinham feito covers e as que mencionavam em entrevistas. Íamos aos shows deles sempre que podíamos – tive a sorte de vê-los ao vivo dez vezes. Eles mudaram a minha vida: a forma como me visto, a música que escuto, minha visão de mundo. Raspei a cabeça à maneira do Ad-Rock. Até hoje, se eu deixar meu cabelo crescer, vai ficar uma linha ali – meu cabelo cresce repartido devido ao modo como eu queria me parecer com Adam Horovitz.

Ouvir os Beastie Boys deixava tudo na vida mais divertido. Jim e eu púnhamos para tocar um dos álbuns deles e fazíamos rap junto. Eu gostava de fazer as partes do Mike D, e Jim sempre fazia as do Ad-Rock. Depois de mais velho, Yauch se tornou o meu favorito. Eles também me fizeram tocar bateria melhor, à medida que eu tentava reproduzir as batidas programadas; Jim me desafiava a tocar uma música como "Hey Ladies" – que tinha umas viradas complicadas, mas sim, eu conseguia tocá-la.

Michelle e eu ficamos juntos por cerca de dois anos, num vai e vem, mas lá pelo segundo ano acabamos nos afastando. Acho que essa é uma maneira simpática de descrever. Na verdade, fui um escroto: eu a traí. Várias vezes. Comecei a transar com a melhor amiga dela, o que foi bem cínico. Quando estávamos os três na casa dela, eu dava a Michelle a impressão de que não suportava a amiga dela, e a amiga a fazia pensar que ela me detestava. Mas quando Michelle adormecia, nós íamos para o andar de baixo e nos pegávamos, e disso passamos a fazer sexo. Michelle enfim descobriu e este foi o fim do nosso relacionamento. Ela se mudou de cidade para fazer faculdade e encontrou um cara que a tratou melhor. Eu não conseguia parar de correr atrás de garotas; quando me formei no ensino médio, eu já tinha transado facilmente com quinze garotas diferentes.

Fontana era um lugar racista em vários sentidos. Historicamente, era uma cidade extremamente de classe trabalhadora branca. Mas a população hispânica foi crescendo ao longo dos anos, e alguns dos brancos surtaram e se tornaram militantes. Sempre que eu raspava a cabeça quando adolescente, os skinheads queriam me dar umas lições escrotas de *white power*. Quando eu era criança, todo ano acontecia um Fontana Day, com um grande desfile pelo centro da cidade, e a Ku Klux Klan marchava abertamente pelas ruas, com seus capuzes. Isso me dava nojo[2].

Na escola, a sensação de mistura era maior: havia chicanos, havia garotos brancos e havia garotos negros. Os grupos sociais incluíam gangues, chapados e góticos. Eu adorava meus amigos mexicanos tanto quanto os meus amigos negros, e adorava hip-hop tanto quanto punk rock. Não tive um grupo grande de amigos no ensino médio, mas eu conseguia transitar entre uma tribo e outra e ficar numa boa em qualquer uma delas. Havia muitas brigas na minha escola, mas nunca pareceu uma guerra racial, eram só moleques sendo moleques.

A minha galera era de músicos. Eu era técnico de bateria para uma banda de hard rock farofa chamada Voyce: para mim, eles eram os maiores rockstars do mundo, porque faziam shows, as pessoas conheciam as músicas deles e eles tinham uma fita demo. Eu era jovem demais para entrar nos clubes onde eles tocavam, então eu montava a bateria e depois ficava esperando do lado de fora até que o show terminasse. Trabalhava de graça – eu queria ver como as coisas funcionavam.

Eu vivia montando e entrando em bandas de rock. Fiz parte de uma chamada Poor Mouth, que era demais. Soávamos como o Soundgarden do início – um pou-

---

2 A maior parte da população de Fontana, hoje, é de latinos – *toma essa*, Ku Klux Klan.

co como o Alice in Chains, mas principalmente Soundgarden. Nos shows, meu amigo Dorian costumava colocar um saco de papel na cabeça e subir no palco para dançar conosco. Estávamos indo até que bem, mas acabamos uns dois anos depois. Eu queria encontrar mais músicos com quem tocar, mas a princípio não entendia como o esquema funcionava. Colocava flyers em lojas de música locais e anúncios em publicações como o *Recycler*, que era um jornal gratuito local com muitos classificados. Minhas irmãs me davam dinheiro, ou eu pegava da carteira do meu pai. Então o telefone de casa começava a tocar. Todo mundo da família perguntava: "Como nosso número se espalhou?". Eu dizia que tinha posto um anúncio no *Recycler* porque estava começando uma banda. "Valeu, Trav".

    Fiz alguns amigos legais por meio desses anúncios no *Recycler*: um deles era um guitarrista espetacular de LA chamado Mario – ele já tinha vinte e tantos anos, mas vinha até a minha casa e nós tocávamos covers de metal. Eu também fazia um som com um baixista chamado Randy Stewart. Ele era uns quatro anos mais velho, mas acabamos tocando em um punhado de bandas juntos. De vez em quando, aos finais de semana, saíamos por aí no Mustang do Randy, ouvindo Jane's Addiction e Danzig, jogando ovos e pedras em todo alvo que conseguíssemos encontrar. Certa vez, passamos pela casa do prefeito. Randy disse: "Saca só". Ele dirigiu até o jardim do prefeito, fez uns dois zerinhos e saiu vazado. Dez minutos depois, fomos parados pela polícia e presos. Foi a primeira vez que fui parar no xadrez. Por sorte, os policiais que me prenderam tinham ido à escola com a minha irmã Tamara, então eles ligaram para ela vir me buscar, ao invés de para o meu pai. Porém, papai ficou sabendo da minha prisão – e, quando descobriu, não ficou nada contente.

Fiz minha primeira tatuagem aos dezesseis anos. Era o meu apelido, Bones ["ossos"]: as pessoas me chamavam assim porque eu era magérrimo. A segunda tatuagem veio apenas uma semana depois: o símbolo do Dag Nasty, uma banda de hardcore de Washington, D.C., que eu adorava. Meu pai não queria que eu tivesse tatuagens, especialmente se elas fossem em algum lugar que ficasse à vista. "Ninguém vai te contratar com essa aparência", disse ele. "Tatuagens são um empecilho. Você vai acabar sem emprego nenhum". Isso ressoou muito forte para mim. Quando ele disse isso, eu pensei: *exatamente*. Eu *queria* não conseguir emprego algum. Quanto mais tatuagens eu tivesse, menos empregos eu conseguiria. A situação ideal, para mim, seria ser incapaz de conseguir um emprego normal e ser forçado a tocar bateria.

NUNCA SE DÊ UMA DESCULPA PARA PULAR FORA.

Quando ia me encontrar com minha orientadora vocacional, ela sempre me perguntava sobre os meus planos para depois do colégio.

"Vou ser baterista", eu dizia a ela.

"Não, Sr. Baker, isso não é realista. Você já considerou a faculdade comunitária?".

"Não vou fazer isso. Minha família não tem dinheiro para isso. Além disso, só vou tocar bateria". Eu não estava contando com ser um rockstar: só queria ganhar dinheiro suficiente para viver e comer tocando bateria. A orientadora vocacional ficou muito frustrada comigo. O fato de eu estar à beira de repetir de ano não ajudava. Eu passava raspando, e aquilo era tudo o que eu dizia a eles.

Papai queria se certificar de que eu tivesse um plano B, para o caso de a música não der certo. Então eu fiz tudo para garantir que absolutamente não houvesse um plano B. Queria ficar encurralado, sem volta.

No final do meu último ano no ensino médio, passei muito tempo com meu amigo John Sanchez, o cara que fez a minha primeira tatuagem. Todos os dias eu dava um tempo no estúdio Empire Tattoo, às vezes passava oito horas lá, ouvindo-o contar piadas hilariantes, esperando uma brecha na agenda dele. Eu era um rato do estúdio: ficava lá só matando tempo, ouvindo música e talvez conversando com garotas, absorvendo tudo o que acontecia num estúdio de tatuagem. E assim que alguém não aparecia para a sessão marcada, eu pulava na cadeira e era tatuado. Eu sempre tinha ideias para a próxima tatuagem.

Duas coisas me impressionam hoje dia quanto às tatuagens: o fato de você poder removê-las, e a possibilidade de aplicar uma pomada que torna o processo da tatuagem indolor. Isso me deixa triste: sinto falta dos velhos tempos, quando era preciso ser um fora da lei ou um espírito realmente corajoso para se tatuar.

Papai costumava me dizer: "Sua mãe ficaria muito fula da vida com você neste momento". E, no que dizia respeito às tatuagens, ele estava absolutamente certo – ela não teria aprovado de jeito nenhum eu ter tinta no corpo. Se ela visse quantas tatuagens eu tinha, teria me matado. Se ela estivesse viva, não acho que eu teria me tatuado da mesma forma.

A tatuagem que mais incomodou papai foi a do antebraço, porque era a mais visível. Porém, quando ele viu que era um tributo à mamãe, não teve como negar que era linda. Ele adorou.

RANDY BARKER (PAI)

Travis não era muito afeito ao ensino médio. Era difícil acordá-lo de manhã. Eu era do mesmo jeito quando tinha a idade dele: até onde eu sabia, o ensino médio era chato. Certo dia, eu estava numa aula de desenho mecânico. Escrevi eu mesmo uma autorização para ir embora, assinei o nome do meu pai e dei ao professor. Fui embora e nunca mais voltei.

Eu sempre disse ao Travis: "Se você voltar para casa com uma tatuagem, vai ter que ir para o hospital para que eles tirem o meu pé da sua bunda".

Um dia, minha filha mais nova e eu estávamos na sala, assistindo TV, e ela disse: "Pai, você sabe que o Travis tem uma tatuagem".

"Não, não sei", eu disse. "Quem pagou para ele?".

"Eu".

"Você sabe o que eu acho dessa coisa de tatuagem". Não fiquei nada contente, e disse a ele: "Um dia desses você vai se arrepender". Ele vinha usando calça para cobrir a tatuagem – depois que descobriu que eu sabia, voltou a usar short. Eu não tinha problema com as tatuagens que pudessem ser encobertas, mas quando ele chegou em casa com uma no pescoço, eu gritei e berrei com ele: "Isso aí é um negócio de bandido".

Na época em que eu andava com o John Sanchez, o irmão dele, Chris, era membro ativo de uma gangue. Certa vez, apareci na casa deles e estava tudo metralhado

ESTE SOU EU TOCANDO COM A POOR MOUTH, OUTRA BANDA DOS TEMPOS DE COLÉGIO. NOSSO AMIGO DORIAN USAVA UM SACO DE PAPEL NA CABEÇA.

– todas as janelas quebradas e buracos nas paredes. Poucos minutos antes, alguém tinha passado por ali atirando. Uma semana depois, eu estava novamente na casa do John quando outro ataque desses aconteceu: de repente, havia vidro estourando por todo lado. Alguns de nós se jogaram no chão, outros saíram e atiraram de volta.

JOHN SANCHEZ (AMIGO)

Minha casa já tinha sido metralhada antes, então nós soubemos de imediato do que se tratava. A casa ficava num *cul-de-sac*, e nós morávamos bem no fundo, então conseguíamos ver qualquer carro que entrasse ou saísse daquela rua. Quando ouvimos os tiros, já estávamos do lado de fora, atirando de volta. Acabou que a maioria das nossas balas foi parar numa casa no fim da rua. O cara que morava comigo tinha um rifle de alta potência, então acho que as balas atravessaram o carro enquanto os caras fugiam e atingiram a casa no final da rua. A coisa foi feia. A casa toda ficou repleta de buracos de bala.

O Chris sempre foi *cool* pra caralho e, quando estava conosco, era um cara normal e alegre: ele ia aos churrascos e shows de punk rock. Sempre nos divertimos no curto período em que eu o conheci. Infelizmente, duas semanas depois daquele tiroteio, ele foi assassinado a um quarteirão de sua casa.

Esse tipo de coisa acontecia muito. Uns dois camaradas meus eram ativos em gangues, e muitos outros carregavam armas de fogo. Eu estava em clubes com amigos, me divertindo – e então alguém levava um tiro no estacionamento. Muitas noites terminaram com a gente se escondendo debaixo de carros porque havia alguém atirando.

Sei que a maioria das pessoas não enxerga isso dessa forma, mas acho que estar nesse ambiente foi, de alguma forma, iluminador. Tive sorte o bastante para não estar por perto quando alguma merda realmente séria acontecia, ou para estar fora do caminho do perigo – mas, depois que pessoas ao meu redor morreram, me dei conta do quão seriamente eu não queria morrer (mas sabia que, se de fato morresse, pelo menos me reuniria à minha mãe). Por mais que eu me preocupasse com meus amigos, era óbvio que eu não estaria perdendo nada se fosse embora da cidade.

Sempre digo que não fui à minha formatura do ensino médio. A história real é que eu fui, mas não usei beca nem capelo, nem peguei meu diploma, como meus colegas. Cheguei de skate e fiquei do lado de fora, observando todo mundo caminhar até o pódio. A essa altura, eu estava pensando em outras coisas. Sempre soube que o mundo era um lugar muito maior do que Fontana.

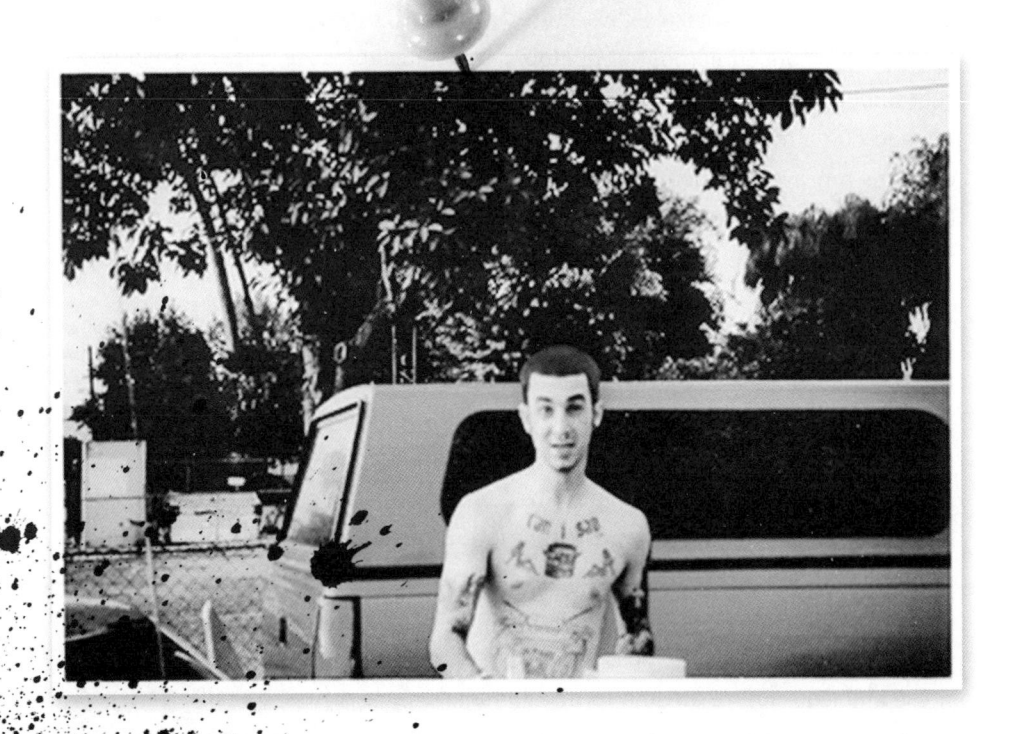

LAVANDO A PICAPE DO MEU PAI

3
Caminhonetes dos outros

Quando me formei no ensino médio – turma de 93 – parecia que todos os outros formandos estavam se mudando de cidade para fazer faculdade. Eu tinha dezessete anos. Passava meu tempo ouvindo música, tocando bateria várias horas por dia e sonhando em fazer parte de uma banda. Seguia colocando anúncios no *Recycler* – às vezes eu publicava três anúncios ao mesmo tempo, com nomes e influências diferentes. "Baterista disponível para banda com influência de King Diamond", "baterista disponível para banda com influência de Minor Threat", "baterista disponível para banda com influência de Descendents". Guitarristas vinham de LA e nós fazíamos um som. Eu só queria tocar.

Fiz parte de uma banda chamada Psycho Butterfly com alguns amigos do colégio. Dennis era o vocalista, John tocava guitarra, Jason tocava guitarra e cantava e Marcos tocava baixo. Era rock'n'roll bem direto: tocávamos Led Zeppelin e "Train Kept A-Rollin'". Ouvíamos muito grunge: soávamos bastante como o Soundgarden, o Alice in Chains e o Mother Love Bone. Os outros caras eram músicos muito talentosos, e nós fizemos muitos shows na região – em qualquer lugar do Inland Empire[1] que nos recebesse.

Alguns meses depois da formatura, nós nos separamos: foram só as diferenças pessoais costumeiras. Eu não me importei, porque isso significava que eu poderia começar do zero. Sempre que eu estava numa banda que acabava, começava uma banda nova com o cara que fosse o mais talentoso da anterior.

---

[1] Região do sul da Califórnia que abrange, em sua definição mais ampla, os condados de San Bernardino e Riverside. (N. do T.)

Por volta dessa época, um amigo e eu começamos a fazer camisetas piratas. O pai dele tinha um negócio de impressão de camisetas na garagem e, enquanto ele dormia, nós fazíamos camisetas da banda que estivesse prestes a tocar no Blockbuster Pavilion – tipo o Spin Doctors (dentre tantas outras possíveis...). Nós íamos até o lugar com caixas e sacolas cheias de camisetas e vendíamos o máximo que conseguíssemos até que a polícia confiscasse nossa mercadoria e nos chutasse dali.

Eu tive um emprego na Wherehouse, que era uma rede de lojas de música[2]. Ganhava US$ 4,25 por hora e trabalhava na seção de vídeo. A Wherehouse vendia fitas de vídeo – os DVDs ainda não tinham sido inventados – e também fazia locações. Conheci muitas mulheres interessantes no meu departamento: às vezes, mulheres mais velhas iam alugar filmes pornôs, flertavam comigo e acabavam me dando seus telefones. Peguei uma mulher que era casada, mas foi doido demais. O marido dela apareceu para devolver uma fita – eu pensei que ele tinha ido lá para me dar uma surra, já que, vinte e quatro horas antes, eu estivera na casa dele, fazendo sexo com sua mulher – mas ele não fazia ideia do que tinha acontecido. Foi doente demais.

Minha irmã Tamara comprou uma motoneta para mim, para que eu pudesse ir trabalhar. Era um AMF: basicamente uma bicicleta com motor. Se você pedalasse com o motor funcionando, conseguia chegar a uns 25 ou 30 km/h. Não tinha documentação, então eu precisava desviar das ruas principais para evitar a polícia, e isso significava passar por algumas vizinhanças suspeitas. Certa noite, eu pedalava por uma rua periférica e passei por uma garagem aberta cheia de manos, bebendo e farreando. Eles acharam que não havia nada mais engraçado do que esse moleque branco numa motoneta. Correram atrás de mim, atirando garrafas e gritando: "Vai se foder, Pee-Wee Herman[3]! Devolve a minha bicicleta!".

Eu realmente aprendi muito sobre música ao trabalhar na Wherehouse. Tínhamos de colocar para tocar todo tipo de música para agradar os clientes, então eu ouvia muita coisa que normalmente não ouviria. Uma ou duas vezes por semana, tínhamos de reorganizar todos os CDs e garantir que tudo estivesse em ordem alfabética. Aprendi a apreciar todos os estilos de música. Às vezes eu tinha de fazer um grande display na janela: o Aerosmith estaria prestes a lançar um álbum, então eu pegava uma grande pilha de pôsteres e deixava as janelas iradas.

---

2   Que hoje não existe mais, como a maioria das lojas de discos.

3   Personagem interpretado pelo comediante Paul Reubens, que, no filme de Tim Burton *As Grandes Aventuras de Pee-Wee* (*Pee-Wee's Big Adventure*), de 1985, embarca numa aventura em busca de sua bicicleta roubada. (N. do T.)

A Wherehouse era um lugar esquisito, mas havia uma comunidade legal de pessoas trabalhando lá. Nós éramos todos unidos pelo ódio ao nosso gerente, um cara de quarenta e quatro anos que era obcecado pela Disneylândia. Ele era muito estranho – comia, dormia e respirava Disney. Era como se ele quisesse ser o Mickey Mouse. No fim do dia, se o gerente não estivesse por perto, meu amigo Jim e eu desmontávamos algumas caixas de papelão, aumentávamos o volume do som e nos alternávamos dançando break, basicamente num duelo. Mandávamos passos *old school*, como *back spins*, *knee spins* e *flares* – a hora de fechar era a melhor parte do dia.

Sempre havia brigas no estacionamento, e éramos assaltados o tempo todo. Sempre que alguém entrava para nos assaltar, nós devíamos entregar o que quer que eles pedissem. Mas, certo dia, uns caras entraram com bandanas no rosto – sacaram armas e pediram por todo o dinheiro. Um gerente assistente, Little Sean, esvaziou a caixa registradora para eles. Little Sean era bem maneiro – era um cara cool que depois foi ser policial. Depois que ele deu o dinheiro aos assaltantes e eles foram embora, aquela experiência toda não lhe caiu bem. Ele não conseguiu deixar quieto – saiu da loja e os confrontou. Eles poderiam facilmente tê-lo matado – ele teve sorte que os bandidos simplesmente deram no pé.

Papai me ensinou a dirigir. Ele era muito rigoroso quanto a isso, mas por um bom motivo: queria me ensinar direito, e é por isso que hoje em dia sou um motorista cabreiro. Aprendi em sua grande caminhonete GMC azul de cabine estendida, que só tinha um ou dois anos. Nossa família sempre dirigiu carros GM: Chevys, na maioria das vezes, ou Cadillacs, se pudéssemos comprá-los. Tirei nota máxima no meu exame de direção. Não conseguiria comprar um carro com o dinheiro que ganhava na Wherehouse, então papai me ajudou a comprar uma picape Chevy usada por três mil. Ela tinha um motor 350 pequeno e bebia muita gasolina, mas era fodona. Papai e eu cuidávamos dela juntos, lavando-a e pintando-a.

Pouco depois de ganhar a picape, levei-a para a oficina – acho que fui arrumar os freios. Eu queria ir à Circuit City para dar uma olhada nos sons automotivos: eu sonhava em tocar Nas ou Tha Alkaholics na minha picape. Pela primeira vez na vida, papai disse que eu podia dirigir a caminhonete dele. Depois de todas aquelas aulas tensas, foi bom saber que ele aprovava a minha direção. Dirigi até San Bernardino, que ficava a uns vinte minutos pela Rota 66. Eu conhecia bem a cidade: tinha uma namorada lá.

Havia uma Guitar Center em frente à Circuit City, então, primeiro, dei uma olhada em equipamentos de bateria que eu não podia comprar. Então fui até a Circuit City para ver os alto-falantes de carro. Também não podia comprá-los, então eu estava basicamente só olhando as vitrines, mas estava sendo um bom dia mesmo assim. Era divertido dirigir por aí na caminhonete do meu pai ao invés de passear na minha motoneta.

Saí da loja, abri a porta do carro e entrei. Enquanto eu fechava a porta do motorista, um cara abriu a porta do passageiro, entrou, fechou com tudo e apontou uma arma para a minha cabeça. "Dirige, filho da puta", disse ele.

Era um cara mais velho, fedendo a álcool. Morri de medo, mas mantive a calma. "Você quer a caminhonete?", perguntei. "Pode levar".

"Dirige, filho da puta. Não quero a caminhonete", ele retrucou.

Disse-me para entrar na rodovia 215. Meti o pé no acelerador e rumei para o norte. Ele não dizia nada. Se eu tentasse falar com ele, ou mesmo tentasse me virar para sua direção, ele batia a arma na minha cabeça. "Não olhe para mim, filho da puta", dizia. Ele não exatamente me golpeava com a pistola, mas me cutucava com o cano da arma para me manter olhando para frente e apenas dirigindo aonde ele mandasse.

Dirigimos por cerca de vinte minutos até que ele me mandou sair da estrada. Até onde eu sabia, ele ia me levar até um terreno vazio e atirar em mim. Mas ele me conduziu até um complexo de apartamentos suspeito e me disse para estacionar. "Não ouse sair com essa porra. Vou entrar ali um minuto. Se você sair, juro por Deus, vou estourar a porra da sua cabeça".

"Não vou a lugar nenhum".

Ele cutucou minha bochecha com a arma. "Consigo ver você. E estou de olho. Então, se você tentar sair, vou te matar".

"Entendi, cara", eu disse a ele.

O homem pulou para o banco de trás, mantendo a arma apontada para mim, de modo que eu não olhasse para ele. Assim que ele saiu da caminhonete, pisei com tudo e saí de lá cantando pneu. Nem me importei se ele iria atirar na caminhonete. Eu estava em modo de sobrevivência, e tudo o que sabia era que não tinha mais uma arma apontada para minha cabeça.

Com o coração batendo em dobro, fui direto para casa, e foi o trajeto mais incrível que dirigi na vida, simplesmente grato por ter escapado vivo. Recapitulei a coisa toda na mente, tentando descobrir se havia cometido algum erro, mas não havia momento algum em que eu vi que poderia ter feito algo de maneira diferente. Eu nem tinha visto aquele cara se aproximar da caminhonete. Cheguei em casa, contei ao meu pai e às minhas irmãs o que acontecera e só então surtei: de algum modo, falar sobre aquilo parecia tornar o fato mais real. Depois disso, tentei ficar muito atento ao que fazia e aonde ia, para que não me visse numa situação daquelas de novo.

Eu precisava de dinheiro para gasolina, então arrumei um emprego de final de semana na Pizza Hut. Apareci no primeiro dia de trabalho pensando que eles iam me ensinar a fazer pizzas. Negativo, eu seria entregador. Apesar de conseguir pagar a gasolina, essa dificilmente era uma situação lucrativa, com a minha grande picape Chevy. Minhas primeiras entregas correram bem, mas então houve um pedido numa região perigosa de Fontana. Eu tentava me manter longe das áreas suspeitas, mas as pizzas seguem seu próprio esquema. Eu ia em direção a um prédio quando fui assaltado por sete caras armados com facas: eles queriam as pizzas. Se eu tivesse criado problemas para eles, teriam me apagado facilmente e não dariam a mínima para isso. Dei as pizzas para eles, voltei até a picape, dirigi de volta até a Pizza Hut e pedi demissão.

Também saí do emprego na Wherehouse. O salário era ridículo e o chefe Mickey Mouse parecia mais esquisito a cada dia. Quando percebi que só tinha mais duas semanas de trabalho, comecei a roubar CDs que nem louco, pegando tudo que eu gostava. Depois, me senti mal pra caramba. Jim, meu melhor amigo na Wherehouse, também estava roubando CDs. Eu disse a ele que esperava que não fôssemos pegos, mas, de uma forma ou de outra, nosso carma significava que podíamos esperar bastante má sorte.

Eu tinha um grande porta-CD com cerca de trezentos CDs – os que eu tinha roubado e os que eu tinha comprado com meu próprio dinheiro desde antes do ensino médio. Pouco depois de sair da Wherehouse, coloquei o enorme porta--CD na minha picape; havia um compartimento na carroceria, e deixei os CDs lá. Esqueci que tinha feito isso e saí dirigindo, de modo que perdi não só os CDs que roubei, como também todos da minha coleção pessoal. Carma é isso: sempre há um ciclo completo para as coisas, embora nem sempre seja tão rápido.

Comecei a fazer bicos por meio de uma agência de empregos temporários. Eles me davam um endereço e eu nunca sabia exatamente qual seria o trabalho até chegar lá. Por exemplo, eu ia até um armazém e eles me diziam: "OK, descarregue esses dois caminhões". Era assim que as companhias procuravam por empregados permanentes: queriam caras famintos que descarregassem caminhões feito loucos. Sou forte para o meu tamanho, mas sou bem pequeno, então carregar aquelas caixas todas era trabalho duro. Eu me ferrava por oito horas seguidas. Mas era legal: trabalhos como esse garantiam que eu ainda tivesse algum dinheiro para comprar CDs e baquetas.

OS SONHOS NÃO FUNCIONAM SE VOCÊ NÃO FUNCIONAR.

Às vezes eu conseguia trabalhos no turno da noite, das 2 da madrugada até as 10 da manhã. Quando eu entrava nessa rotina, nos meus dias de folga não conseguia dormir à noite. Num desses dias de folga, eu disse a papai: "Vou sair hoje e vou ficar fora a noite toda".

Para minha surpresa, ele me disse: "Sabe de uma coisa? Você é jovem – vai lá. Eu costumava sair e me divertir a noite toda – às vezes ficava sem dormir por dois dias". Ele tinha alguns momentos em que ficava mais relaxado quanto ao que eu fazia: acho que em parte por estar envelhecendo e em parte porque podia ver que eu estava trabalhando duro, e ele respeitava isso.

Depois que ele disse isso, comecei a sair mais. Não existe um manual de instruções para a vida: você têm de descobrir as coisas sozinho. Fazia quatro anos que minha mãe tinha morrido e eu me sentia pronto para explorar o mundo. Eu estava conhecendo pessoas e fazendo merda. Às vezes, eu e meus amigos nos amontoávamos num carro e saíamos pela cidade. Às vezes acabávamos num racha pelas altas horas da madrugada.

Em Fontana, esses rachas eram sempre perigosos – era só molecada correndo, então não havia muita preocupação com precauções de segurança. Gente acabava atropelada ou baleada. Esses rachas geralmente envolviam disputas pelos documentos dos veículos, mas às vezes o perdedor dizia: "Vai se foder, não vou te dar o meu documento" – e então os caras brigavam ou sacavam armas.

Certa noite, dirigi até Newport Beach com Jim. Poder ir até o Oceano Pacífico era uma das vantagens de se ter um carro. Quando eu era criança, vivia implorando a papai para me levar à praia. Ele me levava de vez em quando, mas, se dependesse de mim, eu teria ido surfar e fazer *bodyboarding* todo final de semana.

Demos uma volta pela cidade e conhecemos umas garotas locais: elas nos acharam maneiros só porque éramos de outro lugar. Andamos com elas e então elas quiseram álcool. Dissemos: "Beleza, sem problema, nós arrumamos", e elas nos levaram até uma loja de bebidas. Da nossa parte, era só conversa – como éramos menores de idade e nem tínhamos identidades falsas, achamos que ninguém ia nos vender nada –, mas as garotas realmente queriam beber. Decidimos blefar a coisa toda.

Tivemos sorte, porque tinha um cara parado na frente da loja, claramente maior de 21 anos[4]. Perguntei a ele: "E aí, cara, você compraria um pouco de bebida pra gente? Eu te dou mais uns vinte paus – só preciso de um fardo de cervejas". Ele foi legal: pegou o dinheiro e voltou com a cerveja. Enquanto estávamos nos afastando, um bando de policiais saltou de trás dos arbustos. Não tivemos tanta sorte assim, afinal: o cara era um policial à paisana e, aparentemente, estava de olho na loja, porque eles vinham vendendo muita bebida a menores de idade. Era uma armação.

Fomos presos. Jim estava carregando um pouco de *speed*, mas manteve a calma e jogou fora antes de a polícia revistá-lo. As garotas estavam esperando por nós no carro, mas quando viram o que estava acontecendo, se mandaram. Foi humilhante. Tentei explicar aos policiais que não estávamos nem planejando beber a cerveja – era para as garotas. Eles disseram que isso não importava: tínhamos comprado cerveja de um policial à paisana. Levaram-nos até a

---

4   Idade mínima legal para a compra e consumo de bebida alcoólica nos EUA. (N. do T.)

EU E BIGHEAD JIM

delegacia e nos jogaram numa cela. Foi péssimo – o único conforto era saber que, se tivessem encontrado o *speed* de Jim, nós estaríamos fodidos de verdade.

Eu já tinha idade o bastante para eles não precisarem ligar para o meu pai ir me buscar. Só precisava ficar na cadeia até que eles estivessem prontos para me soltar no dia seguinte. Parte da condição para minha soltura era que eu deveria ir a reuniões dos Alcoólicos Anônimos todos os dias, por duas semanas. Isso abriu meus olhos: eu tinha arrumado encrenca só porque estava tentando conseguir bebida para umas garotas para que pudéssemos nos divertir. Mas, no AA, aquelas pessoas tinham problemas de verdade. Antes das reuniões começarem, algumas delas bebiam e então vomitavam no banheiro. Decidi ser mais esperto e nunca mais pedir a um policial à paisana para me comprar bebida de novo.

Numa outra ocasião, Jim e eu cruzamos a fronteira do México e fomos até Tijuana para ver um show do Tool. Foi a minha primeira vez no México e o show foi muito louco. A banda tocou no escuro, exceto por umas luzes azuis esquisitas no palco. O público misturava um pessoal local com gente que tinha vindo de San Diego. Os seguranças eram mal-encarados e você tinha de olhar por onde andava. Uns dois americanos bêbados arrumaram uma briga e eu me lembro de pensar: "Esses caras vão acabar numa cadeia mexicana hoje à noite e não vai ser nada divertido".

No meio do show, conhecemos umas garotas americanas e elas nos convidaram para dormir na casa delas em San Diego. Então curtimos um tempo com elas, bebendo e conversando sobre como o show tinha sido ótimo. Eu disse alguma coisa sobre como o Maynard – o vocalista do Tool – se entregava tanto no palco que parecia estar tendo uma convulsão. Uma das garotas ficou ofendida: ela própria sofria de convulsões. Eu me desculpei, mas achei que ela estava exagerando. Então ela começou a ter uma convulsão propriamente dita. Sua amiga sabia como proceder quando isso acontecia, então ela ficou bem, mas foi um balde de água fria naquela noite. Me senti péssimo. Mesmo enquanto se contorcia, a garota estava olhando bem para mim, como se tentando me dizer: "Que puta *timing*, cara".

Eu era totalmente louco por garotas. Nunca tive nenhuma dificuldade em convencer mulheres a ir para casa comigo – meu problema era que, como eu não conseguia manter meu pau dentro da calça, tomava decisões ruins. Meus amigos me chamavam de Pau no Lixo. Certa vez, fui a uma festa com John Sanchez, meu amigo tatuador. A festa estava meio caída – a cerveja tinha acabado quando chegamos lá, e mal havia garotas. Eu estava curtindo com John e meus camaradas Ricardo e Wilmer, fumando e decidindo o que fazer em seguida. Então ouvi uma garota falando com o cara que a tinha trazido para a festa: "Preciso de uma carona até em casa".

"Não posso dirigir", ele disse a ela. "Tô bêbado".

"Eu posso levar ela para casa", disse eu. Decidi que dar uma carona para uma gatinha era melhor do que o que estava acontecendo naquela festa. "Mas vim pra cá com o meu amigo John, então estou sem carro".

"Quer ir com a minha caminhonete?".

"Sim, eu dirijo. Vou dirigir bem a sua caminhonete – só me deixa pegar meus CDs".

Nós não nos conhecíamos de fato – ele era amigo de um amigo, mas decidiu que eu era OK. "Beleza, mano, leva ela pra casa", disse ele. Eu não sabia exatamente qual era a relação dos dois.

Na metade do caminho, paramos num sinal vermelho e ela começou a me beijar. Daí em diante, a coisa degringolou. Quinze minutos depois, estávamos transando na caminhonete. Ficamos duas horas nos pegando e transando. Mais ou menos na primeira hora, o cara começou a encher o meu pager de mensagens.

Deixei a garota em casa e liguei para o John para decidir o que eu deveria fazer. "Essa mina estava em cima de mim desde que a gente saiu", eu disse a ele.

"Cara, você tá falando sério?", disse ele, rindo. "O cara tá muito puto. Ele acha que você tá dirigindo por aí com a caminhonete dele".

"Eu não tava, juro por Deus! Diz pra ele que eu tava transando com a mina".

Voltei para a festa e todos os meus amigos diziam: "Meu Deus, você tá fodido". Fui até o sujeito e lhe devolvi as chaves. "Cara, tá aqui a camisinha", eu disse, e mostrei a camisinha usada para ele. Eu estava falando muito sério – não queria que ele ficasse decepcionado comigo, e achei que ele ficaria menos puto por causa da garota se eu pudesse provar que não estava brincando por aí com a caminhonete dele. Todo mundo na festa estava rachando de rir, mas ele levou na esportiva. Se ela era namorada dele, não era mais. "Ah, foda-se aquela vadia", disse ele. Coisas assim sempre aconteciam comigo.

Comecei a levar garotas em casa de maneira mais flagrante, sem tentar escondê-las do meu pai. Eu estava no quarto, "relaxando" com alguma garota, e ele batia na parede, tentando me dizer para abaixar o volume. Tinha uma garota muito gostosa que era completamente doida – ela era basicamente viciada em sexo, e me transformou em um viciado também. Eu podia chamá-la a qualquer hora da noite, e ela arrumava uma carona e vinha. Entrava escondida em casa e logo estávamos mandando ver – com papai batendo na parede de novo.

Um dia, papai deixou a regra clara. "Você não pode continuar a trazer garotas para cá desse jeito". Pensei que ele estivesse puto porque eu estava fazendo muito barulho tarde da noite enquanto ele tentava dormir, mas era algo mais profundo do que isso. Ele disse: "Meu camarada, você vai engravidar uma dessas garotas. E então vai se meter em problemas. Você não tem um bom emprego, não tem um puto no bolso, é jovem demais para ter um filho. É melhor você ir mais devagar, meu camarada".

Ele estava preocupado comigo. Foi um bom conselho, mas eu não prestei muita atenção. Pensei que, de qualquer modo, eu sempre usava camisinha. Meu ponto de vista era: eu tinha dezenove anos e um pau. Saí com uma garota skinhead por um tempo – certa noite, quando meu pai estava fora, estávamos em casa com a melhor amiga dela e o Jim. Falamos de jogar strip pôquer, mas parecia que ia dar muito trabalho, então jogamos strip cara ou coroa. Se desse coroa, a garota skinhead deveria tirar uma peça de roupa. Se desse cara, eu deveria tirar. Então Jim e eu começamos a jogar a moeda – e toda vez, não importava o que caísse, nós dizíamos a ela que tinha dado coroa. Nós a convencemos de que a moeda caiu em coroa oito vezes seguidas, então logo ela estava completamente nua na minha sala. Pouco depois disso, nós dois estávamos completamente nus no meu quarto.

Papai e Mary iam se casar, mas eu não queria ir ao casamento. Minha tia Nan se sentou para conversar comigo – depois que minha mãe morreu, ela era uma das três pessoas da família a quem eu ouvia (as outras duas eram minhas irmãs). A tia Nan disse: "Sua mãe se foi. Isso é terrível, mas você tem de aceitar. Agora você precisa apoiar seu pai e aquilo que faz ele feliz".

Eu disse: "OK, eu aceito, mas só não estou pronto para o casamento. Por mim, tudo bem – a Mary nunca fez nada de errado pra mim –, mas não posso estar lá. É muito difícil pra mim".

Então fiquei em casa com meu amigo Jim. Convidei uma garota para ir até lá. Era uma garota branca que adorava hip-hop – tínhamos nos conhecido num show de punk rock em San Bernardino. A essa altura, eu tinha um grupo de garotas que topavam ir até minha casa para se divertir, sem se preocupar se éramos namorados ou não. Pensei que ela talvez levasse uma amiga, mas ela não levou. Jim não se importava em ficar sozinho – ele nos deu alguma privacidade. Coloquei Snoop Dogg – o álbum *Doggystyle* tinha acabado de sair, e essa era a minha ideia de uma trilha sonora romântica.

Enquanto estávamos metendo no meu quarto, olhei pela janela. Nosso quintal não tinha piscina, nem paisagem: era só grama e terra. Mas Jim tinha ficado entediado e conduziu seu furgão Volkswagen até o quintal, onde estava fazendo zerinhos. Ele me viu olhando pela janela e me fez um joinha. Comecei a rir e retribui o gesto. Enquanto ainda estávamos transando, a garota disse: "O que você tá fazendo?".

"Só dando um joinha para o Jim, avisando que tá tudo bem por aqui".

Durante esse tempo todo, fiz parte de uma porção de bandas. Uma delas imprimiu flyers para o nosso primeiro show – mas nós terminamos antes mesmo de o show acontecer. Algumas das bandas nem chegavam a tanto: éramos só eu e uns amigos tocando na garagem de alguém. Tive uma banda de punk rock chamada Doyt, com meus amigos Shane Gallagher e Anthony Celestino. Shane tocava guitarra e Anthony tocava baixo; a banda era influenciada por Hüsker Dü, Minor Threat, Operation Ivy e, em especial, Descendents (e o All, outra banda formada por seus integrantes), tanto na música quanto nas letras. Eu adorava punk rock, e essas bandas cantavam sobre tudo pelo qual eu estava passando, dos problemas com garotas até ser chamado de perdedor. Quando as descobri, não houve mais volta.

O Doyt era meio experimental e, se tivéssemos encontrado um vocalista, a banda teria sido incrível. Ensaiávamos na garagem da minha casa e, no meio de alguma música, o portão se abria: papai estava em casa. Ele entrava com sua

Harley e derrubava o amplificador do Shane. Ninguém falava nada a respeito. Papai metia medo em todos os meus amigos.

Eu trabalhava com a teoria de que era possível fazer parte de muitas bandas ao mesmo tempo, então, quando meu amigo Randy (o que fez zerinhos no jardim do prefeito) me disse que sua banda precisava de um baterista, eu entrei. A banda se chamava Feeble, por causa de uma manobra de skate chamada *feeble grind*: era uma ótima banda de punk rock de Laguna Beach, a cerca de uma hora de Fontana, e todos os integrantes já tinham morado na minha cidade.

Eu já tinha terminado o ensino médio havia dois anos quando papai me deu um ultimato: "As suas irmãs podem morar aqui. Elas nem precisam pagar aluguel" (embora elas de fato o ajudassem com o aluguel, só porque eram legais). "Mas você agora é um homem, então as regras são diferentes. Ou você arruma um emprego de verdade, em que trabalhe sessenta horas por semana, e me paga parte do aluguel, ou você pega a sua bateria e se muda daqui".

Pensei em me alistar no exército. Sonhei a vida inteira em ser músico, mas nada parecia acontecer. Comecei a pensar que papai estava certo – fazer parte de uma banda era só um conto de fadas. Ele sempre dizia que o exército ia fazer de mim um homem: "Você precisa crescer e ser homem. Não pode ser um moleque num mundo de homens". Fontana tinha postos de alistamento nos shoppings, bem ao lado das lojas de tudo por 99 centavos. Fui até um dos postos para pegar um panfleto, mas no momento em que entrei percebi que aquilo não era o certo para mim. Eu tinha muito respeito pelo meu pai e pelo que ele fazia, mas eu queria ir adiante.

Eu ainda não tinha lugar algum aonde ir, então dei uma procurada por um emprego estável e consegui um cargo na Target Warehouse. Eram cerca de sessenta e cinco horas por semana, e o salário era decente. Mas eu não teria tempo para tocar bateria. Disse a Noel Paris, o vocalista do Feeble, o que estava rolando: eu tinha de arrumar um emprego, ou não teria onde morar, e isso significava que eu teria de parar de tocar bateria, pelo menos por enquanto.

Noel disse: "Cara, sinto que você está cometendo um grande erro. Você é talentoso demais para perder essa chance. Por que você não vai dormir no meu sofá? Se não der certo, daqui uns dois anos você pode voltar atrás e conseguir esse emprego estúpido de novo. Mas como saber se você vai ter a oportunidade de tocar bateria assim de novo? Daqui uns cinco ou seis anos, você não vai querer olhar para trás e se arrepender ao se dar conta de que poderia ter se tornado baterista".

Ele estava certo. Eu disse: "Pai, se você está me pedindo pra sair, vou sair". Coloquei a bateria na picape e me mudei para Laguna Beach.

VOCÊ É AQUILO QUE VOCÊ ESCOLHE SE TORNAR. SEJA QUEM ELES DIZEM QUE VOCÊ NÃO PODE SER.

PRIMEIRA DEMO DO FEEBLE - ARTE DE NOEL PARIS

4
Melhor amiga por uma noite

Mudei-me para a casa do Noel com a bateria e um saco de dormir. Ele foi legal o bastante para me deixar dormir no sofá – ou no chão, dependendo se havia mais alguém para dormir lá nesta ou naquela noite. De manhã, eu enrolava o saco de dormir e o guardava num canto. Morávamos num apartamento tipo studio na Rota 1, a Pacific Coast Highway, bem ao lado do restaurante Royal Thai.

Noel conseguiu para mim um emprego na prefeitura de Laguna Beach, como lixeiro. Era um trabalho legal, na verdade – o uniforme era basicamente camisa e calça Dickies, o que já era o que eu usava, de qualquer forma, então me senti em casa. Na minha primeira semana de trabalho, achei uma nota de cem dólares em cima de uma lata de lixo na frente de um bar. Alguém deve ter achado que se tratava de um pedaço de papel amassado no bolso e jogou fora – fiquei bem empolgado.

Todo o departamento de saneamento era bem legal. Todo mundo do Feeble trabalhava como lixeiro, então nos divertíamos muito. Tocávamos o terror. Descobrimos como mexer num dos caminhões de forma que o fluido do limpador de para-brisa esguichasse para o lado. Então dirigíamos até a praia seguinte e esguichávamos nas pessoas que passeavam na areia. Passávamos os dias se encontrando ou falando ao telefone, decidindo nosso próximo passo. Às vezes íamos à Kinko's em horário de trabalho para imprimir flyers para o nosso próximo show. Costumávamos tocar nos bares locais – o Hennessey's e o Sandpiper – vestindo nossos uniformes de lixeiro. Tínhamos orgulho do nosso trabalho para a cidade e éramos astros locais – entre os nossos amigos, pelo menos.

NOEL PARIS (VOCALISTA, FEEBLE)

Cresci em Fontana, e a única coisa que eu queria na vida era dar o fora de Fontana. Logo depois do ensino médio, fui para a faculdade de artes em Laguna e consegui um emprego na prefeitura. Meu objetivo era conseguir um emprego na prefeitura para todos os meus amigos de Fontana, para que eles pudessem ir embora de lá.

Na época, eu estava focado na pintura, então a banda era mais pela diversão. Mas o Travis nos trouxe uma sensação de sermos uma banda de verdade. Ele subiu o nível para todos nós, e nos sentíamos mais confortáveis para fazer shows só pelo de fato soarmos bem. Foi uma mudança drástica.

Bateristas iam aos nossos shows só para ver o Travis. Mal ligavam para a banda – só estavam lá para vê-lo tocar. Houve muitas vezes em que eu também senti vontade de me virar e assisti-lo tocar – ele era incansável.

Todas as garotas o adoravam. A gente pensava: *"Mas que porra é essa?"*. Ele era um moleque mirrado, mas as garotas bonitas se derretiam por ele. Era insano – havia garotas que batiam na janela do nosso apartamento minúsculo na PCH no meio da noite, ou sentadas em seus carros no estacionamento, só esperando ele acordar. Desde então nunca vi nada como aquilo.

RANDY STEWART (BAIXISTA, FEEBLE)

Depois que o Travis entrou na banda, nosso estilo mudou. Ele obviamente é um baterista talentoso, mas também é muito bom em arranjar músicas. Ele tinha ideias completas para músicas: a guitarra vai acentuar aqui, Randy vai tocar alguma coisa ali. E ele meio que me ensinou a tocar baixo. Eu já tocava guitarra, mas é completamente diferente. Nós ensaiávamos todos os dias e fazíamos uns três ou quatro shows por semana. Para uma banda independente, nós dávamos bem duro.

Certa noite, tocávamos num clube em Riverside e o público era barra pesada. Um dos nossos amigos arrumou briga com um dos seguranças e começou a apanhar. Isso logo virou um quebra-pau generalizado: mesas foram viradas, gente dando cadeirada, gente sendo expulsa. Olhei para o Travis e ele estava atirando baquetas nos seguranças – enquanto tocava. Atirava uma e pegava uma nova da bolsa pendurada do lado de sua bateria, o tempo todo continuando a tocar.

Certa noite, no Hennessey's, fizemos um bom show. Era punk rock rápido e melódico, mas soamos *clean* e eu tive a chance de tocar umas coisas legais na

Tocando com o Feeble

bateria. Havia uma garota no público que não parava de me encarar. Ela parecia estar em estado de choque, e não pude deixar de notá-la. Depois de um tempo, percebi que se tratava, na verdade, de um cara. Quando terminamos nosso set, ele veio até mim e disse: "Cara, você é um ótimo baterista. Você vai longe". Minha reação foi: "Valeu, cara" ou "Valeu, gata". Eu não estava 100% certo. Mas acabou que era o Taylor Hawkins, que se tornaria baterista do Foo Fighters. Ele era de Laguna Beach e já estava tocando profissionalmente – na época, estava em turnê com a Alanis Morrissette. Eu estava acostumado com bateristas sendo competitivos entre si, não elogiando os outros, então ele ter dito aquilo me motivou bastante.

Eu estava louco por garotas, como sempre. Era maluco por uma garota que trabalhava no Hennessey's, e, certa noite, depois de um show do Feeble, levei-a para casa. O Feeble acabou compondo uma música sobre ela, chamada "Best Friend for a Night". As garotas em Laguna Beach pareciam estar num nível diferente daquelas com quem eu tinha crescido – e agora que eu estava fora do colégio, estava conhecendo muitas mulheres mais velhas.

Durante o dia, minha rota incluía o escritório de uma firma de advocacia. Vi uma das secretárias de um dos advogados estacionar o carro dela, um Impala antigo. Sempre fico empolgado com Chevys antigos, então começamos a conversar sobre o carro e nos demos bem. Logo estávamos fazendo longas pausas no trabalho para ficarmos juntos durante o dia. Eu estacionava o furgão da coleta de lixo na garagem dela, para que ninguém me encontrasse – e nos pegávamos por horas, transando feito loucos. E então eu voltava para a base do departamento de saneamento e inventava uma história sobre onde eu tinha estado: "Estava na Laguna Canyon Road, pegando lixo da rua". Por fim, fui pego. Tomaram meu furgão e me mandaram trabalhar no centro. Tive de recolher bitucas de cigarro e limpar os cinzeiros de cima das latas de lixo – mas valeu a pena.

Foi uma época muito legal. Os caras no Feeble eram como irmãos mais velhos que eu nunca tive. Me ensinaram a surfar e a fazer *skimboarding*. Um dos amigos deles era um jogador profissional de vôlei de praia – quando ele conquistava uma grande vitória, sempre acabávamos na casa dele para um churrasco. Ninguém tinha muito dinheiro, mas éramos jovens e nos divertíamos muito. Tudo o que eu queria da vida era algum dinheiro para comprar discos e almoçar no Wahoo's Fish Tacos todo dia. Fiquei amigo dos caras que trabalhavam lá. Eu sempre dizia ao Wing, o dono: "Se um dia eu ganhar dinheiro, Wing, vou abrir um Wahoo's Fish Taco".

"Vai, com certeza, Trav"[1].

Todos do Feeble cortavam seus próprios cabelos. Aprendi com o Noel, não que houvesse muita técnica: eu só pegava uma tesoura e começava a cortar. Na maioria das vezes, o comprimento saía todo irregular e eu ficava com um cabelo punk bem zoado. O melhor que se podia dizer era que estava mais curto do que antes. Fiz isso por um tempo até que comprei meu primeiro barbeador elétrico e o usei para raspar a cabeça. Depois que consegui esse barbeador, raspava a cabeça a cada três semanas e então tingia o que restasse de cabelo.

NÃO HÁ NADA DE ERRADO EM TER UMA APARÊNCIA DIFERENTE DO RESTO DO MUNDO. IMAGINE SE ESTIVÉSSEMOS, ESSE TEMPO TODO, OLHANDO PARA O MUNDO DA MANEIRA ERRADA.

Contei ao Jim, meu melhor amigo de Fontana, como a vida era excelente em Laguna, e ele se mudou para lá também. Íamos à praia todos os dias. O apartamento do Noel ficava a uns 3 km da praia, então nós íamos todos a pé ou de skate. Nos finais de semana, às vezes íamos e voltávamos da praia para o apartamento umas quatro ou cinco vezes por dia.

Certo dia, fomos surfar e as ondas estavam monstruosas: não tão grandes quanto no Havaí, mas chegavam a 1,2 m, 1,8 m de altura. Jim e eu ficamos bem empolgados, mas veio uma contracorrente muito feia. Quando conseguimos sair dela, a ressaca foi tão forte que continuava a nos puxar para mais longe – não conseguíamos chegar à terra firme. As casas tinham se transformado em pontinhos. Foi a coisa mais assustadora de todos os tempos. Nós dois estávamos viajando, mas enfim nos demos conta de que não tínhamos escolha a não ser começar a remar. Levou uma hora até que chegássemos à praia – quando chegamos, todos os nossos amigos tinham ido embora, e Jim e eu só nos deitamos na areia, exaustos, porém aliviados por estarmos vivos. Dava pra notar que não éramos da cidade.

---

1   Seis anos depois, abri dois Wahoo's Fish Tacos com o Wing no Inland Empire. Tenho 49% das ações e ele gerencia os restaurantes. Um deles tem uma velha bateria minha pendurada no teto. É um sonho realizado – adoro o Wahoo's até hoje.

Laguna Beach tem uma grande comunidade gay. Não tenho nada contra os gays, mas, naquela idade, eu não conhecia muitos, então era algo novo para mim (ou talvez eu conhecesse gays e eles se mantivessem em silêncio quanto a isso). Não havia boates gays em Fontana, e Laguna tinha uma casa noturna muito popular e muito grande chamada Boom Boom Room. Quando eu fazia minha rota de lixeiro, tinha de recolher camisinhas usadas deixadas em volta da Boom Boom Room: isso era nojento.

Jim conseguiu um trabalho num café na beira da praia, mas era o único cara hétero da equipe. Sempre que ele se abaixava para pegar alguma coisa, um dos garçons chegava por trás e fingia estar comendo ele. Eu via isso acontecendo quando passava de skate em frente ao café – o Jim ficava muito puto, mas era hilário.

Jim e eu conseguimos ingressos para o Epitaph Summer Nationals – um festival de três dias com praticamente todas as bandas do selo Epitaph. Era o show mais foda: era o resumo de tudo o que estava acontecendo naquela época, com as bandas mais iradas que estavam começando a aparecer. Vimos o Total Chaos, o SNFU, o Rich Kids on LSD. Foi a primeira vez que vi o Rancid ao vivo – e eu estava na primeira fila. Às vezes o Tim Armstrong cospe quando canta, e ele acabou cuspindo em mim. Não me importei – aquele final de semana foi o melhor de todos.

Ficar no gargarejo num show era como estar diante do meu sonho. Em alguns aspectos, era o mais perto que eu já tinha chegado – mas eu ainda não fazia ideia de como fazer acontecer. Às vezes eu dirigia para mais longe da costa para ver shows no Barn, que era um clube pequeno no campus de Riverside da Universidade da Califórnia. Certa noite, no Barn, notei um baterista que eu conhecia – a banda dele iria tocar naquela noite. Não era o meu baterista favorito, mas eu estava empolgado para conversar com *qualquer* baterista profissional. Fui até ele e comecei a disparar perguntas como: "Ei, a que horas vocês vão subir no palco? Que tipo de bateria você usa?".

Ele basicamente disse: "Vaza daqui, moleque – não tenho tempo pra você".

Fiquei desnorteado – não conseguia acreditar que o cara era tão cuzão assim[2].

---

2   Anos depois, quando o Blink-182 estava começando a fazer sucesso, o mesmo baterista entrou em contato comigo e me perguntou se podíamos nos encontrar para que eu mostrasse algumas coisas a ele. Fiquei com muita vontade de dizer que, quando perguntei a ele a mesma coisa alguns anos antes, ele me falou para vazar. Eu nunca disse nada, mas certamente nunca toquei com ele. Tampouco tratei um fã da maneira como ele me tratou.

Comecei a frequentar bastante o Barn e fiquei bem amigo de Bill Fold, que era o promoter da casa. Ele era alguns anos mais velho do que eu, e um cara bem legal. A viagem até o Barn demorava uma hora e meia, mas o Bill marcava os shows mais legais, fossem de hip-hop, metal ou punk rock. E ele adorava os Misfits, então garantia um show deles pelo menos uma vez por ano. Às vezes eu só ficava lá para assistir aos shows, em outras eu ficava recolhendo os ingressos na porta, ou fazendo qualquer outra tarefa que o Bill me pedisse.

O Feeble era minha banda principal, mas em paralelo eu tocava com basicamente qualquer um que me chamasse: às vezes eu me chamava de puta da bateria. Por exemplo, eu fazia parte de um trio chamado Crawl, com meus amigos Billy e Alex – éramos bem post-hardcore, com influência pesada de Quicksand e Rocket from the Crypt. Fizemos dois shows, e então um dos caras saiu. Nós o substituímos e criamos uma nova leva de músicas na mesma pegada, e nos batizamos Box Car Racer. Essa banda também durou dois shows.

Certa noite, depois que o Feeble tocou no Hennessey's, eu estava dando um tempo no bar, chateado porque a garota que eu era a fim não estava trabalhando naquela noite. Duas mulheres mais velhas foram até mim – elas tinham acabado de nos ver tocar. Uma delas, que parecia uma cigana, disse: "Não escuto esse tipo de música, mas vejo você fazendo tanta gente feliz. Você vai tocar para milhares de pessoas e vai vender milhões de discos. Querido, eu vejo coisas – é como ganho a vida". Ela estava bêbada, mas havia algo nela – fiquei bem vidrado. Ela falou durante horas. Já eram duas da manhã e eu podia ouvir meus amigos me zoando, dizendo que eu estava tentando pegar ela. Mas ouvi-la falar sobre como eu me tornaria um grande baterista e como eu faria as pessoas felizes foi incrível e me lembrou das coisas que minha mãe costumava me dizer. Naquela noite, fui para casa me sentindo cheio de esperança.

Jim concluiu que estava sentindo falta de Fontana e se mudou de volta para lá, embora sempre fosse até Laguna Beach quando eu tinha algum show. Eu mal voltava para minha cidade natal, mas ligava regularmente para papai e minhas irmãs. A relação com o meu pai melhorou assim que eu saí de casa – mesmo que ele não estivesse lá muito certo quanto ao rumo que eu estava tomando, ele respeitava o fato de eu estar tentando fazer as coisas acontecerem sozinho. E eu sentia falta dele.

Mike Ensch era o empresário do Feeble e morava no andar de cima do Noel. Às vezes eu ficava no apartamento dele para que o Noel e sua garota pudessem ter um pouco de privacidade. Noel nunca reclamou de eu dormir no chão dele, mas eu percebia que ele precisava de espaço.

Nunca fui de beber muito, mas quando fiz 21 anos comecei a fazer experimentos com o álcool. Certa noite, cheguei na casa do Mike completamente bêbado. Estava me sentindo muito emotivo e disse a ele algo que nunca tinha dito a ninguém.

"Vou morrer num acidente de avião". Eu não sabia de onde vinha aquela sensação – eu só estivera num avião uma única vez, quando minha mãe me levou para visitar a família dela em Chicago. Mas eu não conseguia me livrar de tal sensação. A conversa perturbou um pouco o Mike – ele levou numa boa, mas não soube o que dizer.

Por fim, a namorada do Noel foi morar com ele, então eu me mudei para o apartamento do Mike. Eu levava garotas até lá e transava com elas no chão, e ele nunca se importou com isso. Era um colega de apartamento superlegal.

Por um tempo, o Feeble tocou shows de punk rock sujos num lugar chamado Copacetic Café. Às vezes, outra banda, chamada BHR, dividia a noite conosco: essa sigla significava Butt Hole Rebellions ["rebeliões de cu"]. Meu amigo Chad Larson era o baixista do BHR, e depois ele entrou numa banda chamada Aquabats, que era alguma coisa – eles tinham gravado um álbum e estavam viajando por todo o país. Um dia, o baterista do Aquabats saiu. Eles tinham um show marcado, e Chad se lembrou de mim. Ele me ligou numa segunda-feira: "Viu, minha outra banda, o Aquabats, vai abrir pro Fishbone na sexta e nós precisamos de um baterista. Tá a fim?". Eu disse sim, como sempre fazia quando me convidavam para tocar bateria. Desta vez, dizer sim viria a mudar minha vida.

MIKE ENSCH (empresário, Feeble)

Se os Estados Unidos são uma bolha do mundo, a Califórnia é uma bolha dos Estados Unidos. E Orange County é uma bolha dentro da Califórnia, e Laguna Beach é, definitivamente, uma bolha dentro de Orange County. É cercada por montanhas, e é meio que lacrada. Tem sua própria cultura – é meio pitoresca, mas muitas marcas famosas de surfe começaram lá.

Por volta de 94 ou 95, eu morava em Laguna Beach e tinha alguns amigos que tocavam numa pequena banda punk chamada Feeble. Eu tinha me tor-

COM O FEEBLE, CORTESIA DE FRANK VELASQUEZ

nado bem próximo do vocalista, Noel Paris, e um dia, na praia, ele me disse: "Acabamos de encontrar um baterista incrível – ele tem dezenove anos e vamos trazê-lo para morar aqui. Ele vai dormir no chão da minha casa e vou ver se consigo um emprego na prefeitura pra ele".

Fui a um show do Feeble certa noite, e eles foram incríveis. Noel tinha uma presença de palco singular e Travis era dez vezes melhor do que o último baterista que eles tiveram. Eu nunca tinha agenciado uma banda – eu fazia UCLA na época, e viajava entre as duas cidades umas duas vezes por semana – mas disse: "Vocês são ótimos. Vocês têm um empresário?". Eles tinham, então perguntei: "O que ele faz por vocês?".

Noel disse: "Ele tira 10% do que nós ganhamos e não faz muita coisa".

Eu disse: "Bom, eu trabalho de graça. Sou amigo de vocês, vamos ver se conseguimos colocar a coisa pra andar". Negócio fechado.

Conheci Travis naquela noite. Ele era muito tímido. Dava para notar que ele estava deslocado, e não falava muito, mas tinha um bom senso de humor e parecia um garoto firme.

A coisa mais louca é que as mulheres absolutamente o adoravam, mesmo quando ele ainda não era ninguém. Elas iam até ele em bando. Eu não conseguia sacar; estava sempre me perguntando: "O que é que esse moleque tem?". Alguns indivíduos têm um quê a mais – eles não precisam se esforçar como o resto de nós.

Depois de um tempo, Travis saiu do apartamento de Noel e foi morar comigo. Nesse período, as garotas não paravam de aparecer na nossa porta. Ele as deixava entrar, e às vezes pedia a elas que fizessem um strip para mim – e elas faziam. Era surreal. Eu não me importava, obviamente. Não era preciso muita coisa para convencer essas garotas: se elas estavam batendo à nossa porta, estavam lá por uma só coisa. Isso foi antes de todo mundo ter um celular, então, se elas quisessem transar com Travis, a melhor maneira de fazer isso acontecer era aparecer lá. A banda compôs uma música sobre a vida sexual do Travis, chamada "Best Friend for a Night".

Travis era um ótimo colega de apartamento. Não era bagunceiro: saía às cinco da manhã para trabalhar, e recolhia suas coisas e as guardava num canto. Ele saiu do casulo naquele ano: contou-me sobre a morte da mãe, e sobre seu pai lhe dizendo que lhe daria uma puta surra caso ele fizesse uma tatuagem.

Foi um ótimo verão: todos nós estávamos levando nossas carreiras adiante. Eu trabalhava no Surf & Sand Hotel; era gerente de serviços. Mas fazia meus próprios horários, então eu podia ir aos shows do Feeble quando precisasse.

Quando o Feeble entrava em estúdio para gravar algumas músicas, Travis sempre acertava de primeira. A bateria é geralmente a parte mais difícil de registrar durante uma gravação, mas eu costumava chamá-lo de One Take Jake ("Jake de Um Take"). Se eu tivesse sido mais safo em termos de negócios, teria assinado um contrato com ele. Mas não teria sido correto – aqueles caras eram meus amigos.

O Feeble durou talvez mais um ano depois da saída de Travis, e então o núcleo da banda, Noel e seu primo Frank, começaram uma banda nova chamada Scrimmage Heroes. Fui empresário deles também. Em 2002, Travis levou o Scrimmage Heroes na Pop Disaster Tour com o Blink-182 e o Green Day. Tocávamos em um dos palcos laterais enquanto a molecada estava entrando. Foi legal da parte dele fazer isso – rendeu muita publicidade para nós –, mas a banda acabou terminando, de qualquer forma.

Uma coisa que notei sobre quem fez sucesso na indústria musical: eles não só têm talento, têm também o ímpeto. Há quem seja um músico talentoso, mas que querem esperar sentados que outra pessoa faça o trabalho de fato para eles. Travis não é assim. É como qualquer outro negócio – é preciso ter o ímpeto de dar o seu melhor, ou você não vai chegar lá.

COM O AQUABATS

5
A Fúria dos Aquabats

O Aquabats era uma banda de ska com oito integrantes cujos shows pareciam uma versão em carne e osso de um desenho animado de super-heróis. Christian Jacobs, o vocalista, era a mente por trás disso tudo, e a cada show ele inventava uma nova fantasia ou um novo truque. A banda tinha uma música chamada "The Cat with Two Heads" ("o gato de duas cabeças") e outra chamada "Marshmallow Man" ("homem-marshmallow") – durante essas músicas, gente vestida como esses personagens enfrentavam os próprios Aquabats enquanto a gente tocava. Quando cheguei para aquele primeiro show com o Aquabats, não sabia que ele se fantasiavam. Um dos membros do naipe de metais era de uma família que era dona de uma marca de trajes de surfe e mergulho chamada Aleeda, então todos na banda usavam esses trajes que pareciam uniformes de super-herói verde-limão, além de sungas, óculos de natação e capacetes. Os tais trajes são basicamente como macacões de mergulho, mas eles não te esquentam da mesma forma – parecem algo que você talvez usasse na academia, se tivesse uma noção muito ruim de moda. Eu não era lá muito louco por essa fantasia, mas eu sabia que era parte do trabalho, então a usava sem reclamar. Convidei alguns amigos para aquele primeiro show e nenhum deles tinha certeza de que era eu no palco. Eles não faziam ideia de quem eram os Aquabats, ou que eles se fantasiavam – tudo o que sabiam era que *jamais* sonharam que eu usaria algo como aquilo.

Fizemos o show de abertura para o Fishbone e detonamos. Foi um dos maiores públicos para quem toquei, e fiquei absolutamente empolgado. Assim que saímos do palco, a banda pediu que eu me tornasse o baterista deles, e eu disse sim.

CHRISTIAN JACOBS (VOCALISTA, THE AQUABATS)

Começamos essa banda de ska, The Aquabats, para tirar onda da cena e tirar onda de nós mesmos ao mesmo tempo. Quando começamos a fazer shows, queríamos cair na estrada e fazer turnês, mas nosso baterista tinha um emprego sério – acho que ele trabalhava para a ESPN. Ele só podia tocar nas noites de sexta e sábado e nada mais.

Começamos a dar uma procurada por aí e alguém nos disse: "Esse moleque Travis tem uns dezenove anos, mas ele é o melhor baterista que vocês já ouviram na vida". Então ligamos para ele – e ele veio em sua picape laranja rebaixada. Na época, eu trabalhava numa empresa de skates e morava no escritório, num futon no andar de baixo, onde eles guardavam os shapes. Ensaiávamos depois do meu expediente.

O Travis usava bermuda de skatista e tinha umas tatuagens. Ele montou a bateria e disse: "Bom, eu já ouvi falar de vocês, mas nunca ouvi a banda. Vocês poderiam tocar uma das músicas, e em seguida eu toco junto?".

Eu disse: "Posso não saber muita coisa, mas você vai ter de ouvir mais de uma vez".

"Não, consigo ouvir uma vez só".

Então tocamos para ele a primeira música do nosso CD, e depois ele tocou perfeitamente – bem melhor do que foi tocado na gravação. Tocamos mais algumas músicas e, no final, eu disse: "E aí, cara, quer entrar na banda?".

Ele disse: "Claro, já peguei as músicas".

No primeiro show com o Travis, entreguei a ele uma sacola e disse: "Essa é a sua fantasia".

Ele disse: "Como assim, minha fantasia?". A cara que ele fez foi muito engraçada. Era algo que definitivamente estava mexendo com a vibe dele. Por fim, ele simpatizou um pouco mais com a ideia, porque viu que estávamos sendo irônicos. Não éramos supernerds completos – embora sejamos supernerds.

Como só tínhamos ensaiado umas duas vezes, eu disse ao Travis: "Viu, se você errar alguma coisa, não se preocupe". Estava tentando encorajá-lo, mas ele ficou bem ofendido. Não disse nada naquela noite, mas, um tempo depois, falamos sobre aquilo. Ele me disse: "Não acredito que você disse aquilo pra mim". Ele é muito focado e não cometeu nenhum erro. A banda nunca soou tão bem.

Na cena ska-punk do Sul da Califórnia, não havia outra banda como o Aquabats, e isso nos beneficiava muito. Tínhamos shows todos os finais de semana: fizemos um burburinho dos bons em Orange County, e conseguimos mais e mais turnês pelos EUA. Nós nos amontoávamos numa van de 10 passageiros, dirigida por nós mesmos, e rumávamos para todo canto do país.

Tínhamos um monte de uniformes diferentes de Aquabats, que alternávamos – um branco, um azul-claro, um prateado –, mas, se algum deles rasgasse ou sumisse, então podíamos acabar usando o verde-limão por seis shows em sequência. Não havia um jeito fácil de lavá-los na estrada, então aquela van desenvolveu um odor muito peculiar.

Eu dissera ao Feeble que continuaria a tocar bateria para eles quando não estivesse ocupado com o Aquabats, mas rapidamente percebemos que eu estaria ocupado com o Aquabats na maior parte do tempo. Fiz uns dois shows finais

NO PALCO COM O AQUABATS

com o Feeble e precisei sair da banda. Os outros caras entenderam que era uma grande oportunidade – mas, ainda assim, eu era capaz de perceber que eles estavam bastante decepcionados. Eu sabia que nunca teria tido a chance de tocar com os Aquabats se o Noel não tivesse me incentivado a vir para Laguna Beach e ficar no sofá dele, e eu era muito grato a ele – mas não pude decidir como dizer isso a ele quando saí de sua banda. Foi difícil deixar o Feeble, em especial porque todos eles eram como irmãos para mim. Eu estimava muito minha amizade com Noel, Randy e Frank. Aprendi tanto com aqueles caras – a começar pela lição de que era possível ir embora de Fontana.

Todos no Aquabats tinham nomes artísticos. Christian se chamava de Bat Commander, Chad Larson era Crash McLarson, o guitarrista Charles Gray era Ultra Kyu, o saxofonista James Briggs era Jimmy the Robot, o trompetista Adam Deibert era Prince Adam, o outro trompetista, Boyd Terry, era Catboy, e o guitarrista Courtney Pollock era Chainsaw the Prince of Karate. Christian me deu meu nome de Aquabat, que foi como ser iniciado em uma sociedade secreta ou ordenado Cavaleiro da Távola Redonda. Ou talvez entrar para os Superamigos. Estranhamente, o nome que ele escolheu foi Baron von Tito – que era uma variação do Barão Vermelho, o famoso piloto alemão da Primeira Guerra Mundial que o Snoopy sempre enfrentava nos quadrinhos. Devido às minhas pesadas visões de morrer num acidente de avião, pirei: esse cara estava mesmo me batizando como um piloto de avião? Não disse nada sobre isso ao Christian, mas esse nome me assombrou desde o meu primeiro dia na banda.

Os Aquabats eram uns caras incríveis. Quando entrei na banda, não fazia ideia que a maioria deles era mórmon. Eles não fumavam, não bebiam e não tomavam nem Coca-Cola. Não falavam palavrão, em especial nas letras das músicas. Ao passo que, perto deles, eu era basicamente Satanás. Eu bebia, fumava, tinha tatuagens no corpo todo. Christian encrencava comigo por eu fumar – uma piada recorrente era que, se eu estivesse com um cigarro na boca, ele poderia jogá-lo longe. Ele exercia uma influência positiva sobre mim; embora eu fosse muito diferente dos outros Aquabats, eles sempre foram incrivelmente legais comigo e sempre me trataram com carinho. Eu me diverti demais tocando com eles.

Embora fôssemos muito diferentes em termos religiosos, tínhamos muita coisa em comum. Todos nós crescemos andando de skate, adorávamos punk rock e crescemos ouvindo bandas de punk rock do Sul da Califórnia, como Agent Orange e Descendents. Eu nunca tinha conhecido um mórmon, e agora estava ganhando um curso intensivo sobre a religião. Até fui à igreja com eles umas duas vezes. Sempre fui aberto a qualquer coisa que tenham a me dizer, seja mormonismo, budismo, qualquer coisa. É legal saber que há tantas maneiras diferentes de crer em Deus. Quanto mais fé você puder absorver, mais esperança se pode ter.

De muitas maneiras, o Aquabats era tão punk rock quanto a maioria das bandas com as quais eu já toquei. O Christian era totalmente louco. Nós bastidores, ele pintava os dentes de preto com um canetão, só pela piada. Às vezes, esguichava fluido de isqueiro na minha bateria, sem o meu conhecimento. E então, no meio do show, eu contava a entrada de uma música e ele "acendia" a bateria. Eu batia nos pratos e uma bola de fogo explodia. De repente, eu tentava tocar uma música e a bateria inteira estava pegando fogo – era incrível. O público ia à loucura e os bombeiros queriam nos botar na cadeia. Eu me divertia tanto tocando com aquela banda.

Cuspo muito quando estou tocando. Tento evitar atingir os caras com quem estou tocando, mas às vezes isso era difícil com os Aquabats, que eram pelo menos oito caras no palco. Às vezes eu cuspia no Christian sem querer – ele se virava e cuspia de volta em mim. Então acabávamos numa completa guerra de cuspe no meio de um show.

CHRISTIAN JACOBS (VOCALISTA, THE AQUABATS)

O Travis podia não parecer um garoto propaganda da excentricidade, mas ele era mais zombeteiro do que se pode imaginar. Estávamos em turnê com o Reel Big Fish e uma banda chamada Kara's Flowers, que hoje se chama Maroon 5 – eram uns moleques legais naquela época. Um dos primeiros shows dessa turnê foi em Milwaukee, num lugar chamado Eagle Ballroom. Havia rumores de que Buddy Holly, Richie Valens e Big Bopper fizeram seu último show lá antes de morrerem, e o produtor disse que o local era assombrado. Depois do show, nos hospedamos do outro lado da rua, no Ambassador Hotel, supostamente o hotel onde Jeffrey Dahmer esquartejara algumas de suas vítimas. Estávamos todos pirando, mas o Travis tinha um brilho nos olhos.

Fomos cada um para seu quarto e nos preparamos para dormir. Uma hora depois – BAM, BAM, BAM –, batidas na porta, um negócio assustador. Hesitei por um segundo e fui até a porta. Olhei pelo olho mágico e havia alguém no corredor escuro, com um lençol sobre a cabeça. Havia dois olhos cortados no lençol e ele fazia "uuuuu!". Abri a porta com tudo e pude ver que era Travis sob o lençol. Ele saiu correndo, rindo.

Certa vez, no Colorado, havia um *snowboarder* bêbado na plateia, e eu comecei a tirar onda com ele. O cara então se chateou e subiu no palco para pegar o microfone. Olhei para trás e o Travis estava pulando por cima da bateria – fantasiado de Aquabat, o que tornava a cena muito engraçada –, prestes a atacar o cara com uma chave de fenda. Ele tinha uma expressão de tigre aprisionado nos olhos: *Ninguém mexe com o meu vocalista*. Empurrei o *snowboarder* do palco, mas mesmo depois do show Travis ainda dizia: "Vamos lá pegar aquele cara". Ele literalmente estava me protegendo.

Travis apareceu no meu casamento ao lado de Tim Milhouse, ambos cobertos de tatuagens. Os convidados olhavam meio torto para eles. Minha esposa e eu deixamos nossa lista de casamento na Target: Travis nos comprou um Nintendo 64 de presente.

Já que eu não estava mais tocando com o Feeble, não parecia correto continuar dormindo no chão de Mike Ensch. Voltei para a casa do meu pai por um breve período, mas agora, com 21 anos e tendo experimentado o gosto da independência, morar com a família parecia sem graça. Eu tinha algo a provar – a mim mesmo e ao meu pai. Então fui morar com meu amigo Bill Fold, o promoter do Barn. Ele tinha uma casa de três quartos em Riverside, e alugava um quarto por uns duzentos dólares por mês para quem quer que precisasse de um lugar para morar por um tempo. Era um vai e vem de músicos e moleques da cena.

Foi o meu primeiro espaço só meu. Era só um quarto na casa do Bill, mas já era um lugar para chamar de meu. Pintei um símbolo do Wu-Tang Clan bem grande na porta do meu closet. Talvez eu devesse ter pedido permissão ao Bill, mas não pedi: ele chegou em casa um dia e lá estava um W enorme na porta. Eu quis me certificar de que ninguém do lado de fora pudesse ver o meu quarto, que não tinha cortinas, então cobri a janela de adesivos.

Eu não conseguia manter nenhum emprego convencional porque a minha agenda era muito irregular: o Aquabats saía em turnê por uma semana, às vezes por três semanas, e então voltávamos pra casa. Às vezes eu trabalhava como assistente jurídico com o Christian: uma mulher chamada Carol tinha uma filha que era louca pelos Aquabats, então ela nos arrumava trabalhos burocráticos em sua firma de advocacia. E o Bill me arranjou um emprego de meio período em sua produtora, a 98 Posse. Eram seis caras apinhados num escritório minúsculo, mas era sempre divertido estar com eles, e eu adorava passar o tempo todo pensando em música. Às vezes eu só fitava os cases de estrada das bandas, como se pudesse aprender algo sobre turnês só de olhar para eles.

Recebíamos muitas demos na 98 Posse: a cada semana, de quinze a vinte bandas enviavam fitas e CDs, na esperança de serem contratadas para um show no Barn. Um dos serviços que eu fazia para o Bill era ouvir todas as demos e dizer a ele quais eram boas. Sempre que eu descobria uma banda nova boa, era muito divertido, mas a maioria daquelas demos era horrível. Eu sentava na sala do Bill, no segundo andar, para ouvi-las e, quando aparecia uma muito ruim, eu a atirava pela janela na calçada da University Avenue, onde ficavam todos os bares de Riverside. Ouvir todas aquelas demos foi muito educativo, pois eu aprendi o que *não* fazer: a maioria das bandas que eu ouvia ou estava forçando demais a barra, ou só estava imitando outras bandas.

Bill trabalhava em horários insanos. Ele chegava em casa depois de produzir quatro shows em uma noite, em lugares diferentes. E então ficava acordado e trabalhava nos flyers e nos anúncios do próximo mês de shows. Tinha uma ética de trabalho que era muito impressionante: ele me lembrava do meu pai, mas no mundo da música. Convenceu os Aquabats de que ele deveria ser nosso empresário, e ele e seu sócio fizeram um ótimo trabalho ao cuidar dos negócios da banda.

Por alguma razão, a casa do Bill era cheia de animais malucos. No quintal, ele tinha um quati acorrentado a um mastro. Quando tínhamos visitas, se elas ficassem muito bêbadas ou muito chapadas, nós as convencíamos a ir até o quintal para fumar. E então o quati começava a sibilar e a avançar nelas. Ele assustava pra caralho as pessoas – os dentes dele eram do tamanho de um dedo mindinho. Em geral, a corrente impedia que ele mordesse alguém, mas uma vez ele pegou um dos nossos amigos. Na hora, nós rimos, mas aquele bicho era do mal.

Bill também tinha Elvis: um iguana de um metro e meio que morava dentro da casa. Eu adorava o Elvis durante o dia, quando ele ficava só relaxando. Mas quando eu chegava tarde em casa, se tivesse esquecido de fechar a porta do meu quarto, ele entrava lá e fazia da minha cama sua residência. E não havia como tirá-lo de lá: só de chegar perto dele, ele já defendia seu território, golpeando com a cauda até que eu me afastasse. Eu tinha de ir dormir na sala, num velho sofá do lado da casinha do Elvis. E então, no meio da noite, ele voltava para a sala e me chutava do sofá.

Bill tinha um lindo Cadillac antigo, um modelo de 1968, verde esmeralda, com direção hidráulica, restaurado do zero. O carro me deixou com vontade de ter meu próprio Cadillac, então, quando juntei quinhentos dólares, comprei um usado de Ron Yerman, um skatista profissional amigo meu. Ele tentou me convencer a não comprá-lo: "Cara, eu sei que você quer um Caddy, mas não compre esse. Não é este ainda". Eu não dei ouvidos: basicamente o forcei a aceitar o dinheiro. Passei horas trabalhando no carro na garagem do Bill, com tijolos atrás dos pneus para que ele não descesse para a rua. Era um Coupe de Ville 1963 de quatro portas. Estava todo amassado e ralado, o interior estava detonado e o capô tinha buracos de ferrugem – mas eu adorava aquele carro. O Bill passava com o Cadillac lindão dele enquanto eu encerava o meu, e ele me dizia: "Mano, o que você tá encerando? Isso aí vai explodir". A coisa toda me fazia me sentir como meu pai – quando eu era pequeno, ele sempre tinha um Cadillac azul quebrado no quintal. Papai nunca botou aquele carro para andar, na verdade – e eu só andei uns 60 ou 80 quilômetros com o meu até que ele pegou fogo na estrada.

Riverside era bem mais perto de Fontana do que Laguna Beach, então eu via minha família e meus amigos com mais frequência, especialmente o Jim. Ele ia aos shows do Aquabats – sempre que ele aparecia, nós colocávamos uma fantasia nele e ele subia no palco como o Magic Chicken.

Certa vez, Jim foi até Las Vegas conosco na van dos Aquabats. Fizemos um grande show – com participação do Magic Chicken – e, naquela noite, conheci uma garota. Nós ficamos e ela passou a noite no quarto de hotel que eu estava dividindo com o Jim. Ela queria uma carona conosco até a próxima cidade – e isso sempre era um mau sinal. Não é justo com seus companheiros de banda trazer caronas numa van lotada. E normalmente eu não queria ficar com a mesma garota duas noites seguidas, sendo o babaca que eu era. Então decidi ir embora antes dela acordar – mas, de algum modo, o Jim ficou no quarto com ela. Acho que ele se sentiu culpado. Da van, eu mandava mensagens para o pager dele: "Sai daí, cara, estamos todos te esperando. Não dá pra segurar a van". Quando ela se distraiu, ele correu para a porta e pulou na van. Saímos do estacionamento cantando pneu.

Eu não era o único dos Aquabats interessado no sexo oposto: alguns dos caras conheciam garotas em diferentes cidades, com as quais ele se encontravam. Mas eram fieis ao mormonismo, que é uma religião bem séria. Certo dia, li um dos livros deles e descobri que eles não podiam nem dançar de forma ousada, nem se masturbar. Eu era definitivamente mais louco do que os outros Aquabats, mas não me importava em deixar os valores deles pegarem um pouco em mim. Acho que eles me acalmaram um pouco: comecei a tratar melhor as mulheres. Em troca, apresentei o Wu-Tang Clan aos Aquabats: eu punha *Enter the Wu-Tang (36 Chambers)* pra tocar na van o tempo todo, e nós fazíamos rap junto. Os caras do naipe de metais faziam versos completos do Method Man e do ODB. Christian the Bat Commander era nosso RZA, então eram essas partes que ele fazia. Mas quando tinha algum palavrão, eles pulavam.

No verão de 1997, gravamos um álbum, *The Fury of the Aquabats!*. Foi o segundo da banda: eles já tinham lançado *The Return of the Aquabats* de forma independente antes de eu entrar, mas foi a minha primeira vez fazendo um álbum de verdade, então fiquei bem empolgado. Passamos duas semanas em Orange County compondo e ensaiando, e então entramos em estúdio por cortesia de Paul Tollett, que era sócio do Bill na produtora Goldenvoice. Era todo mundo uma família no estúdio: não havia um cara de gravadora batendo o pé fora do ritmo. Fizemos a coisa toda em uns dois dias – quando não se tem um orçamento grande, é preciso aproveitar ao máximo o tempo em estúdio, gravando rápido e dormindo pouco. As partes de bateria vieram primeiro: mandei todas elas em cerca de seis horas, então fiquei por lá para assistir ao restante do processo criativo.

Depois que o álbum saiu, coisas ótimas começaram a acontecer para o Aquabats. Nosso single "Super Rad!" tocava o tempo todo na KROQ, que é uma estação de rádio importante em LA. A MTV até exibiu o clipe algumas vezes. Não parávamos de ser colocados para abrir para bandas britânicas legais: Specials, Toy Dolls, Madness. Eu não estava ganhando muito dinheiro – a banda tinha de dividir tudo em oito –, mas estava vivendo meu sonho de tocar numa banda e viajar para todo lugar com os melhores amigos. Eu teria me contentado em fazer isso pelo resto da vida.

Fomos promovidos de uma van para um ônibus. E então conseguimos uma vaga na turnê SnoCore de 1998, junto com o Primus, o Long Beach Dub All-Stars, os Alkaholiks e o Blink-182. Essa turnê no levou para todo canto dos EUA, até Nova York: eu nunca tinha visto tantos prédios tão altos tão juntos. E não acreditava que estava na cidade natal de tantos dos meus rappers favoritos.

No primeiro dia em Nova York, eu estava no ônibus com Tim Milhouse, um amigo que eu tinha chamado para ser meu técnico de bateria. Tínhamos deixado a porta do ônibus aberta, e nem pensamos nisso – então seis caras enormes entraram e nos disseram: "Vamos levar o que quisermos desse ônibus, seus putos". Pegaram tudo o que puderam, incluindo nossos CDs e camisetas da banda. Eles abriram até o frigobar e levaram bebidas. Éramos tão jovens e ingênuos que nem sabíamos o que estava acontecendo – mas quando se está em tão menor número, não há muito o que fazer. Não acreditávamos que tínhamos sido roubados no primeiro dia em Nova York. Depois que os ladrões foram embora, saímos para procurar ajuda e encontramos uma policial – que calhou de ser uma loira muito gostosa. Eu nunca tinha conhecido uma policial gostosa. Enquanto falava com ela, fiquei tão distraído que tive dificuldade em lembrar o que eu deveria dizer a ela sobre o assalto. Ela foi muito atenciosa, mas não podia fazer nada para nos ajudar. Conhecê-la quase valeu a pena por todos os CDs roubados.

TIM MILHOUSE (AMIGO)

Conheci Travis no Barn, uma pequena casa de shows no campus de Riverside da Universidade da Califórnia. A capacidade era de cerca de seiscentas pessoas apenas, mas recebia shows de bandas como Rage Against the Machine e No Doubt antes do sucesso. Travis e eu nos demos bem, e de imediato já éramos como irmãos: mesma história, mesmo gosto musical, mesmo senso de humor. Ele estava prestes a sair em turnê com o Aquabats, então me disse: "Cara, você tem que vir na turnê. É muito divertido e tem muitas garotas. Vou te ensinar como montar minha bateria".

Então fiz isso por um tempo. Não tínhamos dinheiro algum durante a turnê, então eu vendia os passes VIP e os ingressos aos quais tínhamos direito. Eu conseguia de 50 a 100 dólares em cada, porque davam acesso ao backstage. O Travis assinava peles de bateria, e eu as vendia por 20 ou 25 paus. Nós então pegávamos esse dinheiro e íamos a um clube de strip.

Às vezes eu saía no meio do público e trazia algumas garotas para o Travis no backstage. Eu checava as identidades delas para ter certeza de que eram maiores de idade e as escoltava até nosso ônibus. Sempre tínhamos de ficar de olho na credencial de turnê dele: aconteceu umas duas vezes de uma garota pagar um boquete para ele no fundo do ônibus e tentar pegar a credencial escondido como lembrança. Acho que elas queriam provar que era verdade – que realmente tinham chupado o pau dele.

Na nossa primeira viagem a Nova York, ficamos fora da cidade, em Nova Jersey. Isso foi antes de os telefones de hotel terem uma linha externa direta. Se você quisesse ligar para alguém e não tivesse ativado seu telefone, tinha de ligar para a recepção. Estávamos tentando achar uma garota para vir até nosso quarto dançar para nós. Fizemos uns dez telefonemas até que eu disse: "Isso tá ficando esquisito, ligar para esses caras na recepção. Vou ativar o telefone".

Fui até a recepção e o funcionário disse: "E aí, vocês estão à procura de diversão?".

Voltei para o quarto e disse ao Trav: "Aí, o cara da recepção acha que estamos atrás de uma puta".

Ele disse: "Bom, foda-se, vê o que consegue fazer". Então acabamos dentro de um carro com um cara que nos levou para outro hotel em Nova Jersey. O hotel ficava no topo de uma colina, e a recepção ficava no pé. Lá em cima, havia uma fila de carros e uma fila de garotas, e você escolhia uma. Escolhemos uma garota porto-riquenha e fomos para um quarto com ela. Ela ficou completamente nua e nós começamos a conversar, perguntando como era a vida dela em Nova York.

De repente, ouvimos o cafetão dela batendo na parede, gritando: "Não quero ouvir conversa aí!".

Ela disse: "Tenho que fazer alguma coisa, ou vou ter que sair. O que vocês querem?".

Eu disse: "Isso tá esquisito demais. Vou esperar lá fora". Então saí e entrei no carro que nos levou até lá, enquanto o Travis fazia o que tinha de fazer.

De repente, vi faróis por todo lado – havia cinco ou seis viaturas da polícia chegando. Era uma batida.

Nosso motorista pisou fundo e saiu cantando pneu. Eu disse: "Cara, que porra você tá fazendo? Para aí".

"De jeito nenhum, cara, não vou me meter em encrenca".

"Meu amigo tá lá. Para o carro!". O motorista chegou até o pé da colina e parou ali. Saí do carro para ver o que estava acontecendo. O pessoal do hotel tentou se livrar de mim: eles sabiam que estavam prestes a ser pegos, e me disseram que eu tinha de ir embora. Eu disse: "Vão se foder, estou prestes a fazer check-in. Só vou ligar para o meu amigo".

Tirei do gancho o telefone público na frente da recepção e liguei para alguém de casa, só falando à toa, enrolando. De repente, vi o Travis correndo colina abaixo, sem camisa. Ele chegou até o carro e pulou pra dentro.

O motorista tentou extorquir 50 dólares de nós. Não tínhamos dinheiro algum, então depois dele dar umas voltas conosco, acabamos de volta ao nosso hotel e acordamos nosso *tour manager* para que ele pagasse o cara.

As garotas sempre queriam ficar com o Travis. Em casa, ele tinha dois Cadillacs, um Coupe de Ville e um conversível branco. Íamos para alguma balada, ele dirigindo um carro, e eu o outro. Nenhum de nós dançava na balada – só ficávamos lá em pé. Escolhíamos um grupo de garotas e dizíamos: "Aí, vamos lá pra casa", e elas entravam no carro. E então fazíamos a festa a noite toda. Lembro de uma ocasião específica em que eu estava dormindo no chão e o Travis estava na cama com uma garota. Ele começou a me cutucar: "Aí, Tim, aí, Tim, chega aí junto". Eu estava muito louco – só virei pro outro lado e voltei a dormir.

Outra vez, uma garota estava fazendo strip pra nós no quarto dele. Um outro amigo do Trav disse: "Aja como se eu fosse o seu mastro de pole dance". Então ela começou a tirar a roupa e a dançar em cima dele. Travis e eu escondemos as roupas dela e a botamos para fora da casa. Quando ela saiu, a molhamos com uma mangueira e acho que jogamos ovos no carro dela. Fomos uns cuzões muito desrespeitosos. Mas quando ela chegou em casa, ligou para nós: "E aí, coloquei roupas novas – posso voltar?".

Quando a turnê acabou, continuamos na estrada com o Blink-182, numa miniturnê pela Costa Oeste. Eu não sabia muita coisa sobre o Blink antes de cair na estrada com eles. Quando eu estava no Feeble, gravamos uma fita demo em um dia. Vendíamos a fita nos shows, e um fanzine fez uma resenha dela junto com a demo do Blink (que na época não tinha um título, mas que depois as pessoas passaram a chamar de *Cheshire Cat* devido à arte da capa). *Cheshire Cat* ganhou uma cobertura de quatro páginas, ao passo que a nossa matéria não passava de meia página, o que nos aborreceu – achávamos que a nossa demo era muito melhor. Porém, quando conheci a banda em pessoa, gostei muito deles e da música. Os dois caras principais eram Mark Hoppus, que cantava e tocava baixo, e Tom DeLonge, que cantava e tocava guitarra. Percebi bem rapidamente que esses caras não se levavam nada a sério. Achei isso incrível – no palco, eles zoavam e contavam piadas de pênis. E fora do palco, agiam exatamente da mesma forma. Eram dois melhores amigos que tinham começado a banda para se divertir, e estavam se divertindo muito.

De imediato já fiz amizade com Mark e Tom, que eram inseparáveis, e passei boa parte daquela turnê com eles no ônibus do Blink. O baterista nunca estava por perto – eles não pareciam muito próximos do cara. Eu tinha muito em comum com Mark e Tom. Nós três ouvíamos as mesmas bandas de punk rock, e adorávamos skate: podíamos conversar sobre os skatistas que tínhamos crescido idolatrando, como Christian Hosoi e Tony Hawk. A maior diferença era que, por serem de San Diego, eles tinham uma influência maior do surfe, e eu, por ser do Inland Empire, curtia mais hip-hop. Assim, eles poderiam vestir shorts de surfista e camisetas com um grande logo da Hurley, ao passo que eu estaria vestindo bermudas Dickies e uma camiseta do Wu-Tang Clan.

Fiquei próximo deles o bastante para começarmos a sacanear uns aos outros. Certa vez, corri para o palco no meio do set do Blink e puxei as calças do Mark enquanto ele tocava. Ele estava usando shorts bem largos, e eu os puxei até o chão. Ele cobriu o saco com o baixo, mas, por trás, dava pra ver a bunda dele.

E então o baterista do Blink-182 abandonou a turnê de repente e foi para casa. Ninguém sabia de fato por que ele foi embora, mas o resultado era que agora faltava um integrante na banda. Mark e Tom me abordaram no backstage e me pediram para substituí-lo. "Se você não tocar", disse Mark, "vamos ter de cancelar o show. Vamos deixar muitos fãs putos".

Mark precisava fazer algumas entrevistas antes do show, então Tom me levou para uma salinha e me ensinou o set list. Eu tive cerca de trinta e cinco minutos para aprender vinte músicas, então passamos voando por elas. E então precisei fazer o set de abertura com os Aquabats. Logo depois, voltei ao palco com Mark e Tom: eu estava tocando bateria para o Blink-182, me divertindo como nunca. Eles me deram metade do pagamento do baterista regular, então ganhei mais dinheiro naquela noite do que havia ganhado em turnês inteiras com outras bandas. Mas eu me diverti tanto que teria feito de graça. Nós três saímos do palco suados e completamente pilhados. "Nunca soamos tão bem", Tom me disse. "Porra, foi divertido demais!".

Terminei a turnê tocando com as duas bandas: Aquabats e Blink-182 – fizemos mais três ou quatro shows. Quando a turnê acabou, Mark e Tom me perguntaram se eu tinha interesse em entrar para o Blink-182.

Eu disse a eles: "Não acho que é certo da minha parte aceitar enquanto vocês ainda têm alguém na banda. Mas se em algum momento vocês precisarem de um baterista, eu adoro vocês como pessoas e adoro tocar com vocês – me liguem".

COM O BLINK-182

Os Aquabats fizeram uma pausa depois daquela turnê, então fui para Detroit – também recebi um convite para tocar com o Suicide Machines, uma banda maneira de ska punk que já existia há alguns anos. Eu era um grande fã da banda, e era bem amigo dos dois caras principais, Jay Navarro (o vocalista) e Dan Lukacinsky (o guitarrista). Fiquei hospedado na casa do Dan e ensaiamos umas duas vezes, enquanto eu tentava me adaptar à ideia de morar em Detroit. Dan e eu fumávamos cigarros na neve e eu tentava entender o estado de Michigan. "Onde é o shopping? Onde se anda de skate? Onde estão as gatas? E puta merda, quando vai parar de nevar?". Eu praticamente já tinha o lugar garantido na banda, mas ainda não tinha conseguido me convencer a me mudar para Detroit.

Enquanto eu estava lá, uma garota com quem eu estava saindo me disse que achava que estava grávida. Eu disse a Jay e Dan que precisava ir embora: "Então, caras, minha mina está grávida – preciso fazer a coisa certa e ir pra casa". Alguns dias depois que voltei, ela fez um segundo teste. Para o meu alívio, deu negativo – mas agora que eu estava de volta à Califórnia, era difícil imaginar voltar para Detroit.

BILL FOLD (EMPRESÁRIO, THE AQUABATS)

Em 1994, comecei a promover shows no Barn, que é uma casa no campus de Riverside da Universidade da Califórnia. Por volta de 1995, eu não parava de ouvir falar que um tal de Travis, de uma banda chamada Feeble, era um baterista maneiro. Não creio que o Feeble tenha tocado para nós no Barn, mas o Travis começou a passar um tempo no escritório da nossa produtora.

Certa noite, o Suicidal Tendencies estava tocando no Barn. Travis e seu amigo Tim Milhouse tinham arrumado uma guerra contra Samson, que era nosso chefe de segurança, e meu braço direito Art Marino. Samson arrumou um lançador de bexigas d'água e estava atirando no backstage, tirando as pessoas de lá. Esse era nosso *chefe de segurança*. A guerra saiu do Barn e continuou na minha casa, onde eles atiravam ovos e farinha uns nos outros. Ficou impossível de limpar. Normalmente havia mais seriedade no Barn, porque era onde tocávamos os negócios. Em qualquer outro lugar, zoávamos muito.

De repente, o Travis virou o baterista dos Aquabats. Art e eu não conhecíamos a banda, mas fomos vê-los tocar num show chamado Independence Day – acho que foi em Irvine Meadows, em Orange County, mas na área de entrada, não num anfiteatro de fato. O show contou com cem bandas em dez palcos, e foi simplesmente um desastre. Como você encontra produção para dez palcos, e que ainda faça um bom trabalho? O destaque, porém, foram os Aquabats. Lembro do Christian, o vocalista, segurando um dispositivo de fogo de artifício que falhou. Era uma metáfora perfeita para o show: É, as coisas não estão indo tão bem. Mas Art e eu nos apaixonamos pela banda e, depois de me encontrar com eles, de algum modo os convenci de que eu deveria ser seu empresário.

Travis foi morar comigo: eu tinha uma casa de três quartos em Riverside que era como uma porta de entrada de grande rotação para amigos e molecada das bandas. Era uma espécie de albergue. Na garagem, eu tinha um Cadillac, um De Ville conversível de 1968. O carro dos sonhos do Travis era um Cadillac. Um dia ele chegou em casa com um lixo de Cadillac de quatro portas. Travis e Tim começaram a desmontá-lo na entrada da garagem – era uma rampa bem íngreme, então eles colocaram tijolos sob as rodas para impedir que o carro descesse para a rua. O meu Cadillac era pintado e até que legal, mas, na época, a restauração não estava terminada – eles me inspiraram a desmontar o meu também, de forma que eu pudesse refazer os cromados.

O Travis era um ótimo colega de casa. No começo ele era bem tímido e cauteloso sobre o que dizia e com quem andava. Mas depois ele se abriu mais. Suas preocupações, na época, eram bateria, amigos e garotas. E então ele se deu conta de que Cadillacs são foda, e as preocupações passaram a ser bateria, Cadillacs, amigos e garotas.

Convenci Paul Tollett a começar a Goldenvoice Recordings e a fazer do álbum dos Aquabats o primeiro lançamento. Fizeram um disco incrível, e nós conseguimos fazer acontecer umas coisas boas. Havia uma música chamada "Super Rad!": Bobcat Goldthwait dirigiu o clipe e conseguiu participações de gente famosa, e rádios no estilo da KROQ ao redor do país começaram a tocá-la.

Os Aquabats usavam máscaras feitas de neoprene, que é o material usado em roupas de mergulho. Pareciam o Cavaleiro Solitário ou as Tartarugas Ninja. Eles traziam quinhentas ou seiscentas pessoas a seus shows, uma porção delas usando essas máscaras e toucas de natação prateadas – a banda vendia esses itens como merchandise. Os Aquabats tinham uns personagens malucos no palco, muitos dos quais foram parar no programa *Yo Gabba Gabba!*. Um dos vilões era o "Powdered Milk Man" ("Homem-Leite-em-pó"): ele atacava com uma explosão de pó branco. Os Aquabats eram fãs da teatralidade do Gwar, mas não era algo sádico ou maligno ou cruel: ao invés de atirarem sangue nas pessoas, era leite em pó. Era uma energia muito boa que vinha do palco, e as músicas eram pegajosas.

Já no início de seu período com a banda, a maneira como Travis tocava bateria inspirava garotos mais novos a tocar num estilo diferente daquela regulagem à la Peter Criss, com os tambores voltados para si. Ele liderou todo um movimento de garotos a adotar um estilo de ataque na bateria. No início, ele realmente se destacava – hoje é possível achar um monte de gente que parece estar tocando tão agressivamente quanto ele, não importa se são bons bateristas ou não.

Travis nunca usava máscara no palco – ele era o rebelde da banda. Então todo mundo sabia quem ele era. Nas turnês, ele procurava encontrar algumas garotas com quem fazer a festa e se divertir. Todos os outros da banda eram bem certinhos, mas o Travis aparecia com tatuagens novas todo dia, cobrindo-se aos poucos.

Conseguimos uma turnê dos Aquabats com o Blink-182. O Blink já tocava muito no rádio e as pessoas estavam indo à loucura por eles – mas o baterista simplesmente não estava levando a sério. Mark e Tom, por mais patetas que sejam, eram muito sérios quanto aos aspectos de negócios da banda. Eles não estavam de brincadeira quando o assunto era fazer shows, e não ficavam chapados toda noite, nem eram babacas. O baterista, por outro lado, era quase como se ele estivesse contra esses caras logo no início do sucesso da banda.

Travis o substituiu em alguns shows do Blink, e de cara toda a banda mudou. De repente, eles não eram só uma banda medíocre com algumas músicas que algumas meninas adolescentes gostavam. Quando você coloca um baterista de verdade nesse posto, eles podiam ser mais patetas e tocar mais desleixados – mas na verdade soavam melhores.

De volta à casa do Bill, tentei decidir qual seria meu próximo passo. Embora Bill fosse o empresário do Aquabats, era antes de tudo meu amigo. Então, quando conversei com ele sobre as minhas opções diferentes, ele tentou me dar o melhor conselho que pôde. Fomos até o quintal para arejar as ideias fumando um. O quati nos deixou em paz – acho que ele estava dormindo –, mas o vizinho do Bill tinha emas como animais de estimação – elas se parecem muito com os avestruzes, mas são um pouquinho menores. Então estávamos tentando ter uma conversa séria enquanto uma gangue de emas fazia barulhos estranhos e botava a cabeça por cima da cerca, tentando ver o que estávamos fazendo.

Tanto o Blink-182 quanto o Suicide Machines estavam indo bem: estavam tocando nas rádios e fazendo turnês bem sucedidas. Eu ficaria contente em tocar com qualquer uma das bandas, mas me divertira mais com o Blink, e além disso estava em casa na Califórnia. Eu estava adorando tocar com os Aquabats; eu adorava todo mundo na banda. Mas eu sabia que o grande objetivo do Christian era ter um programa de televisão. Ele adorava viajar pelo mundo e tocar com a banda, mas, na verdade, sua prioridade era conseguir sucesso musical o bastante até que pudesse apostar em seu próprio programa de TV. Eu não compartilhava dessa visão: eu só queria ser baterista, não ator de TV.

As coisas deram extremamente certo para Christian e os Aquabats: quando eles finalmente conseguiram fazer um programa de TV, foi *Yo Gabba Gabba!*, que era incrível e um sucesso enorme com as crianças. É muito legal que Christian tenha trazido isso à vida: desde o início, essa sempre foi sua visão. Ele foi muito cuidadoso: os Aquabats sempre fizeram música com as crianças como público alvo, mas que também podia alcançar os adultos (eles ainda começaram recentemente um programa sobre as aventuras dos Aquabats, chamado *The Aquabats! Super Show!*).

Mark me ligava mais ou menos uma vez por semana, dizendo: "Acho que vai acontecer esta semana". Parecia que eu estava arrumando uma namorada nova, que me ligava pra dizer: "Vou terminar com o meu namorado – te aviso assim que ele for embora".

Três semanas depois que o Blink-182 e o Aquabats terminaram a turnê, recebi a ligação de Mark e Tom me dizendo que eu estava na banda: "Olha só, seu primeiro show é amanhã em San Diego, esteja lá". O Blink ia tocar numa festa de aniversário – mas era numa casa noturna e havia mil pessoas lá. Foi impressionante. Eu não conseguia acreditar em tudo que estava acontecendo na minha vida: embora minha mãe tivesse falecido, eu sentia como se ela estivesse no andar de cima, orquestrando tudo.

MARK HOPPUS (BAIXISTA/VOCALISTA, BLINK-182)

Quando convidamos o Travis para entrar no Blink, eu fui de San Diego até Riverside para buscá-lo em casa. Fomos comer alguma coisa, e depois para uma casa de shows no Inland Empire para ver uma banda de ska. O Travis nunca é mal educado com ninguém, mas ele não vai simplesmente entrar no maior papo com alguém que ele não conhece. Depois que você conhece o Travis, aí ele conversa com você o tempo todo – nós sempre fomos amigos.

CHRISTIAN JACOBS (VOCALISTA, THE AQUABATS)

Quando saímos em turnê com o Travis, ficou óbvio que o público não estava tão interessado nos Aquabats quanto estava interessado nele. Gente de gravadoras ou de estúdios de TV nos viam tocar e diziam: "Foi legal, mas o seu baterista é incrível". Na nossa banda, Travis estava tocando coisas que eram muito, mas muito mais difíceis do que qualquer coisa que ele viria a tocar no Blink: fórmulas de compasso diferentes na velocidade da luz. Acho que uma das razões pela qual ele ficou tanto tempo conosco foi porque era desafiador para ele, criativamente falando. Mas era difícil fazer parte da nossa banda: não éramos descolados e não estávamos ganhando dinheiro algum.

Muitas das bandas com quem tocamos tentaram recrutar o Travis. Eu não me preocupava com isso, na verdade: eu simplesmente tinha fé que ele estava disposto a abraçar a causa. Esse era o cara que tinha pulado por cima da bateria com uma chave de fenda. À medida que ele recebia mais propostas, começava a ficar mais distante – ele queria sair da banda, mas não sabia como.

Travis me lembra de Kobe Bryant nos Lakers. Muita gente não entende Kobe e diz que ele é arrogante: "Eu não ia querer jogar com esse cara, ele não passa a bola". E houve vezes com o Travis em que eu pedia para ele desacelerar, porque se você quer uma canção dançante, é preciso um pouco de groove. E ele acelerava: não era necessariamente o melhor para a banda, era mais como se ele dissesse: "Eu sou o rei". Na hora foi irritante, mas, em retrospecto, tudo bem.

Na turnê SnoCore, tocamos com umas bandas descoladas de caras tatuados – Primus, Blink-182, Long Beach Dub All-Stars, The Alkaholiks – e lá estávamos nós dizendo: "Ei, escove os dentes", presumindo que todo mundo entendia a piada. Mark e Tom foram tão arrogantes e babacas naquela turnê. Parecia que eles curtiam punk porque era uma maneira descolada de ganhar dinheiro. Porém, sem Travis, Mark e Tom teriam sido, na melhor das hipóteses, uma banda de pop-punk meia-boca. Uns bobos alegres.

Quando Travis fez o primeiro show com o Blink, eles soaram incríveis, e todos os caras da nossa banda me diziam: "Cara, já era". Eu dizia: "Do que vocês tão falando? Esse é o cara da chave de fenda". Quando Travis nos disse que ia entrar para o Blink, comecei a rir. "Você tá de brincadeira? Esses caras são posers e você é autêntico". Tentei convencê-lo a desistir – mas eu sabia que não havia mais volta.

Pedi ao Travis para fazer um último show conosco, em Salt Lake City – seríamos os *headliners* e a abertura seria dos Vandals, que nós idolatrávamos. Ele disse: "É a mesma noite do meu primeiro show com o Blink. Vamos tocar numa festa fechada para uma mina e vão nos pagar quarenta mil dólares". Não fiquei com raiva, mas fiquei magoado; me senti traído. Pegou fundo. Durante anos depois disso, sonhei que iria me encontrar com Travis e nos reconciliaríamos.

Eu precisava sair do Aquabats. Estávamos tocando numa noite de formandos na Disneylândia, evento no qual o parque fica aberto a noite toda para alunos do último ano do ensino médio, num passeio das escolas. Tocamos dois ou três sets, da meia-noite até as cinco da manhã. Foi um show animal: o No Doubt tinha tocado no ano anterior. Naquela noite, na Disneylândia, eu disse aos Aquabats que ia entrar para o Blink, e foi uma partida muito dura. A banda ficou chateada e eu mesmo senti vontade de chorar. Alguns dos Aquabats tentaram me convencer a ficar.

Tentei explicar: "Só quero tocar bateria e estar em turnê o tempo todo, e ganhar a vida".

Tive um ano muito divertido com os Aquabats. Quando você está numa banda como aquela, se torna parte de uma família, mas eu sentia que o Blink-182 era o próximo capítulo da minha vida. A ideia de fazer parte de uma banda de punk rock de três integrantes – sem fantasias – tinha muito mais a ver comigo.

Depois que saí do Aquabats, um dos representantes da banda fez algum barulho dizendo que tínhamos um contrato que dava à banda direito a uma porcentagem do que eu ganhasse nos próximos dez anos, não importava em que projeto eu estivesse. Fiquei puto e chocado. Liguei para o cara e disse: "Este é o meu sonho. Finalmente tenho a oportunidade de ganhar a vida fazendo algo que amo e você chega com um papo sobre uma merda de contrato que eu nem sabia que tinha assinado? Se você insistir nisso, não vou ficar nem nessa banda, porque não vou te dar o dinheiro".

NÃO CONFIE EM PALAVRAS; CONFIE EM AÇÕES.

Bill Fold não teve nada a ver com isso, mas era hora de eu sair da casa dele – ele foi um amigo e mentor incrível, mas, mais uma vez, eu não podia continuar morando com o empresário de uma banda da qual eu tinha acabado de sair. Seria falta de respeito. Empacotei minha bateria e parti para San Diego.

CORTESIA DE ANGIE MELCHIADE

6
Batera, Batera, Batera

Eu não seria a pessoa que sou hoje se não fosse pela bateria. Sempre que acontecia alguma coisa de ruim na minha vida, eu sabia que podia contar com a bateria – para mim, a bateria foi melhor do que uma namorada. Tocar bateria me manteve focado, me manteve competitivo, me manteve longe de problemas. Com exceção da minha família, nada no mundo me faz mais feliz do que a bateria. Sinto-me como se as baquetas fossem extensões retráteis das minhas mãos.

Nunca me esqueci do quanto eu adorava o Animal quando eu era criança. Ele nunca tocava nada difícil – era uma marionete! –, mas assisti-lo era sempre empolgante. Não há nada pior do que um baterista que parece detestar seu trabalho. Quando eu era garoto, nunca quis assistir ninguém tocar desse jeito, mesmo que fosse um baterista tecnicamente habilidoso. Então, quando comecei a tocar em bandas, nunca quis ser um desses caras – e também nunca quis ser um cara que se exibe, mas não sabe tocar de verdade.

Uma das primeiras vezes em que sentei atrás de uma bateria foi no ensino fundamental, quando toquei "Song Sung Blue", do Neil Diamond, num show de talentos. Sou canhoto, mas a bateria da escola estava montada para um destro. Eles me disseram que, se eu quisesse tocar a bateria, teria de dar um jeito. Foi o que fiz, e ainda toco com a montagem de destro: a obstinação do pessoal da escola acabou sendo uma bênção, porque hoje sou basicamente ambidestro.

Meu primeiro professor de bateria foi Ed Will, depois Alan Carter, e então Bobby Dominguez. Devo muito a todos eles. Eram jazzistas mais velhos e não estavam muito interessados em me ensinar bateria de rock – isso era algo que eu tinha de aprender sozinho no meu tempo livre. Começaram com o básico, como as diferentes figuras musicais, que são basicamente a duração de uma nota (embora, na bateria, você pausa entre as batidas, ao invés de sustentá-las). Eles me ensinaram a ler música, a ter independência ao tocar e como tocar com partituras de bateria para arranjos de jazz e música latina. Uma das primeiras batidas que aprendi foi bossa nova. Logo eu estava detonando: eles me colocavam em concursos de leitura instantânea, onde você toca só com uma caixa, e eu ganhava prêmios.

Meus professores também colocavam discos do Coltrane para eu ouvir e me faziam prestar atenção na bateria. No começo, jazz parecia tudo igual para mim, mas à medida que eu ouvia mais e mais do estilo, me tornei capaz de diferenciar os bateristas.

Meu maior herói da bateria de todos os tempos, perdendo apenas para o Animal, é Buddy Rich. Buddy era um cara doido – há uns *bootlegs* loucos dele berrando com a banda. Mas ele era muito habilidoso – habilidade técnica pura – como solista e também soava ótimo com uma banda. Normalmente, bateristas são uma coisa ou outra: se soam bem numa banda, são solistas de merda. Ou se soam ótimos tocando sozinhos, soam horríveis numa banda, porque tocam de maneira excessiva ou porque não complementam as partes dos outros músicos. Buddy era o pacote completo, e era exibicionista o bastante para te manter atento vendo-o tocar, não só *ouvindo*.

Eu adorava o Gene Krupa, que era um superstar das big bands: é ele o cara que toca os tons em "Sing, Sing, Sing", de Benny Goodman. Depois, Louie Bellson, que tocou com todo mundo, de Duke Ellington a Ella Fitzgerald, que basicamente inventou a bateria com bumbo duplo. E Elvin Jones, que é o baterista de *A Love Supreme*, de John Coltrane: ele tinha um estilo muito limpo e de muito bom gosto. Adoro jazz, que é a base de muito do que eu toco. Sempre digo que, quando me aposentar, vou voltar a tocar jazz.

Nesse meio tempo, eu ouvia diferentes tipos de música – mas só coisas de cuja bateria eu gostasse. Só depois de mais velho é que pude apreciar música que não tinha uma bateria boa, ou até mesmo *ouvir* música assim. Se o baterista não estivesse fazendo nada interessante, nem explorando pelo menos um pouco, eu só dizia: "Foda-se, essa banda é uma merda".

Papai adorava jazz moderno, como Chick Corea, e música country rebelde, como Buck Owens, Johnny Cash e Willie Nelson. No carro, era só o que ele ouvia. Eu adorava aquelas músicas rebeldes, apesar de a bateria não ter muito

PRIMEIRAS AULAS DE BATERIA

destaque. Muito da bateria do country diz respeito ao que você *não* toca. Mamãe adorava o Police, e ter sido exposto à música deles tão cedo foi uma coisa boa, porque Stewart Copeland é um baterista de muito bom gosto: ele tem um estilo muito legal, influenciado pelo reggae, e é ótimo no chimbau.

Quando cheguei na sétima série, descobri o metal, e isso virou meu cérebro de cabeça pra baixo. "Angel of Death", do Slayer, era incansável, e o Dave Lombardo atacava a bateria incessantemente. O King Diamond me influenciou muito – ele sempre teve grandes bateristas, como Mikkey Dee e Snowy Shaw.

Eu também ouvia muito go-go funk e bateristas como Zigaboo, também conhecido como Ziggy Modeliste, o incrível batera dos Meters. Ao tocar junto com Zigaboo, eu apreciava o quão criativas eram suas partes. No Sly and the Family Stone, o baterista principal era Greg Errico, ao passo que na banda de James Brown, os bateristas funkeados incluíam Clyde Stubblefield, John "Jabo" Starks, Clayton Fillyau e Melvin Parker.

Uma banda que eu nunca suportei é o Rush. O Neil Peart é um grande baterista, mas não posso ouvir o vocal do Geddy Lee por mais de trinta segundos. Consigo engolir umas duas músicas, mas eu queria que Geddy não fosse o vocalista, assim eu poderia apreciar mais o Neil.

Eu lia a revista Modern Drummer religiosamente: eles tinham, ainda, uma série de fitas de vídeo, que eu também assistia. Os vídeos mostravam diferentes bateristas, primeiro tocando com uma banda, depois solando. Isso me apresentou a muitos dos bateristas que eu adorava, mas, ao assistir àquelas fitas, três caras se destacavam: meu herói Buddy Rich, Dennis Chambers e Steve Gadd.

Dennis Chambers tem uma velocidade insana e habilidades explosivas. Eu sabia, de ler entrevistas, que ele não sabia ler partitura, que tudo o que ele tocava era de ouvido. Ele foi um dos primeiros caras a tocar compassos cruzados numa velocidade estonteante – quando as mãos do baterista se cruzam no kit – e era capaz de tocar coisas muito impressionantes. Tocou com muitas bandas, mas passou anos no Parliament/Funkadelic nos anos 70 e 80.

Steve Gadd tocou com Chick Corea e com o Steely Dan. Ele tinha o groove mais embaçado e a marcação mais insanamente precisa, e ainda incorporava técnicas de banda marcial ao que tocava, e eu me identificava muito com isso. Ele nunca foi de esmerilhar um milhão de batidas por segundo – o que ele escolhia tocar era de muito bom gosto. Você consegue técnica praticando e

EU NO ENSINO FUNDAMENTAL, QUANDO PHIL COLLINS ERA O MEU HERÓI DA BATERIA

ENSAIO FOTOGRÁFICO PARA A REVISTA DRUMS, CORTESIA DE NEIL ZLOZOWER

insistindo, mas o feeling vem de anos tocando com outros músicos. É preciso técnica *e* feeling: é um equilíbrio. Quando moleque, os caras com técnica monstruosa chamam a atenção porque é algo fisicamente impressionante, mas o Steve Gadd me ensinou que o feeling é igualmente importante.

Antes de me formar no ensino médio, estudei um pouco com um baterista chamado Bobby Rock. Ele me dava aulas em sua casa em Los Angeles; minha irmã Tamara me levava de carro para encontrá-lo uma vez por mês. Bobby tinha tocado em um monte de bandas de hard rock farofa – era o baterista substituto do Kiss. Tinha estudado na Berklee College of Music e tinha um vídeo de bateria maneiro chamado *Metalmorphosis*. Ele basicamente me reassegurou de que eu estava no caminho certo, e me lembrou que eu precisava criar minha própria paleta de cores como baterista. "Você toca jazz e música latina desde moleque", disse ele. "Bateria de rock vai ser fácil pra você – coloque tudo o que você já faz num caldeirão e deixe isso criar seu próprio estilo".

Estudar vai te levar até certo ponto – você pode ter toda a técnica do mundo, mas não é legal soar como um robô atrás da bateria. O objetivo é criar seu próprio estilo. Meu estilo é rápido, pesado e selvagem, mas também é fundamentado naquelas horas de banda marcial e de aulas de jazz. Cresci aprendendo ritmos latinos e afro-cubanos, e até hoje encontro meios de aplicar isso[1].

---

1   Houve momentos no Blink-182 em que eu tocava uma batida latina acelerada, e Tom e Mark diziam: "Cara, isso é louco – faça isso". Eles não sabiam exatamente do que se tratava – soava apenas como algum ritmo doido tocado muito rápido –, mas sabiam que funcionava. Logo tínhamos uma nova música construída em cima dessa batida.

Sua primeira função como baterista é criar suas partes. Seu objetivo é inventar partes interessantes que complementem a música[2]. E você tem de adorar tocá-las, de modo que não fique entediado. E então você tem de tocá-las, e tocá-las bem todas as vezes. Mas se você conseguir fazer isso, e fazer as pessoas terem vontade de tocar *air drums* junto com a música, aí você venceu de verdade.

Se você precisar de cinquenta *takes* para gravar algo e então não conseguir tocar essa parte ao vivo, deve repensá-la. Hoje em dia, você pode ser um baterista desleixado e os produtores vão consertar suas partes no Pro Tools – eu odeio isso. Todos os álbuns do Blink até o autointitulado (de 2003) foram gravados direto na fita de duas polegadas. Não houve nenhum retoque – eu tive de tocar cada música de maneira perfeita do começo ao fim. Porém, com o passar dos anos, me tornei menos crítico em relação a outros bateristas. Se você não for uma marionete e compuser e tocar suas próprias músicas, eu respeito isso.

O que mais prezo em relação a outros bateristas é que eles se divirtam, gostem do que estão fazendo. *Cara, você é um baterista – você é o mais maneiro na porra da banda toda.* Aja como alguém que ama estar onde está e me dê um motivo para *assisti-lo*.

Sempre fui minimalista em relação à minha bateria. Não uso bumbo duplo. Tenho um tom-tom, um surdo, uma caixa e um bumbo (e, às vezes, uma caixa auxiliar). Em alguns aspectos, isso limita o meu som, mas eu sempre quis fazer mais com menos: tocar o menor número possível de tambores e detonar. E antes de fazer sucesso, sempre tive de montar minha bateria sozinho. Eu não queria carregar um kit enorme pra dentro e pra fora do local do show. Quis elaborar um kit minúsculo, para não me preocupar com isso e só curtir.

DANIEL JENSEN (TÉCNICO DE BATERIA)

Comecei a trabalhar para o Travis quando ele estava nos Aquabats, e continuei quando ele entrou para o Blink-182. Alguns anos depois, comecei a acompanhá-lo na estrada como técnico de bateria – durei mais do que esposas, empresários e gravadoras. É engraçado, mas é verdade. Estivemos nos quatro cantos do mundo, mas não importa o lugar, o mundo gira em torno de um quadrado de 2,5 m por 2,5 m.

Quando nos conhecemos, Travis tocava uma bateria muito pequena, apertada e aguda – e tocava muito rápido. Devido à maneira como ele tocava, as

---

[2] Às vezes, quando estou em turnê, tenho de parar e relembrar as partes de bateria que toquei. Escuto o álbum e digo: "Que porra eu tava fazendo aqui? Essa parte é maluca".

pessoas sempre pensavam que ele seria uma pessoa barulhenta fora do palco, mas ele na verdade é um cara bem tranquilo e meio reservado. Ele nunca usou um microfone no palco com o Blink-182. Então, durante os shows, Mark ou Tom perguntavam à plateia: "E aí, vocês estão a fim de ouvir o Travis falar?".

O público aplaudia, então um deles levava o microfone até Travis, que dizia: "Oi". E então o povo ia à loucura completa. Eles nunca ouviam Travis falar, então era sempre um grande acontecimento.

Travis é um homem focado. Há uma certa medida de sorte em qualquer coisa na vida, mas as coisas que ele conseguiu não simplesmente caíram no colo dele. Ele é definitivamente como aquele dos Três Porquinhos que construiu a casa com tijolos ao invés de palha. Quando ele entrou no Blink, Mark e Tom costumavam brincar: "Agora temos um músico na banda!".

A bateria do Travis ainda tem um timbre bem agudo – não tanto quanto antes, mas mais agudo do que a maioria dos bateristas gosta. Isso vem da mentalidade das bandas marciais: dessa forma, a maneira como ele toca atravessa o som da banda. Ele toca muitas partes intrincadas e rápidas, e, com o timbre agudo, é possível ouvir muito melhor aquilo que ele está tocando do que se a bateria estivesse afinada mais grave, o que tornaria o som mais molenga e solto.

Temos uma bateria bem simples, em comparação a muitos outros bateristas. Travis não coloca nada que ele não use na bateria. Para um trabalho com um DJ, nós normalmente usamos tambores menores. Quando é um show de rock grande, o tamanho aumenta – mas o set é basicamente o mesmo. Com o Travis, não tem sinal amarelo: é vermelho ou verde, e quando ele está ligado, está ligado 100%.

A maioria dos bateristas monta a bateria com os tambores inclinados, voltados para si – é mais fácil bater no tambor quando ele está bem ali, na sua cara. Mas eu sempre os montei totalmente retos, provavelmente porque me acostumei a tocar dessa forma depois de todos aqueles anos na banda marcial[3]. Há alguns outros bateristas que fazem isso: Stewart Copeland monta os tambores quase retos. Mikkey Dee monta retos. Mike Bordin, que tocou com o Faith No More e o Ozzy Osbourne, monta reto. Mas somos um clube pequeno. À medida que os caras envelhecem, passam a inclinar os tambores, porque não querem

---

3 Alguns bateristas já me perguntaram se eu monto os tambores retos de forma que as pessoas possam me ver melhor. Eu digo a eles que não é nada disso.

CORTESIA DE ADAM ELMAKINS

fazer tanto esforço mais. Quando toco baterias de outras pessoas, os tambores inclinados são incrivelmente confortáveis – entendo o porquê deles usarem dessa forma.

Meus pratos ficam muito altos – quando outros bateristas se sentam na minha bateria, ficam imaginando como eu sequer conseguia atingi-los. A primeira coisa que eles fazem é inclinar os tambores e baixar os pratos. A maneira como monto meu kit provavelmente o deixa mais difícil para eu tocar, mas é o que sempre fiz. Fica esquisito se eu mudo alguma coisa, como dirigir um Ford ao invés de um Chevy.

Eu sei que faço coisas que não deveria fazer enquanto toco bateria: agito os braços ao tocar, bato muito forte nos tambores, e a técnica correta é manter as baquetas mais baixas do que eu mantenho. Eu poderia me sentar na bateria e tocar como o maior monstro da técnica que você já viu. Mas seria entediante para você e para mim. Tocar da maneira como eu toco deixa a coisa mais desafiadora, mais empolgante e, o mais importante, divertida.

Toco bateria há tanto tempo que hoje, sempre que mexo meus pulsos, eles fazem um clique e estalam incrivelmente alto. Antes dos shows, eu geralmente alongo um pouco e me aqueço por uma hora e meia. Toco por meia hora num pad, para me soltar, e então, por uma hora inteira, toco ou numa bateria de estudo com pads, ou numa bateria de verdade. Quando o show começa, estou num outro mundo. Entro em outra sintonia e não estou de fato pensando: só estou tocando bateria. Se eu começar a pensar – sobre a bateria ou qualquer outra coisa –, não estarei dentro do momento, e provavelmente não farei um bom show.

Não é incomum para mim sair do palco e perceber que minhas mãos estão sangrando, especialmente depois de uma ou duas semanas em turnê. Posso até começar a colocar bandagens nas mãos, mas sempre piora. Eu costumava fechar as feridas com Krazy Glue[4]; hoje em dia, tenho amigos que me dão cola cirúrgica. É só parte do trabalho, e eu não gosto de reclamar disso. Como eu sempre digo: *ninguém se importa, se esforce mais.*

Isso é especialmente verdadeiro quando se trata de bateria. Sempre aguardo ansiosamente por viagens longas de ônibus nas turnês, porque sei que vou poder tocar bateria sem interrupções. São sete horas de viagem da minha casa até São Francisco? Ótimo, isso significa que terei muito tempo com meu pad

---

4   Cola semelhante à Super Bonder. (N. do T.)

de estudo sem interrupção. Fico lá sentado com meu metrônomo por horas. Às vezes, pratico somente velocidade: sempre que domino um andamento, subo mais cinco batidas por minuto[5]. No momento, sempre que eu tento tocar em 250, enfraqueço lá pelos quarenta e cinco segundos, então não irei adiante enquanto não conseguir tocar esse andamento de forma bem consistente. Quando eu chegar no máximo que o metrônomo consegue marcar, simplesmente vou ter que tocar as batidas em andamento dobrado.

É assim que desenvolvo minha resistência para tocar com bandas agressivas, como o Transplants, cuja maioria das músicas são em 210 ou 220 bpm. Muitos bateristas ficam desapontados se precisarem usar um clique no estúdio: trata-se basicamente de um metrônomo computadorizado com o qual você deve tocar junto. Mas estudo com metrônomo desde que era garoto, então sempre adorei isso. Digo aos outros bateristas que eles devem considerar o metrônomo um amigo.

Na adolescência, eu passava horas tocando junto com discos, o que não é muito diferente de tocar com um metrônomo. Aprendi a tocar com discos do Van Halen, King Diamond, Run-D.M.C. ou dos Beastie Boys, mas aí as minhas irmãs podiam colocar pra tocar Janet Jackson ou Madonna. Eu aprendi muito tocando com todos esses álbuns, mesmo aqueles que não tinham baterias acústicas.

Com *qualquer* instrumento, se você ama tocar, sempre continua a aprender. Passei horas ralando na minha sala de estudos, que é onde invento coisas novas para projetos futuros. Posso passar horas tocando uma figura de compasso doida que provavelmente nunca vou usar, só para me desafiar. No momento, estou reaprendendo a tocar tudo o que eu faço com a mão direita conduzindo, só que usando a mão esquerda. Mesmo que eu não use essa técnica o tempo todo, vai chegar um momento em que eu vou lançar mão dela – e como venho praticando, vai ser fácil. Quando você luta boxe ou anda de skate, é possível fazer mais coisas se você não conduz sempre com o mesmo pé ou a mesma mão (os skatistas chamam a posição com o pé oposto de "base trocada"). O fato de eu me ensinar a ser ambidestro pode levar a algo novo na bateria – é algo que não tem fim.

Para qualquer um que ama o que faz, a mediocridade não é o bastante. Você não precisa ser o melhor do mundo, mas deve ser o melhor que você puder.

---

5 Dominar um tempo é fazer um exercício por um minuto inteiro – caso contrário, não conta.

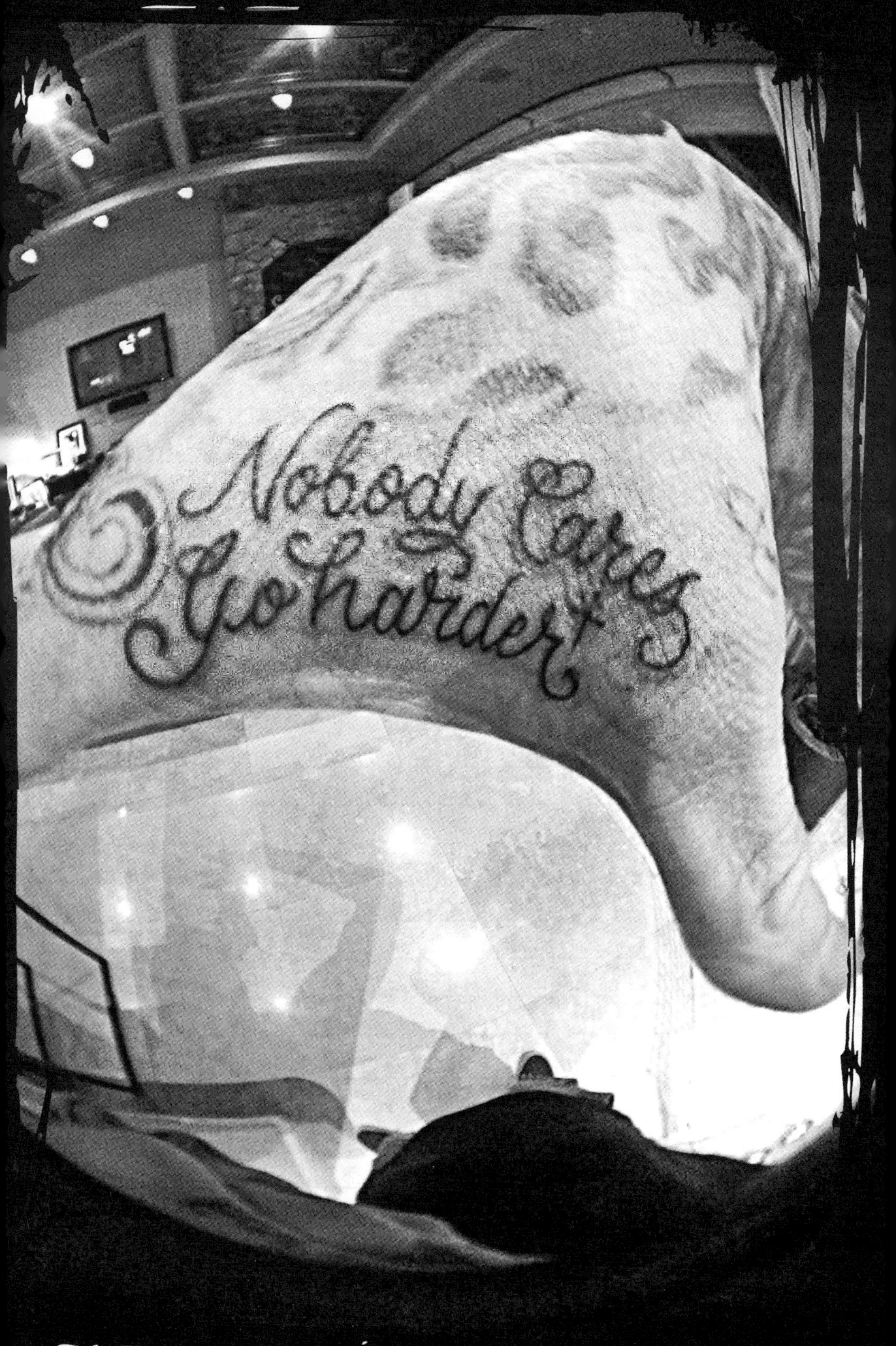
Nobody Cares
Go harder

MINHAS IDEIAS PARA ENSAIOS AOS 13 ANOS

PRACTICE TIPS

1.) SET SOME GOALS. WRITE DOWN SHORT + LONG-TERM GOALS OF WHERE YOU WANT TO BE PLAYING-WISE, (2 WEEKS, 3 MONTHS, 1 YEAR, ETC.) DOWN THE ROAD FROM NOW.

2.) BREAK IT UP. IF YOU'RE NOT INCLINED TO SIT DOWN FOR HOURS AT A TIME, TRY PRACTICING AT 15-30 MINUTE INTERVALS THROUGHOUT THE DAY.

3.) MIX IT UP. MAKE PRACTICING FUN. HAVE LOTS OF VARIETY. KEEP IT FRESH. PUT THE BOOKS AWAY + JUST WAIL ONE DAY, WORK ON TECHNIQUE ANOTHER, PLAY ALONG w/ MUSIC ANOTHER, ETC...

4.) ALWAYS HAVE A TAPE RECORDER HANDY IN THE PRACTICE ROOM FOR WHEN YOU STUMBLE ACROSS A COOL IDEA, OR IF YOU JUST WANT TO CHECK ON HOW YOU REALLY SOUND.

5.) SCHEDULE INTERESTING ROUTINES. RENT A COUPLE OF MOVIES AND HAVE A 3-4 HR. DOUBLE-FEATURE PRACTICE PAD MARATHON ON A WEEKEND NIGHT; PLAY 1 LICK FOR 30 MINUTES WITHOUT STOPPING; PLAN A 1 HOUR DOUBLE-BASS "AEROBIC" SESSION, ETC...

6.) GET THE TECHNICAL STUFF OUT OF THE WAY 1ST, THEN PLAY AROUND

7.) FOR THE REAL TECH-HEADS.... SET A WEEKLY QUOTA OF HOURS. TIME YOUR TOTAL HOURS OF PRACTICE DAILY ON A STOP WATCH, THEN CHART YOUR PROGRESS THROUGHOUT THE WEEK.

8.) WALK AWAY FROM IT! IF YOU START GETTING BURNT - SPLIT!

DICAS DE ESTUDO

1) <u>Determine alguns objetivos</u>. Escreva seus objetivos de curto e longo prazo sobre onde você quer estar em termos de habilidade (2 semanas, 3 semanas, 1 ano, etc.), a partir de agora.

2) <u>Divida seu tempo</u>. Se você não estiver inclinado a ficar sentado na bateria por várias horas de uma vez, tente praticar em intervalos de 15 a 30 minutos ao longo do dia.

3) <u>Misture</u>. Torne o estudo divertido. Trabalhe com muita variedade, mantenha as coisas renovadas. Deixe os livros de lado e só toque num dia, trabalhe a técnica no outro dia, toque com outro músico num outro, etc...

4) Sempre <u>tenha um gravador à mão</u> na sala de estudos, para quando você se deparar com alguma ideia legal, ou apenas para conferir como você realmente soa tocando.

5) <u>Organize uma rotina interessante</u>. Alugue uns filmes e faça uma maratona de estudos no pad enquanto assiste a uma sessão de dois filmes seguidos nas noites de final de semana; toque 1 lick por 30 minutos sem parar; planeje uma sessão "aeróbica" de 1 hora de bumbo duplo, etc...

6) <u>Resolva as questões técnicas 1º</u>, depois improvise.

7) Para aqueles realmente loucos por técnica... <u>determine uma cota semanal de horas</u>, cronometre suas horas totais de estudo diário, e então registre seu progresso ao longo da semana.

8) <u>Largue da bateria!</u> Se você começar a se sentir esgotado, dê um tempo!

NOS PRIMEIROS ANOS COM O BLINK-182

7
Califórnia Babilônia

Eu quis mostrar ao Mark e ao Tom que estava dedicado ao Blink-182. Eles moravam em San Diego, então decidi que deveria morar lá também. Concluí, ainda, que estar por lá me economizaria um bom tanto de estrada: eu não precisaria passar duas horas dirigindo, na ida e na volta, quando tivéssemos ensaios. Na primavera de 1998, achei um apartamento em Carlsbad, a cerca de meia hora ao norte da cidade, e me mudei com meus amigos Brent, Adam e Porno Pete. Carlsbad era uma cidade tranquila – muitos aposentados e famílias de militares –, mas transformamos nossa casa num palácio de solteirões. Festas loucas, Cadillacs para todo lado, garotas nuas perambulando pelo prédio às 4 da manhã, música alta; era incrível.

Isso durou por duas semanas e meia – e então nosso senhorio nos presenteou com uma ordem de despejo.

BRENT VANN (amigo)
O Travis ateou fogo na minha axila. Eu costumava dormir no chão, de barriga para cima. Então, certa manhã, acordei e os pelos da minha axila estavam pegando fogo. Travis estava sentado ali do lado, rindo, e eu comecei a persegui-lo pela casa. Eu o segurei contra uma porta pesada de metal. Ele não conseguia respirar e gritava para que eu parasse, mas continuava rindo, o que só piorava. Eu continuei a berrar: "Meus pelos! Me deixa atear fogo nos seus!" – "Nãoooo!".

Nosso primeiro desentendimento de verdade aconteceu quando fomos expulsos do apartamento em Carlsbad. Começamos a culpar um ao outro, mas nós dois tínhamos causado problemas. Quando Travis estava em turnê, eu trazia um monte de gente para a casa e, em algum momento, alguém não mostrava respeito. Nossos vizinhos eram babacas de marca maior: eles ficavam putos porque o Travis lavava o Cadillac, e não era permitido lavar carros no condomínio. Ou então eu saía correndo nu pelo prédio, só para ser tonto, e era pego fazendo isso.

"Eu nem fico aqui muito tempo – fico em turnê, então você é a razão por que fomos chutados".

"Não, você é o motivo, porque você trepa com as garotas com a janela aberta". Entramos nessa discussão e seguimos cada um seu caminho, por um tempo.

Entendi a ordem de despejo como um sinal de que, embora o Blink-182 talvez fosse a banda certa para mim, Carlsbad não era a cidade certa. Eu precisava me mudar de volta para o Inland Empire. No fim das contas, na verdade eu não precisava ficar próximo de San Diego, porque o Blink-182 nunca ensaiava. Nunca. Eu só precisava estar no ônibus quando a turnê começasse.

Fui morar com meu amigo Gay Ray – ele tinha uma casa num setor residencial de Riverside, um pouco ao sul de Fontana, onde cresci. Ray não era de fato gay; ele só tinha esse apelido porque rimava[1]. Quando me mudei para a casa dele, senti que a farra de Carlsbad continuava, porém, agora, não seríamos expulsos.

RAY COOMER (EX-COLEGA DE CASA)

Quando Travis veio morar comigo, ele não tinha muitos móveis, e não comprou nada novo. Comprou coisas de segunda mão, e apareceu com uns negócios incríveis. A casa não era sem graça, porque ele gostava de coisas com estampas de animais, então, se conseguíamos uma estante, ele a decorava com uma estampa de oncinha maneira. Era uma casa divertida – uma casa de festas.

Nunca cozinhávamos. Nossa geladeira era cheia de Red Bull e refrigerantes Jones. O Travis comprava uns carregamentos de Red Bull – é por isso que sou viciado em Red Bull até hoje. E certa vez, a Jones Soda nos mandou dois paletes de refrigerantes, o que dava, tipo, uns cinquenta fardos. Não precisamos pagar por isso – acho que eles queriam que o Travis endossasse a marca. Mas nós não estávamos em casa quando chegou, então eles deixaram a

---

[1] Depois, quando ele ficou mais velho e grisalho, começamos a chamá-lo de Gray Ray ("Ray cinza").

entrega na casa do nosso vizinho. Trouxemos tudo até a nossa casa de skate, um fardo de cada vez. Era refrigerante demais, e não tínhamos onde colocar. Mas foi de grande valia, porque sempre que precisávamos cortar a grama ou qualquer coisa assim, os filhos dos vizinhos vinham até nós e faziam o serviço em troca de alguns refrigerantes.

O Travis mal bebia. Em muitos dos shows do Blink-182 havia álcool, mas nenhum deles bebia, então era open bar para mim. Sempre uma diversão.

Quando ele veio morar comigo, algumas pessoas o reconheciam quando íamos ao shopping: um de seus restaurantes favoritos era o Miguel's, no Tyler Mall. Mas quando ele começou a ficar famoso, não podíamos mais ir lá, porque uma multidão o seguia. Não me lembro dele ter sido escroto com ninguém. Ele era um rock star, mas não agia como tal.

Porém, quando ele lançou a Famous Stars and Straps e começou a promover a marca, foi aí que as coisas ficaram malucas. Ele organizava eventos em bares e muitas garotas apareciam. Mantinha as coisas dele trancadas no quarto, porque as pessoas pegavam "lembranças", só para que pudessem dizer que pegaram alguma coisa da casa do Travis Barker.

Quando ele saía em turnê, lacrava a garagem com tábuas para que ninguém chegasse perto do Cadillac. Ele se preocupava muito quanto a isso; sempre me dizia: "Não traga seus amigos aqui para ver o meu Cadillac".

Certa noite, nós trouxemos três garotas para casa. Ficou óbvio que elas não queriam nada comigo: só estavam ali pelo Travis. Uma delas acabou no quarto dele, outra desapareceu no banheiro e a terceira, Travis colocou no quarto do outro cara que morava conosco (ele não estava em casa). Nunca mais as vi, mas as três foram embora felizes.

Riverside era demais: eu tinha voltado às minhas raízes no Inland Empire, mas agora eu era um adulto numa cidade que tinha uma boa cena musical. Algumas das bandas locais que tocavam por ali na época eram o Voodoo Glow Skulls, o Falling Sickness e o Assorted Jelly Beans. Reencontrei meus velhos amigos e conheci gente nova legal. Assim que me mudei, conheci uma garota numa casa noturna. Ela disse que queria aulas de sexo, então começou a ir à minha casa toda terça-feira na hora do almoço. Já fazia algumas semanas que estávamos trepando quando Ray descobriu – e me disse que andara saindo com ela duas semanas antes. Ele não ficou muito animado, mas não se importou. Eu me senti péssimo.

Ray e eu dávamos umas festas muito doidas. Certa noite, bem tarde, uma garota decidiu dar um show para todo mundo. Tirou toda a roupa e subiu na nossa mesa de tampo de vidro, se masturbando com um a garrafa. Começou a ficar excitada e a se contorcer – e então a mesa se estilhaçou debaixo dela. A princípio, todo mundo riu, mas então nos demos conta de que era sério. Ela estava nua e havia vidro estilhaçado por todo lado. Por sorte, a garrafa não se quebrou dentro dela. Poderia ter sido muito sério, mas ela ficou bem. Depois dessa noite, acalmamos um pouco as coisas por um tempo.

Eu passava a maior parte do tempo longe de casa: o Blink-182 fazia muitos shows. Para as turnês maiores, alugávamos um ônibus – para as viagens mais curtas, tínhamos uma van. Descobri rapidamente a minha função na banda: os caras queriam que eu segurasse a bronca musicalmente, o que permitiria a Mark e Tom se divertir, tocar as músicas e contar piadas de pênis. Os dois me lembravam meus amigos da banda marcial – estavam o tempo todo falando sacanagem, sendo grosseiros e engraçados, falando merda sobre a mãe do outro –, mas eram adultos. Eu me divertia demais. Eles me tratavam como o cobaia da banda, e eu fazia todas as maluquices que eles me pediam. Na primeira vez que fomos para a Europa, me levaram ao bairro da luz vermelha em Amsterdam e escolheram a dedo a garota com quem eu transaria. E em praticamente todos os shows eu achava uma garota nova com quem curtir depois (nem sempre sexualmente – às vezes só pra ficarmos juntos). No dia seguinte, Mark e Tom tentavam extrair histórias de mim: "Só me diz o que rolou!". Não que fosse difícil encontrar garotas lindas nos shows do Blink. Às vezes eu estava tocando e olhava para a minha esquerda – e lá estavam, ao lado do nosso engenheiro de som, quatro gostosas sem camisa.

Certa noite, eu estava fazendo meu solo de bateria, quebrando tudo e muito concentrado. No meio do solo, senti uma mão agarrar o meu saco – *que porra é essa?* Era o Tom, agachado atrás de mim, me bolinando e morrendo de rir. Ninguém podia vê-lo e eu tinha de continuar tocando.

Certa vez, estávamos num aeroporto enorme, esperando a emissão das passagens no balcão. O Mark me deu o troco da vez que eu puxei as calças dele no palco: ele e o Tom agiram em conjunto, um deles baixou minhas calças e o outro pisou nelas, de forma que eu não conseguia puxá-las pra cima. Foi vergonhoso, mas engraçado.

Naquela época, eu usava alargadores grandes nas orelhas. Eles acabavam cheirando muito mal: nas turnês, eu suava muito durante os shows, então, a

O BLINK-182 EM TURNÊ

menos que eu tirasse os alargadores e os lavasse todos os dias, eles ficavam nojentos. Certa vez, durante uma sessão de fotos, estávamos os três um do lado do outro e Mark disse: "Cara, que cheiro é esse?".

"É a minha orelha", eu disse a ele. "Quer cheirar?".

Ele deu um passo pra trás. "Cara, isso é nojento".

"Ah, vá, cara, não tenha medo. Só cheira – é uma *orelha*, mano!".

E então Mark disse: "Vou te fazer um desafio. Eu cheiro a sua orelha depois do próximo show, mas vou colocar a mão no meu saco e depois vou deixar a mão a um palmo da sua cara. Vamos ver o que cheira pior".

"Tô dentro", eu disse. Então, no dia seguinte, fizemos isso – a minha orelha venceu.

Fizemos esse desafio por meses, e a minha orelha vencia sempre. Não importava o que o Mark fazia. Ele vinha até mim, se sentindo confiante porque não tinha tomado banho, e a minha orelha sempre matava o fedor do saco dele[2].

Mark e Tom eram engraçados pra caralho, mas às vezes eu precisava de um tempo sozinho – no ônibus de turnê, eu usava fones de ouvido, de forma que

---

2   Uma vez, enojei o Mark de um jeito pior ainda. Como os shows do Blink duram uma hora e quarenta minutos, eu acabo cuspindo muito, mas sei o *timing* para não atingir o Mark ou o Tom. Teve uma vez que o Mark correu de encontro com o meu cuspe, e pegou na boca dele. Me senti muito mal, porque o Mark é o louco dos germes. Ele parou de tocar, foi até o amplificador de baixo, pegou álcool gel e começou a passar na boca.

eu pudesse só ouvir música e relaxar. A princípio, eles ficaram preocupados que estivessem me incomodando, mas logo perceberam que eu só gostava de entrar numa vibe mais relaxada, ouvir música sozinho e recarregar as energias.

Bem no início, tive uma discussão com Tom: nos quinze anos que eu o conheço, acho que essa foi a única discussão que tivemos. Estávamos no ônibus, e ele disse que metal era uma merda. "Do que você tá falando?", eu disse. "Cara, metade das bandas de punk rock que eu e você ouvimos tem uma influência de metal hardcore. Metal é foda. O Pantera domina a porra toda". Na época, ele só gostava de Descendents e Propagandhi. Eu disse a ele: "Não, metal é legal também, Led Zeppelin é legal, Pink Floyd é legal, Beatles é legal. Tem uma porrada de música animal por aí". Na época, o Tom não sabia nem quantos caras havia nos Beatles. Alguns anos depois, ele descobriu muita música fora do punk rock e a cabeça dele foi a mil.

Na verdade, eu entendo por que ele amava tanto o punk rock. Eram as mesmas razões pelas quais *eu* amava esse estilo: o punk rock desafiava tudo e questionava *tudo*. Ao ouvir punk, você se sente como se pudesse fazer o que quisesse. Tudo soava tão mais perigoso do que qualquer outra coisa que se ouvia no rádio. O bom rap era assim também. Mas havia outras coisas ótimas que eu adorava, dos Beach Boys a Stevie Wonder.

Depois de alguns meses, era hora de gravar o próximo álbum do Blink. O anterior, *Dude Ranch*, tinha ganhado disco de ouro, então todo mundo entre os nossos empresários e na gravadora tinha expectativas muito altas. Nós nos trancamos num estúdio de ensaios e escrevemos o álbum em cerca de duas semanas. Ao trabalhar na composição, eu quis brincar com alguns andamentos diferentes. Disse a Mark e Tom: "Vai ficar repetitivo se todas as nossas músicas tiverem a mesma batida de punk rock o tempo todo. Por que não tentamos uns andamentos diferentes?". E eles foram muito abertos quanto a isso.

TOM DeLONGE (GUITARRISTA/VOCALISTA, BLINK-182)

Quando conheci o Travis, ele tocava bateria no Aquabats, usando óculos de natação e roupa de mergulho. Acho que ele se fantasiava de peixe. Posso ter dito oi para ele de passagem – só fui conhecê-lo de verdade quando nosso baterista teve um problema doméstico e precisou ir para casa. O pior de tudo é que acabou sendo um não-problema: a namorada dele não suportava o fato de ele estar em turnê, então inventou uma grande história que era mentira.

Embora não tenha sido esse o motivo pelo qual nos separamos daquele baterista, foi o que deu início a essa separação. Quando tocamos com o Travis pela primeira vez, Mark e eu nos entreolhamos como se disséssemos: *a banda soa muito melhor*. Não estávamos acreditando.

Mark e eu rapidamente descobrimos que, se conseguíssemos fazer o Travis rir, então provavelmente teríamos feito algo bem certo.

Um grande momento logo no início aconteceu enquanto compúnhamos *Enema of the State*. Conversando com o Travis, ele me disse que estava um pouco desanimado porque as músicas tinham basicamente a mesma batida e o mesmo andamento. Eu olhei para ele e disse: "Cara, eu só toco guitarra e componho melodias. As batidas são suas. Se você tiver uma ideia, é isso que você tem que tocar". Depois disso, ele mandou ver – podia ir direto para o volante da banda.

No Blink-182, o Travis é o músico do grupo. O Mark é o porta-voz e a voz da razão. Eu sou a voz da falta de noção.

O Travis toca bateria o dia inteiro. Deve ser difícil manter essa disciplina – mas também é o que faz dele tão bom. Ele leva uma vida muito regrada, o que é o oposto de mim. Minha ética de trabalho é extremamente boa, mas estou trabalhando em cinquenta coisas diferentes ao mesmo tempo, e então priorizo algumas cancelando outras.

Não vejo como Travis e eu poderíamos ser mais diferentes, no âmbito pessoal. Discordamos muito, mas nunca falamos sobre isso, na verdade. O Travis é o tipo de cara que prefere deixar que as coisas se resolvam por si ao invés de jogar mais gasolina na fogueira. Minha percepção do Travis é de que, com ele, não há áreas cinzentas: ou é isso ou aquilo. O que é bom, porque eu sou total das áreas cinzentas. Consigo encontrar o bem e o mal de muitos modos diferentes, o que é filosófico, mas me deixa confuso, também.

Algumas das nossas maiores discordâncias são a respeito das coisas que tornam o Blink-182 grande. Não sou nada ligado em cultura urbana. Simplesmente não está no meu DNA. Isso não significa que eu me ache melhor – em diversos aspectos, sou um músico e artista pior do que muitos desses caras. Mas o que eu gosto na música e na arte é diferente. Esse atrito entre nós pode levar a algo grande, porque há um cara tentando tocar batidas de hip-hop numa música de punk rock. Então eu não posso nem dizer que é uma discordância de fato.

Anteriormente, Mark e Tom trabalhavam da seguinte maneira: cada um compunha suas músicas, e então a banda se encontrava e eles as ensinavam para o baterista. Mas agora estávamos compondo juntos. Algumas músicas começavam comigo tocando uma batida, e um deles dizia: "Aí, vou compor em cima disso". Outras vezes, um deles tinha algum gancho, e então nós trabalhávamos juntos para descobrir como fazer essa ideia funcionar como uma canção.

Em "All the Small Things", estávamos fazendo uma *jam* e propositalmente bolamos uma música de andamento moderado. Tom foi embora e voltou com aquele gancho de "*na-na-na*", inacreditavelmente pegajoso. Mas nós vivíamos provocando: já que ele chamou a música de "All the Small Things" ("todas as pequenas coisas"), Mark e eu sempre dizíamos que era sobre o pênis do Tom.

Mark escreveu "Adam's Song" porque tinha impulsos suicidas quando se sentia solitário em turnê, já que não tinha uma namorada em casa. Chamamos a música de "Adam's Song" por causa de um esquete do programa *Mr. Show* sobre uma banda que compõe uma música encorajando um fã em particular a se matar. A música do Mark era totalmente anti-suicídio, sobre ter esses sentimentos, mas encontrar uma saída. A letra de "What's My Age Again?" foi basicamente do Mark, sobre como ele era um adulto, mas seguia agindo como uma criança. As ideias musicais dessas músicas todas vieram de nós três fazendo *jams*.

Sempre que você compõe uma música, é melhor tocá-la fisicamente no arranjo em que você quer gravá-la. Você sempre vai ter resultados melhores do que se simplesmente colar partes num estúdio; vai fluir mais. Porque se você só ouvir ao invés de tocar, só vai ouvir um monte de partes amontoadas – fica muito difícil dizer se é um som maneiro de verdade.

MARK HOPPUS (BAIXISTA/VOCALISTA, BLINK-182)

Quando tenho uma ideia e a levo para o Travis, eu digo: "E aí talvez a bateria fique assim", e batuco alguma coisa nos joelhos. O Travis assente e diz: "OK, OK". Então ele entra pra gravar e faz algo completamente diferente, que torna a música mil vezes melhor. Ele parte para o inesperado, mas que, de alguma forma, faz sentido no contexto da música. A intenção dele não é só fazer uma batida – ele pensa sobre a música. Quando estamos gravando, nós dois conversamos muito sobre fraseado: como esse verso vai funcionar na passagem para o refrão? Abrimos espaço para o Trav fazer os floreios dele e então entramos com o vocal. Ele tem um bom ouvido para o que encaixa numa música.

O Tom está sempre tentando forçar coisas pra fora de uma música; eu estou sempre tentando forçar coisas pra dentro. E o Travis é como um relâmpago: você nunca sabe o que vai acontecer.

Depois de duas semanas compondo, gravamos o álbum em três ou quatro dias. Fizemos o álbum todo no home studio do Chick Corea, o pianista de jazz. Papai sempre ouvia as músicas dele no carro, então fiquei bem empolgado de estar na casa dele. Gravei todas as minhas partes de bateria em um dia: levei cerca de oito horas. E então Mark e Tom gravaram guitarras, baixo e vocais. E pronto. Com o Blink-182, as coisas mais legais são aquelas que não são muito pensadas. Fizemos o álbum que queríamos fazer, sendo quem nós éramos, mas tentando umas coisinhas a mais em relação ao que a banda tinha feito antes.

Trabalhamos com um produtor incrível, Jerry Finn, que era só alguns anos mais velho do que nós. Jerry geralmente usava uma camiseta do Replacements e tênis Vans. Ele tinha trabalhado com o Green Day, o Jawbreaker e uma porção de bandas da Epitaph Records, incluindo o Rancid e o Pennywise. Ele não era um babaca que chegava no estúdio de Bentley – era um de nós. Podia ser sincero conosco, e nós dávamos ouvidos a ele, o que é muito importante. Hoje em dia, "produtor" significa "vou compor algumas músicas para você". O Jerry não fez isso – o lance dele era mais nos dar ideias e servir como um par de ouvidos a mais. Ele dizia: "Ei, isso soa legal – porque não deixam essa parte no final um pouco mais longa?". Ou: "E se essa música tivesse uma introdução?".

Jerry detestava o som da minha caixa, porque, para ele, a afinação dela era sempre aguda demais (como uma caixa de banda marcial). Mas o que ele odiava acima de tudo eram os vibraslaps: um instrumento de percussão com uma bola de madeira acoplada a uma caixa com pedaços de metal dentro, que produz um som estalado característico. É muito usado em música latina e está por toda a "Crazy Train", de Ozzy Osbourne. Virou uma piada corrente entre nós dois: eu sempre tentava encaixar um vibraslap e ele ficava furioso.

Chamamos o álbum de *Enema of the State* (na época, Tom estava preocupado com

SESSÃO DE FOTOS PARA A CAPA DE ENEMA OF THE STATE, CORTESIA DE DAVIDGOLDMANPHOTO.COM

sua dieta, então estava fazendo experimentos com lavagens intestinais – *enemas*). Pouco depois que o entregamos para a MCA, nossa gravadora, eles surtaram e nos disseram que ia estourar: ganharíamos disco de platina e tocaríamos em arenas pelo mundo todo. Nós rimos muito – a ideia parecia absurda. Disse a mim mesmo que o álbum teria péssimas vendas – concluí que, assim, caso vendesse bem, eu ficaria ainda mais empolgado. A primeira coisa que fizemos depois de concluir o álbum foi gravar um clipe para "What's My Again Again?". Os diretores, Marcos Siega e Brandon PeQueen, descobriram que às vezes nós ficávamos pelados no palco. Eu ficava com calor, então tocava de cueca samba-canção. Às vezes Mark tirava a roupa toda e colocava o baixo sobre suas partes íntimas.

Então recebemos a seguinte instrução: queremos que vocês façam o clipe pelados. Uma semana depois, estávamos correndo pela Third Street, em Los Angeles, nus. As pessoas não paravam de nos encarar e de buzinar. Isso durou umas quinze horas – entre uma cena e outra, nós nos vestíamos, mas logo tínhamos de tirar a roupa de novo. Os diretores gritavam: "Sem roupa!". Quando havia crianças por perto, eles nos davam meias Speedo cor de pele, mas usá-las não era muito mais lisonjeiro do que estar completamente nu.

Pouco depois do lançamento de *Enema of the State*, no início de junho de 1999, partimos para fazer a Warped Tour. Tom e Mark me alertaram sobre o Fletcher, o guitarrista do Pennywise. A banda já tinha levado o Blink em turnê como banda de abertura algumas vezes, o que era incrível, mas durante o show Fletcher ficava no fundo da casa com uma espingarda de chumbinho atirando na banda. Na época, o Blink viajava de van – que contava com um pequeno trailer engatado, para transportar o equipamento e o merchandise. Fletcher trancou todos eles no trailer e então dirigiu até o próximo show: "Esta é a iniciação, seus putos".

No primeiro dia da Warped Tour, Fletcher veio até a banda – eu tinha ouvido as histórias de horror, então estava nervoso. Ele nos disse: "Vou sentar atrás de vocês hoje à noite. Não sei nada sobre o seu baterista novo, mas é melhor esse filho da puta apavorar, ou vou encher ele de porrada". Me esforcei pra caralho, não porque estava preocupado que ele fosse me machucar, mas porque era o Fletcher do Pennywise. Toquei tudo dez vezes mais rápido do que de costume, e coloquei o máximo de esforço extra que pude. Quando saí do palco, ele me elogiou, e esse foi um grande momento.

Os Black Eyed Peas estavam naquela Warped Tour, na época em que eram um grupo mais hip-hop do que pop – dançavam muito break durante os shows. Eu participava tocando bateria com eles. A Warped Tour nunca tivera nada além de punk rock – aquele foi o primeiro ano em que eles misturaram com um pouco de hip-hop. O Eminem também estava naquela turnê; ele e seu parceiro Proof ficavam ao lado do palco, nos vendo tocar. A turnê durou mais de um mês, com shows quase todo dia – e acho que eu vi cada show do Eminem e do Proof. Não passamos muito tempo com Em, mas o Proof andava com a gente quase todo dia[3]. Foi o ano em que o Em estourou: ele nunca tinha feito shows, nunca tinha saído em turnê, mas arrasava a cada dia naquela turnê de punk rock. Estava fora de lugar, mas era o deslocamento mais lindo de todos os tempos. Ele ficou cada vez maior à medida que a turnê seguia. As pessoas estavam respondendo àquele moleque branco, de cabelo descolorido, que dizia as merdas mais ofensivas, doidas e chocantes. Ele estava destinado a ser um artista enorme.

Enema of the State continuava a estourar enquanto estávamos na Warped Tour e a resposta era alucinante. Os shows eram maiores a cada dia, até chegar a níveis que éramos incapazes de compreender. A cada dia, antes de entrarmos no palco, havia uma molecada abarrotada feito sardinhas na frente do palco.

Ice-T também fazia parte da turnê, o que era demais – eu crescera ouvindo seu álbum *Power*. Um dia, estávamos à toa no trailer de uma das bandas, só colocando o papo em dia, e ele me disse: "Se um filho da puta me desrespeitar, taco fogo nele. Faço uma porra de uma bomba. Cê quer saber como fazer uma bomba?". E ele me explicou todo o processo. Naquela noite, enquanto eu assistia ao show dele, ele fez o mesmo discurso no palco, dando ao público as instruções passo a passo de como construir uma bomba.

Nosso álbum estava vendendo cada vez mais – mas explodiu de verdade quando lançamos o clipe de "All the Small Things", em que parodiamos os clipes de boy bands como 'N Sync, Backstreet Boys e 98 Degrees. Foi demais tirar onda com esses grupos – nas entrevistas, eles tentavam parecer indiferentes, mas dava pra perceber que tinham ficado bem ofendidos. A coisa mais curiosa sobre esse clipe é que, em alguns lugares fora dos Estados Unidos, as pessoas realmente pensavam que nós éramos de fato uma nova boy band.

Nossos clipes estavam em alta rotação na MTV e passavam muito no *Total Request Live*, a parada diária do canal, apresentada por Carson Daly. Nós nos tornamos convidados frequentes no *TRL* – uma vez, fizemos uma corrida de BMX no

---

3 Descanse em paz, Proof.

estúdio. Lá pela metade, Mark decidiu que competiria melhor se tirasse a roupa. De algum modo, ele venceu. Carson deveria entrevistar o vencedor da corrida, mas disse: "Nunca entrevistei um homem nu na minha vida, e não vou começar agora".

TAMARA BARKER (IRMÃ)

A primeira vez que vi o Blink-182 fazer um show grande foi no Forum. A coisa mais engraçada foi que toda vez que mostravam Travis no telão as garotas começavam a gritar. Elas gritavam mais alto para ele do que para Mark ou Tom, e isso era muito esquisito. Não estou dizendo que ele não seja atraente, mas eu nunca o imaginei como um *sex symbol*.

Me senti mal pelo Travis depois que ele ficou famoso – ele não consegue ir a lugar nenhum sem gente vindo atrás dele, e não sei como ele aguenta. Você quer se sentar para jantar, ou ir à Disneylândia com seus filhos, mas tem que dar autógrafos a cada cinco minutos. Toda essa atenção simplesmente me parece muito esquisita.

Aquele álbum nos levou para o mundo todo, por meses de cada vez. Estávamos tocando em premiações com Britney Spears e Christina Aguilera, sendo que estávamos acostumados a andar com bandas como Vandals, Unwritten Law e 7 Seconds. Foi incrível ser jogado num mundo completamente diferente. Não pertencíamos àquele meio: éramos os desajustados. Estávamos orgulhosos, mas não entendíamos do que se tratava aquele alvoroço todo. Era sempre esquisito quando as pessoas nos pediam autógrafos: nunca nos sentimos *cool* o bastante para fazer isso.

Ganhamos uma estatueta de astronauta no MTV Awards (Melhor Clipe de Banda, por "All the Small Things"). Dr. Dre e Steven Tyler nos entregaram o prêmio, e eles eram dois dos meus maiores heróis, então, quando subimos no palco, eu nem toquei na estatueta: fui direto apertar a mão dos dois.

Depois de uma das primeiras turnês de *Enema*, tivemos alguns dias de folga em casa. Eu ainda não tinha nenhum veículo confiável para dirigir, então fui a uma concessionária de Cadillacs. Fiquei por lá uns quarenta e cinco minutos sem que ninguém me atendesse. Eu tinha dreadlocks, vestia shorts e uma regata, e minhas tatuagens estavam à mostra: não pensaram que eu era um comprador sério. Alguns dos vendedores pensaram que eu era morador de rua. Por fim, um deles veio até mim – para me dizer que eu não poderia ficar andando em volta dos carros e teria de sair.

"Na verdade, estou aqui à procura de um carro", eu disse a ele. O cara nem queria me atender – ele queria um comprovante de renda para que eu pudesse só chegar perto do Escalade, e disse: "Você sabe que isso custa 65 mil dólares?".

Eu disse: "Tudo bem".

"Como assim, 'tudo bem'?".

"Quero dizer que tudo bem – eu tenho o dinheiro". Por fim, eu disse: "Você pode por favor chamar o gerente ou algo assim? Estou aqui há quarenta e cinco minutos, e estou pedindo honestamente que você me atenda, mas você não acha que eu tenho dinheiro suficiente para comprar esse carro".

O vendedor foi buscar Woody Dutton, que era o dono da concessionária. Eu disse a Woody que não tinha crédito – e o vendedor dizia: "Viu? Eu disse!". O sujeito definitivamente não estava do meu lado. Mas Woody me ouviu. Eu disse: "Sei que acabei de conhecê-lo, mas não estou de conversa fiada, cara. Pode ligar na MTV, a minha banda tem o clipe número um no TRL agora. Tenho dinheiro para o carro. Sei que não tenho crédito, mas quero comprar esse Escalade".

Woody foi o cara. Telefonou para o departamento financeiro e disse: "Coloque na MTV. Tá assistindo?". Por sorte, nosso clipe estava sendo exibido naquele exato momento. "Tá vendo o garoto com tatuagens? Ele está aqui na concessionária, quer comprar um Cadillac, e eu quero ajudá-lo. O que dá pra você fazer pra ele?".

Ele me orientou por todo o processo de financiamento. Comprei o Escalade, e esse foi o início do meu histórico de crédito. Woody acreditou em mim – e disse ao vendedor que, da próxima vez que eu entrasse na concessionária, ele deveria me atender e me tratar com respeito absoluto. Ao longo dos anos, comprei provavelmente uns doze carros do Woody.

WOODY DUTTON (GERENTE GERAL, DUTTON MOTOR COMPANY)

Travis não tinha crédito negativo: ele não tinha crédito algum. Era um fantasma. Meu amigo na GMAC[4] me ligou de volta e disse: "Woody, vi o clipe – vou dar uma chance a ele".

Quando contei isso a Travis, ele disse: "Não posso lhe agradecer o bastante por me dar essa chance. Vou voltar aqui no mês que vem e comprar um desses carros em dinheiro, para o meu pai". E foi o que ele fez.

---

4 O departamento de serviços financeiros da GM. (N. do T.)

Eu recebia tratamento semelhante em restaurantes chiques, também: eu chegava com uma garota, e eles diziam: "Perdão, senhor, não temos banheiros para uso geral do público".

"Não estou aqui para usar o banheiro – gostaria de comer".

Eles diziam que eu não poderia comer, a menos que voltasse para casa e trocasse de roupa, ou vestisse um paletó fornecido por eles. Depois de um tempo, prometi a mim mesmo: *Que se foda todo restaurante – ou qualquer negócio, na verdade – que não me queira como cliente, não importa como eu apareça.* Não vou mais usar o tal do paletó marrom – se não posso ter o visual que eu quero, não quero lhes dar meu dinheiro.

Nunca me vesti para revelar o meu valor. Nunca deixarei de ser eu mesmo só para obter alguma coisa, e vou quebrar todos os estereótipos.

MINHA MÃE E MEU PAI CHEGANDO EM CASA DO HOSPITAL COM A MINHA IRMÃ

DESENHO QUE FIZ AOS QUATRO ANOS DE MIM MESMO TOCANDO BATERIA

Travis
4yrs old
1979
Tiny Tots

PAPAI, TAMARA, RANDALAI E EU

KINDERGARTEN

NEW FRIENDS Thomas, Kathy, Danielle, Nancy, Dana, Nathan, James, Yvette, Manuel, Windy, Wendy, Lena, Lucio, Maria, Garrett, Jennifer, Jarrat, Jason, Shane, Serenity, Sheila, Mario, Jannel, Norma, Heather, Mike, Robert, Jeremy

ACTIVITIES

ACHIEVEMENTS Read his first book "Who Am I" Counts to 50

AWARDS Certificate in Art & Music

WHEN I GROW UP I WANT TO BE—

- ☐ Fireman
- ☐ Policeman
- ☐ Cowboy
- ☐ Astronaut
- ☐ Soldier
- ☐ Baseball Player
- ☐ Mother
- ☐ Nurse
- ☐ School Teacher
- ☐ Airline Hostess
- ☐ Model
- ☐ Secretary
- ☐ Drummer

SIGNATURE Travis Barker

MEU REGISTRO DE ATIVIDADES DO JARDIM DE INFÂNCIA

UM DOS MEUS PRIMEIROS PRÊMIOS
– ESTE FOI POR DANÇAR BREAK

PREPARANDO-ME PARA UMA
COMPETIÇÃO DE BATERIA,
POR VOLTA DE 1984

EU E PAPAI

CORTANDO O CABELO DO LANDON COM A AJUDA DE ALABAMA

PREPARATIVOS PARA A GRAVAÇÃO DO CLIPE DE "AFTER MIDNIGHT", DO BLINK-182, QUE ACONTECEU NUM HANGAR

SELFIE COM LANDON E ALABAMA

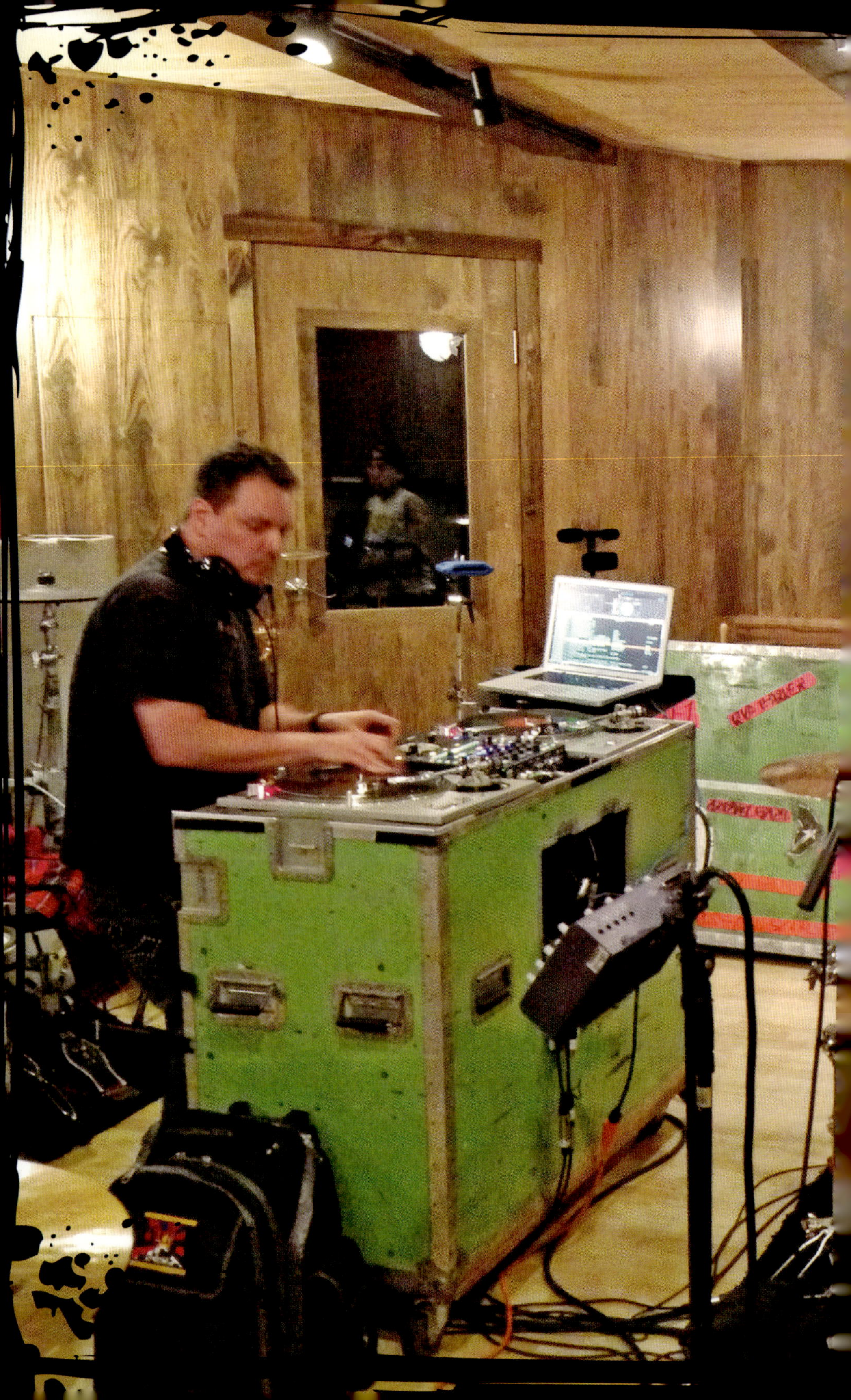

FAZENDO UM SOM COM MIXMASTER MIKE

17 DE MAIO DE 2012 – TERMINANDO A TATUAGEM NAS MINHAS COSTAS

UMA NOVA TATUAGEM EM CELEBRAÇÃO DO MEU RESTAURANTE VEGANO, CROSSROADS

NO HOSPITAL DEPOIS DO ACIDENTE DE AVIÃO

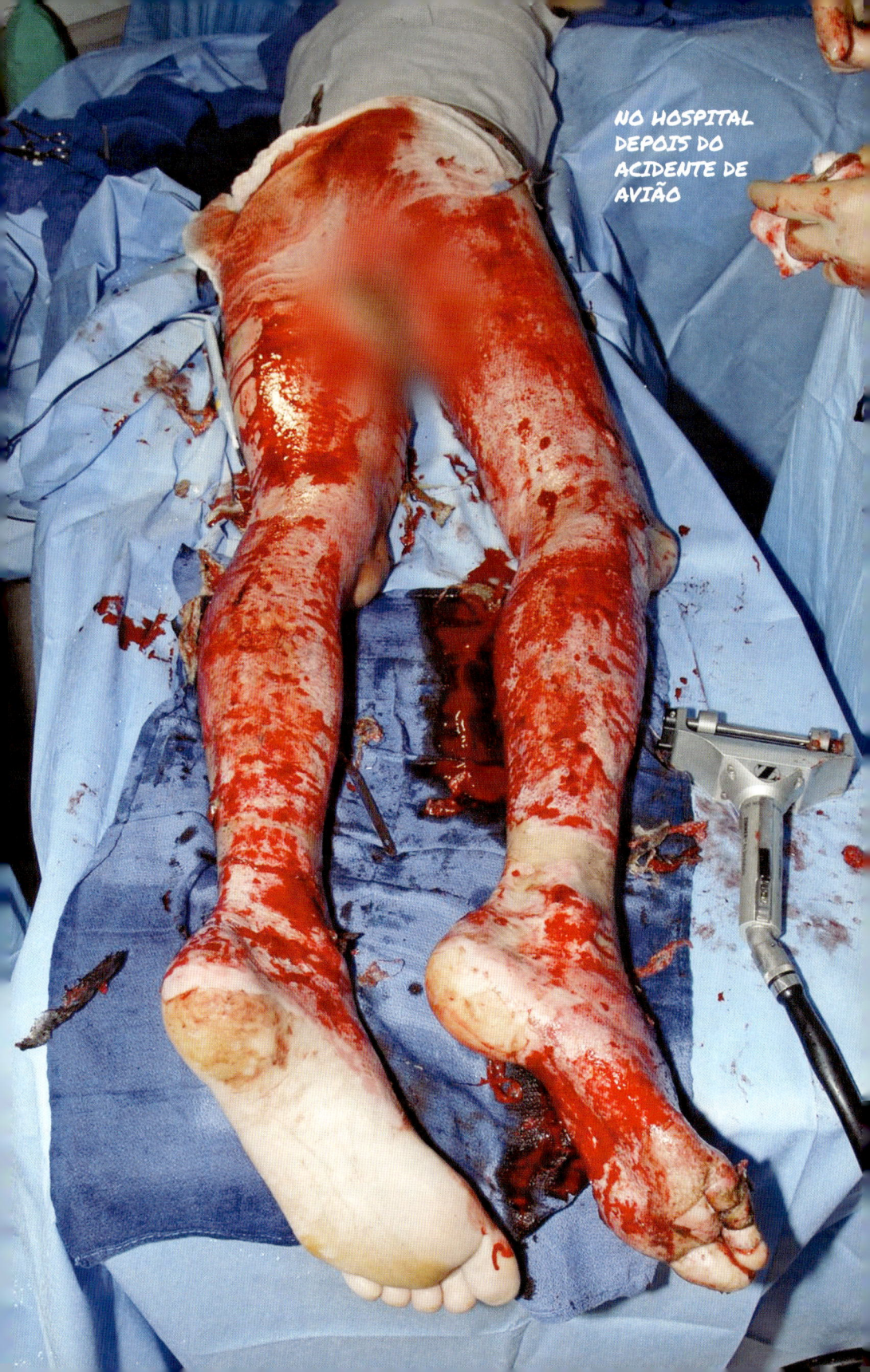

CORTESIA DE JAYSON FOX

EU COM ALABAMA. CORTESIA DE MR. CHEESE

COM DJ KLEVER, YELAWOLF E BONES OWENS. CORTESIA DE CLEMENTE RUIZ

TOCANDO ATÉ MEUS
DEDOS SANGRAREM

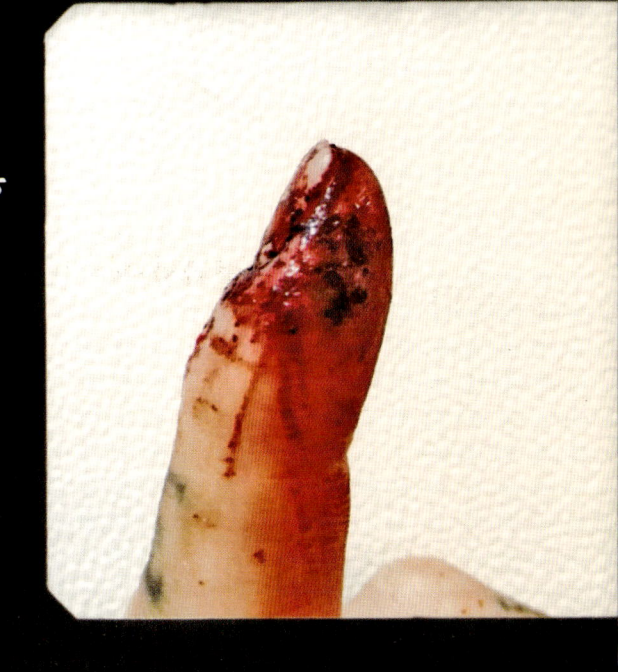

TOCANDO COM
O YELAWOLF NO
HALLOWEEN

O AMOR DA NOSSA FAMÍLIA POR CADILLACS COMEÇA CEDO. CORTESIA DE ESTEVAN ORIOL

MEUS HUMANOS FAVORITOS

MEU MARAVILHOSO CADILLAC DE 1954. CORTES. DE ESTEVAL ORIOL

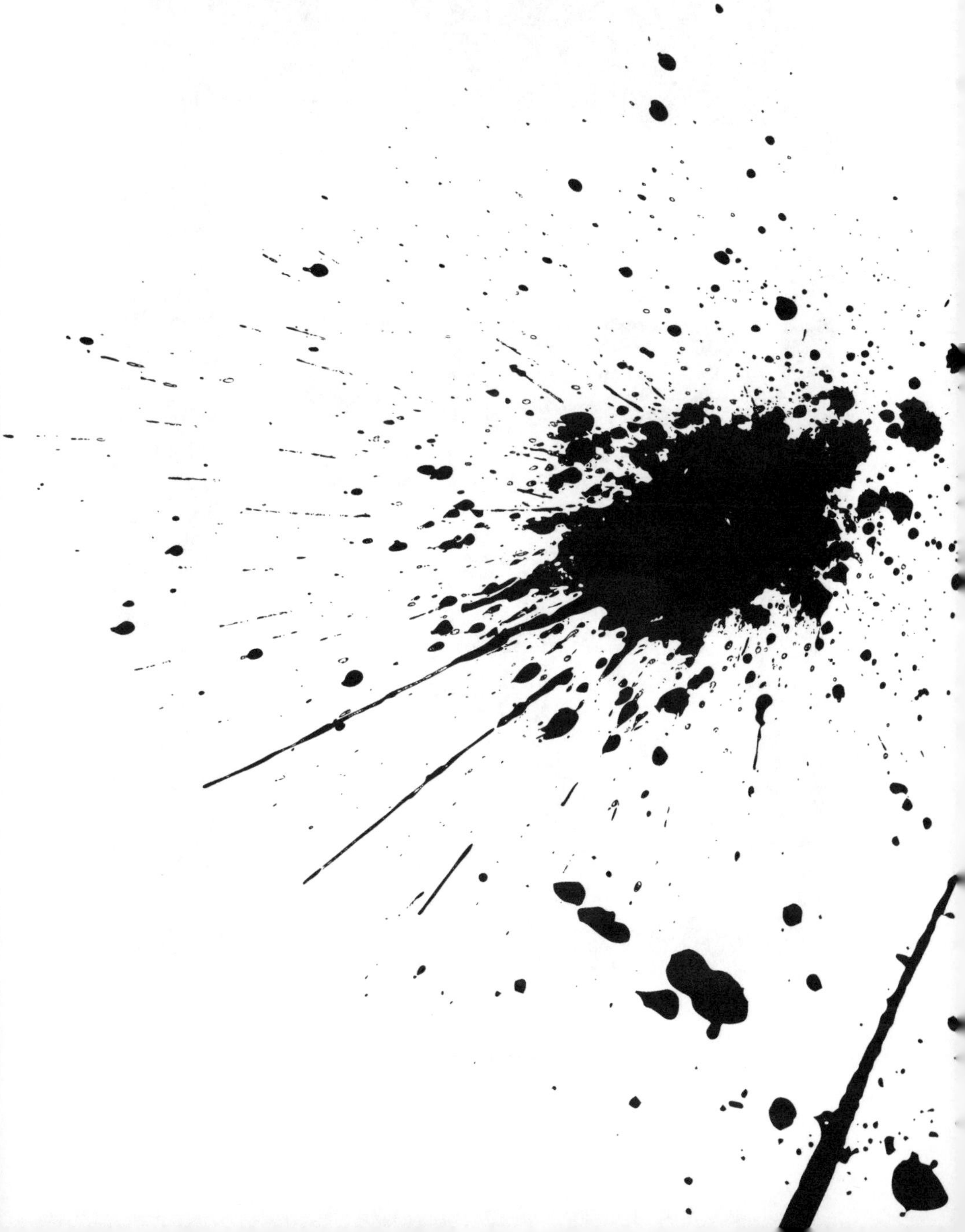

PÔSTERES PROMOCIONAIS PARA A FAMOUS

8
Famous Stars & Straps

Quando comecei minha marca, a Famous Stars and Straps, eu não tinha ideia do que estava fazendo. Só tinha uma visão: queria fazer algo que ainda não existia, algo que surgisse a partir do meu estilo de vida. Eu curtia skate, BMX, carros, tatuagens, rap, metal, punk. Não via nenhuma marca de roupas que refletisse essa mistura, e queria fazer roupas que qualquer um pudesse usar. Suas roupas são a sua segunda pele – eu queria ser responsável por essa segunda pele, e me certificar de que ela representasse as pessoas para além de seus corpos, dizendo quem elas são[1].

A semente foi plantada quando eu era adolescente e fazia camisetas piratas de bandas com meu amigo Marcos, para vendê-las nos shows. Aprendi, na época, que, se você tem uma ideia, você pode elaborar a arte, estampar as camisetas e levá-las diretamente ao público.

Porém, a Famous realmente começou quando eu ainda estava no Aquabats. Eu fazia adesivos aleatórios, apenas experimentando com impressoras digitais que imprimiam um adesivo de cada vez. De início, chamei a marca de Voltron Crew (eu andava ouvindo muito Wu-Tang Clan e Method Man[2]), para representar toda a galera com quem eu andava na casa do Bill Fold: eu, Brent Vann e Tim Milhouse. Mas o nome não caía muito bem, então comecei a brincar com

---

[1] Ironicamente, sou dono de uma marca de roupas, mas sou seriamente daltônico. Às vezes acho que estou usando uma camisa azul que é, na verdade, roxa. Não consigo diferenciar verdes de marrons. No ensino médio, minha namorada me ajudava a comprar roupas. Depois de mais velho, compreendi que eu gostava muito de camisetas pretas. Por sorte, na Famous, conto com uma equipe de pessoas que podem me orientar – e preto e branco ainda parecem ser as cores mais populares para camisetas.

[2] O desenho animado *Voltron* é citado em algumas músicas do Wu-Tang Clan, como "Shame On a Nigga" e "Can It Be All So Simple". (N. do T.)

outras ideias. E então inventei Famous Stars and Straps, e adorei tudo o que isso significava. É obviamente um trocadilho com "*stars and stripes*" (as estrelas e listras da bandeira americana), mas "*straps*" ("correias") traz muitas associações, de guitarras a armas de fogo. E todo mundo quer ser famoso.

Fiquei muito apaixonado pela Famous: sempre que tinha um dinheiro extra, imprimia camisetas e adesivos. E então eu caminhava quilômetros, colando os adesivos em todo lugar. Quando entrei para o Blink, meu primeiro cachê da banda foi de US$ 3 mil, o que parecia uma quantia enorme de dinheiro. Disse a papai que tinha acabado de ganhar 3 mil, e ele disse: "É melhor você guardar cada centavo disso, porque você provavelmente nunca vai receber tanto dinheiro assim de novo".

Ouvi só metade do conselho dele: guardei US$ 1.500 e usei a outra metade para imprimir adesivos que diziam I LOVE ORGASMS (*eu amo orgasmos*). Era um slogan engraçado, mas também combinava totalmente comigo: eu era meio que viciado em sexo, só um moleque bem tarado que fazia parte de uma banda. Também fiz algumas camisetas, achei umas fontes que eu queria usar e inventei um logo. Eu vendia as camisetas e os adesivos nos shows do Blink, e eles saíam muito bem; todo o dinheiro que eu ganhava, investia em novas impressões. Quando eu não estava imprimindo adesivos, eu e meus amigos tirávamos fotocópias dos nossos genitais na Kinko's e colávamos essas imagens também. Em algum lugar da Califórnia, ao lado de um antigo adesivo da Famous, há também uma folha colada com a imagem do meu "pacote".

Eu tinha muitos amigos na indústria da moda: Bob Hurley, da Billabong, Jack, da Black Flys, Luke, da Silver Star, e Kelly, da Third Rail, sempre visitavam o Blink no backstage quando estávamos em turnê. Sempre conversei com eles sobre esse meio e concluí que se eles podiam vender camisas, eu também poderia. Eu disse: "Aí, vou abrir uma loja lá em Riverside. Vai se chamar Famous Stars and Straps. Vou vender as marcas de vocês, além da Hurley, Tribal Gear, Zero e Alien Workshop. Vou vender todas essas marcas maneiras e a minha própria marca também".

Então, consegui que um cara em Riverside me alugasse um prédio abandonado. Eu não tinha uma licença comercial, nenhuma documentação, e não tinha pedido copyrights ou marca registrada. Transformei parte do piso térreo numa loja em cerca de três semanas: eu e meus amigos fizemos as obras nós mesmos. Às vezes tomávamos Ritalina, fumávamos um cigarro atrás do outro e ficávamos acordados por três dias seguidos. Depois, mais dois amigos vieram para grafitar murais nas paredes.

UMA BODEGA STORE DA FAMOUS NUMA FEIRA COMERCIAL

Perguntei a Tom e Mark se poderíamos fazer um show gratuito para a grande inauguração da Famous Stars and Straps, e eles disseram que sim, porra, vamos nessa. Tocamos do lado de fora, e um público enorme compareceu (incluindo Adrian Lopez e parte da equipe de skate da Zero): na época, o Blink-182 estava na primeira posição no TRL. O show acabou fechando o Van Buren Boulevard, uma das principais ruas de Riverside. Tudo sem permissão oficial e sem alvará. Foi insano.

RAY COOMER (EX-COLEGA DE CASA)

A primeira loja da Famous era num prédio todo detonado. O Travis transformou num estúdio de ensaios, e então montou a loja na frente. Para atrair clientes, eles decidiram fazer um show do Blink. A rádio 103.9 (X FM) ficou sabendo disso e transmitiu a notícia. A loja era bem na Magnolia Avenue, que tinha duas faixas numa mão, um canteiro central, e então mais duas faixas na outra mão. Umas mil pessoas apareceram, fácil, e cobriram a rua toda. Os carros que estavam estacionados na frente da loja ficaram presos. Havia gente sentada nos carros, gente em pé em cima dos carros. A polícia chegou e dispersou tudo. Acho que o Travis se meteu em encrenca – ele nunca mais fez nada daquele tipo por ali.

Rapidamente estávamos fazendo bons negócios e causando certo alvoroço. Muita gente estava comprando lá – parecia que sempre havia um Cadillac irado estacionado na frente da loja, de um ou outro cliente. Continuei a trabalhar no prédio, transformando parte do espaço nos fundos em estúdios de ensaios para bandas. A polícia vivia aparecendo, pedindo as autorizações das obras e a papelada comercial: tudo o que eu nunca tinha pedido junto à prefeitura. Minha falta de experiência era visível: eu nem sabia que precisava de um alvará. A polícia também deu uma geral no prédio e fez uma busca pelas salas de ensaio. Encontraram drogas e armas – que nem eram minhas. Tinham sido guardadas lá por uma das bandas que vinham ensaiar.

A FAMOUS COMEÇOU COM FIVELAS – VENDEMOS MEIO MILHÃO DESTE MODELO EM NOSSO PRIMEIRO ANO.

Estava óbvio aonde isso tudo ia parar: eles iam fechar minha loja. Então eu mesmo a fechei antes que as coisas ficassem feias. Fiquei chateado, mas acabou sendo a melhor coisa que poderia ter acontecido. Eu basicamente vinha tocando uma loja de skate que também vendia umas camisetas que diziam "Famous Stars and Straps". Num negócio como esse, você passa muito tempo vendendo coisas dos outros. Estuda os catálogos deles para escolher os melhores itens para comprar – mas, às vezes, essas coisas não vendem. Isso significa que você tem de contatar a marca e dizer: "Viu, podemos devolver, porque esses produtos estão parados?". Eu chamava todo esse trabalho de ser um *junkie* de varejo. Mas, depois que fechei a loja, não estava mais me preocupando em vender as roupas de outras marcas. Eu poderia colocar toda a minha energia em construir a minha própria marca.

TIM MILHOUSE (AMIGO)

Estávamos em turnê e vimos uma porção de marcas começarem. Nossa intenção, com a Famous, era começar uma marca nossa, algo que ficássemos empolgadaços de usar. Originalmente, era uma marca de fivelas e nós fazíamos cintos decorados com estrelas. A primeira camiseta dizia I LOVE ORGASMS. Depois que deixei de ser técnico de bateria do Travis, uma vez saí em turnê em nome da marca, divulgando as camisetas e adesivos, tentando espalhar o nome por aí.

O Travis começou a marca num dos quartos vazios da casa dele em Riverside. Ele comprou um computador e nós usamos as fontes que vinham no Microsoft Word. Imprimíamos os adesivos num lugar chamado S&W Plastics, em Riverside mesmo. E então saíamos colando os adesivos em todo lugar. Nunca arrumei problema por fazer isso, mas a marca recebeu alguns telefonemas. Soubemos que estávamos fazendo um bom trabalho quando as prefeituras ligaram e reclamaram. Quando isso acontecia, focávamos numa área diferente.

DESIGN DA FAMOUS

line: **FAMOUS STARS & STRAPS** season: **SUM 15**
design: **MASKED FACES** division: **MENS**
colors: **WHITE & BLACK** date: **8/29/14**
artwork by: **RICH / MOUSE LOPEZ** approved: **PENDING**
special info: sample: **XXXXXXX**

© 2014 FAMOUS STARS AND STRAPS. ALL RIGHTS RESERVED

DESIGNS DE MOUSE LOPEZ PARA A FAMOUS

Aluguei um depósito e começamos a trabalhar. No início, éramos em dois apenas, eu e meu amigo Will. Tínhamos um negócio online: os clientes faziam o pedido pelo site, e nós enviávamos as camisetas. Aos poucos, à medida que a reputação da Famous crescia, lojas de skate pequenas começaram a nos ligar. Eu não tinha nenhum representante de vendas quando começamos: nós mesmos agíamos. O primeiro lugar que nos telefonou foi a Electric Chair, uma loja maneira de roupas e estúdio de piercing com endereços em Riverside e Huntington Beach. Eles nos ligaram e disseram: "Olha, nós queremos comprar dez dúzias de camisetas. Vocês conseguem entregá-las para nós em uma semana?". Estampamos e entregamos as camisetas pessoalmente[3].

JIMMY SHRUGGS GULLY (AMIGO)

O começo da Famous foi duro. Depósito quente, sem ar-condicionado, preparando adesivos e estampando camisetas com transfer a quente. E então saíamos todas as noites para encher as estradas, as vizinhanças e as escolas de adesivos. Quando recebemos pedidos de grandes corporações, tipo quando a Hot Topic apareceu, realmente não tínhamos a mão de obra necessária. Então éramos só nós dois responsáveis por, digamos, um pedido de vinte mil fivelas. A Hot Topic nos enviava suas próprias etiquetas e nós tínhamos de etiquetar sozinhos cada uma das fivelas. Porém, felizmente, a Red Bull e a Monster nos mandavam carregamentos de energéticos, então ficávamos ligadões o dia todo, empacotando as encomendas.

Certa vez, recebemos uma encomenda de cintos do lugar onde eles eram fabricados – algum outro país. Eram centenas e centenas de cintos em containers, que vieram infestados de umas baratas exóticas loucas. Então esses insetos estrangeiros infestaram nosso depósito por um tempo.

---

[3] Nós não precisávamos da maior parte do espaço do depósito: no começo, eu guardava meus carros e dava aulas de bateria lá. No apogeu do Blink, comecei a dar aulas nos intervalos entre as turnês; tinha, às vezes, sete ou oito alunos por dia. Era um trabalho em tempo integral que eu exercia quando estava em casa. Era uma forma de me manter tocando bateria ao invés de só farrear com os amigos, e eu adorava poder oferecer algo de volta aos fãs.

Alguns alunos só duravam uma aula: eu concluía que se tratava de um moleque de treze anos que só queria me ver tocar por uma hora, e não queria realmente aprender bateria. Eles pegavam as baquetas e eu já sacava que nunca tinham feito isso antes. Só queriam trocar ideia comigo cara a cara por uma hora. Eu dizia aos pais: "Olha, eu agradeço por vocês terem vindo até aqui, e foi demais conhecer o seu filho, mas eu me sinto culpado em aceitar seu dinheiro. Eu recebo os fãs de graça nos shows". E havia outra molecada, meninos e meninas, que me perguntava muita coisa: como você toca essa música? Como é essa virada que você faz aqui? E esses eram os melhores.

Não venho podendo dar aulas já há algum tempo, apesar de que eu adoraria ter alguns alunos novamente. Ao invés disso, o que tenho feito é postar alguns tutoriais no YouTube sob o título "The Crash Course".

Saí em turnê com o Travis e montava a barraca da Famous em todos os shows, além de fazer todas as paradas promocionais da marca. Descobri como atrair as garotas: eu me sentava no palco, na lateral, posicionado de maneira suficiente para poder ser visto pelo público. Ficava lá por umas duas músicas e então saía andando no meio do público. Na época, eu usava um penteado black power descolorido, então era facilmente reconhecido – as minas vinham até mim. É louco o que as garotas fazem nas turnês.

A Famous Stars and Straps foi algo cultivado em casa: o negócio ficou cada vez maior, mas tudo aconteceu de forma orgânica. Sempre tive um time de amigos trabalhando comigo, tão apaixonados pela Famous quanto eu. Originalmente, éramos eu, Tim Milhouse, Jimmy Gully (também conhecido como Shruggs), Melissa, Will, Ryan Leonard e, às vezes, meu amigo Jeremy[4]. Cometemos alguns erros, mas aprendíamos à medida que seguíamos em frente, sem diplomas em administração e sem ajuda externa. Com as próprias mãos e as dívidas pagas.

PROPAGANDA DA FAMOUS. ARTE DE LUKE WESSMAN

---

4   Tim, Jimmy e Ryan ainda trabalham na Famous.

Prestes a embarcar num avião para o Oriente Médio com o Blink-182

9
Comprimidos, Ossos Quebrados e Anéis de Noivado

Sempre que o Blink-182 fazia uma turnê mundial, nós pegávamos cerca de cinquenta voos, de cidade em cidade. Eu estava fazendo o que amava – tocar bateria – e ganhando um ótimo dinheiro. Mas, por cinquenta vezes num intervalo de dois ou três meses, eu também tinha de fazer algo que eu detestava e temia mais do que qualquer outra coisa. Durante as decolagens, eu me agarrava na poltrona, e Mark e Tom às vezes riam e tiravam onda comigo, porque eu falava coisas do tipo: "Cara! Você ouviu esse barulho?". Geralmente era o trem de pouso sendo recolhido.

Certa vez, voamos para Miami, fizemos um show e imediatamente partimos para as Bahamas, onde gravaríamos algo para a MTV. Nas Bahamas, eu estava fumando um cigarro quando o empresário da banda, Rick DeVoe, me disse: "Você precisa parar de fumar, Travis. Precisa se cuidar. Daqui vinte anos, você poderá estar com filhos ou só querendo relaxar e curtir tudo aquilo pelo qual trabalhou".

Eu respondi: "Cara, nós podemos morrer num acidente de avião a qualquer momento. Não importa se eu parar de fumar – quem sabe que tipo de merda pode acontecer?". Eu vinha vivendo um dia de cada vez havia muito tempo, desde a morte da minha mãe. Não tinha um desejo suicida, mas não esperava envelhecer – a cada ano eu ficava surpreso por ainda estar vivo.

Quanto mais famosa a banda ficava, mais nós voávamos – começamos até a viajar em aviões particulares. Eu tomava remédios para suportar as viagens. Se voássemos para Londres para fazer três shows na Wembley Arena, eu me punha pra dormir durante todo o voo, misturando Vicodin no meu Jack and

Coke. Eu nem aproveitava a bebida. Quando comecei, meu objetivo era não usar tanto, de forma que, quando aterrissássemos, eu ainda tivesse um dia inteiro para tirar as substâncias do organismo. Mas não demorou até que eu estivesse tomando cada vez mais comprimidos.

Num voo para a Austrália, comi uma barra de Xanax. Não é como um comprimido tradicional – é uma barra longa e fina que você pode quebrar em quatro pedaços. Comi a barra toda e fui dormir. Acordei na metade do caminho, em algum lugar sobre o Oceano Pacífico, comi mais uma e voltei a dormir na hora. Dormi durante toda a viagem de dezenove horas e, quando o avião pousou, eles estavam tentando me acordar: "Sr. Barker, com licença. Sr. Barker?". Eles praticamente tiveram de me carregar para fora do avião. Eu estava tão lesado no aeroporto de Sydney que não conseguia entender como colocar meu pé numa escada rolante. Fiquei lá, parado no alto da escada, intrigado sobre como conseguiria pisar em alguma coisa que estava se movendo. Por cerca de dez minutos, pessoas trombavam em mim para descer a escada rolante. Por fim, consegui – e então adormeci de novo na área de retirada de bagagem.

Comecei a tomar comprimidos por diversão, quando não precisava voar. Nunca tomava antes de um show, mas assim que saía do palco eu adorava engolir um punhado de Vicodin e fumar um cigarro atrás do outro. Adorava a sensação de estar tão relaxado a ponto de quase derreter.

Um amigo me convidou para uma despedida de solteiro em Las Vegas. Eu não estava em turnê, então teria me contentado em ficar em casa em Riverside: fumando alguns cigarros, um pouco de maconha, tomando alguns comprimidos, falando sobre carros. Mas ele disse: "Cara, vem aí – é a minha despedida de solteiro, não perca isso". Eu toquei o foda-se e decidi ir de avião. Levei meu amigo Brent – nós dividimos o quarto de hotel.

No avião, tomei um punhado de comprimidos. Os efeitos diferem de pessoa para pessoa: se eu tomar uma porção de analgésicos, vou ficar acordado pelas próximas 24h. Fico com uma energia do caramba, mas a única coisa que faço é falar.

A festa foi num clube de strip. Eu já tinha ido a clubes de strip no gueto e Riverside, mas nunca tinha visto nada como aquilo: garotas lindas por todo lado e insanidade de primeira classe. Todos na festa estavam na farra com garotas diferentes. Dei um punhado de dinheiro a elas, uns dois mil dólares no total, e disse a elas para darem um bom trato no dono da festa – queria que elas fizessem as coisas mais sujas que pudessem com ele. E uma delas, surpreendentemente, disse: "Mas eu quero você".

Ela era a garota mais incrível do clube todo – pelo menos pra mim. Então minha reação foi: claro, por que não? Ela me deu umas lap dances intensas. Fiquei no clube umas duas horas, no máximo, e então fui embora com essa stripper gostosa e uma amiga dela. Fomos para o meu quarto de hotel e tivemos a noite mais louca de todos os tempos. Brent estava dormindo a uma cama de distância e não tinha uma garota, mas isso não refreou a nós três.

Eu nunca tinha experimentado ninguém tão selvagem e livre como aquelas duas. Elas faziam coisas doidas uma na outra e me foderam muito. Foi uma viagem. Porém, no meio do caminho, uma camisinha estourou. Passou de melhor noite de todos os tempos para um pesadelo. No dia seguinte, eu estava com muito medo: e se ela estiver grávida? Eu estava bêbado, não conseguia me lembrar: eu tinha gozado? Isso me assombrou por todo o ano que se seguiu. Eu vivia esperando um telefonema ou uma mensagem de texto me informando que ela estava grávida.

Comecei a me dar conta de que precisava ficar atento a com quem eu ficava íntimo. Desde o início sempre fui o garoto segurança, mas acidentes podem acontecer. Eu não queria doenças aleatórias, e morria de medo de ter um filho com alguma garota que, na verdade, eu nunca mais queria ver na vida.

Em Riverside, eu ainda morava com Gay Ray e fazia a festa na casa dele. Havia um cara chamado H-Dog morando na vizinhança. Nós costumávamos deixar o H-Dog chapado. Certa vez, fumamos maconha e tomamos uns comprimidos e o H-Dog foi embora da nossa casa dizendo: "Cara. Cara. Não tô me sentindo muito bem, Trav. Isso é zoado, não tô bem".

Eu disse: "H-Dog, vou te levar em casa. Vai deitar – vai ficar tudo bem".

"Trav, eu bebi, também. Não sei, cara. Talvez eu devesse chamar uma ambulância. Cara, minha respiração tá esquisita".

Levei-o de volta a sua casa e o deitei na cama. No dia seguinte, fui novamente até a casa dele para ver como ele estava – fui até a janela e falei: "Acorda! É meio-dia!".

H-Dog não tinha dormido – estava na mesma posição em que eu o deixara na noite anterior. Ele ficara olhando para o teto por doze horas seguidas. "Como faço para eles irem embora, Travis? Não sei o que fazer, cara". Parecia uma cena de *Friday*. Ele voltou a si naquela tarde.

H-Dog tinha uma situação familiar complicada. Tinha três irmãos mais novos, e a família não tinha muito dinheiro – se as crianças se comportassem bem, a grande recompensa era poderem se sentar na carroceria da caminhonete dele enquanto ele dava arranques no motor. Então a mãe do H-Dog ficou doente e o marido a deixou. Isso partiu meu coração – me lembrou do que acontecera com a minha mãe. Assim, sempre que eu voltava para casa de uma turnê, me assegurava de levar a mãe dele para jantar. Não era um tipo de encontro bizarro: era só para fazer companhia a ela e garantir que ela estivesse se sentindo bem.

Meu amigo Tim e eu costumávamos ir às casas noturnas locais: entre as nossas favoritas estavam a In Cahoots, a Metro, Club Rubber e a Baja Beach House. Chegávamos e só ficávamos lá em pé por um tempo, sem dançar, só curtindo a vista e esperando que o DJ tocasse Method Man ou Cypress Hill. Inevitavelmente, garotas nos abordavam. Se gostássemos delas, dizíamos que estávamos indo para casa e as convidávamos para ir junto. Elas pulavam para dentro do carro.

Essa estratégia causava alguns problemas – às vezes, uma garota tinha, na verdade, ido à balada com um cara, que não gostava muito dela ir embora com a gente. Na próxima vez que íamos ao lugar, algum cara dizia: "Mano, aquela era minha mina". Era muita coisa de mano rolando – e você sempre precisava ir embora cedo, porque assim que as casas fechavam, havia tiroteios no estacionamento e outras merdas das quais eu queria manter distância. Porém, isso não me impediu de frequentá-las.

Muitas dessas garotas eram bem superficiais. Mas eu estava sendo superficial também: estava a fim de uma noite e nada mais. Todos os envolvidos entendiam por que estavam ali, e ninguém saía magoado.

Certa noite, na Baja Beach House, conhecemos um trio que apelidamos de Platinum Girls: três garotas, as três gostosas, com cabelo loiro platinado. Comecei a conversar com uma delas, chamada Melissa, e era mais inteligente e mais autêntica do que a maioria das garotas que eu levava pra casa. Cheguei a pegar o telefone dela e liguei no dia seguinte. Alguns meses depois, nos tornamos um casal: eu era louco por ela e estava contente em ficar longe das baladas.

A essa altura, eu já tinha três Cadillacs. Ainda tinha aquele com buracos de ferrugem que tinha explodido na rodovia – acabei vendendo-o por US$ 200, porque era basicamente só ferro velho. Então comprei um Cadillac verde de 1966 e um branco conversível de 1970. Comprei ainda uma caminhonete, e esses três veículos ficavam na garagem do Gay Ray[1]. Eu estava ganhando algum dinheiro com o Blink-182, mas ostentava muito, comprando um carro atrás do outro.

---

[1] Customizar carros estava se tornando uma paixão. Quando tive condições de comprar um Cadillac antigo, passei a preferir um desses do que um carro novo. Há algo de especial em encontrar um carro antigo que você possa projetar e torná-lo seu do zero. É criar algo do nada, como criar uma música ou uma batida. Ver seu carro no momento em que você compra – qualquer que seja a condição dele – e então assistir à transformação. Primeiro a lataria e o tanque, depois a pintura e a suspensão, e então as rodas e o interior. É outra forma de se expressar, e eu adoro.

MEU CADILLAC VERDE DE 1966

Mark, Tom e todo mundo ao redor da banda viviam me dizendo que eu precisava ser mais inteligente com o meu dinheiro: "Cara, pare de comprar carros. Você precisa comprar uma casa".

Por fim, captei a mensagem. As pessoas em Riverside sabiam onde eu morava e vinham até minha casa o dia todo, e fiquei cansado disso. Certa manhã, estava conversando com Melissa e disse: "Vou dar uma olhada numas casas – quer vir comigo?". Ela não entendia nada de mercado imobiliário, mas estava a fim de ir.

MELISSA KENNEDY (EX-ESPOSA)

Conheci o Travis numa balada no Inland Empire, quando ele era jovem e eu era *extremamente* jovem. Ele tinha acabado de se envolver com o Blink-182; acho que eles estavam prestes a fazer o primeiro videoclipe juntos. Não gostei tanto assim do Travis, de início: achei ele esquisito. Ficamos amigos – e então, depois de uma boa noite de bebedeira, não saímos do lado um do outro por anos.

Durante todo o tempo em que estivemos juntos, o Travis só entrava no palco depois que eu beijasse ambas as mãos e ambas as baquetas dele: *um, dois, um, dois*. E sempre que íamos viajar de avião, tínhamos de usar as mesmas roupas, porque ele tinha muito medo de voar. Ele usava suas calças da sorte, e eu tinha uma pedrinha da sorte para carregar durante os voos. Nós a passávamos um para o outro, dependendo de quem estivesse com mais medo naquele dia.

Certa vez, estávamos na Itália – o Blink-182 ia aparecer na MTV Italia. Depois de gravarem a entrevista, saímos do estúdio para a van. Mas não havia policiais suficientes e a van foi cercada por uma multidão de adolescentes italianos. Na

> JOGOS DE AZAR COM MELISSA E LUKE DOG

época, o Blink era a maior banda na Itália, maior até do que os Backstreet Boys. Aquela molecada batia nas janelas, e foi uma situação muito assustadora – até nossos seguranças ficaram assustados. Tivemos todos de deitar no chão da van, para que ninguém se machucasse caso eles quebrassem as janelas. Deitada ali, pensei que íamos ser mortos. Por sorte, conseguimos escapar – mas um moleque correu atrás da van por, tipo, uns oito quilômetros. Não importava o quanto nos afastássemos, ele continuava atrás da gente. Por fim, encostamos a van e demos a ele ingressos para o show daquela noite.

Quando nos casamos, chamamos uns duzentos convidados, todos da nossa família e amigos. Tínhamos acabado de voltar pra casa depois de três meses e meio na estrada, então foi muito legal. O Travis usou tênis Converse e uma gravata borboleta: parecia o Pee-Wee Herman.

Travis comprou outro Cadillac, mas seus dois carros eram antigos, e nenhum deles rodava muito bem. Nosso carro mais confiável na época era o meu Geo Metro hatchback azul-bebê de 1993, de três cilindros. O Travis costumava chamá-lo de Roller Skate. Dirigíamos o carrinho pela cidade e o Travis queria colocar filme nos vidros, porque a molecada estava começando a reconhecê-lo no carro. O valor da colocação do filme foi maior do que o do próprio carro!

Depois de um tempo, ficamos muito cansados de dirigir naquela armadilha. Fomos até uma concessionária da Cadillac e estacionamos o Roller Skate na frente. Entramos, compramos um Escalade em dinheiro vivo e fomos pra casa. Simplesmente deixamos o Geo na rua. Nem lembro se deixamos a chave no contato ou não.

Encontrei uma casa em Corona: também no Inland Empire, a uma distância curta tanto de Riverside quanto de Fontana, onde eu tinha crescido. Tinha 970 m² e, comparada a como eu vinha vivendo a vida toda, era um palácio. Concordamos um preço de US$ 325 mil, consegui uma hipoteca (valeu a pena ter crédito na praça) e fechamos negócio. Fiz a mudança e Melissa foi morar comigo. "Essa é a maior e melhor casa que eu já vi", eu disse a ela. "Nunca mais vou precisar me mudar".

Melissa estava fazendo faculdade, cursando psicologia, mas abandonou e começou a ir para a estrada comigo quando o Blink saía em turnê. Pela primeira vez como adulto eu estava aprendendo sobre os benefícios de um relacionamento de longo prazo: quando você está com uma mulher por um tempo suficiente, vocês se nutrem e apoiam um ao outro. Vocês transformam um ao outro em pessoas melhores e a vida só melhora.

Porém, estarmos juntos na estrada o tempo todo não era o ideal – é difícil para qualquer casal ficar junto 24 horas por dia, 7 dias por semana, então acho que nos desgastamos mais rápido por conta disso. Mas éramos loucos um pelo outro, e nossas duas opções eram viajar pelo mundo juntos ou só nos vermos a cada seis meses, então decidimos estar juntos.

MARK HOPPUS (BAIXISTA/VOCALISTA, BLINK-182)

No auge daquele período do *Enema of the State*, estávamos tocando em Londres. Depois do show, por volta das três da madrugada, minha mulher e eu estávamos de volta ao nosso quarto de hotel, prestes a dormir. Então, de repente, ouvimos *bam, bam, bam, bam* na nossa porta. Abrimos a porta e vimos dois moleques fugindo, virando o corredor. Liguei para nosso segurança, que estava em turnê conosco, e disse: "Só pra te avisar, uns moleques descobriram o nosso quarto e bateram na porta. Talvez você queira avisar os outros caras". Todos nós nos hospedávamos sob pseudônimos – a única forma daqueles moleques terem descoberto em que quarto estávamos era se o próprio hotel revelasse as informações a eles. Então, nosso segurança ligou para a segurança do hotel, que ligou para o gerente na casa dele. O gerente veio até o hotel e eles procuraram cada andar do prédio e nunca encontraram os moleques.

No dia seguinte, eu estava no lobby conversando com Tom e Travis e disse: "Bateram na porta de vocês? Uns moleques bateram na nossa lá pelas três da manhã".

O Travis disse: "Cara, fui eu e a Melissa". Ele só estava sacaneando a gente – os dois acharam que seria engraçado bater na nossa porta às três da madrugada.

Meu segurança, naquela época, era um amigo chamado Fusi: um samoano que morava em Carson, onde ele costumava andar com membros da gangue Crips. Eu costumava vê-lo carregando equipamento de bandas no Palladium, em LA, e ele se tornou um grande amigo. O próprio fato de precisarmos de seguranças era esquisito – era só mais um sinal do quão rapidamente nós tínhamos passado das turnês de punk rock para as participações no *TRL*. E alguns dos caras que as firmas de segurança forneciam eram uma merda, eles ficavam totalmente em cima da gente o tempo todo. Então comecei a levar o Fusi comigo: eu sabia que nos divertiríamos e ficaríamos acordados ouvindo rap da Costa Oeste juntos no meu ônibus. Houve uma vez em que estávamos curtindo num hotel cinco estrelas depois de um show, tomando um drink no bar do lobby. Voltei para o quarto; Fusi me disse que ia relaxar um pouco no térreo. Uma hora depois, recebi um telefonema da segurança do hotel: "O senhor poderia descer? Temos um problema no lobby". Desci e descobri que ele tinha ficado super bêbado e começado a dançar com umas garotas, inclusive algumas que estavam lá acompanhadas. Ninguém queria dizer não porque ele era um samoano de 160 kg com queixo protuberante: para mim, ele era só um grande ursinho de pelúcia, mas eu compreendia como ele assustava as pessoas. Os seguranças do hotel me disseram: "Ele transformou todo o lobby numa pista de dança e fica insistindo para tocarem Tupac".

Infelizmente, isso aconteceu não apenas uma, mas muitas vezes. O empresário do Blink deu uma podada e me disse que não poderia mais trazê-lo em

COM FUSI

turnês: ele estava se tornando um problema. Porém, no meu coração, ele sempre seria meu braço direito.

Cerca de seis meses depois, sua mãe faleceu. Fui ao funeral, e foi terrível: ele era a primeira pessoa que eu conhecia que tinha perdido a mãe desde que a minha tinha morrido, então era como se eu a estivesse perdendo de novo. Foi doloroso ver uma pessoa enorme, que tinha me protegido, aos prantos. Eu o abracei por horas e tentei garantir que ele ficasse bem.

Meu medo de avião não estava melhorando. Cada vez que o avião decolava, eu fechava os olhos e esperava ver uma linha horizontal iluminada que me dizia que estava tudo bem – mas, mesmo depois de vê-la, voar era embaçado. Certa vez, a banda estava indo para a Europa e, enquanto o avião decolava, Melissa e eu vimos outro avião caindo do céu. Estava vomitando fumaça pela parte traseira e indo abaixo com tudo. Ficamos loucos: "Meu Deus, olha aquilo". A comissária de bordo viu o que estava acontecendo e abaixou as janelinhas de todo mundo. Alguns outros passageiros viram, mas a maioria não viu. Os outros caras da banda diziam: "Cara, você só imaginou isso – comprimidos demais. Você tá viajando".

"Não, eu sei exatamente o que eu vi". Dito e feito, quando pousamos, estava no noticiário: mais de duzentas pessoas mortas num acidente de avião. Isso só atiçou a fogueira para o meu medo. Eu ficava mais apavorado a cada vez que entrava num avião, e tomando cada vez mais comprimidos de uma vez.

Não contei a Melissa sobre os comprimidos. Uma das coisas mais loucas sobre eles é que ninguém é capaz de dizer que você está usando. Você não fica com cheiro de fumaça nas mãos, não há evidências de nada. Se eu estivesse num restaurante, poderia ir até o banheiro, tomar uns dois e engolir com água. Ninguém saberia: eu só estaria sempre de bom humor.

Certa vez, desmaiei numa balada e Melissa e alguns de meus amigos tiveram de me arrastar para fora. Mesmo assim eu não disse a ela o que estava rolando – só disse que talvez tivesse bebido demais. Mas dois ou três dias depois, fiquei zonzo e minha pele começou a ficar amarelada, como se eu estivesse com icterícia. Fui ao hospital e eles fizeram uma punção lombar. Disseram que não sabiam o que havia de errado, mas que eu precisava contar a eles. Por fim confessei: "Tomei uma porrada de comprimidos uns dias atrás".

Eu havia me convencido de que deveria tomar comprimidos o tempo todo: eu gostava de como me sentia com eles no meu organismo, então o fato deles nunca me terem sido receitados parecia um erro. Eu nem pensava neles como uma droga mais. Simplesmente fazia sentido pra mim que eu deveria tomá-los todos os dias, como um multivitamínico.

MELISSA KENNEDY (EX-ESPOSA)

Eu não percebia que o Travis tinha um problema com comprimidos. Nem sabia que era possível se viciar neles. Era ingênua e nunca tinha feito nada daquilo. Achava estranho ele tomá-los, mas eles chegavam no correio, de um médico, então parecia que era OK. Às vezes ele dizia: "Toma um! Você não quer acordar cedo!". E eu dizia a ele: "Bem, eu tô cansada, Sr. Sempre-Pronto". Uma vez ele desmaiou numa balada e eu pensei: "Meu Deus, preciso tirar ele daqui antes que a polícia chegue". Um amigo me ajudou a colocá-lo no carro. Não chegava ao ponto dele precisar ir para um hospital – só o levei pra casa e o observei a noite toda. Mas, mesmo assim, eu não sabia que era algo que precisava ser tratado. Eu pedi desculpas a ele por isso anos depois – se eu soubesse que ele precisava de ajuda, teria ajudado, mas eu era muito tonta, não fazia ideia.

Em 2000, fizemos uma turnê mundial chamada The Mark, Tom, and Travis Show. Tivemos um dia de folga em Cuyahoga Falls, Ohio, não muito longe de Cleveland. Melissa e eu estávamos cansados de serviço de quarto, então tomamos um táxi até um Taco Bell perto do hotel, para jantar. Chegamos, fizemos o pedido e eu fui ao banheiro.

Quando saí, havia dois *rednecks* grandalhões tentando dar em cima da Melissa. Ela estava ignorando, mas quando eles viram que o cara com quem ela estava era um esquisitão magricela, tatuado e de dreadlocks, ficaram furiosos. Tentamos comer, mas eles ficavam nos encarando: era uma situação esquisita e eu me sentia como uma presa vulnerável. Tive um mau pressentimento, então abandonamos nossa comida e saímos do Taco Bell. Fomos até uma cabine telefônica para chamar um táxi para nos levar de volta ao hotel. Estávamos esperando o táxi chegar, quando aparece um carro vermelho e dele sai um dos *rednecks*.

O cara estava surtando – não parava de me chamar de "bicha" e, por alguma razão, levou o fato de Melissa estar comigo como uma ofensa pessoal. Tentei acalmá-lo e disse que não queria briga – até mostrei a ele que minha mão direita estava numa tala. Mas o cara não recuava: não parava de falar merda para mim, e então me atacou.

O cara era mais velho e maior do que eu, mas, àquela altura, eu precisava me defender. Bati nele com a mão direita e ele caiu. Quando ele caiu no chão, subi em cima dele e comecei a socar sua cara. O amigo dele saiu do carro e começou a me chutar – isso me desequilibrou enquanto eu o estava socando, e o meu punho atingiu o concreto ao invés do rosto do cara. De cara percebi que algo estava errado com a minha mão.

Agora eram dois a me atacar e, com uma mão machucada, não tinha como eu bater neles. Tentei mantê-los à distância com chutes, causando uma comoção até que as pessoas que estavam no estacionamento viessem ver o que estava acontecendo. Quando uma multidão começou a se formar, os dois entraram no carro e vazaram.

Chamamos a polícia, mas não tínhamos anotado a placa do carro. Quando a polícia foi checar com os funcionários do Taco Bell, eles não ajudaram em nada – alegaram que a câmera de segurança não estava funcionando. Minha mão direita estava doendo absurdamente, então fiz raio X e descobri que, quando soquei o chão, me dei uma "fratura de boxeador" – quebrei as articulações dos meus dedos mínimo e anelar.

Os médicos engessaram minha mão. Eu queria continuar tocando na turnê – imaginei que se Rick Allen conseguia tocar com o Def Leppard depois de perder um braço, eu poderia montar minha bateria à maneira da dele, com todos os acionadores e aparatos eletrônicos que ele tinha para ajudá-lo. Mas os médicos me disseram que eu precisava fazer uma pausa de uns dois meses na turnê, então Mark e Tom recrutaram o baterista da banda de abertura para me substituir. Fiquei em casa em Corona, digitando e-mails com a mão esquerda, ficando louco de não poder tocar bateria. Durante esse período, comprei um par de *turntables* e aprendi sozinho a fazer scratch.

Aquela fratura foi um sinal de alerta: me dei conta de que eu precisava usar a cabeça um pouco mais. Não podia entrar em brigas; não deveria nem andar de skate. Com uma mão quebrada, não conseguia me vestir de manhã, nem tomar um banho normalmente. E não podia tocar bateria, que era tanto minha paixão quanto meu ganha-pão.

A VIDA É UMA CORRIDA — DEIXE AS COLISÕES PARA OS BONECOS DE TESTE.

Um dia, Melissa me disse que eu tinha quase um milhão de dólares no banco. "Sério?". Eu não vinha acompanhando – num período curto de tempo, parei de ter que me preocupar com dinheiro. Tocava minha bateria e, contanto que tivesse dinheiro suficiente para sobreviver, não prestava atenção na conta bancária. Só estava tomando decisões baseado naquilo que me apaixonava. Como dizem por aí, encontre alguma coisa que você ame e que faria de graça, mas arrume um jeito de ser pago por isso.

Não tenho gostos muito caros. Nunca gostei de me vestir de modo chique, e não estava interessado em relógios e anéis cheios de diamantes[2]. O que eu realmente queria comprar eram coisas legais para minha casa nova: coisas que eu veria todo dia. Então, quando estava em casa, gastava uma porrada de dinheiro com móveis. Eu sempre comprara meus móveis na Goodwill[3]: gastava pouco morando com outros solteirões, e isso significava que podíamos destruir o lugar sem nos preocupar. Mas agora eu queria os móveis mais irados que o dinheiro pudesse comprar, de lojas como B&B Italia e Minotti.

O melhor móvel era um sofá branco italiano de couro. Era todo de linhas retas e supermoderno. Custou US$ 10 mil – o que eu sabia que era muito dinheiro, mas não se pode comprar um sofá como aquele por menos. Eu nem podia dizer aos meus amigos de infância e adolescência quanto tinha custado. Por esse valor, eles esperariam que o sofá voasse ou pudesse ser dirigido. Eu tinha muito respeito por aquele sofá: nem me sentava nele. Ainda o tenho. O bom design é atemporal.

Gente demais sabia onde eu morava. Não havia muitos famosos morando em Corona, então eu era o centro das atenções. E eu não era discreto: recebia amigos o tempo todo, ou rodava pela cidade em um dos meus Cadillacs. Todo dia eu recebia bilhetes deixados na porta, de pessoas dizendo que eram meus maiores fãs. Tudo isso era muito tranquilo.

Então, certa noite, ouvi algo no terraço. Saímos para ver o que era, e havia flores e um bilhete no terraço, com os dizeres ESPERO QUE VOCÊ MELHORE. Foi assustador. Na noite seguinte, havia mais flores no terraço: alguém estava subindo lá. Eu tinha um cachorro – um pequeno pug chamado Clarence –, mas ele não tinha latido para quem quer que fosse.

---

2 Uns dois anos depois, cheguei a comprar um Rolex de US$ 80 mil. Por um tempo, eu o usava em todo lugar – em filmagens de clipes, no posto de gasolina, até quando saía para correr. E então, bum – cansei dele.

3 Rede de lojas de itens de segunda mão, parte da organização sem fins lucrativos de mesmo nome. (N. do T.)

Uma semana depois, Melissa e eu saímos à noite. Quando voltamos, havia uma carta bem assustadora na porta da frente. Dizia: "Vou vir te buscar. Não adianta tentar fugir de mim". Parecia alguma merda de filme de terror, mas eu só disse: "Que se dane, que coisa estúpida". Saímos no dia seguinte de novo e, quando voltamos, todas as portas da casa, de fora e de dentro, estavam abertas. Havia outra carta: "Viu, eu disse que era capaz de entrar na sua casa".

A essa altura, fiquei bem abalado. Não só estava com a mão quebrada, como algum babaca estava entrando na minha casa. Eu não sabia se aquilo era uma piada ou se essa pessoa era potencialmente perigosa. *Essa pessoa é um chaveiro?*. Era a única coisa que eu conseguia pensar. Comprei dois rottweilers e um buldogue americano. Os três ficavam no quintal, que não era muito grande. Também instalei câmeras e um sistema de alarme.

Às vezes, ficava acordado a noite toda com meu amigo Jimmy Gully. Tínhamos tacos de baseball e armas a postos, só esperando a pessoa aparecer – é claro que ninguém aparecia. Eu nunca tivera uma arma: depois que comprei uma, comecei ir a um campo de tiro toda semana.

Antes que as coisas ficassem feias de novo, eu disse: "Vamos procurar outra casa". Comprei um imóvel cercado na mesma rua em que morava o prefeito de Corona. Na casa ao lado morava Reggie Wright – que, na época, era chefe de segurança de Suge Knight e da Death Row Records. Era uma casa térrea animal, e eu construí uma piscina insana. Eu tinha 4 mil m² nos fundos, então contratei os mesmos caras que fizeram todo o trabalho de pedraria na Disneylândia para fazer a minha piscina. Tinha crânios, e cavernas escondidas com crânios embaixo. Vinte e quatro quedas d'água. Custou US$ 800 mil e valeu totalmente a pena. Dávamos festas enormes. De vez em quando, todo mundo que trabalhava na Famous ia em casa no horário de almoço para nadar.

No dia em que tirei o gesso, deveria ir para a fisioterapia, mas pulei e, ao invés disso, fiz um show com o Blink. Decidi que essa seria a melhor terapia possível, já que a dor, em sua maior parte, está só na cabeça, mesmo. Todo dia, depois disso, passei a fazer meus exercícios da banda marcial. Era a coisa mais estúpida que eu poderia ter feito, mas a ideia de cancelar mais shows fodia com a minha cabeça.

Voltei para a banda no fim do verão, em tempo para uma turnê do Blink na Europa: viajamos pelo continente num ônibus de dois andares. Naquele outono, depois que Mark se casou, nos reunimos mais uma vez com Jerry Finn e começamos a trabalhar no álbum seguinte a *Enema of the State* (nesse meio tempo, tínhamos lançado um álbum ao vivo para manter os fãs contentes – intitulado The Mark, Tom and Travis Show, trazia todas as nossas músicas tocadas na velocidade da luz e piadas de pênis).

Àquela altura, eu era tecnicamente um músico contratado no Blink-182, não um membro oficial da banda. Embora eu tivesse criado todas as músicas de Enema of the State com Mark e Tom, não recebi créditos como compositor, nem direitos autorais. Por mim, tudo bem – eles já tinham a banda cinco anos antes de eu entrar, e eu precisava bater cartão. Porém, eu não tinha plano de saúde e queria conseguir um por meio da AFTRA[4], e, para isso, precisava ser compositor. Então eu disse: "Escutem, caras, se vocês não acham que estou ajudando com as composições, então componham o álbum sozinhos. Quando terminarem, eu venho e toco bateria nele". É claro que ninguém queria fazer isso, então fui promovido a sócio não-oficial. Fiquei muito empolgado em fazer parte da banda.

Tivemos muito mais pressão na gravação desse álbum do que na do anterior, mas ninguém parecia estar prestando atenção. Tínhamos um sucesso enorme, mas isso só nos fazia sentir que tínhamos algo a provar. Ao invés de dizermos: "Vamos compor umas músicas simples que serão o maior sucesso", pensamos em tentar algo mais técnico e obscuro. Queríamos ser levados a sério e desafiar a nós mesmos.

Terminamos a pré-produção, que é quando você grava demos de todas as músicas que tem. Depois, nós as tocamos para algumas pessoas, incluindo nosso empresário, Rick DeVoe, que disse basicamente: "Isso soa bem, mas parece que faltam umas duas músicas". Eles queriam ouvir algumas músicas com a fórmula Blink-182 com a qual todo mundo tinha se acostumado depois do último álbum.

Então Tom compôs "First Date" e Mark criou a estrutura básica de "The Rock Show". Trampamos nas músicas numa pequena sala no depósito da Famous Stars and Straps – e, muito rapidamente, tínhamos os dois hits do álbum.

Voltamos ao Signature Sound, em San Diego, o estúdio onde tínhamos feito a pré-produção de Enema of the State. Mais uma vez, trabalhamos muito rápido e terminamos tudo em poucas semanas. Estávamos quase no final das gravações – nos restava um dia para entregar o álbum para mixagem – e o Tom tinha criado uma linha de guitarra para acompanhar uma batida que eu vinha experimentando. Transformamos isso numa música, num arranjo bem básico: introdução, verso, refrão, repetição da introdução, verso, refrão, ponte, refrão duas vezes, fim. Tom cantou os refrãos e Mark cantou os versos. Era simples,

---

4 Um sindicato de artistas: American Federation of Television and Radio Artists.

mas funcionava e era maneira. A música era "Stay Together for the Kids": assim como uma porcentagem enorme de americanos, Mark, Tom e eu vínhamos de lares partidos, então isso significava muito para nós[5].

Quando terminamos o álbum, demos o título de *Take Off Your Pants and Jacket*. A capa trazia três emblemas, um para cada membro da banda: um avião, uma calça e uma jaqueta. Quando vi o projeto gráfico, só conseguia pensar no seguinte: *por favor, não me deem o avião – eu odeio essas porras de avião*. Eu queria que o meu símbolo fosse a calça ou a jaqueta, mas, de algum modo, acabei ficando com o avião. Foda.

O álbum saiu na primavera de 2001, e foi um sucesso, ainda que não tanto quanto *Enema*. Fizemos um clipe para "Rock Show", que teve um bom sucesso. A gravadora nos deu um orçamento de US$ 500 mil: gastamos cerca de 50 mil no clipe e demos o restante do dinheiro a sem-tetos e a quem mais estivesse passando por ali. Fizemos outro clipe, para "First Date", que fez sucesso também. Então, alguns meses depois do lançamento do álbum, era o momento de fazer um clipe para "Stay Together for the Kids". A gravadora nos deu um orçamento de um milhão de dólares. "Esse clipe vai ser um sucesso enorme", nos disseram. "Vocês precisam de Samuel Bayer para fazer esse clipe. Vão lá e detonem".

Assim, contratamos Samuel Bayer, que tinha feito um milhão de clipes, a começar por "Smells Like Teen Spirit", do Nirvana. Ele chegou para as filmagens num carrão, uma Ferrari ou um Lamborghini, e a equipe de produção montou uma tenda para abrigar o carro ao longo do dia. Foi uma produção enorme, com policiais fechando uma rua em Orange County. O conceito do clipe era da gente tocando dentro de uma casa enquanto ela era destruída. Uma bola de demolição atingia a casa, e tudo caía aos pedaços. A ideia era transpor em imagens a maneira como as crianças se sentem em meio a um divórcio – como destruição em massa. O único porém: a data era 11 de setembro de 2001.

Estávamos no meio das filmagens quando descobrimos que um ataque terrorista tinha acontecido. Dois aviões tinham colidido contra o World Trade Center, e milhares de pessoas estavam mortas. Não sabíamos o que fazer, então concluímos a filmagem do clipe. Foi um dia muito bagunçado. Quando o clipe ficou pronto, a MTV quis ver as imagens, que eram parecidas demais com todas as coisas dolorosas que tinham acontecido em Nova York. Havia pedaços de

---

5. *"Stay Together for the Kids"* fala muito comigo hoje, de maneiras que eu nunca teria imaginado na época. É a música do Blink-182 favorita dos meus filhos. Quando eles me disseram, isso quebrou minhas pernas.

A CAPA DO ÁLBUM TAKE OFF YOUR PANTS AND JACKET, DO BLINK-182

uma casa caindo e crianças chorando. A MTV nos disse que era de mau gosto e que não iria exibi-lo. Tivemos de fazer uma versão especial, sem a bola de demolição e sem a casa sendo destruída.

Tocamos "First Date" no *Late Night with Conan O'Brien*. Depois da música, Max Weinberg veio até mim e disse: "Sua performance foi incrível. Mas se você continuar tocando desse jeito, você não vai tocar por muito mais tempo. Seu corpo vai te deixar na mão".

Pensei que isso era maluquice, mas ele me contou sobre os vários machucados e cirurgias na coluna pelos quais passou. Ele é um baterista das antigas[6]. É algo bom de se ter em mente, porém, quando subo no palco, simplesmente toco com selvageria e força. Meu corpo paga por isso, mas eu não ia querer tocar bateria de nenhum outro jeito. Ser baterista é como ser atleta: preciso treinar meu corpo para tocar do jeito que toco. Faço o que posso para lidar com isso com inteligência: me aqueço muito bem e tomo banhos de gelo depois dos shows, quando preciso.

---

6 Depois dessa ocasião, Max sempre se manteve em contato comigo – sempre que eu tocava em Nova Jersey, ele aparecia. Ele levou seu filho Jay a muitos daqueles shows, e agora Jay é baterista também.

Na época, o único exercício que eu fazia era correr para comprar cigarros. E eu fazia isso o tempo todo – passei por uma fase em que eu sempre tinha um cigarro na boca quando estava tocando. Baqueta numa mão, cigarro na outra. E quando era uma música rápida e eu não conseguia segurar o cigarro, deixava-o na boca enquanto tocava, fumando tudo de uma vez. Depois, substituí o cigarro por um baseado. Eu pensava que estava sendo muito descolado, quando, na verdade, estava vendo o quão alto eu deixava a ignorância falar.

Fui diagnosticado com tendinite: me disseram que eu não tinha mais cartilagem nos punhos, de modo que, quando toco, eles simplesmente moem. Às vezes, quando estou tocando, ralo meus cotovelos ao ponto de deixá-los em carne viva e sangro em cima da bateria toda. Descobri que, quando ganho feridas abertas que não cicatrizam, posso fechá-las com supercola. Mas não posso fazer isso o tempo todo: uma vez, tive uma infecção no polegar por causa da supercola e pensaram que era gangrena. Tiveram de drenar todo o pus. Então, quando minhas mãos ficam feias de verdade, uso um negócio chamado Dermabond: é uma cola cirúrgica que usam depois de dar pontos numa cesariana. Mas são os ossos do ofício. Eu poderia dizer: "Porra, as minhas mãos estão zoadas e o meu corpo dói – eu devia tocar mais tranquilo". Porém, isso nunca vai acontecer. Não tem a ver comigo.

Melissa e eu nos casamos naquele outono, no Mission Inn, em Riverside. É um local irado, um prédio histórico com uma arquitetura insana. Antes do meu casamento com Melissa, eu estava constantemente à procura de garotas, as pegava em clubes de strip e onde mais as encontrasse. Até mesmo na minha despedida de solteiro: eu ainda não estava casado. Quando nos tornamos marido e mulher, resolvi ser direito e me mantive firme nisso. Porém, já a caminho do altar, sentia que estava cometendo um erro.

BRENT VANN (AMIGO)

A despedida de solteiro do Travis foi num barzinho local chamado Goodfellas. Convidamos cinquenta caras, no máximo – os amigos mais próximos do Travis. Algumas garotas apareceram, e nós as deixávamos entrar, mas elas tinham trazido caras, e nós dizíamos que eles tinham de ir embora. Essas garotas eram tão infames que entravam no bar e deixavam os namorados de fora. Outras tinham acabado seus turnos nos clubes de strip e vindo para a festa:

e a gente só as deixando entrar. No fim da noite, havia provavelmente duas garotas para cada cara.

Não era preciso muito para deixar o Travis bêbado: três ou quatro Coronas. De repente, num piscar de olhos, uma garota começou a chupar o pau dele no meio da pista de dança. Então elas o colocaram em cima do palco e disseram: "OK, que comece o strip" – e a coisa começou a ficar louca. Havia vinte strippers no palco, dançando, e o Travis lá sentado, sorrindo.

Garotas que nem eram strippers subiram no palco e tiraram a roupa. As strippers estavam ficando com ciúme e começaram a fazer umas coisas doidas. Então outras garotas começaram a chupar o pau dele de novo. Não uma, não duas, não vinte garotas. Cada uma delas queria chupar o pau dele. O Travis sentiu os lábios de pelo menos trinta ou quarenta mulheres diferentes no pau dele, dois dias antes de se casar.

Meu relacionamento com Melissa tinha começado com muitos fogos de artifício sexuais, mas, lentamente, se tornou algo mais próximo de uma amizade. Passamos meses sem contato íntimo, e Melissa começou a parecer mais uma amiga.

Outra coisa que me bagunçou foi ter descoberto a verdadeira idade dela. Quando nos casamos, eu tinha vinte e seis anos, e achava que ela era só um ou dois anos mais nova. Porém, quando ela assinou a certidão de casamento, descobri a verdadeira data de nascimento dela: ela era cinco anos mais nova do que eu, o que significava que ela era muito nova quando começamos a namorar. Eu me senti traído por ela ter escondido isso de mim o tempo todo. Isso realmente fodeu com a minha cabeça. Não deveria, afinal eu estava dizendo que a amaria, bem ou mal, mas eu não conseguia parar de pensar nisso. A diferença de idade também me fazia me sentir como uma babá: eu a levava nas turnês, e não tinha mais nada acontecendo na vida dela. Não era justo para com ela, mas era como eu estava me sentindo. Tentei ignorar esses sentimentos e ser um bom marido.

Enquanto isso, o Blink-182 tirou um tempo de folga – tivemos de cancelar um monte de shows depois do 11 de Setembro. Mas antes disso acontecer, quando ainda estávamos na estrada, Tom e eu vínhamos fazendo *jams* juntos todos os dias. Eu tinha apresentado a ele um pouco do post-hardcore que eu adorava, e que ele nunca tinha ouvido, como Fugazi, Quicksand, Rocket From the Crypt e Pitchfork. Isso inspirou Tom a explorar todo um novo estilo de música. Eu adorava o tanto que ele tinha evoluído desde alguns anos antes, quando dizia que metal era uma merda. Ele estava abraçando tanto esse estilo musical que quis escrever algumas músicas inspiradas nisso. Tocou para mim alguns riffs que soavam incríveis.

"Será que devíamos usar esses riffs no novo álbum do Blink?", perguntei.

Ele disse: "Acho que talvez eles não sejam para o álbum do Blink, talvez pudéssemos fazer alguma coisa paralela".

Eu pensei sinceramente que Tom já tinha conversado com Mark sobre isso. Eles eram muito próximos – inseparáveis – e eu não conseguia imaginar que Mark não soubesse. Então Tom e eu montamos um projeto paralelo e começamos a compor; ele chamou seu amigo David Kennedy para tocar guitarra e eu chamei meu amigo Anthony Celestino. Contei ao Tom que, quando eu morava em Riverside, fiz parte de uma banda chamada Box Car Racer, que tocava aquele estilo de música, com meus amigos Billy Meyer e Alex Barreto[7]. Tom adorou o nome Box Car Racer – concluí que, já que nunca lançamos um álbum e a banda tinha acabado, ninguém era dono do nome. Tentei entrar em contato com Alex, que fizera parte do Box Car Racer original, porque eu queria que ele estivesse nessa segunda versão da banda. Mas ele tinha sumido – ninguém conseguia falar com ele.

Certo dia, conversando com Mark, mencionei que o Box Car Racer iria sair em turnê. A reação dele foi: "Quê?".

"Merda. Você não sabia, Mark?".

"Cara, o Tom me disse que talvez vocês fizessem um álbum, mas não uma *turnê*".

Eu me senti um babaca. E era uma turnê grande, ainda por cima, com o H2O e o The Used. E a MCA acabou lançando o álbum *Box Car Racer*. Eu não tinha pensado na situação até que fosse tarde demais: éramos só nós três no Blink, dois fizeram um projeto paralelo juntos, e Mark não estava envolvido. E ele nem fazia ideia disso. Foi zoado, e desanimou muito o Mark. Eu me sentia como se tivesse vacilado com ele.

TOM DeLONGE (GUITARRISTA/VOCALISTA, BLINK-182)

À medida que o Blink ficava maior, eu quis contribuir com elementos progressivos: trazer certo modernismo à banda e mudar tudo o que todo mundo achava que éramos capazes de fazer. Eu ainda não sabia como fazê-lo, então a melhor maneira de experimentar era sair da caixa do normal, onde nós três nos sentá-

---

7 Anos antes, Alex tinha tocado na banda de hardcore Chain of Strength e no Inside Out, com Zack de la Rocha (antes do Rage Against the Machine ser formado).

vamos juntos para tomar cada decisão, e ver o que aconteceria se eu fizesse algo sozinho. Foi assim que o Box Car Racer começou.

Acho que aquele disco foi o começo do que o Blink poderia fazer musicalmente – mas se tornou um problema, porque parecia que dois caras da banda tinham saído para fazer seu próprio negócio sem o terceiro cara, e não era para ser assim, de jeito nenhum. O disco foi bem recebido, e então quisemos fazer alguns shows – mas a intenção nunca foi minar nada. Nossas intenções eram inofensivas, mas provavelmente era o momento errado no ciclo de vida da banda para fazer esse tipo de coisa. Não sei – não é como se eu tivesse *inventado* os projetos paralelos! Agora todos da banda têm tantos projetos paralelos, é um grande ensopado esquisito.

Eu considerava o Mark um dos meus melhores amigos – ele sempre foi muito firme, sempre esteve ao meu lado durante anos. Acredito que ele tenha me achado um babaca por ter feito aquele projeto, mas, no fim das contas, ele estava mais chateado com o Tom, porque eles tinham dez anos de história juntos *antes* de mim. Esse episódio todo causou muita tensão no Blink-182. As coisas deram uma acalmada quando concordamos que só faríamos uma turnê e então deixaríamos quieto: deixaríamos as pessoas comprarem o álbum, mas não íamos mais promovê-lo.

Enquanto isso, as coisas não tinham melhorado em nada entre mim e Melissa. Eu estava trabalhando em Los Angeles e conheci uma garota numa balada. Nada aconteceu naquela noite, mas durante toda a semana seguinte não consegui parar de pensar nessa garota. Sabia que as coisas não estavam bem entre mim e Melissa, e tinha que pôr um fim nisso. Fui para casa, em Corona, para conversar com ela. "Olha, acho que devemos nos divorciar", disse a ela. "Acabou para mim. Desculpa". Não fazia um ano que estávamos casados, mas eu já estava partindo para a próxima.

PÔSTER DA TURNÊ DO
TRANSPLANTS E DO RANCID

10
Amor à Queima-Roupa

Tim Armstrong deixou uma mensagem na minha caixa-postal: "Aí, Travis, aqui é o Tim, do Rancid. Você pode me ligar? Estou começando uma banda com meu amigo S.R., você é um dos meus bateristas favoritos, e nós queríamos que você tocasse conosco. Me dá um toque".

Eu tinha conhecido o Tim bem brevemente, num show do Fishbone no Barn, mas eu era um grande fã do Rancid e do Operation Ivy. E eu ainda me lembrava de como ele tinha cuspido em mim anos atrás, quando eu estava na fila do gargarejo no Epitaph Summer Nationals. Retornei a ligação dele naquela mesma noite. Ele me disse: "Pois é, estou aprendendo a gravar em casa. Meu amigo S.R. está fazendo rap e gritando. Precisamos de um baterista e, para nós, você é o melhor. Você daria um pulo aqui?".

Eu disse: "Claro, quando?". E no dia seguinte fui encontrá-los. Éramos eu, Tim e S.R. – que era uma abreviação de "Skinhead Rob", apelido desse amigo dele, Rob Aston. Rob não era racista – ele só fizera parte da cena skinhead tradicional. Jantamos no Chevy's, um restaurante mexicano. Sentado lá com eles, de imediato me senti como se estivesse em meio a velhos amigos. Todos nós adorávamos hip-hop e punk rock, e entendíamos como a dinâmica dos dois estilos era a mesma: partes iguais de rebeldia e raiva. Fui até lá com meu velho Cadillac; S.R. tinha um velho Lincoln. Foi como quando você conhece uma garota e a química é imediata, porque vocês têm tanta coisa em comum. Instantaneamente irmãos.

TIM ARMSTRONG (CANTOR/GUITARRISTA, THE TRANSPLANTS)

Rob era roadie do Rancid e começou a cantar paralelamente. Andávamos juntos todos os dias e começamos a gravar. Eu estava fazendo um negócio chamado DJ Dead Man, que era meio experimental: "Diamonds and Guns" era originalmente uma música do DJ Dead Man. E Rob estava fazendo umas músicas mais pesadas, como "Romper Stomper". Um dia, saímos os dois para almoçar. Eu disse: "Vamos juntar o DJ Dead Man com as suas coisas. Vou cantar com você e seremos uma banda". Então unimos as forças e demos o nome de Transplants, que era como estávamos chamando o trampo dele.

Então, quando estávamos fazendo o disco, convidei o Travis para vir tocar conosco. Eu já me encontrara com ele algumas vezes. Quando ele tocou nas nossas músicas, a coisa explodiu. Nós éramos um Volkswagen e, depois que ele chegou, viramos uma Ferrari. O Travis é definitivamente um membro fundador do Transplants: só viramos uma banda de verdade depois que ele entrou. Eu adoro aquele primeiro disco. Sei que você não deve dizer que adora seus próprios discos, mas aquele é do caralho.

Travis é o cabra mais durão. Ele toca machucado. Depois de um show, vi o dedo dele rasgado, com o osso aparecendo. E ele nem demonstrava reação. Conheço muitos caras bons, mas ele é o músico mais talentoso e dedicado com quem já trabalhei.

ROB ASTON (VOCALISTA, THE TRANSPLANTS)

Quando os Transplants começaram, éramos só eu e o Tim Armstrong. Não tínhamos planos de lançar nada, nem fazer shows – era só para experimentarmos e nos divertirmos. E então, à medida que trabalhamos mais no material, ficamos um pouco mais sérios e decidimos arrumar um baterista. Merda, se vamos chamar alguém, que seja então o melhor que há.

Então contatamos o Travis. Ele foi até a casa do Tim em Silver Lake. Eu tinha um Lincoln Continental verde menta – ele foi usado na capa do primeiro álbum do Transplants – e saímos para dar uma volta nele. No carro, tocamos para o Travis algumas das coisas nas quais vínhamos trabalhando e perguntamos se ele queria fazer parte da banda.

Eu disse a ele: "Não se preocupe – não vamos levar a mal se você não quiser se envolver". Tenho certeza que não eram as melhores músicas que o Travis já tinha ouvido, mas ele curtiu e disse: "Ah, tô dentro. Vamos nessa".

O Travis é daquele tipo de pessoa que você conhece e, depois de uns cinco ou dez minutos de conversa, se sente como se o conhecesse desde sempre. Creio que eu seja um julgador de caráter bem bom, e o Travis é um cara firmeza, sem sombra de dúvida. As indústrias nas quais estamos estão repletas de merda. Gente das bandas, gente que empresaria as bandas, gente na indústria de roupas – há tanta gente falsa. O Travis conhece bem esse meio, então ele enxerga para além desse papo furado. Só tenho amor por esse cara: eu morreria por ele, mataria por ele, viveria por ele, que seja. Eu não falo isso de muita gente.

Gravamos o primeiro álbum inteiro na casa do Tim – ele tem um estúdio no porão. O objetivo era se divertir: vamos só fazer música, foda-se o que os outros acham, foda-se se vai vender ou não. O Transplants ficou muito melhor depois que o Travis entrou. Ele é um monstro. Alguns bateristas são bons no que fazem e conseguem marcar o tempo, mas há gente como o Travis, que estão a um milhão de níveis à frente. Ele é capaz de tocar todo tipo de música que existe – é inspirador, mas faz você querer cortar os pulsos, porque você sabe que nunca será capaz de fazer isso.

Quando tocamos ao vivo, o Travis muda algumas coisas que nem todo mundo na plateia pode ouvir – ou nem mesmo todo mundo em cima do palco. Mas eu percebo, porque, quando tocamos ao vivo, eu o sigo. Estou cantando e espero uma certa batida de prato acontecer, e ele muda: não porque está fodendo com a música, mas só porque é o que ele quer fazer naquele momento. E então às vezes eu paro de cantar – não porque esqueci a letra, mas porque quero assistir o filho da puta detonar na bateria. Deveria estar cantando, mas quero saber o que ele vai fazer em seguida.

Voltei à casa do Tim três ou quatro dias depois e gravei a bateria daquilo que se tornou *Transplants*, o primeiro álbum da banda. Foi tudo muito rápido, tínhamos muitas músicas aceleradas: 187 bpm, para ser exato. Ao gravar os álbuns do Blink-182 com Jerry Finn, eu tinha ficado muito frustrado com o tempo que levávamos para captar os sons da bateria. Jerry ficava ajustando microfones por horas a fio. Eu enchia o saco dele o tempo todo com isso.

"Jim, estou batendo na bateria. Você tá ouvindo?".

"Sim", dizia ele.

"Vamos gravar essa porra, então".

"Cara, eu preciso conseguir os timbres de bateria".

TOCANDO COM O TRANSPLANTS

"Você já tem", eu dizia. "A bateria está produzindo um som. Você tá ouvindo. Vamos gravar essa porra".

Isso me deixava louco. Eu sentava pelo estúdio tomando café e fumando, rezando para poder começar a tocar logo. Mas aqueles álbuns soavam ótimos, então ele definitivamente estava fazendo algo certo. Eu só era impaciente.

Com Tim, era um processo completamente diferente. Está saindo som da bateria? Então vamos nessa. Era muito legal e espontâneo. Tim é um compositor incrível – e rápido. Em alguns dias, nós compúnhamos duas ou três músicas novas. E então, um mês e meio depois, estávamos em turnê com umas duas bandas de abertura. Quando caímos na estrada, Lars Frederiksen, do Rancid, era nosso guitarrista, e Matt Freeman, também do Rancid, nosso baixista – e ele é um dos melhores baixistas do mundo. Diretamente à minha frente estava o primeiro e único Tim Armstrong. Então, em turnê, eu estava basicamente tocando bateria com o Rancid. Minha vida estava feita. Rob, Tim e eu nos tornamos melhores amigos instantaneamente.

Nós nos amontoamos numa van e dirigimos de cidade a cidade. Em Fresno, tocamos num celeiro, literalmente. Mas nunca me diverti tanto quanto naquela turnê. O Transplants tinha uma energia especial, porque Skinhead Rob era um grande frontman – até então, ele tinha sido um roadie. Trabalhara com um monte de bandas legais, como o AFI e o Rancid. E então, com o Transplants, ele finalmente teve sua chance, e detonou. No palco, ele berrava com o coração na boca. Não tinha como eu relaxar na bateria – precisava dar a ele tanto quanto ele e Tim se entregavam. Eu queria dar ainda mais, de modo que ele pirasse ainda mais.

Rob estava empolgado com cada parte do processo: vamos gravar clipes, fazer camisetas. Ele crescera escrevendo em paredes e etiquetando coisas, então sua caligrafia era muito boa. Ele esboçava alguma coisa num guardanapo, e esses esboços acabavam nas nossas camisetas e adesivos. Então Rob e eu ficávamos acordados a noite toda, dirigindo por LA, colando os adesivos por todas as ruas. Era algo totalmente caseiro, e a sensação era muito boa.

Sempre que estávamos de volta a LA, Rob e eu tocávamos o terror. Em todo lugar que íamos, nos davam passagem – parecia que era mais difícil ficar em casa. Estávamos fumando toneladas de maconha; Rob me dizia: "Deixe seu corpo relaxar, mano. Desligue o cérebro por um minuto". A casa do Rob era um ótimo lugar para ficar chapado: ele tinha brinquedos maneiros, fotos de turnês com o AFI e o Rancid, pôsteres que brilhavam no escuro. Gravamos o clipe de "Diamonds and Guns" com Son Doobie, do grupo de rap Funkdoobiest, no apartamento do Rob. Durante o clipe, Rob sacou um baseado que tinha uns trinta centímetros. Esse foi o começo do meu consumo excessivo de maconha e de ficar chapadão diariamente.

Skinhead Rob e eu íamos ao Matsuhisa, mas tínhamos uma tradição antes de entrar no restaurante: ficávamos sentados no carro na frente do restaurante, fumando baseado atrás de baseado, à vista de todo mundo. O cara do valet ria da gente e dizia: "Por que não compartilha um pouco, *señor*?". Então compartilhávamos nossa maconha com ele. Tentávamos nos safar o máximo que pudéssemos e fingíamos que era a coisa mais normal.

Às vezes, fumávamos baseados batizados com cocaína: chamávamos de Cocoa Puffs. Nunca cheirei, nem coloquei nada no meu nariz, mas fazíamos isso

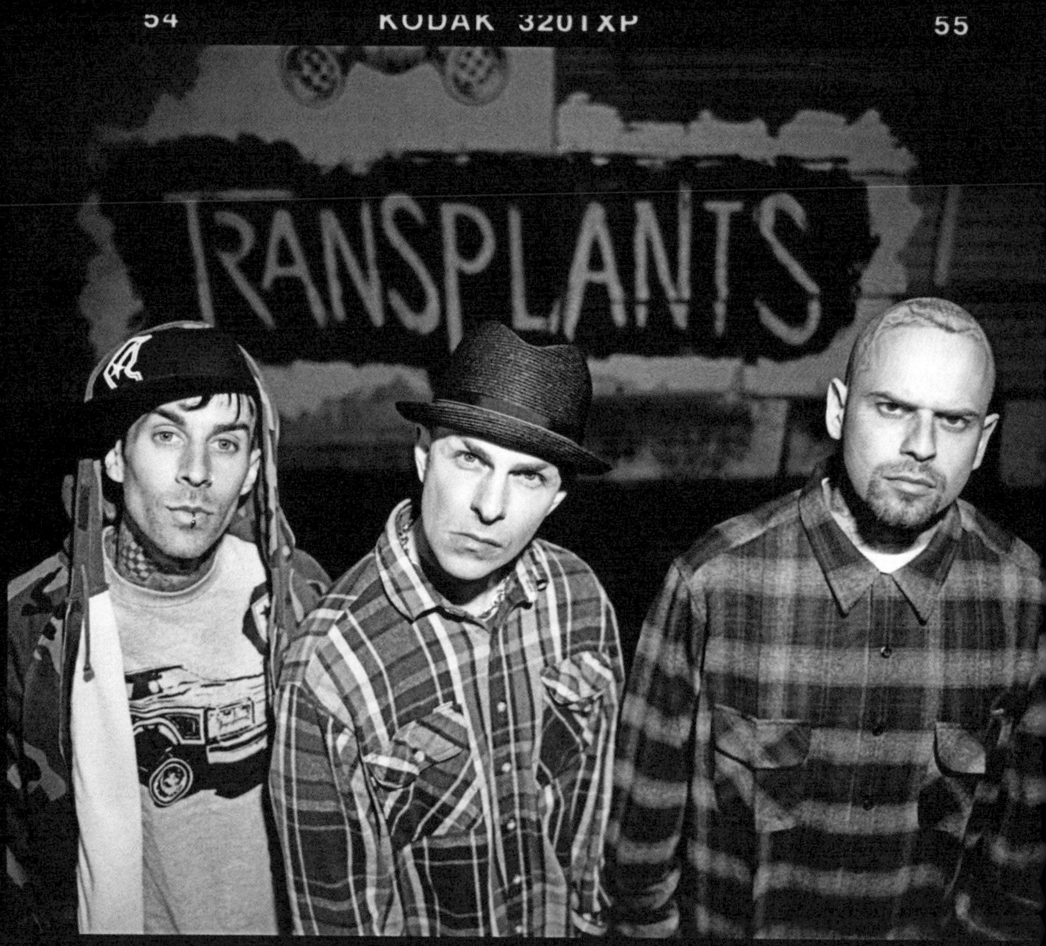
54
KODAK 320TXP
55
RANSPLANTS

Com o Transplants, cortesia de Estevan Oriol

para dar uma variada. Eu sabia que tinha algo diferente, mas, na maior parte das vezes, só sentia o gosto da maconha. E nós geralmente bolávamos os baseados com seda dos charutos Backwoods – o que se sobrepunha ao cheiro da maconha e da cocaína.

Certa noite, estávamos dirigindo pela Sunset Boulevard, a caminho de um clube para encontrar um amigo nosso, um tatuador chamado Mister Cartoon. Rob estava dirigindo, eu estava no banco do passageiro e, no banco traseiro, dois amigos meus de Corona. Rob fez uma curva, entrando numa pequena colina em direção ao sul, e havia um caminhão incrivelmente lento na nossa frente. Parecia que o motorista não parava de frear de propósito, só para nos sacanear. Então o Rob colou na traseira dele, dando farol alto, buzinando, berrando com o cara.

Enfim chegamos a uma placa de pare. O caminhão deu seta para a direita, e Rob passou para a esquerda do caminhão, para que pudéssemos seguir em frente. Quando paramos ao lado dele, o motorista olhou para dentro do nosso carro e sacou uma arma. Eu era o que estava mais próximo do veículo dele, então a arma estava apontada diretamente para mim, a pouco mais de um metro da minha cara. O cara disse: "Vocês estão com algum problema, porra?".

Rob não demonstrou reação e disse: "Sim, eu tenho um problema, porra. O que você vai fazer, filho da puta?". Meus amigos no banco de trás se jogaram no chão – se esconderam agachados no carro. A essa altura, concluí que a situação era vazar ou morrer – não havia muito o que eu pudesse fazer, embora eu não tivesse a intenção de piorar as coisas. Só encarei o cara de volta, o que significava que eu estava olhando diretamente para o cano da arma.

O motorista olhou bem para mim e disse: "Seu amigo vai acabar te matando essa noite. É melhor você falar pra ele se acalmar".

Nesse momento, felizmente, o trânsito já estava acumulando atrás de nós e outros carros começaram a buzinar. O cara decidiu não atirar em mim. Ele guardou a arma e virou à direita – nós seguimos em frente. Rob aumentou o volume do som. Ninguém disse nada.

ROB ASTON (VOCALISTA, THE TRANSPLANTS)

Eu nunca tinha comido num restaurante bacana até começar a andar com o Travis. Ele me apresentou um japonês em LA chamado Matsuhisa – porra, o melhor restaurante do mundo. Eles têm uma sobremesa que chamam de

Bento Box, que é incrível. É um bolo de chocolate redondo com lava de chocolate no meio e sorvete. Nós fumávamos muita maconha e tomávamos muitos comprimidos, então, durante certo período, íamos até o Matsuhisa e fumávamos uma porrada de maconha no estacionamento, enchendo o carro dele ou o meu de fumaça. Depois entrávamos no restaurante e pedíamos dois Bento Boxes cada, que nós devorávamos.

Havia um clube ao lado do Troubador, na Santa Monica Boulevard, em West Hollywood. O lugar tinha um pátio anexo para fumantes, então costumávamos ir lá e fumar. Certa noite, o Travis me ligou e disse: "Vamos fumar um hoje". Arrumei minhas coisas e me dei conta de que tinha acabado de fumar o último baseado. Isso foi antes de ter lojas de maconha em todo lugar, mas eu sabia que o cara que morava a duas casas de mim tinha um pouco, então fui até lá: "E aí, eu preciso comprar um pacote".

Assim, bolei alguns baseados antes de sairmos. Quando chegamos lá, fomos até o pátio, nos fundos: acendi o baseado e passei para o Travis. Ele ficou lá parado, deu um pega, depois outro, fez uma cara esquisita e disse: "Tem alguma coisa estranha". Peguei o baseado e dei uma tragada, havia um cheiro distinto de fumaça ruim. Eu percebia que era pó de anjo: meu vizinho batizava sua maconha com PCP. Ele provavelmente pensou que estava me fazendo um favor. Algumas pessoas chamam esse tipo de baseado de *lovely*, porque você se sente como se estivesse no Barco do Amor. Outro termo usado é *wet*, porque faz você suar – é por isso que muita gente acaba tirando a roupa quando está sob o efeito disso.

Travis começou a suar. Ele ficou encostado contra o muro do pátio por todo o restante da noite, suando e incrivelmente pálido. Me senti um babaca, porque acidentalmente fiz o Travis ficar daquele jeito. Mas ele era guerreiro. Não surtou. Levou com paciência e aguentou o tranco até que o efeito passasse.

Nos hotéis, sempre dava para saber em que quarto estávamos, porque o andar inteiro ficava fedendo a maconha. Era sempre uma merda lidar com os hotéis: alguns não se importam, outros se importam. Um hotel, ao invés de reclamar e mandar a segurança, simplesmente colocou uns purificadores de ar no corredor.

Cometemos o erro de assinar contrato com a Atlantic Records, que lançou nosso segundo álbum, *Haunted Cities*. Fomos para Nova York para uma reunião com a gravadora, para que pudéssemos tocar o álbum para eles antes de fecharmos o negócio. Estávamos numa sala de conferência cheia de executivos, pessoal de A&R[1], publicitários, toda aquela conversa fiada. Colocamos o álbum para tocar, e então o Travis olhou para mim. Acendemos um baseado bem na frente dos cabeças da Atlantic Records – não para sermos rebeldes, mas porque não podíamos sair da sala. Oferecemos a todo mundo, mas todos recusaram, embora eu soubesse que metade dos presentes fumava maconha.

Depois que Melissa e eu nos separamos, entrei num frenesi. Mudei-me temporariamente para LA e fiquei hospedado no Riot House – o Hyatt rock 'n' roll na Sunset Strip, onde o Led Zeppelin costumava quebrar tudo. Logo eu já tinha uma rotina. Ia para o ensaio do Transplants e, depois, saía para jantar com Skinhead Rob e meu amigo Ultimate Ronnie[2]. Depois do jantar, íamos para alguma balada: eu conhecia uma garota lá e ficava com ela por um tempo. Então íamos para um clube de strip, como o Seventh Veil ou o Girls, Girls, Girls. Geralmente havia algumas garotas legais o bastante para me darem lap dances de graça, que depois me davam seus números ou queriam ficar comigo depois do trabalho. Isso nos levava de volta ao meu hotel, onde ficávamos acordados a noite toda, tomando comprimidos, fumando maconha e, às vezes, pó de anjo. Eu via o sol nascer e então ia dormir por umas duas horas. No dia seguinte, fazia tudo isso de novo, com um grupo diferente de garotas. Melissa e eu estávamos separados, e eu estava tirando vantagem completa de estar solteiro.

ULTIMATE RONNIE SANCHEZ (EX-COLEGA DE QUARTO)

Travis parou de fumar cigarros e começou a fumar maconha. Supostamente, isso era para nos ajudar a parar de fumar tabaco – não sei de onde tiramos essa ideia, mas foi o que fizemos. Começamos a fumar maconha com qualquer coisa que encontrássemos: às vezes fazíamos um pipe com papel alumínio. E íamos para todas as baladas de LA – ele me fazia ficar sóbrio, para que eu pudesse dirigir. Costumávamos ir ao Body Shop, em Hollywood: quando o Travis ia ao banheiro, as strippers entravam junto, ficavam atrás dele e seguravam o pau dele enquanto ele mijava. Minha reação era do tipo: "Cês tão de brincadeira?".

---

1 O departamento de artistas & repertório de uma gravadora. (N. do T.)

2 Eu conhecia Ultimate Ronnie de Corona – ele era, na verdade, de North Corona, que é uma cidade bem caipira. Ele acabou virando técnico de baixo do Mark Hoppus (e às vezes também tocava baixo com os Transplants). Quando o Mark o conheceu e descobriu que ele tocava baixo, ofereceu o trabalho a ele, o que foi bem maneiro da parte do Mark. Por fim, Ronnie cansou das turnês e se estabeleceu em Las Vegas.

Certa noite, arrumamos um quarto de hotel, e ele pegou uma mina e me disse: "Aí, em quinze minutos, bate na porta e fala que precisamos ir porque aconteceu um acidente com a van da Famous". Então esperei uns quinze minutos e bati na porta: "Meu Deus, temos que ir, teve um acidente com a van. Tá todo mundo bem, mas precisamos ir pra resolver o seguro". Não sei se ela caiu nessa história – mas ela foi embora.

Quando aquele filme *Ritmo Total* [*Drumline*] saiu, Travis falava muito dele, porque ele fez parte da banda marcial do colégio: "Esse filme vai ser *demais*". Kevin e Bean, da rádio KROQ, alugaram uma sala de cinema inteira em Corona para que o Travis pudesse assistir ao filme com eles. Porém, naquela noite, o Skinhead Rob foi até Corona com uma maconha muito boa e nos deixou chapados. Ficamos tão loucos que nem aparecemos no cinema – Kevin e Bean foram até Corona e tiveram de assistir ao filme sozinhos numa sala de cinema vazia.

Certa noite, em LA, conheci Shanna numa balada. Ela estava com sua amiga Natasha. Quando bati o olho em Shanna, não sabia que ela tinha sido Miss EUA e playmate da *Playboy* – mas pensei imediatamente que ela era gostosa. Alguém me disse que ela era playmate, e eu falei: "Ah, irado". Começamos a conversar e ela perguntou meu nome. Eu disse que era Clarence, que é o nome que eu sempre usava quando me apresentava a garotas[3].

Shanna disse: "Ah, prazer em conhecê-lo, Clarence". Ela sabia bem quem eu era, mas entrou na brincadeira.

Uma semana depois, voltei à mesma balada, à procura de Shanna. Flertei com ela; ela flertou comigo. E então ela foi embora comigo para o meu hotel. Conversamos a noite toda e ela foi para casa por volta das seis da manhã.

---

3 Quando eu era mais novo, comecei a me chamar de Clarence por causa do disco *Paul's Boutique*, dos Beastie Boys. Tem um verso em "Shake Your Rump", depois daquele que diz "*Running from the law, the press, the parents*" ["Fugindo da lei, da imprensa, dos pais"], em que alguém pergunta: "*Is your name Michael Diamond?*" ["Seu nome é Michael Diamond?"], e Mike D responde: "*No, mine's Clarence*" ["Não, meu nome é Clarence"]. E então o filme *Amor à Queima-Roupa* [*True Romance*] saiu em 1993, quando eu tinha dezoito anos. Foi escrito por Quentin Tarantino e dirigido por Tony Scott, e é o filme mais irado, romântico, fodido e superviolento já feito. O personagem do Christian Slater dirige um Cadillac, o que me fazia pensar no meu pai, mexendo no Cadillac dele no quintal por anos a fio. E quando ele olha no espelho, vê Elvis Presley, o que me fazia pensar na minha mãe, que adorava o Elvis. Eu senti uma conexão real com esse filme incrível, então comecei a usar o nome do personagem do Christian Slater: Clarence Worley. E quando tive uma filha, dei a ela o nome de Alabama, a personagem da Patricia Arquette. Alabama ainda não viu o filme – ainda não estou pronto para explicar a ela que o nome dela vem de uma prostituta.

EU E SHANNA

SHANNA MOAKLER (EX-ESPOSA)

Eu estava no hotel Standard com Natasha, minha melhor amiga desde o jardim de infância, que estava interessada no Rob. Eu estava como co-pilota dela – com quem eu ia ficar? Apontaram para o Travis: "Ele é um dos meus amigos. É daquela banda, Blink-182". Eu não sabia muito bem quem eles eram – lembrava de tê-los visto no MTV Music Awards quando eles se apresentaram com os anõezinhos em cordas de bungee jump. Então eu disse: "Ah, é a banda com os anõezinhos". Mas ele estava casado e eu não fico com gente casada – ele tinha até o nome da esposa tatuado no pescoço.

Fomos apresentados e ele disse: "E aí, Oscar" (alguém deve ter dito a ele: "Aquela é a namorada ou ex-noiva do Oscar de la Hoya", ou algo assim).

Eu disse: "Não, meu nome é Shanna".

Ele tinha um moicano e tatuagens, e, na época, ninguém tinha nenhuma das duas coisas – só punks. Fiquei tipo, *uau*!

Eu o vi na semana seguinte no mesmo lugar, e, a essa altura, ele tinha se separado da mulher. Eu disse: "OK, acho que vou conversar com ele". Foi esquisito, porque a minha amiga, que tinha gostado do Rob, de repente começou a gostar do Travis. Mas Natasha e eu estávamos conversando com o George Clooney no bar – eu estava tentando arranjar minha amiga pro George Clooney – e então vi o Travis na entrada e fui até ele. Eu disse alguma coisa estúpida, tipo, "qual o teu signo?".

Pintou um clima entre nós. Quando você conhece a pessoa certa, não há nada capaz de mantê-los separados. Ele estava hospedado num hotel do outro

COM SHANNA NO MEU COUPE DE VILLE '73

lado da rua, e, naquela noite, fomos para o quarto dele e ficamos deitados na cama. Não transamos – só nos apaixonamos loucamente e quisemos olhar um para o outro durante horas.

Quando finalmente transamos, foi incrível e mágico, e nunca mais saímos um de perto do outro.

Mantivemos contato todos os dias depois daquela noite, nos encontrando pessoalmente ou conversando por telefone. Certa noite, pouco tempo depois, Skinhead Rob e eu fomos a um show do Danzig em Orange County. Shanna me ligou e disse: "Quero te ver".

Eu disse a ela: "Bom, tô num show do Danzig em Orange County. Você pode me encontrar aqui e vir me buscar, e o Skinhead pode ir pra casa sozinho. Me pega aqui e nós vamos pra minha".

Então ela foi me buscar, e Natasha estava junto. A essa altura, eu ainda não conhecia Shanna muito bem – pensei que ela pudesse estar louca por mim, mas não tinha certeza. Fomos para Corona (Melissa já tinha saído da casa). Nós três estávamos conversando na minha sala de cinema, e Shanna disse: "Vou até a piscina. Me encontra lá".

Eu disse: "Beleza, tranquilo, me avisa quando você for entrar". Natasha e eu continuamos a conversar, e Shanna não volta. Comecei a me perguntar:

porra, elas estão armando alguma coisa? Estão tentando me arranjar com a Natasha, na verdade? Porque Natasha estava sentada bem do meu lado e não parava de falar.

Depois de um tempo, Shanna entrou, toda molhada, enrolada numa toalha, muito puta da vida. "Estou nua na sua piscina há quarenta e cinco minutos. Que porra você tá fazendo?".

"Uou, uou, uou", eu disse. "Foi mal – não queria ser mal educado e deixar sua amiga aqui".

Ela disse: "Quer saber? Vou embora".

"Isso é incrível. Eu mal te conheço e já estamos tendo nossa primeira briga". Eu estava morrendo de rir: já percebera que Shanna daria trabalho.

No início, eu só dizia a ela: "Aí, eu e o Skinhead vamos sair pra comer", e ela e Natasha nos encontravam. Quando íamos parar num restaurante chique, eu não sabia o que era metade das comidas no menu – e perguntava ao garçom: "Vocês têm burritos?". Depois íamos para alguma balada. Skinhead Rob ficava conversando com Natasha; Shanna e eu fumávamos, bebíamos, nos pegávamos em público, causávamos e cagávamos pra isso[4]. Shanna e eu nos tornamos um casal bem rapidamente, mas, no início, parecia algo casual. Às vezes ela dizia: "Vou lá dançar". Ela ia, e eu ficava na mesa, falando merda com o Rob. De vez em quando umas garotas passavam e vinham falar com a gente – talvez eu tivesse conhecido algumas delas no Seventh Veil ou no Girls, Girls, Girls. Shanna poderia voltar e encontrar uma garota me abraçando ao conversar comigo.

Ela ficava louca: *Quem é essa vaca?*". Ela quase arrumava briga.

Eu tinha de dizer: "Calma, calma, calma". Uma vez, Jaime Pressly[5] me chamou para sair com ela depois da balada. Shanna descobriu e surtou: "Jaime, você deveria ser minha amiga, que porra é essa?".

Jaime disse: "Eu não sabia que você tava com ele! Não fazia ideia – só tava conversando com ele!".

Isso era verdade: muita gente não sabia que Shanna e eu éramos um casal, porque era tudo muito novo entre a gente. Naquela noite, Shanna ficou tão puta que saiu espumando da balada. Eu a segui até lá fora, mas ela não falava

---

4   Logo o Rob estaria dizendo: "Porra, Trav, não me faça mais ficar falando com a Natasha". Eu queria que ele quebrasse esse galho pelo time, mas o Rob é como eu – se ele não estiver se divertindo, não vai sentar lá e fingir que está.

5   A modelo e atriz, que também saiu na *Playboy*. Ela ainda não tinha sido escalada para o seriado *My Name is Earl*.

Cobri minha bateria com as fotos de Shanna na Playboy. Cortesia de Estevan Oriol comigo. Tinha um cara na calçada tocando violão e cantando para as pessoas, estendendo o chapéu por alguns trocados. Dei a ele uma nota de cem dólares e pedi a ele que a seguisse cantando "Wish You Were Here", do Pink Floyd – era a nossa música – e só parasse quando ela voltasse. O cara correu atrás dela pela rua, cantando. Foi demais. Por fim, ela se virou. Primeiro ela abriu um sorriso e, depois, começou a rir. Não havia como negar. Estávamos nos apaixonando.

Não sei se a Jaime tinha quebrado algum código secreto das garotas da *Playboy*. Sempre que a Shanna me levava à Mansão da Playboy, ela acabava ficando muito puta. Ela ia dançar e alguma outra garota vinha falar comigo. Quando a Shanna voltava, dizia: "Por que você tá conversando com ela?".

Eu respondia: "Gata, estamos na Mansão da Playboy e você saiu de perto de mim. O que eu deveria fazer? Dizer 'ei, você não pode falar comigo porque a minha garota tá dançando'?".

SHANNA MOAKLER (ex-esposa)

É óbvio que as garotas sempre vinham até ele. Mas mesmo quando vinha gente tentar falar com ele, minha língua estava sempre na garganta dele. Nossas bocas não desgrudaram por, tipo, um ano. Não conseguíamos manter as mãos longe das calças um do outro. Transávamos em todo lugar, como se não pudéssemos nos controlar. Parávamos o carro no acostamento para trepar ali mesmo. Usávamos nossos casacos como cobertura no meio da balada. Quando íamos à Disneylândia, tentávamos trepar nos brinquedos.

A gente também se divertiu muito na Mansão da Playboy, especialmente na festa de Halloween e na festa do Solstício de Verão. Ficamos chapados na sala de fliperama a ponto de mal conseguirmos andar. Transamos no banheiro. Há imagens da gente praticamente metendo na frente de todo mundo. Era um relacionamento muito sexual[6].

Fomos para as Bahamas de férias, num resort chamado Ocean Club, e ficamos doidos. Virávamos garrafas inteiras de champagne e entrávamos escondidos para transar nas *villas* onde eles faziam massagens. À noite, rolava um show de fogos de artifício, e nós ficávamos no meio de um gramado, transando enquanto os fogos estouravam – qualquer um poderia ter nos visto. Estávamos

---

6   Fizemos uma *sex tape* juntos, mas, de algum modo, a perdemos: nenhum de nós jamais a encontrou. É um milagre que nunca tenha vazado.

completamente malucos – não dávamos a mínima para nada. Agíamos como rock stars.

Shanna tivera um relacionamento com Oscar de la Hoya, o boxeador. No início, as pessoas me alertavam a respeito dela: "É melhor você tomar cuidado, mano, ela levou milhões de dólares do Oscar". Eu não me importava – eu era jovem e estava me divertindo, e estava me apaixonando como nunca antes. Tudo de negativo que me falavam sobre Shanna entrava num ouvido e saía pelo outro. Ela tinha uma filha pequena com o De la Hoya, chamada Atiana. A mãe de Shanna morava com ela na época, então era ela quem cuidava de Atiana na maior parte do tempo. Shanna ficava na minha casa por umas duas semanas seguidas, ia para a casa dela por alguns dias, e então voltava.

O começo de um relacionamento faz você se sentir como se tivesse superpoderes. O Blink-182 tinha começado a trabalhar num novo álbum. Eu não queria ficar longe de Shanna, então dirigia até San Diego e de volta para LA todos os dias: três horas cada viagem. Eu tinha um Mercedes-Benz S600, e viajava com Daniel, meu técnico de bateria. Certo dia, a caminho do estúdio, tentei ultrapassar um carro da polícia no Mercedes, só por diversão. Eu estava correndo numa parte montanhosa da estrada, perto de San Diego, com muitas curvas. O policial pegou meu excesso de velocidade e ligou a sirene. Daniel pensou que eu fosse parar – mas, já que o policial estava atrás de mim, pisei mais fundo ainda. Dirigia como um louco, indo a 190 km/h pelas montanhas. Pensei que já o tinha deixado para trás, mas ele me alcançou. Não tenho ideia de como ele conseguiu.

O policial disse: "Você devia estar muito rápido, para conseguir se afastar esse tanto de mim".

Eu me fiz de bobo, dizendo a ele que estava dentro do limite e não o tinha visto nem ouvido. Ele sabia que eu estava mentindo, mas me liberou. O Blink-182 era popular em San Diego, então ele sabia quem eu era e não ligou. Tive muita sorte.

Foi uma época estranha para a banda. Todo mundo estava ficando mais velho: o Blink-182 não era mais apenas três caras inseparáveis que faziam turnês juntos. Mark tinha se casado com Skye, que ele tinha conhecido na MTV, e Tom com Jen, que era a garota dos sonhos dele da época do colégio. Ambas esposas eram muito legais, mas, uma vez que todos nós tínhamos cônjuges, isso acrescentava todo um novo elemento. E quando eu me separei de Melissa e conheci

Shanna, isso mudou novamente a dinâmica. Shanna e eu não conseguíamos ir a lugar nenhum sem sermos fotografados. Era uma atenção esquisita, que eu nunca quis, e isso somava ao desconforto na banda[7].

MELISSA KENNEDY (EX-ESPOSA)

Quando nos separamos, ficamos sem nos falar por um tempo. A transição toda foi estranha, mas não foi tão pesada para mim. A única coisa que me deixou furiosa foi quando ele engravidou alguém antes de estarmos legalmente divorciados – isso foi irritante. Depois de algum tempo, voltamos a nos falar e permanecemos amigos. Funcionamos melhor como amigos do que quando éramos um casal.

Eu era jovem e não tinha entendimento do mundo em que eu estava vivendo com Travis. Para mim, parecia normal viajar de avião pelo mundo todo. Depois da separação, quis visitar uma amiga na Austrália. Quando eu estava com Travis, os agentes dele cuidavam desse tipo de coisa, mas agora eu mesma tinha de ligar para a companhia aérea: "Por favor, eu gostaria de uma passagem de classe executiva para a Austrália".

"OK, são dezesseis mil dólares".

"Er, volto a ligar mais tarde".

Às vezes ainda ouço a voz do Travis na minha cabeça. Se penso em não terminar de lavar a louça ou em fazer mais ou menos alguma outra tarefa, ouço ele me dizendo: "Se você vai fazer, faça direito. Não faça nada meia-boca". O Travis me ensinou isso, e eu ainda sou grata a ele.

Quando começamos a gravar o álbum seguinte, me senti inspirado pelo que tinha acontecido com o álbum dos Transplants. Disse ao Mark e ao Tom: "Vamos fingir que é o nosso primeiro álbum. Esqueçam o que as pessoas esperam da

---

[7] Meu divórcio com Melissa tinha ficado feio, e se manteve assim por um bom tempo. Se eu tivesse arrumado outro relacionamento no Inland Empire, ninguém teria ficado sabendo. Mas Melissa tinha de ver fotos minhas com Shanna na US Weekly e na People, o que era tóxico. Às vezes ela passava na casa para pegar coisas suas e Shanna estava lá, era muito desagradável.
  Eu me sentia um babaca por Melissa ter de passar por esse tipo de coisa – e, ao mesmo tempo, ficava puto de ter de gastar meio milhão de dólares com ela, embora só tivéssemos ficado casados por quatro meses: não fizemos nenhum acordo pré-nupcial. Porém, com o passar do tempo, colocamos isso para trás e hoje somos bons amigos. Éramos jovens e bobos quando nos casamos – se tivéssemos nos conhecido anos depois, provavelmente teria funcionado.
  Logo antes de terminarmos, eu disse a ela que ela deveria encontrar uma carreira que amasse: "Você é inteligente, jovem, não tem tatuagens como eu, que lhe impediriam de arrumar emprego, você pode fazer muita coisa na vida". Ela fez um curso de imobiliária e, recentemente, foi nomeada uma das trinta melhores corretoras com menos de trinta anos de idade. Ela é demais.

gente ou o que elas nos ouviram fazer no passado. Vamos fazer o que estamos sentindo agora. Pessoalmente, estou sentindo umas batidas muito loucas". Então eles me disseram para gravar essas batidas, e isso se tornou "Feeling This", a primeira música que fizemos para o disco.

Primeiro, criei a batida que acabou sendo o verso. E então gravei uma parte doida de cowbell. Mark e Tom diziam: "Isso é funkeado, muito louco – como vamos compor em cima disso?". E então a música surgiu. Ainda é uma das nossas músicas preferidas: tem uns tambores grandiosos à la John Bonham e muitas passagens maneiras de bateria. Uma introdução legal. Os versos são enormes e os refrãos, menores. E há uma parte no meio em que a bateria arrebenta tudo. Usei cinco baterias diferentes nessa música – cada parte dela foi gravada com um kit diferente. Foi muito inovador. Rolou muito fumo e muito comprimido durante a gravação. Para mim, pelo menos.

Estávamos tentando fazer coisas que nunca tínhamos feito. Em "I Miss You", o Mark tocou contrabaixo acústico. Queríamos um som de bateria minimalista, então toquei com vassourinhas – é a única canção do Blink em que faço isso. Para tocar com vassourinha, é preciso aprender um estilo completamente diferente de bateria; eu sabia o básico, por causa das peças que tocava nas aulas de jazz quando estava no colégio. A canção foi muito influenciada por "Love Cats", do The Cure. É uma das poucas músicas do Blink em que eu ajudei na letra. Colocamos a referência a Jack e Sally[8] porque Shanna e eu curtíamos muito *O Estranho Mundo de Jack*[9] [*The Nightmare Before Christmas*].

A banda alugou uma casa em San Diego e continuou a trabalhar no álbum. Gravei a maior parte das baterias no início, e então fui fazer outras coisas. Mark e Tom têm seu próprio ritmo no estúdio, que é mais relaxado que o meu, e eles queriam experimentar com sonoridades diferentes, então tudo levava muito tempo. Eu ia fazer outros projetos, para depois descer até San Diego e passar um tempo com eles. Cada vez que eu ia até lá, as músicas estavam um pouco mais concluídas. Fiz duas turnês completas com os Transplants (uma delas como banda de abertura do Foo Fighters) e toquei bateria para o Vandals enquanto Mark e Tom estavam trabalhando no ál-

---

8 "We can live like Jack and Sally if we want / Where you can always find me / We'll have Halloween on Christmas / And in the night we'll wish this never ends" ("Podemos viver como Jack e Sally, se quisermos / Onde você pode sempre me encontrar / Teremos Halloween no Natal / E, de noite, desejaremos que isso nunca acabe").

9 Shanna e eu adormecíamos vendo filmes – nossos dois favoritos eram *O Estranho Mundo de Jack* e *Débi & Lóide*.

bum. Voltei para casa e o disco ainda não estava pronto. Eles ainda estavam gravando guitarras. Era uma coisa insana.

Foi uma época boa da minha vida. Eu estava fumando maconha *só o suficiente* e tomando comprimidos *só o suficiente*. Estava tocando bateria só o suficiente e malhando – *só o suficiente*. As coisas estavam legais entre mim e Shanna. Aquele período todo foi bem irado, embora o álbum tenha demorado um ano inteiro para ficar pronto – uma diferença e tanto desde quando gravamos *Enema of the State* em três dias. Mas valeu cada minuto.

EM TURNÊ NO JAPÃO

DÍVIDAS PAGAS – PELAS PRÓPRIAS MÃOS

11
Quero Isso Tudo

Comprei algumas propagandas antigas de Cadillac em alumínio prensado. Quando fui emoldurá-las, um moleque se aproximou de mim no estacionamento, filmando com uma câmera. "Qualé, Trav, qualé?".

Não havia paparazzi em Riverside, então eu não sabia muito bem o que significava alguém se aproximar de mim com uma câmera. Eu disse: "E aí, qualé, cara? E essa câmera aí?".

"Ah, eu sou só um fã. Posso tirar uma foto contigo?".

"Sim – deixa só eu deixar isso aqui pra emoldurar, quando eu voltar fazemos a foto".

Saí da loja, tirei a foto, e o moleque fez sua propaganda: "Meu nome é Chris. Acabei de me mudar de Sacramento. Eu lavo carros: ouvi dizer que você tem um monte de Cadillacs, e eu adoraria lavar os seus carros. Estou começando uma companhia chamada Flawless Auto Detailing. Faço o melhor trabalho – vou cuidar bem dos seus".

Ele me deu seu cartão e eu disse: "Vou te ligar, com certeza. Você também pode aparecer qualquer hora e lavar os carros".

No dia seguinte, fui até o depósito da Famous e o Chris já estava lá, lavando os carros de todo mundo e ouvindo Jay-Z alto pra caralho. Na época, tínhamos um prédio pequeno, sem placas do lado de fora. Ele tinha feito a lição de casa e aparecido. Perguntei: "Como você sabia onde era?".

"Eu levo essa porra muito a sério, cara. Quis provar pra você como eu lavo bem os carros. Não quero ninguém mais pondo a mão nos seus carros – quero cuidar bem deles".

Ele era um moleque branco magricela com uma bandana na cabeça, 1m60, uns dois anos mais novo do que eu – parecia o Eminem, mas lavava carros. Começamos a chamá-lo de Lil Chris. No começo, ele não aceitava que eu lhe desse dinheiro pela lavagem dos carros, então eu permutava roupas ou ingressos de shows com ele. Mas eu não queria ninguém trabalhando de graça, então finalmente o convenci a aceitar o dinheiro. Ele ia até a minha casa para lavar os carros e, enquanto estava lá, lavava a entrada e organizava a garagem – eu nem pedia para ele fazer isso.

Alguns meses depois, convidei-o para vir em casa; eu dava uma festa na piscina a cada duas semanas para a equipe da Famous. Nessa época, eu tinha a Famous, estava em duas bandas, tinha todos aqueles carros – tinha muita coisa na cabeça e sabia que precisava de alguma ajuda. Perguntei ao Chris se ele gostaria de ser meu assistente. "Você precisa começar a sair em turnê comigo", disse a ele. "Não precisa mais lavar carros".

Depois que ele começou, não era mais visto sem mim, e eu nunca era visto sem ele. Era minha sombra, eu era a sombra dele. Sempre que eu precisava, lá estava ele. Eu podia ligar para ele às duas da madrugada, que ele dizia: "Estou aí em quinze minutos, Trav". Era muito mais do que meu assistente – era meu melhor amigo e meu irmão. O sobrenome do Chris era Baker – faltava uma letra para ser Barker. Por alguma razão, sempre achei isso meio surpreendente.

LIL CHRIS, O SELVAGEM ORIGINAL

Shanna e eu ficávamos cada vez mais doidos. Saíamos para jantar e nos divertíamos demais. Eu bebia e ela bebia – tentávamos chegar naquele ponto em que você fica palhaço e despreocupado. Chegávamos lá com muita frequência. Se eu pudesse voltar no tempo e mudar a maneira como eu vivia, a única coisa que eu nunca mais faria de novo é dirigir bêbado. A última vez que dirigi bêbado foi voltando para casa do Mr. Chow, um restaurante chinês irado. Eu estava ao volante de um Mercedes de US$ 120 mil, subindo na guia, subindo no gramado das casas. Às vezes, quando eu dirigia assim, Shanna estava fazendo sexo oral em mim. Tratávamos a vida como se fosse um videogame. Tive sorte de nunca ter sido parado pela polícia – e, mais importante, fui extremamente sortudo de nunca ter matado ninguém.

VOCÊ NUNCA SERÁ VELHO E SÁBIO SE NÃO FOI JOVEM E LOUCO.

Sempre tive um déficit de atenção muito, muito grande em relação a mulheres. Shanna e eu estávamos juntos havia seis meses e eu não queria fugir dela. Pensei que ela poderia ser aquela com quem eu ia me estabelecer. Parei de usar camisinha com ela: de fato pensei que não era capaz de ter um filho. Tinha fumado tanta maconha, e o meu pau tinha estado em tantos lugares malucos, que eu achei que não seria mais fértil.

Muitas noites nós terminávamos na minha casa em Corona, pelados na piscina, ouvindo Pink Floyd e transando pela casa toda. Certa noite, Shanna chegou e eu tinha comprado uma garrafa do melhor vinho: estava pronto para uma noite de bebedeira louca. Mas ela disse: "Não vou beber". Achei esquisito – ela adorava beber.

Fomos para o meu quarto e ela disse que tinha um presente para mim: abri, era uma girafinha vestida de azul, e roupas azuis de bebê, incluindo um gorro azul. Fiquei totalmente incrédulo. Ela enfim falou: "Diz alguma coisa!".

E eu: "Fala sério—você tá *grávida?!*". Virei a pessoa mais feliz do mundo, mas estava desnorteado: não acreditava que eu tinha conseguido gerar um filho, criar vida. E teríamos um menino.

Dr. BRIAN WEEKS (amigo)

Há algo de muito puro no coração de Travis e na maneira como ele aborda a própria vida. Ele veio até mim no backstage de um show do Blink, de mãos dadas com Shanna. Tinham se conhecido havia poucos meses. Ele me perguntou: "Dr. B, se a gente mandar ver bem regularmente, você acha que existe uma boa chance dela engravidar?".

Eu disse: "Bem, Travis, vocês estão usando algum método contraceptivo?". Ele respondeu: "Bom, cara, não estamos, não".

"Então, cara, existe uma chance muito grande dela engravidar. Eu diria que é uma chance extremamente alta".

Ele me olhou como se estivesse meio confuso. E então, cerca de três meses depois, ela estava grávida.

Para mim, era o caso de um rapaz completa e passionalmente apaixonado por uma bela mulher, embora ele e Shanna sejam completos opostos em muitos aspectos.

No dia em que Shanna me disse que estava grávida, corri até a rodovia e voltei: 8 quilômetros ao todo. Durante toda a gravidez, corri essa distância duas ou três vezes ao dia. Queria estar na melhor forma possível. Comecei a ir à academia todos os dias e a treinar boxe com John Brays, que fora parceiro de treinamento de Mike Tyson. Eu sabia que teria um menino, e fiquei obcecado em estar saudável e forte para o meu filho.

Depois de um ano de trabalho, o Blink-182 finalmente concluiu o álbum em 2003. Alguns pensam que se trata de um álbum autointitulado, *Blink-182*, mas Mark sempre insistiu que, na verdade, o álbum não tem título. De uma forma ou de outra, quando o concluímos, gostamos muito do resultado. Tinha um pouco de tudo: nos aventuramos longe o bastante para além do nosso estilo, de modo que ficássemos satisfeitos, mas não tão longe assim a ponto de ofender nossa base de fãs. Foi um equilíbrio perfeito, e é o álbum do Blink do qual Mark, Tom e eu mais nos orgulhamos.

MARK HOPPUS (BAIXISTA/VOCALISTA, BLINK-182)

O Travis gosta de chegar no estúdio, ouvir alguma coisa, fazer o que tem que fazer e partir para a próxima. No disco sem título, Tom e eu estávamos agonizando a respeito de pequenas sonoridades e elementos, matutando e titubeando. *Que tal um violão? Que tal uma guitarra limpa? Que tal isso? Que tal aquilo?* Era como um laboratório, ao passo que o Travis está mais para um ataque de precisão cirúrgica.

O Tom traz ambição e criatividade espasmódica ao Blink-182. Eu trago uma sensibilidade pop e os pés no chão. O Travis é o fator X. Por exemplo, no disco sem título, um dia ele chegou e disse: "E se a gente fizesse uma espécie de logo, tipo uma carinha sorridente de pop art, super identificável?". E ele conduziu toda a arte gráfica do disco. Havia adesivos e pôsteres da carinha sorridente por toda Los Angeles, e isso foi ideia dele.

Depois que começamos a experimentar musicalmente, também procuramos expandir nossas fronteiras em aspectos diferentes. Mister Cartoon, que fez muitas das minhas tatuagens, fez parte da arte gráfica do álbum[1]. Chamamos Estevan Oriol, um grande amigo meu, para fazer as fotos[2]. O estilo dele, incorporado ao do Blink, não nos fez gangster demais: só nos deu certa ousadia. Era legal sentir como se o Blink tivesse um lado perigoso.

Fizemos um clipe doido para "Feeling This" com David LaChapelle, um fotógrafo e diretor polêmico, que, na época, era o cara. Tocamos dentro de uma gaiola enquanto alguns adolescentes faziam uma revolta numa prisão. Durante a filmagem, ele insistiu que eu ficasse sem camisa e que seus assistentes derramassem óleo em mim. Quando expliquei a eles que eu não queria ser besuntado porque isso deixava as baquetas escorregadias, o que me dificultaria para tocar, David ficou irritado e ele mesmo me besuntou.

E então finalmente começamos a turnê. Em todas as turnês do Blink-182, eu fazia o que chamavam de "gag de bateria": era a parte do show em que eu não apenas tocava um solo, mas também alguma coisa maluca acontecia no palco. A primeira era uma plataforma móvel que pegava fogo ao meu redor. Na segunda, eu ficava dentro de uma gaiola que era erguida e virava de cabeça para baixo: o truque *old school* de Buddy Rich. Na terceira, meus tambores estavam presos com cabos de modo que eu girasse para qualquer lado.

Eu dizia ao Daniel, meu técnico de bateria: "Você decide o que eu vou fazer

---

[1] Mister Cartoon também tatuou Dr. Dre, Snoop Dogg, Eminem, e muitos outros grandes artistas. Eu o conheci por meio do Skinhead Rob, e nos tornamos bons amigos. O Cartoon tem um fetiche insano e bizarro por carros, assim como eu, mas ainda pior. Ele tem mecânicos e pintores em tempo integral em sua folha de pagamento. Podemos conversar sobre carros o dia inteiro. Num Dia de Ação de Graças, quando eu ainda era casado com Melissa, os Transplants, Cartoon e Estevan Oriol saíram com seus carros e celebramos o feriado em Corona. Depois do jantar, Mister Cartoon tatuou um lado da minha cabeça: a imagem de mãos em oração. Foi a primeira de muitas tatuagens que fiz com ele.

[2] Estevan tinha sido *tour manager* do Cypress Hill, mas também era conhecido por fotografar gangues de rua de Los Angeles e rappers como Eminem, Method Man e Dr. Dre. Ele e o Mister Cartoon são meus amigos desde sempre, além de colaboradores frequentes.

este ano", e ele inventava a gag de bateria. Tínhamos um dia de pré-produção antes de cairmos na estrada, então eu chegava e eles me preparavam para um teste. Às vezes, no ensaio técnico, o equipamento parava no meio do solo e eu ficava preso de cabeça para baixo. Eu gritava: "Me desçam dessa porra!".

"Aguenta aí, Travis, nós temos um problema".

"É óbvio que temos! Me desçam dessa porra, por favor!".

Eles enfim me traziam para baixo. Um dia antes de uma turnê começar, eu sempre gastava umas três horas para descobrir como a gag do Daniel funcionava, arrumando essas falhas, decidindo o que tocar durante o solo de bateria, e lembrando as pessoas de, em caso de emergência, não me deixarem lá pendurado de ponta-cabeça. Eu sempre fazia uma oração antes das gags de bateria. Seguia o mesmo roteiro das que eu fazia antes de entrar num avião. Começava com: "Mãe, isso é para você", depois fazia minhas orações, e então fechava os olhos. De olhos fechados, eu conseguia ver a linha horizontal brilhante – tudo ficaria bem.

Houve ocasiões em que a equipe me disse antes do show: "O limite de peso tava estranho hoje – não vamos te levantar tão alto". Espera—o que você quer dizer com "o limite de peso não tá legal"? Por que vocês estão *sequer* me levantando hoje?

Eu sempre ficava preocupado quando íamos para a Europa, porque nós não conhecíamos as casas tão bem quanto as dos EUA, então era mais difícil determinar onde seria seguro fazer a gag. Mas Mark e Tom sempre me encorajavam: "Cara, é a melhor parte do show. Não viaja. Vai lá e arrasa". Depois que eu já estava no meio da gag, ficava divertido, porque era a minha chance de extravasar durante o set.

Robert Smith, do The Cure, participou do álbum sem título, cantando em "All of This". E nós tocamos "A Letter to Elise", do Cure, num episódio do *MTV Icons* sobre eles. Então, quando tocamos na Wembley Arena, na Inglaterra, Robert subiu no palco e tocou as duas músicas com a gente. Ele foi com o cabelo armado e tudo mais que você imagina. Todo mundo ficou muito empolgado.

Quando saímos do palco, eu estava ensopado de suor; não uso camisa no palco porque suo monstruosamente. De repente, senti alguém atrás de mim massageando as minhas costas: olhei para trás e era o Robert Smith. *Porra, isso é superconstrangedor.* Eu estava grudento de suor e ele estava massageando as minhas costas – me senti muito esquisito naquela situação. Nosso *road manager*, Gus Brant, viu o que estava acontecendo e, de algum modo, o afastou de mim, então a massagem só durou uns dois minutos. Foi bem engraçado. Ele ainda é um dos meus heróis.

O BLINK-182 NUM HELICÓPTERO A CAMINHO DO KUWAIT PARA VISITAR AS TROPAS

Viajamos para o Oriente Médio para tocar alguns shows para as Forças Armadas dos EUA. Fazer algo maior do que nós mesmos nos deixou ainda mais próximos. A essa altura, Shanna estava enormemente grávida, então foi uma viagem muito difícil para mim: eu não só estava indo para outro país, como estaria numa zona de guerra. Fizemos um show numa base naval em Bahrein, um estado insular ao lado da Arábia Saudita; a temperatura chegava a 48 °C, o que significava que, quando carregavam uma tábua de frios ao ar livre por menos de um minuto, de um prédio com ar-condicionado até a tenda com ar-condicionado que estávamos usando como backstage, o queijo começava a derreter e borbulhar.

Depois, fizemos um show a bordo do USS *Nimitz*, um porta-aviões no Golfo de Omã: para chegar lá, fizemos uma viagem incrivelmente turbulenta num grande helicóptero militar, cuja traseira ficou aberta o tempo inteiro. Burro que sou, levei maconha escondido para Bahrein e para o porta-aviões. Bahrein tem umas leis bem severas: eles podem te executar por porte de drogas. Não podíamos levar nem pornografia para dentro do país, mas eu tinha me acostumado tanto a fumar maconha abertamente que nem imaginei quais poderiam ser as consequências. Eu era um total viciado: coloquei um saquinho dentro de um frasco de shampoo e pensei que, se eles encontrassem, só iam me dar uns tapas. Estevan foi junto para tirar umas fotos[3], e quando ele e Daniel descobriram que eu tinha trazido maconha a bordo do porta-aviões, me disseram que eu tinha que fumar ou jogar fora. Eu fumei, obviamente. Não havia como conseguir mais maconha enquanto estivéssemos lá.

Bebidas alcoólicas não eram permitidas a bordo do *Nimitz*, mas o capitão do navio tinha uma garrafa de brandy na cabine, para fins de emergência. Mark, Tom e eu o convencemos de que era uma emergência e ele abriu a garrafa para nós. Passamos vinte e quatro horas no porta-aviões, e eu fiquei acordado a noite inteira, explorando o navio e conhecendo soldados. Cheguei até a malhar com eles. Alguém da enfermaria me perguntou se eu queria passar por um procedimento em que eles te dão uma injeção de uma solução salina resfriada para baixar sua temperatura interna. Topei só para ver como era, mas foi como tomar uma injeção normal. Porém, qualquer coisa que abaixa sua temperatura tem uma sensação boa.

Eu não parava de perguntar como nós íamos embora do *Nimitz*, e se ele ia atracar em algum lugar – nosso *tour manager* me disse que estavam trabalhando nisso. No fim das contas, quando deixamos o *Nimitz*, não nos colocaram num helicóptero, mas sim num aviãozinho de transporte, o que foi ainda mais assustador[4]. Como a pista de decolagem de um porta-aviões é curta, eles basicamente catapultam os aviões usando um gancho gigante, de modo a obter velocidade suficiente para voar. Havia um fluido pingando do teto do avião, e antes que decolássemos a cabine começou a se encher de vapor. Eu estava lá para ajudar nossos soldados da marinha, então faria o que fosse preciso, mas eu estava aterrorizado, tremendo na minha poltrona enquanto aguardava o avião decolar. Fechei os olhos – eu não conseguia ver nada, mesmo, por causa do vapor –, sintonizei minha linha horizontal e esperei aquilo acabar. Tudo aconteceu incrivelmente rápido e eu não tinha controle algum da situação.

Pouco depois de pousarmos, embarcamos em outro avião: rumo a uma visitinha aos militares no Kuwait. Houve um momento durante esse voo em que eles receberam um alerta de míssil e o avião desceu milhares de pés em altitude. Era tudo muito obscuro – eu já tinha medo de avião, e estava passando por alguns dos voos mais apavorantes da minha vida. Na volta para casa do Oriente Médio, nosso

---

3   Gavin Edwards foi junto para escrever uma matéria sobre a viagem para a *Rolling Stone* – viemos a nos conhecer muito melhor nessas longas viagens de avião e, uma década depois, ele é o coautor deste livro.

4   Chamavam de aeronave de COD, *"carrier onboard delivery"* [aeronave de "entrega a bordo", em tradução livre].

Tocando com o Blink-182 num porta-aviões, o USS Nimitz

avião militar pousava toda hora: estávamos pesados demais devido a todo o equipamento, tivemos problemas com rotas que passavam por certos países devido a zonas de exclusão aérea, e então houve um blecaute na Inglaterra que ferrou com todos os aeroportos. Decidi voltar para casa sozinho, porque eu não queria ficar sentado esperando os militares resolverem o meu itinerário, enquanto Shanna estava grávida e sozinha. Daniel e eu abandonamos o voo militar e pegamos um voo comercial para LA. Fizemos seis conexões e chegamos em casa em quarenta e oito horas (deveria ter demorado menos da metade disso). Acabei chegando em LA poucas horas antes de Mark e Tom chegarem, mas valeu a pena para voltar para casa e para Shanna. Fiquei tão excitado de vê-la grávida do meu filho que nem chegamos até o quarto – transamos na escada. Na viagem, conheci garotos do exército que ainda não tinham conhecido seus filhos porque estavam servindo no estrangeiro quando eles nasceram – quis me certificar de que chegaria em casa para ver o meu. A viagem toda me fez pensar em papai e no quão corajoso ele foi ao servir o exército. Tenho muito respeito pelo Exército dos EUA.

O Blink-182 saiu em turnê com o No Doubt e o Cypress Hill: um line-up bem maneiro. Gwen Stefani e eu fumamos maconha juntos naquela turnê. Às vezes ficávamos hospedados no mesmo hotel e eu a via no lobby no *after-party*. Eu dizia que nós estávamos subindo para fumar, e ela nos acompanhava. Uma vez, os seguranças do hotel foram muito legais e nos mostraram um pequeno local onde poderíamos fumar. A certa altura, ficamos só eu e ela lá fumando, e eu pensei: *Sim!* Fiquei muito empolgado, pensando no quão incrível seria se nem os seguranças dela, nem os meus viessem nos buscar, ou simplesmente se esquecessem de nós. Ela era muito massa.

A gente só conversava. Eu não me sentia como o moleque que crescera vendo-a tocar no Spanky's, e não falei para ela como eu era todo *fanboy* naquela época, ou o quão animado eu fiquei daquela vez que ela me pediu um isqueiro. Esse foi um verdadeiro teste para o meu relacionamento com Shanna: eu não tinha intenção de traí-la, embora Gwen fosse minha garota dos sonhos (não que Gwen tivesse a intenção de trair comigo, também). Eu só estava empolgado de estar na companhia dela depois de andar com caras o dia todo. E então, a certa altura, Shanna se juntou à turnê e o marido da Gwen também, e aí nossas sessões de fumo cessaram abruptamente. Eu pensava: *Nãoooo! Fazer o quê?*

O Cypress Hill teve de abandonar a turnê antes do fim – tinham alguns outros shows marcados. No último dia deles conosco, entrei no camarim deles e disse que tinha sido um prazer fazer a turnê com eles. "Foi um sopro de ar fresco – vocês são demais, caras".

B-Real disse: "É o nosso último dia, e nós precisamos ir embora durante o set de vocês, então vamos fumar um".

Puxei o Tom, embora ele raramente fumasse maconha, e disse: "Vai, Tom, não tenha medo – vem fumar com a gente". Então eu, Tom e Lil Chris fumamos maconha com o Cypress Hill: dois baseados, e demos uns dois pegas num bong e tal. Mesmo no auge do meu consumo de maconha, eu nunca tinha fumado imediatamente antes de um show. Era sempre para relaxar depois do show. Cerca de quinze minutos depois, o Blink subiu no palco. Nossos shows sempre eram em alta velocidade, mas, quando aquele show começou, parecia que tudo estava em câmera lenta. Minhas mãos se moviam, mas eu me sentia como se estivesse num lugar totalmente diferente. Parecia que estávamos flutuando ao redor do palco, ao invés de tocando nossos instrumentos.

A certa altura, Tom voltou-se para mim e disse: "Quero ir pra casa". Eu concordei totalmente. Eu queria me arrastar para fora do palco, que ninguém percebesse que eu tinha sumido, e apenas ir pra casa. O show parecia que não ia acabar nunca: pensei que estava no palco por quatro horas. O Tom estava tão chapado que nem falou bobagens com o Mark entre uma música e outra.

Por fim, Mark disse: "Vocês tão chapados, hein?". Acho que ele disse isso no microfone. Nós não tínhamos a mínima condição de estar no palco, e mal conseguimos terminar o show. Mas o que você vai fazer quando os caras do Cypress Hill vão embora da turnê, a não ser dar o devido adeus a eles?

Em casa, depois da turnê, Lil Chris e eu estávamos dando uma volta no meu Escalade, fumando maconha, e fomos parados por um policial. Descartamos os baseados, mas o Escalade fedia a maconha, então, quando o policial nos abordou, fomos detidos no banco de trás da viatura. Ele revistou meu carro e encontrou meu saco de maconha. Fomos liberados, mas ele ficou com o saco. Não tenho certeza se ele estava deixando quieto ou se só queria a maconha. Na época, só fiquei chateado por causa da maconha: assim que saí da viatura, na hora senti vontade de fumar.

ROB ASTON (VOCALISTA, THE TRANSPLANTS)

Quando o Travis morava em Corona, eu ia até lá para andar com ele. Na época, eu ainda tinha um velho Lincoln Continental verde, que é um carro da Ford. E a família dele é só Chevy e Cadillac, então o pai dele não me deixava estacionar o Continental na garagem deles. Eu tinha de estacionar na rua, em frente à casa do vizinho.

O que quer que aconteça, o Travis está na minha retaguarda. Já precisei emprestar dinheiro dele, algo que eu detesto fazer, mas ele está sempre a postos para me ajudar. Sempre pago a dívida a ele, mesmo se demora um pouco mais do que eu gostaria – detesto dever dinheiro às pessoas. Não quero me sentir um fardo. Hoje em dia, não tenho carro – só uma moto. Se preciso de um carro, ele diz: "Pega o Escalade", sem que eu peça. Não dá para carregar caixas de merchandise numa moto, coisa que você precisa fazer quando está numa banda. O Travis já disse várias vezes: "Chega aí e pega um dos carros – por quanto tempo você precisar". Nunca faço isso, porque o bairro onde moro não é dos melhores, e não quero que nada aconteça às coisas dele. Sou muito grato por tudo o que ele fez por mim – ele é a pessoa menos egoísta do mundo.

Ele não se considera um rock star ou uma celebridade – ele é só o Travis.

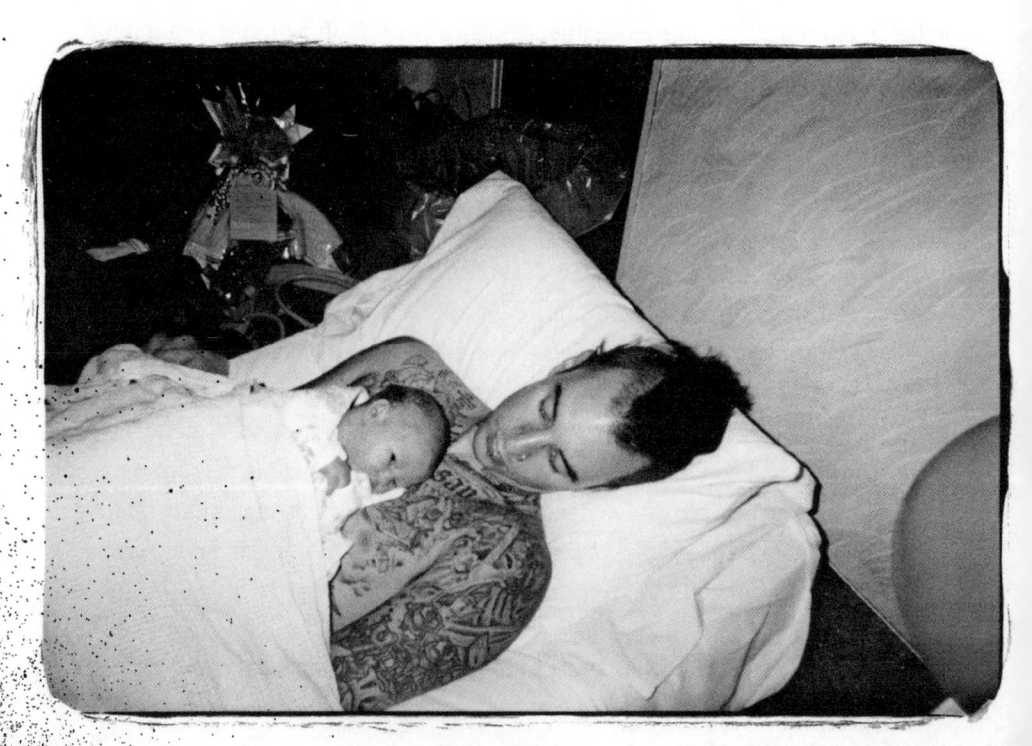

COM LANDON

Ainda aparecia gente para nos perturbar na casa em Corona, então, embora eu soubesse que sentiria falta da piscina insana, eu finalmente disse: foda-se. Papai e Mary ficaram na casa, cuidando dela, e eu fui morar com Shanna em LA. Por isso, pudemos passar mais tempo com a filha dela, Atiana, que tinha feito quatro anos. Ela se escondia nos cantos e me chamava de "Slavis", era muito bonitinho. Eu gostava de crianças. Quando mais novo, eu costumava ajudar a tomar conta do meu sobrinho Brandt: era muito próximo dele. E vinha passando um tempo com Atiana, de modo que, quando eu tivesse filhos de fato, seria demais. E eu estava certo. Quando meu filho, Landon, nasceu, em 9 de outubro de 2003, eu soube que poderia ficar em casa todos os dias e nunca mais trabalhar e estaria contente, porque eu amava tanto aquele carinha. Eu me deitava no hospital por horas, com ele no colo, e o observava por horas[5]. Eu ouvia "Your Song", do Elton John, enquanto o colocava para dormir nos meus braços. Estava sempre com um medo desesperado de que algo aconteceria a Landon se eu não estivesse por perto: costumava colocar meu rosto bem ao lado do dele enquanto ele dormia, só para me certificar de que ele estava respirando. Landon tinha olhos como os meus: quando eu olhava para ele, parecia que estava olhando para um mini-Travis[6].

Notem que, naquele momento, eu ainda era o idiota dos comprimidos. Quando Shanna estava no hospital, deram Percocet a ela, porque ela tinha acabado de passar pela cirurgia. Ela deveria tomá-los para a dor, mas compartilhava comigo – eles davam um barato um pouco diferente daquele do Vicodin. Eu dizia a ela: "Fala pra enfermeira que você derrubou o comprimido no chão".

Saímos à procura de uma casa maior; vendi meu imóvel em Corona e fiquei com dinheiro suficiente para comprar uma casa num condomínio fechado, o Bel Air Crest. Eu disse: "É aqui que quero criar meus filhos". Então comprei uma casa de 1.500 m²: pequena para aquela vizinhança, mas grande de sobra para nós. Nós nos mudamos cerca de um mês antes do Natal – e então, na manhã de Natal, tivemos nossa primeira tempestade de verdade. Acordamos e havia uma inundação de uns 2,5 cm de profundidade por toda a casa.

Foi preciso muito trabalho para garantir que tudo estava consertado e que não haveria mofo, porque alguém tinha colocado um telhado ruim na casa. Eu ainda estava fazendo longos percursos de corrida e notei uma mansão cujo

---

5 Seu nome completo é Landon Asher Barker. Ele quase se chamou Elvis; também pensamos em batizá-lo de Clarence (por causa de Amor à Queima-Roupa e dos Beastie Boys) ou Cash (por causa do Johnny Cash).

6 À medida que ele ficou mais velho, eu adorava vesti-lo de cima a baixo com roupas iguais às minhas.

piso térreo era uma garagem vazia: parecia uma garagem para quinze carros. Certo dia, passei por lá e alguns caras estavam trabalhando na casa. Perguntei se estava à venda, e um deles disse: "Sim, mas é cara".

"Quanto?".

"Vai ser uns sete ou oito milhões". Ele me disse quando a reforma ia terminar, e eu comecei a mexer os pauzinhos. Aquela era minha casa dos sonhos. Ao longo dos meses seguintes, dei ainda mais duro no trabalho, entrando em estúdio com todo mundo que me chamasse, e passando todo o restante do tempo investindo na Famous.

Papai sempre me dizia que a casa de Corona era grande demais para ele e Mary, e que a conta de luz e a manutenção estava nos custando uma fortuna. Então, certo dia, eu disse a ele: "Pai, e se eu vendesse a casa de Corona, vendesse a casa de Bel Air e comprasse uma casa grande em Bel Air para mim e um lugar pra você em Lake Elsinore?".

"Se é isso que você quer fazer, meu camarada".

Então foi o que fizemos. Fiz os caras que construíram a casa de Bel Air arrumarem o teto e consertarem os danos, depois vendi essa casa e me mudei para a casa *grande* em Bel Air.

RANDY BARKER (PAI)

Travis veio até a nossa casa certo dia. Ele disse: "Pai, fiz uma tatuagem nova" – e ele me mostrou que tinha tatuado a palavra *camarada* no ombro. Era a maneira como sempre nos tratávamos, desde que ele aprendera a falar. Para mostrar que eu o apoiava, decidi que faria a mesma tatuagem no *meu* ombro.

Fui até o depósito da Famous e peguei alguns adesivos – íamos espalhá-los por aí. Fui falar com Franco, um tatuador amigo do Travis, e mostrei a ele o logo da Famous nos adesivos. Eu disse: "Deixo você fazer esta daqui se você fizer essa outra no meu braço".

Franco disse: "Faço o que você quiser". E tatuou o F da Famous no meu braço esquerdo.

Eu disse a ele: "Bem, Franco, essas são as últimas tatuagens que você vai fazer em mim. Não importa o que digam, isso dói".

Quando mostrei as tatuagens ao Travis, eu disse: "Olha aí, camarada, fiz uma tatuagem".

E ele: "Pai, isso é um adesivo".

"Não, não é um adesivo. É uma tatuagem". Ele ficou muito animado por eu ter finalmente feito uma tatuagem.

O Travis me deixou muito orgulhoso. Nunca sonhei que ele teria o sucesso que teve. Eu conheço caras que tiveram bandas e nunca passaram da primeira base. Ele me impressionou com tudo o que foi capaz de realizar.

À medida que papai ficava mais velho, mais eu me preocupava com ele. Ele ainda andava de Harley por todo lado, e eu tinha medo que ele sofresse um acidente sério. Quando ele vinha me visitar, a ida e a volta somavam uns 320 quilômetros. Eu disse a ele: "Camarada, eu te amo, mas você precisa abandonar a moto".

"Não vou abandonar a moto de jeito nenhum, nem no inferno".

"E se eu a trocasse por alguma coisa?".

"Não tem nada que eu iria gostar para substituí-la. Quero a moto".

Entrei em contato com o programa de TV *Payback*, em que você dá um carro a alguém que lhe ajudou pela vida toda. Disse a eles: "Quero retribuir ao meu pai por ter cuidado de mim a vida toda. E quero que ele pare de andar naquela porra de Harley-Davidson". Assim, arranjamos um Corvette para ele.

No dia do programa, ele veio até a minha casa e eu pedi a ele que fosse lá fora para receber uma entrega que estava chegando. Quando ele abriu a porta, eles estavam descarregando um Corvette novinho, modelo do ano seguinte, todo customizado, prata e preto, irado demais. Ele disse: "Vocês entregaram a porra do carro errado. O Travis não tem Corvettes".

Eles disseram: "Não, senhor, o endereço está certo".

Eu saí e disse a ele que o Corvette era por ele ter sido bom comigo e cuidado de mim a vida toda. Disse ainda que ele tinha de me dar a moto e me prometer que nunca mais subiria nela. Ele caiu em prantos e me deu a moto. Eu a vendi, e ele dirige o Corvette desde então[7].

Eu não ficava em casa por muito tempo, nem com muita frequência: o Blink-182 estava sempre na estrada. Para uma turnê, fomos para a Austrália – um dia depois de chegarmos, fizemos o check-out do hotel em Melbourne e eu saí correndo pelo lobby para chegar ao nosso ônibus. Ao meu lado estavam Lil Chris e um segurança chamado Jake. Geralmente, Jake nos ajudava com a ba-

---

7   Hoje, o carro está com 190 mil quilômetros rodados.

gagem, porque ele era um cara musculoso de 130 quilos. Mas, de algum modo, desta vez Chris e eu acabamos com a maior parte da bagagem. Eu estava com um monte de malas nas costas, o que me fez perder o equilíbrio. Tropecei na calçada, a poucos metros do ônibus – a pavimentação era meio irregular – e caí com tudo sobre o meu pé direito. Cheguei a ouvir um som estralado feio e senti uma pontada intensa de dor.

Gus, nosso *tour manager*, disse: "Cara, sai andando, pro sangue circular". Tentei sair mancando – a turnê não tinha nem começado e eu não queria cair fora.

Mas Chris viu que eu não estava bem. "Tá bem, cara?".

"Cara, não consigo nem andar".

Tiramos meu tênis e o meu pé estava todo roxo. Fiz o show daquela noite: Daniel arrumou um pedal duplo, de modo que eu pudesse tocar só com o pé esquerdo. No dia seguinte, caímos na estrada, mas meu pé não estava melhorando. Uns dois dias depois, voltei para casa nos EUA para consultar um médico (e ver Landon): a região da Austrália onde estávamos não tinha equipamento de ressonância magnética, só de raio-X, e, além disso, meu médico, o Dr. Ferkel, queria garantir que ele mesmo tratasse disso. No fim das contas, meu pé tinha basicamente partido no meio. Estava quebrado em sete ou oito lugares diferentes, e todos os tendões e ligamentos estavam rompidos. A lesão se chamava fratura de Lisfranc: acontece em muitos jogadores de futebol americano e, aparentemente, era um ferimento muito comum na esgrima, na época em que se praticava muita esgrima. Eu precisaria de uma cirurgia e ficaria engessado por meses. Foi aí que realmente comecei a tomar analgésicos. Meu pé doía tanto que, de tomá-los por prazer e para encarar viagens de avião, passei a *precisar* deles.

Fiz a cirurgia (três parafusos no meu pé) e fui engessado, e então embarquei num avião de volta à Austrália. Cancelamos uma semana de shows, mas depois segui em turnê engessado por dois meses e meio. Eu era levado até a bateria numa cadeira de rodas, pulava no trono e tocava com o pé esquerdo, embora meu pé direito seja o dominante (como não uso bumbo duplo, normalmente meu pé esquerdo só cuida do chimbal. Era como escrever com a mão direita sendo canhoto). Eu tomava muitos analgésicos, mas, quando me lembrava de como eu tinha ficado enfadado repousando em casa depois de ter fraturado os dedos, eu sabia que seria mentalmente melhor para mim fazer os shows todos os dias. E me diverti como nunca. Eu até fazia um solo de bateria, e suava tanto que era preciso trocar o gesso uma vez por semana. Era legal enfrentar essa briga.

NINGUÉM SE IMPORTA, SE ESFORCE MAIS.

Tirei os parafusos do pé[8], me curei e fui direto para mais uma turnê do Blink – mas não larguei do Vicodin. Eu tinha amigos que conseguiam o remédio para mim na rua: por US$ 600 ou US$ 1.000, eu comprava um frasco grande que duraria uns dois meses, embora eu tomasse de oito a dez comprimidos por dia.

Depois da cirurgia, fiquei louco por causa da morfina e tinha um canivete, então, sem motivo algum, comecei a me cortar. Eu não estava num estado suicida, mas meu corpo não estava agindo da maneira como deveria, o que me deixou doido. Fiquei intrigado com o fato de eu não sentir nada: quando eu me cortava, não doía. Se tivesse doído, isso apenas teria me dado uma desculpa para tomar mais comprimidos. Eu estava confortavelmente entorpecido.

---

8   Ainda tenho esses parafusos, estão emoldurados na parede.

De muletas, cortesia de Estevan Oriol

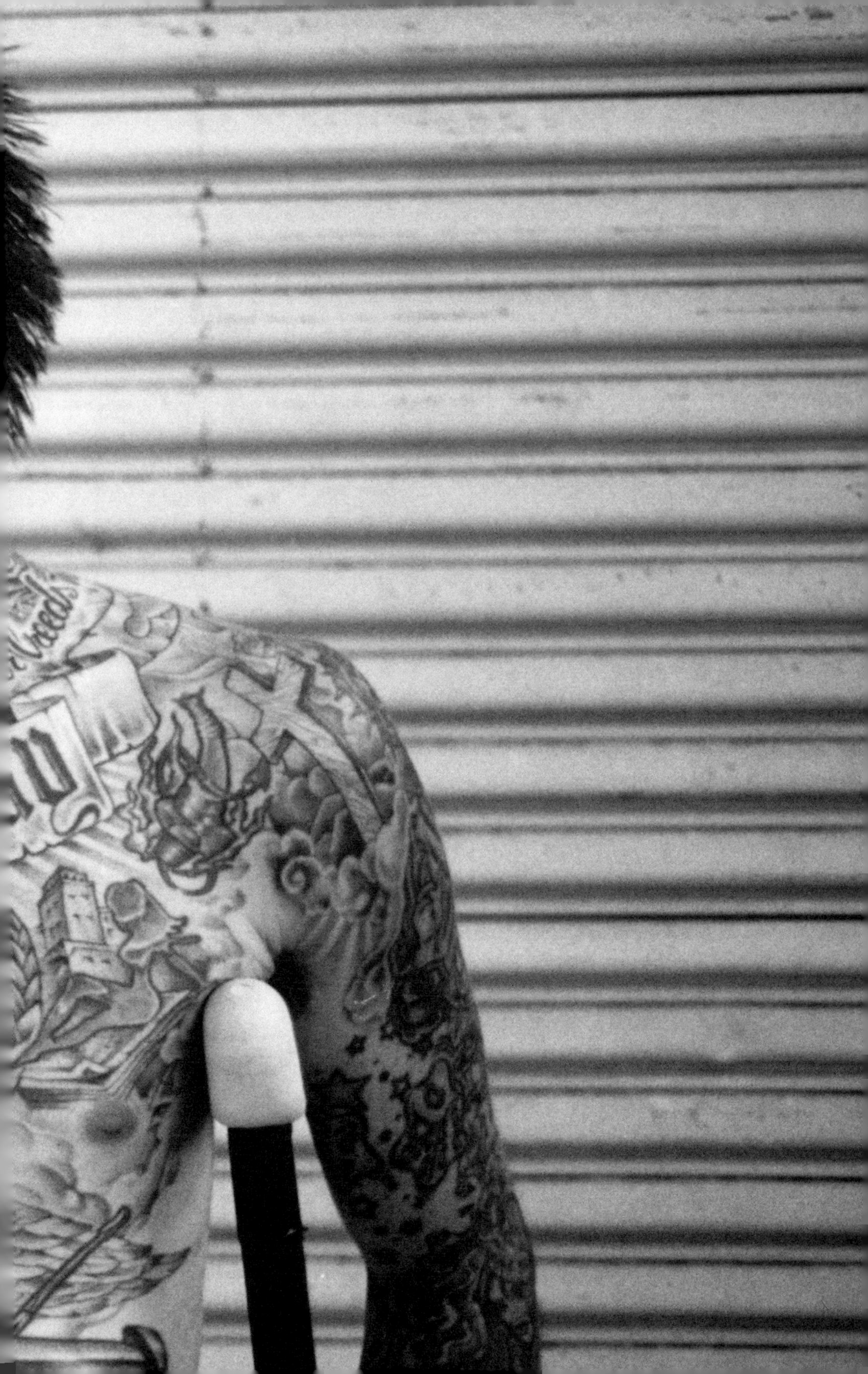

Os Barkers na Disneylândia

12
Meet the Barkers

Pedi Shanna em casamento na Disneylândia, na véspera de Natal. Eu sabia exatamente qual anel de noivado ela queria: ela tinha uma foto no quarto dela, então comprei na Cartier: um anel de diamante de quatro quilates e meio chamado Luna, que custava US$ 150 mil, então o ideal teria sido entregá-lo num carro-forte. Porém, ao invés disso, guardei o anel no bolso da minha jaqueta de frio larga; eu não parava de pensar que poderia perder o anel e, se isso acontecesse, seria um fracasso da porra. Fomos em todos os brinquedos, como fazíamos de costume, numa tarde aparentemente normal. Depois, quando anoiteceu, fomos para a Mansão Mal-Assombrada. Todos os anos ela era redecorada para o Natal com a temática de O Estranho Mundo de Jack – a hora e o lugar perfeitos para um pedido de casamento.

Sempre que íamos à Disneylândia, tínhamos um guia especial, de modo que não ficávamos no meio da multidão e entrávamos direto nos brinquedos. Naquele dia, eu disse ao guia – seu nome era Nick – que eu gostaria de entrar na Mansão Mal-Assombrada sozinho com Shanna. Assim, entramos na galeria de retratos, que se transforma num elevador, e logo depois que uma voz disse "é claro que sempre há a minha maneira", as luzes se apagaram ao som de um trovão.

Aquela era a hora: quando as luzes se apagaram, me ajoelhei. Eu não tinha perdido o anel, então, quando as luzes se acenderam novamente, fiz a pergunta. Ela disse sim, e então ela própria se ajoelhou e me ofereceu um outro anel. Nós dois tivemos a mesma ideia. Andamos nos brinquedos por mais umas duas horas, então voltamos para casa, ficamos bêbados e transamos. Como basicamente *todas* as noites.

A diferença foi que, naquela mesma noite, Shanna já começou a fazer planos. Logo ela estaria preenchendo todos os dias que passávamos juntos com planos para o casamento.

COM LANDON E ATIANA

Estava cada vez mais difícil me afastar de Shanna, Landon e Atiana quando eu saía em turnê com o Blink-182. Enquanto eu estava longe, Landon deu seus primeiros passos. E quando voltei para casa, Shanna o levou ao aeroporto e ele não me reconheceu: fui abraçá-lo e ele começou a chorar. Isso acabou comigo. Quando eu estava em casa, só queria ficar com Landon, costurando patches nas roupas dele ou fazendo um moicano com o pouquinho de cabelo que ele tinha. Assim que ele conseguiu segurar as baquetas, comecei a ensiná-lo a tocar bateria.

Porém, por mais que eu adorasse a ideia de nunca mais sair de perto daquele carinha, eu tinha um trabalho a fazer e, pouco depois, embarquei para a Austrália para mais uma turnê do Blink-182. Deixar minha família foi mais difícil do que nunca e, além do próprio voo, para superar a tristeza... eu precisei de comprimidos. Eu ainda tomava Vicodin aos montes, mas enquanto estive na Austrália consegui um pouco de Oxycontin, que era mais louco ainda. Às vezes, Lil Chris e eu tomávamos juntos nos dias de folga – ficávamos chapados no sofá no meu quarto de hotel. Quando eu tomava Oxycontin, parecia que o meu rosto estava derretendo e que eu estava virando uma poça em cima do sofá. Lil Chris deveria ficar de olho em mim quando eu tomava comprimidos: eu sempre dizia: "Cara, me bate se eu não acordar".

Agora que ele estava tomando junto comigo, ele dizia: "Claro. Faz a mesma coisa comigo, cara". E desmaiávamos juntos. Então paguei a Jake, um dos seguranças do Blink, para ficar conosco e se certificar de que ainda estávamos respirando. Jake era limpo, então o trabalho dele era ficar por perto a noite toda e garantir que não morrêssemos.

Na Austrália, o Blink gravou o clipe de "Always", o quarto single do álbum sem título, e o enredo trazia nós três namorando a mesma garota, interpretada por Sophie Monk: ela era uma cantora e modelo e, na época, a It *girl* da Austrália. No roteiro, era eu quem dava uns pegas na Sophie, e Shanna ficou muito puta.

"Por que escolheram *você* pra fazer isso?", questionou ela.

"Não sei, *baby*. Escreveram o roteiro assim. Eu dou um beijo nela, nada de mais". E é claro que eu não estava achando nada ruim dar um beijo em Sophie. Mas eu era um cavalheiro. Só a beijei quando deveria. É estranho beijar diante das câmeras: não é a mesma coisa quando há uma galera assistindo, com câmeras e luzes, e alguém te dizendo: "OK, um pouco mais de intensidade aí". Mas, mesmo com tudo isso, foi divertido. Podíamos ter saído depois, mas eu dei pra trás. Afinal, eu *ia* me casar[1].

Cheguei da Austrália depois de um voo de dezenove horas, completamente chapado de Xanax. Era 14 de novembro de 2004, meu aniversário de 29 anos. Shanna me buscou no LAX e disse que ia me levar para jantar, o que era legal. Eu sempre procurava me divertir depois de um voo longo. Houve ocasiões em que eu chegava em outro continente e Chris e eu saíamos em busca de diversão, queimando até a última ponta.

Shanna me levou a um restaurante que eu nunca tinha ouvido falar. Eu não entendi por que ela não me levou ao Matsuhisa, que era o nosso favorito, mas ela me disse que era um lugar superlegal e que queria fazer uma surpresa. A primeira coisa que notei foi que a iluminação do restaurante estava estranha: parecia muito clara e esquisita.

Perguntei a Shanna se ela queria Vicodin ou ecstasy (eu tinha começado a experimentar bala também). Ela disse que não, mas, como era meu aniversário, decidi tomar uma bala na mesa. O garçom chegou e começou a dar em cima da Shanna. Ela o chamava de "querido" e ele me chamava de "cara com o cabelo interessante" (eu usava um moicano). Aparentemente, ele e Shanna tinham namorado: ele estava flertando com ela e insistia em insultar o meu corte de cabelo.

Eu disse a Shanna que se ele viesse com aquela conversa para cima de mim de novo, eu ia fazer alguma coisa. Ela foi ao banheiro, e o garçom se sentou na mesa

---

[1] Anos depois, Sophie se mudou para LA e nós acabamos saindo.

comigo e começou a me encher o saco. Por fim, eu disse: "Quer ir lá pra fora?". Levantei, pronto para virar a mesa. E então o Ashton Kutcher apareceu e disse: "Acho que precisamos acalmar um pouco as coisas". Era tudo uma pegadinha, que estava sendo filmada com câmeras escondidas para o programa *Punk'd*, e o "ex-namorado" de Shanna era Ahmed Ahmed, um comediante stand-up.

Não acho que eles esperavam que eu estourasse tão rapidamente. Eu estava bem esquentado, mesmo depois que Ashton apareceu. Levei um tempo até me dar conta de que era tudo uma piada. Aquele garçom tinha me enchido o saco a noite toda, tentando me fazer perder a paciência. Meus instintos ainda diziam "*que se foda esse cara*" – não porque ele tinha dado em cima de Shanna, mas porque ele tinha acabado com o meu barato[2].

No aniversário seguinte do meu pai, eu estava indo para uma reunião na Famous quando tive a ideia de fazer algo especial para ele, algo que eu nunca tivesse feito antes. Disse a ele para ir até o depósito, e então pedi ao Lil Chris que contratasse as duas strippers mais iradas que conseguisse encontrar em LA. Disse a papai para esperar no meu escritório, que logo eu chegaria. E então duas gostosas entraram – a princípio, papai não sabia que elas eram strippers, mas quando as roupas delas começaram a voar para todo lado, ele logo sacou. Chris e eu saímos, morrendo de rir, imaginando como ele reagiria, pensando que ele ficaria encabulado. Ao invés disso, quinze minutos depois, uma das strippers saiu da sala chorando, dizendo que ele tinha dado uns tapas nela e mordido seu mamilo. Chris e eu ficamos chocados e impressionados – pudemos ver que papai ainda tinha certo fogo. Paguei à stripper o dobro do que tínhamos combinado, e papai teve um dos aniversários mais memoráveis da vida dele.

Meu amigo Jesse Ignjatovic foi nos visitar em casa. Ele tinha criado o programa *Diary* para a MTV, que mostrava um dia na vida de diversos músicos. O Blink-182 tinha participado de um episódio, então Jesse e eu ficamos amigos. Ele dirigiu os dois primeiros clipes do Transplants, "Diamonds and Guns" e "D.J. D.J.". O programa mais popular da MTV na época era *Newlyweds*, com Nick Lachey e Jessica Simpson. Shanna e eu tínhamos conversado a respeito de fazer nosso próprio reality show. Nossa vida já era praticamente um programa de TV, e eu estava pronto para mostrar ao mundo o quanto eu curtia ser pai. Jesse comprou

---

2. Eles editaram muita coisa para a TV – incluindo eu tomando ecstasy na mesa. Shanna me disse, depois, que ela estava com um ponto eletrônico no ouvido, para que pudesse receber instruções do Ashton, e ela pôde ouvi-lo surtando quando eu tomei a bala.

a ideia de imediato. Menos de uma semana depois daquela conversa de quinze minutos, ele gravou um piloto, que ficou irado. Na época, os reality shows não tinham script – era tudo absolutamente real.

Chamamos o programa de *Meet the Barkers*. Se fosse qualquer outra pessoa, eu não teria feito, mas eu confiava no Jesse e o respeitava. O programa mostrou Chris e eu sendo nós mesmos: gerenciando a Famous, tocando com os Transplants e com o Blink-182, trabalhando o dia todo, colando adesivos da Famous por toda a cidade, tocando o terror. Achei que seria legal as pessoas poderem ver a dinâmica entre mim e Chris, o quão malucos e engraçados éramos, e como era o nosso rolê.

Éramos inseparáveis; Shanna tinha muito ciúme da nossa relação, e acho que a esposa do Chris se sentia da mesma forma. Às vezes eu dizia a ele: "Você não precisa ficar aqui até as oito ou nove da manhã de amanhã", e ele aparecia às seis para lavar o carro. Eu dizia a ele para parar: "Você não faz mais isso – você chama outra pessoa e *ela* vai lavar o carro, e você diz a *ela* que não está limpo e *ela* tem que lavar de novo".

Não sei se foi porque Shanna e eu estávamos fazendo o programa de TV, mas nossos planos de casamento ficavam cada vez mais elaborados. Chamamos um cerimonialista figurão de Hollywood – e acabou sendo um desastre. Algo que deveria ser festivo e belo estava se tornando um enorme aborrecimento, o que é uma grande merda.

Meet the Barkers mostrou essa dinâmica muito bem.

"Trav, precisamos ir a uma reunião com o cerimonialista".

"OK, você quer que eu te encontre lá?".

"Não, quero que você me busque".

Então eu parava de gravar, ou o que quer que eu estivesse fazendo, buscava Shanna e ia para a reunião com o cerimonialista. Chegávamos no restaurante e eu dizia a ela: "Vou lá em dez minutos". Eu ficava no carro, fumava dois baseados e entrava chapado.

Dá pra ver no programa: estou chapadíssimo em todas as reuniões com o cerimonialista. Eu só digo: "Aham, aham, é, claro, sim". Apenas concorde: essa é a única maneira de vencer nessas porras de reuniões, ao torná-las o mais indolor possível. Ao invés de celebrar nosso relacionamento, estávamos discutindo sobre as cores das bexigas, as cores das pétalas de rosa, como seriam as toalhas de mesa, que músicas vão tocar, se vamos construir um andaime de cem mil dólares sobre a piscina para nos casarmos em cima da piscina. Era *caótico*.

Quando você está gravando um reality show, as pessoas saem da casinha para tentar andar com você – todo mundo quer aparecer na TV. É ridículo.

Shanna sempre fazia compras numa boutique. Sempre que ela ia lá, vinha um cara que tentava aparecer na TV. Shanna enfim disse aos donos da loja que ele precisava maneirar, mas ela foi arrogante ao comunicá-los disso: "Que porra é essa desse cara aleatório que não sai de perto toda vez que eu venho aqui? É um saco, sabe? É desconfortável".

Na vez seguinte que Shanna foi lá, ele a surpreendeu no provador e começou a berrar com ela enquanto ela estava seminua: "Que porra é essa, vadia? É melhor você parar de falar merda de mim. Eu sei onde vocês moram, sei que você vai se casar. É melhor você e o seu marido ficarem espertos".

Recebi uma ligação de Natasha, que estava trabalhando como assistente de Shanna. Natasha estava chorando, e eu podia ouvir Shanna chorando ao fundo. Natasha disse: "Vou te falar uma coisa, mas você tem que prometer que não vai surtar".

"Negativo", eu disse. "Você tem que me contar primeiro, para que eu decida se vou surtar ou não".

Ela me contou o que aconteceu e eu desliguei o telefone. Liguei para a loja e disse: "Não sei se vocês se tocaram do que fizeram, mas vocês se meteram numa cagada". Disse que eles precisavam me dar o telefone do cara que tinha feito aquilo. Então liguei para ele e disse: "Eu e você precisamos nos encontrar e conversar. Preciso me encontrar contigo cara a cara, porque o que você fez foi zoado e inaceitável".

Ele não se importou. Só disse: "É, filho da puta, tem algum problema?".

"É mais do que eu ter um problema. Estou pronto pra me encontrar contigo. Não me interessa se você é grande ou se a tua galera é grande. Me diz onde quer se encontrar".

Então outro cara pegou o telefone. Ele me disse de qual gangue fazia parte e berrou: "O que você quer, filho da puta?". Veio com papo de gangue, me dizendo que ia me matar, coisa e tal.

Eu disse: "Só me diz onde vocês querem me encontrar". Ele tinha ameaçado a mim e a minha família – a treta estava plantada.

Liguei para Shanna e disse: "Fique em casa, cuide das crianças, feche as portas. Não vou prá casa hoje à noite". Liguei pro meu mano Skinhead Rob, disse a ele o que estava rolando, e então fomos encontrar nosso amigo Paulie, que fazia parte de uma das gangues de motociclistas mais barra pesada do mundo. Ele era meu camarada, então juntamos uma galera: sete ou oito caras dos mais assustadores que eu já tinha visto. Skinhead Rob tomou a dianteira e disse: "Se

DJ Muggs, Skinhead Rob, eu e Everlast na loja do Paulie B

algum de vocês putos não está pronto para morrer hoje, que vá embora agora mesmo. Se tem alguém aqui que não está pronto para morrer hoje à noite".

Entramos todos numa van. Tínhamos tanta munição e tantas armas que parecíamos uma equipe da SWAT. Se a polícia tivesse nos parado, eu provavelmente teria ido para a cadeia para o resto da vida. Shanna e eu íamos nos casar dali a três dias, então eu queria que tudo se resolvesse antes disso – a última coisa que eu desejava era que a minha família e meus amigos fossem metralhados no meu casamento.

Paulie fez seus contatos – ele conhecia um dos líderes da tal gangue, porque tinham feito algum negócio juntos. Ele descobriu que a gangue realmente tinha conexão com os tais sujeitos. Tentamos nos encontrar com eles num posto de gasolina, mas eles não apareceram. Dirigimos pela cidade até as quatro da manhã, mas não os encontramos. Ou havia algum problema na comunicação, ou eles estavam nos despistando[3].

---

3   Paulie (nome completo Paul Michael Krug) morreu alguns anos depois, no final de 2007. Ele vinha sendo investigado pelo Departamento de Justiça dos EUA desde sempre, mas já estava enfim andando na linha. Abrira uma rede de borracharias e tinha acabado de ter um filho. Porém, ao longo do tempo que fora investigado, sua ficha criminal tinha acumulado tanta merda que eles não se importaram que ele tivesse baixado a bola.
Realizaram uma batida na casa dele – seria a terceira. Ele supostamente reagiu à prisão e, quando chegou à delegacia, estava morto. Eles basicamente o surraram até a morte. No funeral, o caixão ficou aberto e pudemos ver seu rosto todo roxo e inchado. Os presentes no funeral estavam com raiva – e todos nós estávamos sendo fotografados e incomodados pelos agentes federais.

Eu estava carregando uma arma para todo lugar. Lil Chris e eu continuamos a ir ao campo de tiro – eu queria praticar, porque achava que alguma merda ia acontecer. Talvez estivéssemos fumando maconha demais. Mas, certo dia, Chris e eu estávamos lá quando um bando de manos mal encarados apareceu e ficou nos encarando. Éramos dois contra nove, e estávamos num campo de tiro com munição real. Parecia o lugar mais fácil para apagar alguém – presumi que eles tivessem nos seguido. No fim das contas, só estávamos numa parte mal encarada da cidade e eles estavam nos encarando porque éramos os únicos moleques brancos ali. Eu estava totalmente paranoico.

Meu amigo Paulie B.
Cortesia de Estevan Oriol

Então chegou o dia do meu casamento, e não houvera comunicação com aqueles caras. Shanna e eu escolhemos o tema *O Estranho Mundo de Jack* para o casamento – mas o que ela não sabia era que eu caminharia até o altar com uma arma no meu smoking. Eu estava armado no meu próprio casamento. Os motociclistas estavam lá, de terno, e metade dos meus padrinhos estavam armados. Havia matadores ali, que nunca ninguém tinha visto de terno.

"Quem são aqueles caras, Travis?", Shanna me perguntou.

"Só alguns amigos meus que decidiram vir ao casamento".

E um dos amigos da Shanna era de uma gangue diferente de motociclistas. Então, no casamento, havia dois motociclistas rivais um ao lado do outro – e, normalmente, isso significaria derramamento de sangue. Por sorte, todo mundo foi respeitoso e tranquilo.

Eu tomei comprimidos demais naquele dia, então estava bem chapado. Eu estava tentando manter a linha, porque havia cerca de trezentas pessoas ali, incluindo Mark, Tom e o meu pai. Caminhei até o altar com uma pistola no meu paletó. Meu filho, Landon, corria atrás de mim, vestindo um terninho igual ao meu – e tudo o que eu conseguia pensar era como seria horrível se algo acontecesse a ele. Foi a noite mais difícil da minha vida – como tínhamos ido parar nessa confusão? Dois dos meus melhores amigos ficaram de olho no Landon a noite inteira. No fundo da minha mente, eu só estava esperando pelos tiros[4].

---

4   Todo mundo sobreviveu ao casamento – e eu surpreendi Shanna ao conseguir Solomon Burke para cantar nossa música, "Don't Give Up On Me". Toquei bateria enquanto ele cantava para ela. E então Shanna e eu partimos para nossa lua de mel em Fiji. Estávamos apaixonados e felizes num minuto e nos bicando no outro. Íamos mergulhar e andar de caiaque completamente nus: ficamos sem roupa a maior parte da viagem. Na volta, estávamos na fila para embarcar no aviãozinho que nos levaria até o avião maior rumo aos EUA. Ela estava usando shorts e um top, e eu percebia as pessoas a encarando: ela tinha chupões e marcas de mordida pelo corpo todo. Por fim, um cara perguntou a ela o que tinha acontecido. Ela brincou: "Ah, ele me bateu". Eu falei para ela dizer a verdade. Então ela disse: "Tô brincando – transamos muito e muito bem na nossa lua de mel".

Com Shanna: nosso casamento temático de O Estranho Mundo de Jack.
Cortesia de Simone & Martin Photography

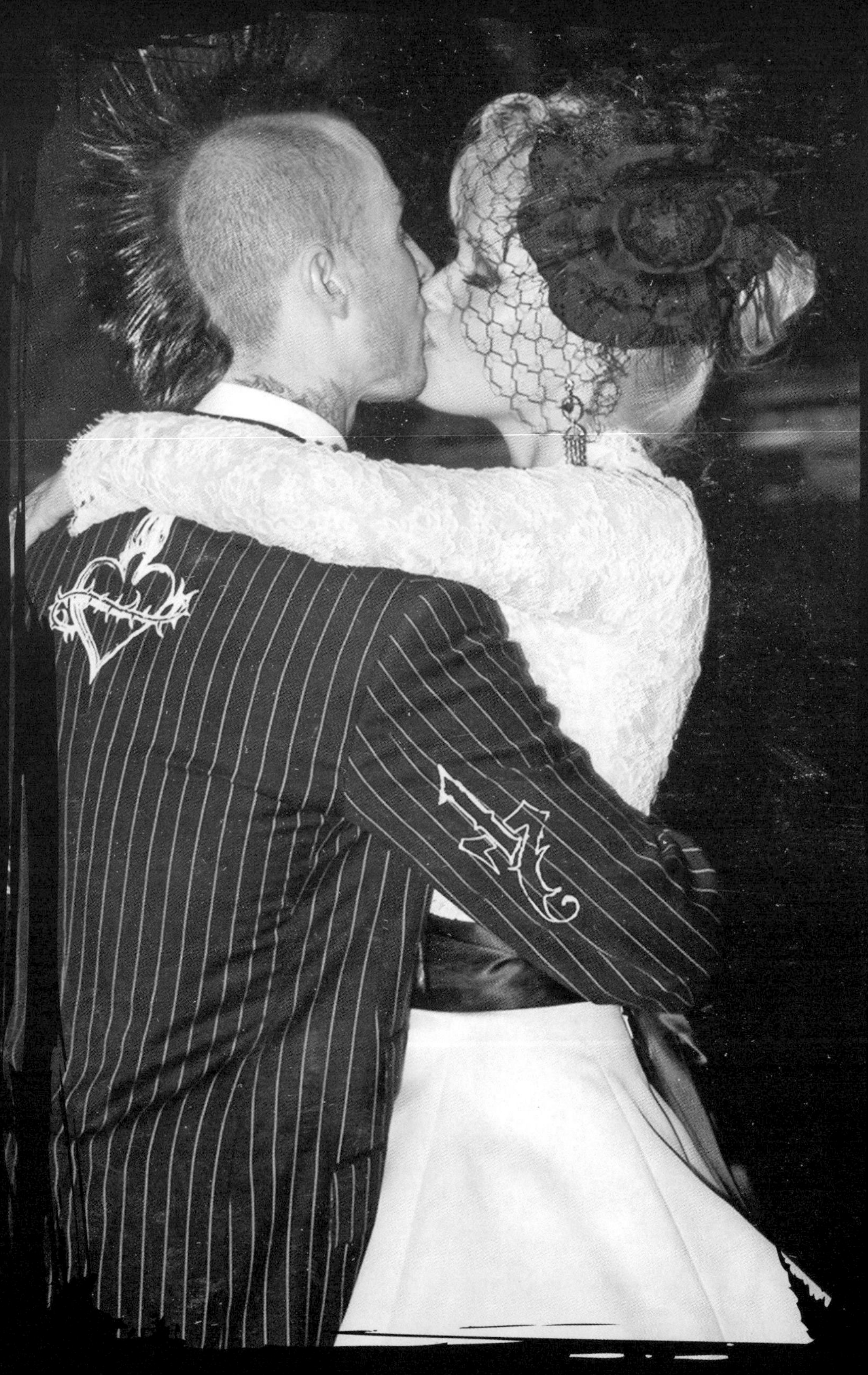

Tocando bateria com Solomon Burke.
Cortesia de Simone & Martin Photography

CORTESIA DE ESTEVAN ORIOL

13
Hoje Não

No início de 2005, o Blink-182 se separou – sem razão aparente. Talvez porque todos nós tivéssemos nos tornado pais, cada um com sua própria família e suas próprias prioridades. Não sei ao certo o que se passava na cabeça do Tom, mas parecia que ele queria dar um tempo das turnês e tirar uma folga da banda para ficar em casa com sua família. Mark e eu queríamos estar com as nossas famílias da mesma forma, mas também queríamos seguir em frente com a banda – tínhamos chegado a um ponto tão alto com o álbum sem título. E eu queria sustentar minha família fazendo mais turnês. Eu estava aprendendo que você pode ter tempo ou dinheiro, mas não ambos. É o tipo de situação em que você deve ser capaz de fazer concessões e chegar a um consenso, mas, ao invés disso, a banda acumulou rancor.

Não estávamos mais nos falando, então nosso empresário, Rick, ficava consultando cada um de nós sobre o que queríamos fazer a respeito de coisas variadas, e nós sempre discordávamos. É preciso ser verdadeiramente neutro quando se está numa posição como a que Rick se encontrava, mas, a meu ver, parecia que ele insistia em ficar do lado do Tom, então comecei a enxergar a dinâmica da banda como Rick e Tom contra Mark e eu. Qualquer que fosse o caso, não era nada sadio para todos os envolvidos. Para mim, certamente não era.

Uma banda deve compartilhar dos mesmos objetivos e desejos. Mais importante, deve se comunicar. Se você não se comunica, está fadado a ter grandes problemas. Eu sentia que a equipe de produção de *Meet the Barkers* tinha incomodado o Tom de alguma forma, mas nunca conversamos a respeito. Ao longo de 2004, a cola que mantinha a banda unida era nosso *tour manager*, Gus. Ele sabia como a banda funcionava, e sabia como lidar com cada um de nós. Na minha opinião, ele deveria ter sido nosso empresário.

Nós três estávamos ensaiando para um show beneficente para as vítimas do tsunami e, depois de decidirmos quais músicas tocaríamos, começamos a conversar sobre qual seria a nossa agenda para o restante do ano. Não conseguimos chegar a consenso algum, então concordamos em discordar e fomos cada um para sua casa. Mas parecia que estávamos quebrando a regra dos relacionamentos que diz que você nunca deve dormir sem fazer as pazes depois de uma briga.

Na manhã seguinte, Rick me ligou e disse: "Tom acabou de sair da banda". Parecia algo tóxico – como quando uma garota termina com você e nem explica o motivo. Mas, considerando como as coisas estavam indo entre nós, eu não fiquei completamente surpreso. Eu não queria que o Blink-182 se separasse, mas não ia correr atrás do Tom: quando alguém diz que quer sair, tentar convencê-lo do contrário não vai funcionar.

Naquela noite, eu estava com Skinhead Rob e alguns amigos quando Rick me ligou de novo. "O que você está fazendo?", perguntou.

"Jantando com o S.R.", respondi.

"Por que você não está fazendo alguma coisa? Sua banda acabou de acabar". Oito horas depois, era esse o plano genial dele para nos fazer voltar.

"Vai se foder", eu disse. "Você é a razão da gente ter acabado! Você não soube lidar com a situação". Tom nem ligou para mim – voltou para San Diego e mudou seu número de telefone. Cancelamos o show beneficente; Rick soltou uma declaração dizendo que entraríamos num hiato. Dias se tornaram semanas, que se tornaram meses. Achei que nunca mais ia falar com o Tom. E, depois de todos aqueles meses de tensão, era quase um alívio termos ido cada um para o seu canto.

Fiquei num estado de choque por tudo pelo qual tínhamos nos esforçado ter sido jogado fora. Senti-me incapaz de consertar a situação. Mas eu não tinha tempo de pensar sobre o porquê do Blink ter se separado: ainda precisava ganhar dinheiro para sustentar minha família. Entrei de cabeça no segundo disco dos Transplants, *Haunted Cities*, e então saímos em turnê. Rob estava usando muitas drogas na época, assim como eu: fumávamos maconha o dia inteiro, tomando Vicodin, às vezes com uns goles de xarope para tosse, enfim, qualquer coisa que conseguíssemos. Da hora em que acordávamos até a hora em que fôssemos dormir, passando pelo momento em que subíamos no palco e pelo momento em que saíamos do palco, nós estávamos fumando e bebendo – e o Tim já estava limpo há um bom tempo.

CORTESIA DE WILLIE TOLEDO

Eu sempre quis passar um tempo com os dois, então, na maioria das manhãs, fumava um baseado com Rob, e depois ia para a academia com Tim. Então voltava, fumava mais um pouco de maconha com Rob, fazia o show, saía do palco, fumava mais uns seis baseados, alguns comprimidos, assistia uns filmes no ônibus e repetia o ciclo. Conviver conosco fez o Tim questionar sua sobriedade: não era saudável para ele, então ele terminou a banda e eu não tive escolha a não ser respeitar sua decisão.

ROB ASTON (VOCALISTA, THE TRANSPLANTS)

Quando o Travis se juntou a nós, o Blink-182 estava na MTV e em todas as rádios. Ele saía dos ônibus de turnê e de tudo de primeira classe para entrar numa van com a gente e tocar shows pequenos em lugares pequenos. Ele não dava a mínima para se havia dez ou dez mil pessoas assistindo. Nunca ouvi o Travis reclamar das condições de uma turnê: ele só quer tocar e fazer um bom show.

Nos dias de show, alguns alongam ou fazem exercícios. Alguns ficam bêbados; outros ficam chapados. O Travis se senta com seu *pad* de estudo por horas. Ele é capaz de ter conversas inteiras ou de falar com os filhos e não perder uma batida sequer. É uma máquina. Ele costumava se aquecer com baquetas de aço, assim como os jogadores de baseball treinam com um peso no taco. Essas baquetas são vinte vezes mais pesadas do que uma baqueta comum, e ele tocava muito rápido. Aí algum imbecil as roubou. Típico.

No último show da Warped Tour 2005, saímos do palco, descemos as escadas e eu disse ao Tim: "E aí, que show. Foi uma boa maneira de terminar a turnê em alta".

E ele disse: "É, podemos conversar um minuto?".

Tim disse a mim e ao Travis que estava com dificuldade de permanecer sóbrio na estrada e de permanecer sóbrio convivendo conosco – precisava dar um tempo. Dissemos a ele que sua saúde era o mais importante, e que ele deveria fazer o que quer que precisasse em prol do seu estado de espírito. E foi isso: ele foi embora. Eu e Trav tivemos de dizer ao resto da banda e à equipe que era o fim. Estávamos para ir para a Europa e para o Japão dali a uma semana.

Foi uma merda. Está queimado na minha memória. Todo mundo chorou. Quando você está em turnê com uma banda, essa é sua família. Ninguém é mais importante do que ninguém, do cara que está vendendo camisetas aos membros da banda. Cada um faz a sua parte, e todos juntos fazem a coisa funcionar. Então todo mundo ficou devastado. E quando você está trabalhando para uma banda, seu ano de trabalho inteiro está mapeado antecipadamente, e você gasta seu dinheiro de acordo com esse planejamento. Muita gente ali não tinha mais nada que poderia fazer. Eu e Travis tiramos do nosso próprio bolso para ajudar a equipe, porque sabíamos que o término da banda fodia muito com todo mundo.

Em menos de um ano, minhas duas bandas tinham acabado. Isso virou meu mundo de cabeça para baixo, e estressou muito o meu relacionamento com Shanna. Eu sentia que não havia muito que eu pudesse fazer, a não ser dizer que a minha vida estava mudando e seguir adiante.

FODA-SE O TÉDIO. VOCÊ NUNCA DEVE SE ENTEDIAR. VOCÊ SEMPRE PODE ESTUDAR E FICAR MAIS ESPERTO. VOCÊ PODE SEMPRE MALHAR E FICAR EM MELHOR FORMA. VOCÊ PODE SEMPRE TOCAR SEU INSTRUMENTO E SER UM MÚSICO MELHOR. SEU ESPAÇO PODE SEMPRE FICAR MAIS LIMPO. TRABALHO PROLETÁRIO É QUANDO VOCÊ TRABALHA COM AS MÃOS — TRABALHO ENGRAVATADO É QUANDO VOCÊ TRABALHA ATRÁS DE UMA MESA. NÃO TENHO AS MÃOS TÃO CALEJADAS QUANTO AS DO MEU PAI, QUE GANHOU A VIDA COM UMA CHAVE INGLESA, MAS TUDO O QUE TENHO VEIO DE TRABALHO COM MINHAS MÃOS.

A Famous estava ficando maior a cada dia. As câmeras da MTV ainda ficavam atrás de mim e de Shanna. Eu passava cada minuto que tinha livre com Landon, a menos que estivesse trabalhando tarde da noite num estúdio; ele estava se acostumando a segurar as baquetas. Eu acordava, o levava para tomar café da manhã e passeava com ele no carrinho pela vizinhança. Apesar de todas as coisas ruins que tinham acontecido com minhas bandas, eu me sentia abençoado por passar um tempo com meu filho. Ser pai era a melhor coisa do mundo.

COM LANDON.
CORTESIA DE SIMONE + MARTIN PHOTOGRAPHY

Eu também estava trabalhando cada vez mais com artistas de hip-hop. Isso tinha começando alguns anos antes, quando Puff Daddy me convidou para participar de um clipe dele, da música "Bad Boy for Life", tocando bateria numa garagem de subúrbio. Eu não tinha de fato tocado na faixa, mas foi legal ser convidado para o mundo dele. E então Pharrell Williams me ligou e me convidou para participar do clipe de "Provider", do grupo dele, N.E.R.D.

"Yo, vamos fazer um clipe, andando de BMX por aí", ele me disse. "Quero que você esteja na 7-Eleven quando eu colar". Fiquei contente em participar: fiquei numa fila para comprar cerveja na loja de conveniência, e Tony Hawk interpretou o balconista. Quando conheci o Pharrell no set, nossa vibe bateu e ele foi muito legal.

Também fiz amizade com o Black Eyed Peas, na época que eles tocavam na Warped Tour ao invés de no Super Bowl. O Will.i.am disse: "Temos que nos trombar—tenho um estúdio e estou sempre fazendo música". Depois que a turnê terminou e nós voltamos para LA, às vezes ele me ligava e dizia: "Yo, cola aí no estúdio". Eu ia até lá e fazia o que eles precisassem: ele poderia me pedir para acrescentar um loop com bateria de verdade, ou para que eu fizesse a minha própria versão de algo que ele tinha programado. Às vezes ele só tinha um cowbell em loop, e eu entrava na vibe e criava minha própria parte de bateria. Eu não me preocupava em receber por isso: apenas gostava de fazer parte do processo criativo, e aprendi muito de estar no mesmo estúdio que ele. Essa relação se estendeu por anos.

Em meio a todo esse caos, meu amigo Nick Leo me apresentou ao DJ AM. Seu nome verdadeiro era Adam Goldstein, e ele tinha sido DJ de uma banda de rap metal chamada Crazy Town. A banda teve um sucesso no topo das paradas em 2001, "Butterfly", então eu costumava vê-lo aqui e ali. Na verdade, eu já havia conhecido o AM – na Alemanha, quando o Crazy Town e o Blink-182 tocaram no mesmo festival. Eu nunca curti o Crazy Town, mas adorava o que ele fazia como DJ, e ele me disse adorar o que eu fazia como baterista. Então fui a um show em Nova York onde vi um DJ fazer um set com um senhor tocando congas. Comecei a pensar: *E se isso fosse levado um passo adiante? E se eu tocasse uma bateria pequena com um DJ irado e nós fizéssemos todos os estilos possíveis?*

Certa noite, fui a uma das gigs do AM em Hollywood. Ele tocava tudo o que você não deveria tocar, como "Sweet Caroline", do Neil Diamond, e "Waiting Room", do Fugazi, e fazia soar bem ao misturar com hip-hop contemporâneo. Durante o set inteiro eu pensava: *AM e eu, dá pra imaginar?* Cheguei nele depois do set e disse: "Devíamos fazer um som juntos uma hora dessas".

"Como assim? Você também é DJ?".

"Não, eu toco bateria e você é o DJ. Porra, cara, finge que você é o guitarrista, mas aí você lança pra mim todos os estilos de música e eu entro junto ou improviso em cima. Você tira as baterias das músicas e me deixa tocar ao vivo. Aí eu toco em tempo dobrado músicas que têm um groove lento, assim nós faremos remixes ao vivo das paradas". Imaginei o AM mandando umas músicas *a cappella* enquanto eu toco bateria acústica e eletrônica.

Da primeira vez que fizemos um som juntos, tocamos por sete horas. Eu não sabia o que ele ia tocar, porque ele não sabia o que *eu* ia tocar. Foi intensamente gratificante. Eu nunca tivera a chance de mostrar a ninguém todos os estilos que sei tocar.

Continuamos a fazer um som e começamos a fazer alguns shows juntos, apenas algumas datas em casas locais. Minha postura era: "AM e eu vamos fazer algo que nunca foi feito antes".

Logo de cara, fizemos um grande show de rádio, o KROQ Inland Invasion. E, num piscar de olhos, baladas de LA e Vegas estavam nos chamando para tocar e nós fazíamos festas da Boost Mobile. Estávamos nos divertindo como nunca.

KEV-E-KEV (EMPRESÁRIO)

Adam era o meu melhor e mais próximo amigo. Acredito que ele e o Travis se conectaram tanto porque os dois têm histórias semelhantes. Ambos foram praticamente criados por pais solteiros, mas à solta nas ruas, descobrindo as coisas. Ambos eram milionários por esforço próprio, que vieram do nada. Ambos eram adorados por milhões de pessoas. Ambos são amantes das mulheres. Com todo respeito, os dois caras são os melhores no que fazem em seus respectivos instrumentos. Teriam cursado o ensino médio juntos, separados por duas séries. Cresceram ouvindo as mesmas músicas. Todas essas similaridades fizeram parte dessa conexão.

Enquanto isso, os Transplants deveriam gravar uma faixa para a estreia solo do Bun B: um rapper *old school* de Houston que era metade do lendário UGK. Esse plano foi por água abaixo quando a banda se separou. Skinhead Rob disse a Bun: "Nossa banda não está mais junta – tiramos uma porra de uma pausa. Mas não se preocupe, vou falar pro Travis fazer uma batida pra você".

Então Rob me ligou e disse: "Aí, cara, você pode fazer uma batida pro Bun? Você é um baterista fodão – vai saber fazer".

Eu nunca tinha feito uma batida de hip-hop na vida, mas tinha algumas ideias e sempre quis produzir, então disse: "Porra, claro!". Cheguei em casa e fui para o estúdio que eu tinha montado no porão, que consistia basicamente em baterias e num setup de ProTools. Eu não sabia o que estava fazendo. Mas, como dizem por aí, problemas são oportunidades disfarçadas de trabalho. Aprender

COM DJ AM.
CORTESIA DE ESTEVAN ORIOL

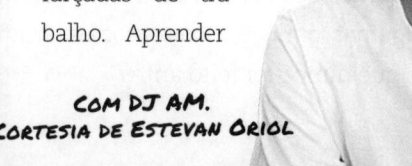

como criar um clima numa faixa instrumental já concluída, e não só tocar bateria, foi um desafio – mas um desafio empolgante. Era minha chance de oferecer algo a um estilo de música que eu adorava. Embora não fosse rapper, encontrei uma maneira de contribuir com o hip-hop.

Chamei um amigo, Kevin "Sweatshop" Bivona, para tocar teclado comigo, e outro camarada, um DJ chamado Ryan Best, para fazer scratch. Gravei quatro faixas no estúdio.

Coloquei a primeira delas de lado e enviei as outras três para o Bun. Ele gostou pra caramba de uma delas, que se tornou a música "Late Night Creepin'". Ele e Rob fizeram um rap em cima dela e ficou irado. Foi uma viagem quando o álbum dele, *Trill*, saiu; fiquei muito honrado em trabalhar com ele. Se Rob e Bun não tivessem me pedido, eu provavelmente nunca teria começado a fazer batidas.

Quando *Meet the Barkers* foi ao ar, em 2005, muitas pessoas ficaram me conhecendo. Eu sempre fora o cara quieto do Blink, mas o programa permitiu às pessoas verem muitas coisas a meu respeito, fosse meu amor por tatuagens, os piores fetiches por Cadillacs e Louis Vuitton, ou o tempo que eu passava com a minha família e gerenciando minhas empresas. Eu comprava Cadillacs por três mil dólares, investia de cinco a dez mil dólares na restauração deles, e acabava com uma caranga que eu gostava mais do que um carro zero. Eu ainda me vestia como um mendigo (camisetas, shorts rasgados e tênis velhos) e era impedido de entrar em restaurantes, mas estava descobrindo as coisas mais finas da vida. Fumava maconha 24h por dia, todos os dias, e realizava mais coisas do que a maioria das pessoas que nem fuma. O programa chamou a atenção de muita gente do meio do rap que, então, passou a querer trabalhar comigo – o que eu acho que nunca teria acontecido. Além disso, alavancou as vendas da Famous Stars and Straps, o que foi totalmente involuntário: eu usava roupas da Famous na maior parte do tempo do programa, como eu sempre fazia, e as pessoas ficaram sabendo que a marca era minha. Na época, estávamos vendendo cerca de US$ 100 milhões por ano em produtos.

Dr. BRIAN WEEKS (amigo)

Mesmo quando o Travis estava tomando muitos comprimidos, ele nunca me pediu substâncias controladas. É só mais uma das coisas que adoro nesse cara. Mas, certa noite, ele me ligou no celular por volta da meia-noite e disse: "Dr. B, preciso de você, estou com um probleminha aqui".

Ele tinha ido buscar um executivo de uma das gravadoras – o cara tinha vindo de avião da Costa Leste e, aparentemente, gostava de uma farra. Vai saber o que ele tinha tomado antes do voo, mas, quando chegou à casa do Travis, enrolaram um baseado gordo pra ele. Talvez ainda tenham batizado com mais alguma coisa.

Travis disse: "Dr. B, apagamos um executivo da gravadora. Ele deu dois pegas, virou os olhos e capotou no chão".

"Ele está respirando?".

Ouvi Travis perguntar ao Lil Chris: "Ele tá respirando?".

Lil Chris disse: "Puta merda, cara, não, não tá".

Eu disse: "Travis, é uma emergência médica. Você precisa chamar a polícia".

"Não posso chamar a polícia, Dr. B".

Tentei persuadir Travis a ligar, mas ele estava surtando. Minha própria pulsação estava a umas 160 batidas por minuto, porque eu estava com medo do cara morrer no chão do Travis. No meu entendimento, ele devia ter cheirado umas cinquenta carreiras de pó.

Então ouvi o Lil Chris dizer: "Tive uma ideia!". Aparentemente, ele pegou um copo de água gelada e começou a jogar na cara do sujeito. Enquanto Chris fazia isso, eu disse ao Travis: "Você precisa ligar para a polícia e precisa começar a fazer massagem cardíaca nele. Se o cara não está respirando, ele pode ter tido uma parada cardíaca. Pode estar morto. Vocês estão cheirando cocaína?".

"Não, não, não estamos cheirando cocaína".

"O cara cheirou?".

"Não sei, não sei!".

De repente, ouvi gritos e o Lil Chris berrando: "Meu Deus!". A água gelada funcionou: o cara acordou e levantou com tudo, como num filme.

Travis voltou ao telefone. "Beleza, Dr. B – tô tranquilo. Falo com você amanhã", disse ele, como se nada tivesse acontecido. E desligou.

Foi hilário – porque o cara estava bem. Na manhã seguinte, Travis o colocou num avião e o mandou embora de LA.

Enquanto isso, mesmo com Tom fora da jogada, Mark e eu ainda éramos grandes amigos que queriam continuar a trabalhar juntos. Foi assim que começamos a banda +44. Eu disse: "Não podemos fazer uma banda que seja exatamente como o Blink – seria estranho". Sugeri que fizéssemos algo com uma cantora, para ficar

CORTESIA DE MARCIAL MEZA

realmente diferente. Eu conhecia Carol e Caryn Heller de quando morava com Bill Ford em Riverside – nós íamos a shows de punk rock juntos. Eu era amigo da Caryn: Carol era a irmã mais velha dela. Um ano antes do Blink se separar, ouvi falar que elas estavam tocando numa banda de punk rock só de garotas. Então liguei para Carol e disse: "Viu, vocês já pensaram em tocar numa banda pra valer?".

Ela disse que adoraria, então foi até minha casa e nós gravamos algumas demos no porão. Compusemos algumas músicas que tinham uma vibe eletrônica. Acabou não dando certo com a Carol, o que foi uma merda – acho que a química não estava de todo ali –, então precisávamos de alguém que tocasse guitarra muito bem. Assim, chamamos meu amigo Shane, que tinha tocado no Doyt comigo (a banda que nunca saiu da garagem da minha família).

Tanto Mark quanto eu estávamos morando em LA, então fazia sentido que procurássemos um espaço na cidade. Procuramos por um estúdio e encontramos um pequeno lugar em North Hollywood, colocado à venda por um cara que tinha tocado guitarra no Poison. O fato de nós termos comprado esse estúdio mudou minha vida. Depois que conseguimos o espaço, eu não passava mais meus dias fumando maconha, dirigindo à toa, andando com os manos, arrumando encrenca. Eu ainda fumava maconha e arrumava encrenca – mas sempre dentro do estúdio. Mark ficava numa sala trabalhando em algo, e eu ficava na sala ao lado. Era nossa oficina.

Não acho que o +44 fosse exatamente a banda em que Mark e eu devêssemos estar, mas, embora eu estivesse contente em desenvolver meu projeto com o DJ AM, nós dois claramente queríamos continuar a fazer música juntos.

MARK HOPPUS (BAIXISTA/VOCALISTA, BLINK-182)

Enquanto o Blink-182 se desmantelava, Tom partia para outros projetos. Travis e eu conversamos e decidimos permanecer juntos e continuar o que vínhamos fazendo. Assim, fomos para o porão da casa dele em Bel Air – a que aparece em *Meet the Barkers* –, só eu, ele e um engenheiro de som, e trabalhamos em algumas ideias para músicas. Era o +44.

Foi bom fazer algo sem expectativas. Além disso, imagino que seja essa a sensação que pessoas divorciadas sentem: elas encontram os amigos e todo mundo pergunta: "Como você está? Está bem?". Tô, tô legal, é bom. Foi um disco doloroso, catártico – acho que para nós dois –, mas do qual tenho muito orgulho. E foi uma experiência muito boa, pois nos permitiu, a mim e ao Travis, entender quais são nossos conjuntos de habilidades. Isso soa bem corporativo.

O Travis canta muito bem. Só ouvi ele cantar uma ou duas vezes na vida, e a última vez foi provavelmente há uns dez anos – mas ele sabe cantar. Tem um senso de humor afiado, também. Anteriormente, acho que as pessoas viam o Travis simplesmente como o baterista quieto ao fundo, porque Tom e eu éramos sempre tão barulhentos. Sempre houve três personalidades no Blink-182, mas eu tive a oportunidade de ver o Travis ir além de ser o baterista da banda: ele construiu sua marca, trabalhou com artistas diferentes e se tornou uma personalidade para além da moldura do Blink.

As coisas que são importantes para o Travis são muito importantes para ele, e o resto, tanto faz. Se ele quer algo específico, dou um peso ainda maior, porque ele deixa tanta coisa passar. Sua ética de trabalho é incrível. Se não é um projeto musical, é algo relacionado à Famous, ou então ele está malhando. É muito focado no que quer que ele esteja fazendo. Ele nunca simplesmente senta e fica assistindo TV, vegetando.

Quando eu ia para o estúdio, produzia o tempo inteiro. Acordava, fumava um baseado na varanda e passava o dia no estúdio, trancado numa sala, fazendo batidas das dez da manhã à uma da madrugada. Comecei um grupo chamado Expensive Taste, com Skinhead Rob e Paul Wall, e nós criamos faixas para uma mixtape.

ROB ASTON (VOCALISTA, THE TRANSPLANTS)

Eu e Travis continuamos a trabalhar em algumas coisas depois que os Transplants se separaram. Conversamos com Paul Wall, o rapper de Houston, e contamos a ele tudo o que tinha acontecido. Ele disse: "Porra, podemos ter uma banda". Começamos um grupo chamado Expensive Taste. Travis tocou bateria no álbum – acho que, tecnicamente, era uma mixtape, mas 95% é material original – e também produziu quase todas as músicas. Ele estava começando a mixar batidas de hip-hop.

Certa noite, enquanto estávamos fazendo o álbum, nós três estávamos na varanda do Travis, fumando maconha. Tínhamos uma boa vista de toda a rua à nossa frente, e vimos um Honda Accord quatro portas chegando. O carro parou no meio da rua. O motorista então saiu e abriu a porta traseira – e um veado saltou do banco traseiro do carro. O veado foi embora; o motorista entrou de volta no carro, como se nada tivesse acontecido, e partiu. Nós três ficamos em silêncio; estávamos nos perguntando: *"Eu realmente acabei de ver a porra de um veado saltar do banco traseiro daquele carro e sair correndo?"*.

Depois que fiz a faixa para o Bun e comecei a trabalhar no Expensive Taste, também comecei a fazer remixes. O primeiro foi "Back in the Mud", do Bubba Sparxxx, seguido de "Can I Have It Like That", para o Pharrell Williams e Gwen Stefani. Mas a coisa decolou quando a gravadora do Soulja Boy me pediu para remixar uma música dele, "Crank That". A música tinha uma batida minimalista, simples, o que era ótimo: era como uma tela em branco onde eu podia fazer o que quisesse com a faixa. Eu a levei de 0 a 100 e dotei o remix de uma energia muito alta, com guitarras pesadas e bateria. Dentro de um ano, meu remix teve 30 milhões de views no YouTube. E, num piscar de olhos, comecei a receber muitas ligações que diziam: "Ei, nós temos essa música de um artista novo, vamos te pagar o valor X para fazer um remix". "Ei, Travis, você faria um remix de 'Umbrella' para a Rihanna?".

Quando começamos, eu ainda nem tinha me estabelecido no meu estúdio: para cada faixa, eu tinha que alugar um estúdio para gravar a bateria e fazer toda a remixagem. Eu sempre fazia um videozinho comigo tocando bateria no remix. Não precisava ser nada muito sofisticado, mas tinha de ser sem cortes, de forma que fosse possível ver que eu estava tocando de verdade. Esses vídeos bombaram: cada um deles ganhava de 20 a 30 milhões de views.

A Interscope queria que eu lançasse um álbum inteiro de remixes, mas parecia que seria uma bagunça: muitos desses artistas eram de gravadoras diferentes. Lil Chris disse: "Foda-se um álbum de remixes. Faça o seu próprio álbum. A gente conhece todos os rappers". Tínhamos firmado muitas relações: muitas vezes em que eu fazia um remix, eu dizia: "Vou fazer por amor – não se preocupe em me pagar. Retorne o favor quando for a hora". Então havia muita gente que me devia um favor.

Na época, eu estava andando com muitos rappers: Jermaine Dupri e Nelly queriam que eu mesmo assumisse o microfone. Eles me diziam: "Cara, você tem que lançar um álbum de rap. Podemos compor pra você, o que você precisar – apenas faça". Eu disse: "De jeito nenhum. Sou baterista, cara. Quero tocar a porra da bateria". Provavelmente eu poderia ter me saído bem, mas não sentia paixão pela coisa – para mim, fazer batidas era mais empolgante do que ir ao microfone. Eu não queria fazer nada que parecesse descaracterizado, nem por um segundo. E, na época, o rap ainda era gangsta. Meu nome também estava sendo citado em muitas músicas de rap: Lil Wayne, T.I., Too Short, Gucci Mane, Dem Franchize Boyz, Shop Boyz. Pirei com isso. Eu sempre adorara hip-hop tanto quanto rock, e era incrível ser aceito como parte daquela comunidade. Decidi que queria fazer um álbum, queria produzir todas as faixas e queria tocar bateria – e ter participações de todos os meus MCs favoritos.

Alguns dias eu ia embora do estúdio pensando: *Uh, essas não me pegaram*. Em outros dias, pensava: *Essas foram as melhores batidas que já fiz*. E todos os dias artistas diferentes passavam por lá. T.I. vinha até LA e dizia: "Aí, vou tocar no Jay Leno. Quero que você toque comigo". Jamie Foxx: "Aí, vou tocar no BET Awards, quero que você toque comigo".

Se eu estivesse no estúdio, Lil Chris estaria na farra com os artistas que tivessem acabado de chegar na cidade, e ele os levava para o estúdio tarde da noite. Tínhamos um sistema: todos os dias havia alguém novo. Assim, no verão de 2008, gravei "Fuck the World" com Bun B e Beanie Sigel[1]. E produzi "Can a Drummer Get Some", com Game, Swizz Beatz, Rick Ross e Lil Wayne.

Na época, eu não estava no Blink, nem no Transplants, mas meus sonhos estavam se tornando realidade. O garoto que crescera ouvindo Beastie Boys, Whodini e KRS-One estava sendo chamado pelo Jay-Z para tocar no álbum da Beyoncé. Em muitos aspectos, a separação do Blink-182 foi uma coisa positiva para mim. Eu adorava a banda, mas minha carreira com ela era unidimensio-

---

1. Acabamos renomeando a faixa para "Just Chill".

nal: eu tocava com o Blink e fazia turnês com o Blink. A banda era uma muleta da qual eu dependia. Quando a banda saiu de cena, tive de me manter em pé sozinho. Foi como quando minha mãe morreu: eu vinha dependendo dela fazer tanta coisa por mim, mas então tive de amadurecer.

JAMES INGRAM (ENGENHEIRO DE GRAVAÇÃO)

Mark e Travis tinham acabado de comprar o estúdio em North Hollywood – apareci para uma entrevista com Chris Holmes, o engenheiro de som, quando eles ainda estavam instalando o equipamento. Ele disse: "Você pode ficar, se quiser". Eu só fazia coisas de estagiário: pintava paredes, arrumava fiação, tirava o lixo, pegava café.

O dono anterior do estúdio tinha uma decoração esquisita de palhaços psicodélicos. Era muito, muito estranho. E havia um pequeno closet do lado de um banheiro. É um closet de tambores agora – como se o estúdio inteiro não estivesse repleto de tambores. Porém, quando nos instalamos lá, tinha uma lâmpada pendurada no meio da sala e um colchão sujo no chão. Era muito nojento – parecia uma salinha de estupro no estúdio.

Lá pela metade das gravações do disco do +44, Skinhead Rob veio fazer umas músicas, e o Travis estava fazendo mais batidas. Botamos a sala B para funcionar, e eles estavam à procura de alguém para fazer a engenharia de gravação. Chris Holmes me fez o favor mais firmeza, ao dizer: "Ah, o James pode fazer isso".

Certa noite, bem no começo, a sala estava cheia de gente – eu tentava trabalhar, mas me dava conta de que estava chapado, porque todo mundo ali estava fumando muita maconha. Olhei para trás e, na mesa atrás de mim, havia dinheiro, drogas e armas: pilhas enormes de cada uma dessas coisas. Eu ainda era bem novo em Los Angeles – sou um cara de Vermont – e não sabia o que fazer, então só olhei pra frente de novo.

Certa vez, Too Short foi ao estúdio. Estávamos trabalhando e, mais tarde, me encontrei tendo uma conversa com Too Short sobre como convencer garotas a concordarem em fazer ménage. Achei o conselho ótimo – se tem alguém que sabe do que está falando quando o assunto é ménage, esse alguém é o Too Short.

Mark gostava de ir para o estúdio e trabalhar nas coisas do +44 de manhã. Travis gostava de chegar um pouco mais tarde. E se havia as coisas de hip-hop a fazer, ou do Expensive Taste, eles gostavam de chegar tarde. Eu entrava às sete ou oito da manhã para ficar pronto para quando Mark chegasse, e, se as sessões iam até tarde, saía de lá às quatro da manhã. Isso não é nada incomum na indústria musical, mas foi preciso me acostumar. Já me condicionei a trabalhar uma porrada de horas e não reclamar, mas decidi que há uma grande diferença entre se condicionar e reclamar.

Travis tomava conta cada vez mais do estúdio – ele força os limites. Frequentemente, ele trabalhava em projetos em ambas as salas. E depois colocou algumas pessoas da Famous para trabalhar de lá, de modo que ele pudesse se encontrar com eles regularmente.

A vida doméstica com Shanna tinha mudado, também: eu ficava a noite toda no estúdio, trabalhando, e ela pensava que eu estava por aí fodendo garotas aleatórias. Tivemos problemas sérios de confiança durante meses, e ela vinha agindo de maneira estranha, o que nos levou a uma briga muito feia (uma das amigas dela constantemente instigava brigas entre nós e tornava os problemas ainda piores). Eu disse a Shanna: "Quer saber de uma coisa? Você pode ir embora. Esse relacionamento está tóxico, e, pra mim, acabou".

Ela disse: "Sinto muito", e desabou em lágrimas. "Faz duas semanas que venho querendo te contar uma coisa, mas eu queria que fosse uma surpresa. Estou grávida. Venho agindo de forma estranha porque planejava te contar". Ela abriu a porta da nossa suíte e havia centenas de bexigas rosas, flores rosas, um

EU E A BEBÊ BAMA

bolo rosa. "Você vai ter uma filhinha, Travis". Derreti de imediato e voltei a ser o sujeito feliz prestes a ser pai.

Eu me apaixonei por Shanna de novo, ao saber que nossa garotinha estava dentro dela. Foi fácil colocar nossos problemas no passado, porque eu estava muito empolgado para conhecer minha garotinha. Passei muito tempo preparando o quarto dela. Eu sabia como era ser pai de um menino: quando Landon tinha dois anos, eu até mostrei a ele como usar o banheiro ensinando-o a mijar na rua[2]. Mas eu sabia que teria que fazer as coisas de maneira diferente com uma menina. Tinha muito a aprender, mas eu estava animado para o que viria. Durante as duas gestações de Shanna eu li o livro *The Expectant Father*, de modo a saber exatamente o que estava acontecendo no útero dela a cada dia.

Alabama nasceu na véspera do Natal de 2005[3]. Ela nasceu com o olhar atento: sem chorar, apenas olhando para mim por minutos a fio com a expressão firme, sem nem piscar. Quase surtei com isso. Eu sabia que estava encrencado com ela desde esse primeiro dia. Quando eu colocava Alabama para dormir, ouvia "Isn't She Lovely", do Stevie Wonder, repetidamente, às vezes com tentativas corajosas de cantar junto.

Desde o momento em que Landon e Alabama nasceram, eu soube que seria responsável pela formação deles. Por causa disso, queria passar cada minuto acordado com eles. Nunca entendi o que eu tinha feito para merecer a bênção desses dois seres humanos maravilhosos. Eu estava tão orgulhoso e feliz em ser o pai deles. Desse ponto em diante, quis ser um grande exemplo: queria ser a primeira coisa que eles vissem ao acordar, quando eu os levasse à escola, e a última coisa que eles vissem

---

2 Ele ainda faz isso.

3 Seu nome completo é Alabama Luella Barker. Alabama vem de Alabama Worley, é claro – a personagem de Patricia Arquette em *Amor à Queima-Roupa*. E nós simplesmente gostamos da sonoridade de "Luella". Quase a batizamos de Briar Rose – é o nome da Bela Adormecida.

A FAMÍLIA BARKER

à noite, quando eu os colocasse para dormir. Eu estava me alimentando melhor, exercícios tinham se tornado uma rotina diária e, embora não tivesse parado de abusar dos comprimidos – eu era um viciado –, estava me esforçando para ser uma pessoa melhor e buscando uma maneira de parar. Era algo que pesava constantemente na minha cabeça.

Quando voltamos para casa do hospital, eu não conseguia acreditar que tinha uma filha. Mesmo quando bebê, ela tinha um bumbum redondinho maluco. Depois de todas as merdas que eu tinha feito a garotas ao longo da vida, eu sabia que estava amaldiçoado. Com um menino, você o ensina a se proteger, a proteger as irmãs, a ser durão. Mas, com uma menina, desde o primeiro dia você está tentando protegê-la. É a coisa mais esquisita. Até hoje, quando pego o Landon no colo, ele é meu garoto, tenta me dar um mata-leão – ele adora se fazer de durão, mas eu ainda dou muito amor e beijos a ele. Mas Bama simplesmente se agarra, cruza as pernas na minha cintura e diz: "Você é o meu papai". Com Landon, precisei sair em turnê logo depois do nascimento dele, o que foi muito difícil para nós dois, mas, com Alabama, pude ficar mais tempo em casa. Então ela me seguia pela casa, engatinhando atrás de mim, dizendo: "Papai, papai, papai". Depois que ela aprendeu a andar, já era – ela estava sempre comigo. Quando Bama teimava em não dormir, eu saía para dar uma volta de moto, com ela segura num assento extra, e ela apagava no ato. A gente mal saía da casa e ela já estava dormindo.

Com ambos os filhos, se eles acordassem durante a noite, eu os deixava adormecer no meu peito. Às vezes eu até os acordava para que pudessem adormecer no meu peito. Isso funcionava muito bem para eles, contanto que eu estivesse em casa – mas quando eu não estava Shanna tinha muita dificuldade de fazê-los dormir nos berços. E como não estávamos nos dando muito bem, ela não gostava que eu sempre os trouxesse para nossa cama – ela queria que passássemos mais tempo sozinhos, mas eu me preocupava mais em ser um pai.

O primeiro ano que Shanna e eu passamos juntos foi como um filme. As vezes em que ela engravidou foram mágicas. Quando nossos filhos nasceram, foram os momentos mais felizes da minha vida. Mas o restante do nosso relacionamento se tornou uma dor de cabeça. Toquei alguns dos melhores shows da minha vida quando estava casado com Shanna, porque ela me deixava muito puto. Aquela energia me dava um barato – não há como recriá-la.

Eu sentia que o reality show tinha mudado a personalidade de Shanna. Ela queria ser atriz, e eu sentia que ela começara a fazer coisas só para as câmeras – por atenção, ou talvez fosse apenas sua personalidade dramática. Estava se tornando um programa de variedades ao invés de um reality show – e, na minha cabeça, ela estava se comportando de maneira que não era do seu feitio diante das câmeras, o que a estava levando a não ser genuína comigo. Eu disse a Jesse, o produtor: "Vamos acabar com o programa antes que se torne totalmente tóxico". Eu sentia que as câmeras não tinham me mudado: eu tratava a equipe como uma mosca na parede, continuava vivendo a minha vida e fazendo minha música, como sempre fizera.

Uma vez que vi o que o nosso casamento tinha se tornado, me dei conta de que era a minha hora de partir. Shanna ainda era linda e nós ainda tínhamos uma vida sexual ótima, mas percebi que éramos opostos em muitos aspectos. Acho que confundi desejo com amor. O problema era que não só tínhamos um programa juntos, nós éramos casados e tínhamos filhos, então, desta vez, eu não podia simplesmente ir embora. Eu não queria realmente lidar com nossos problemas: o que havia para lidar? Eu não estava feliz – a única coisa no nosso relacionamento que me deixava feliz eram nossos filhos –, então era melhor partir para outra. Talvez ela estivesse se transformando naquela pessoa que ela queria ser, mas eu não gostava de quem ela tinha se tornado.

SHANNA MOAKLER (EX-ESPOSA)

O incrível a respeito de *Meet the Barkers* é que, agora, nós temos um acervo em vídeo de quando nos apaixonamos e de momentos que provavelmente nunca teríamos capturado em vídeo. Aquele amor era genuíno: não era apenas um programa.

Mas acho que o programa destruiu nosso relacionamento. Acho que o Travis temia que o programa tivesse se tornado *The Shanna and Travis Show*. Ele tinha trabalhado muito duro para ser levado a sério – acho que ele temia ser visto como um astro de reality show. Então, quando as câmeras paravam de filmar, ele se distanciava de mim de todas as maneiras que podia.

Quando o Blink-182 se separou, ele não sabia o que iria fazer. Estava recorrendo a todas essas pessoas novas, empresários e aproveitadores, tentando encontrar uma identidade nova. Lil Chris, que se tornou seu assistente, nunca saía do lado dele. Eu me sentia em competição com Lil Chris o tempo todo: *Lil Chris, por favor, vá embora, para que eu possa me apaixonar pelo meu marido de novo. Por favor.* E ninguém se importava. Eles só queriam a atenção do Travis o tempo todo.

Quando você não passa tempo suficiente com alguém, e além disso tem gente causando problemas de propósito, e, em cima disso, drogas, você não tem a mínima chance.

Com Shanna e eu nas últimas, eu mergulhei na música. Já estava tentando passar o meu amor pelas minhas bandas favoritas aos meus filhos, da mesma forma que eu crescera ouvindo Buck Owens porque meu pai sempre ouvia música country rebelde no carro. Quando Buck faleceu, fizeram um tributo a ele na cerimônia do Academy of Country Music Awards, com Brad Paisley, Dwight Yoakam, Billy Gibbons (ZZ Top), Chris Hillman (The Byrds), Tom Brumley (da banda do Buck), Buddy Alan (filho do Buck) e, surpreendentemente, eu. Quais eram as chances? Não faço a mínima ideia do porquê deles me convidarem. Minha primeira reação foi: "Vocês têm certeza?". Nunca esperei ser convidado para algo desse tipo, mas fiquei muito empolgado. E esse foi um show ao qual fiz questão de levar meu pai.

Cheguei de moicano, e acho que nem todo mundo da produção sabia quem eu era. Estavam meio receosos quando os ensaios começaram, mas depois que comecei a tocar, todo mundo ficou caloroso. Eu tinha aprendido cada virada das gravações originais – até os erros cometidos pelo baterista. Tom Brumley, que também tinha tocado naquelas gravações, estava pirando ao me ouvir reproduzir de maneira perfeita aquelas passagens.

Depois de cerca de dez minutos de ensaio, eles me deram carta branca, dizendo que eu podia tocar o que eu quisesse e colocar minha própria marca. Cheguei na cerimônia usando uma camiseta que dizia FUCKING AWESOME[4] (a marca do skatista Jason Dill). Umas três pessoas diferentes abordaram Lil Chris e disseram: "Ele não vai usar isso depois, vai? Se foi só o que ele trouxe, podemos arrumar uma camisa pra ele". Ficaram muito tensos com a possibilidade de eu entrar no palco com aquela camiseta quando chegasse a hora da transmissão. Troquei de camiseta; sem problemas.

No backstage, um cara da banda disse: "Temos inimigos lá fora. Tem gente que está torcendo para que a gente foda tudo. Não podemos foder tudo". Foi

---

4 Em tradução livre, "incrível pra caralho". (N. do T.)

bem gangsta. A experiência toda foi incrível – não acho que eles tinham ideia do quão empolgado eu estava.

Algumas pessoas que me conheciam do Blink-182 disseram: "Você é um vendido por tocar música country".

Eu *adorei* isso. Aos meus inimigos, vida longa, para que eles vejam todo o meu sucesso.

Nunca fui de beber muito, mas, quando estava com Shanna, nós consumíamos grandes quantidades de álcool, praticamente todas as noites. De manhã, eu vomitava, mas não posso de modo algum culpar Shanna pelos meus problemas com drogas ou com comprimidos. Depois do nascimento das crianças, ela sempre queria sair para jantar e deixá-las com uma babá. Ela não entendera que, quando eu voltava para casa de uma turnê, eu queria ser um pai de família, não um rock star. Queria passar o máximo de tempo possível com meus filhos, porque eu sabia muito bem o quão rapidamente esses momentos poderiam ser tirados de mim.

Fui criado pela minha mãe e pelo meu pai: sem babás. Shanna, por sua vez, foi criada por babás. Eu disse a ela que queria fazer tudo com as crianças: levá-las ao médico, à escola, a excursões. Aonde quer que eu fosse, eles iam junto. Ela disse: "Os meus pais não faziam isso – não vou fazer isso". Mas eu achava que o mais incrível de ser pai era dar a seus filhos mais do que a si mesmo.

Quando estávamos prestes a sair para jantar, eu dizia: "OK, vou aprontar Landon e Bama".

"Não, gato, quero que seja só a gente".

E então, adivinhem, eu perdia a vontade de sair para jantar. Ia ter de me sentar numa mesa com ela, e ela ia reclamar, falar sobre tudo o que ela queria fazer que não estava dando certo. Ela beberia vinho até ficar bêbada, e então me diria que eu não a estava entendendo porque eu não estava bebendo. Houve tantas vezes em que eu pedi a conta antes mesmo da comida chegar. Assinava a via do cartão e caía fora. Às vezes, a caminho do jantar, ela começava a ficar maluca e eu dava meia volta com o carro. Dizia a ela para ir jantar com uma amiga: eu ficaria em casa com as crianças. Shanna sempre reclamava do rumo que a carreira dela estava tomando: "Eu podia estar naquele programa, mas não vou trepar com o produtor, então ele não vai me contratar". Minha atitude era sempre: "Vai trepar com quem você quiser para conseguir o trabalho que você quiser – por mim, tudo bem". Eu detestava me sentir como se a estivesse segurando.

Às vezes tínhamos uma briga feia e ela saía para a balada. Chegava tropeçando em casa por volta das cinco da manhã e então, no dia seguinte, eu via na internet fotos de onde ela havia estado, em alguma festa. Parecia muito forçado, mas, quando conversávamos sobre isso, Shanna dizia: "Eu me mudei para Hollywood para fazer parte de Hollywood. Não confunda as coisas".

Eu ainda amava tocar bateria e ainda adorava balada, mas ser pai estava me mudando mais do que eu jamais sonhara. Eu queria ser tão bom para os meus filhos quanto os meus pais foram para mim. Em turnê, eu estaria fazendo algo que amava, mas também ralando para sustentar nossa família.

Ela me lembrava repetidas vezes: "Você sabia como eu era quando me conheceu. Eu nunca quis ser uma mãe dona-de-casa".

Shanna e eu brigávamos cada vez mais, mas sempre tivemos uma atração física. Podíamos nos odiar até as entranhas, e ainda assim fazer sexo louco, selvagem, na mesma noite. Às vezes nos separávamos e eu não a via por dias – até ela chegar na minha casa às cinco da manhã, bêbada. Eu a convidava para entrar e nós nos divertíamos. Mas, de manhã, quando eu dizia: "Viu, vou levar as crianças para tomar café da manhã – acorda e vem com a gente", ela não saía da cama. Eu estava passando mais tempo com as babás do que com ela. Nossas babás, Judy e Liz, eram incríveis, mas mesmo assim... Quando as crianças eram pequenas, ela não saiu da cama uma vez sequer para passear com elas ou empurrar o carrinho. Eu estava vivenciando tudo isso sozinho – era incrível, e era uma pena que ela estivesse perdendo isso.

Estávamos juntos semana sim, semana não. Em retrospecto, eu gostaria que tivesse sido um rompimento mais limpo: teria havido muito menos mágoa e hostilidade. Quando estávamos separados, eu sempre aproveitava ao máximo: depois de inúmeras visitas à Mansão da Playboy, eu mesmo tinha feito algumas amigas. Muitas *playmates* fizeram trabalhos como modelo para a Famous.

SHANNA MOAKLER (ex-esposa)

Acho que o fim do nosso relacionamento se deu porque havia muitos terceiros nele, numa época em que Travis estava fazendo uso de drogas e comprimidos. Os caras com quem ele usava não o queriam comigo, porque isso tomava o tempo deles – queriam que ele fosse pra balada, porque então eles se sentiriam como rock stars também. Sempre havia novas pessoas se infiltrando, e nós brigávamos por causa delas. Eu dizia: "Essa pessoa não é do bem", e ele a defendia. E então, uma semana depois, a pessoa sumia. E havia um novo babaca para substituí-la.

Esses caras o levavam para a balada e tentavam arranjar mulheres para ele. Uma vez, estávamos em mesas diferentes e, quando eu fui até a dele, havia uma garota a seu lado. Ela estava em um assento separado, mas arranjado de forma que ficassem lado a lado. No final da noite, eu ia para casa dividir a cama com ele. Mas estava sendo humilhada numa balada – e não era nem por ele mesmo, porque ele não era desse nível, mas ele não estava num momento legal. Aqueles caras fizeram isso de propósito.

Eu só olhei para a garota e olhei para ele como se dissesse: *Sério?* Joguei minha bebida na cara dela enquanto olhava para ele. Eu queria acabar com a raça dela na frente de todos aqueles homens. Não foda comigo e não foda com a minha família. Vocês são substituíveis: já eu não vou a lugar algum. Este foi um grande desafio para o nosso relacionamento.

Eu joguei drinks na cara de muitas garotas.

No verão de 2006, eu não aguentava mais: decidi que me separaria de vez de Shanna. Antes de fazer isso, tive uma longa conversa com AM a respeito da minha situação. Ele disse: "Cara, antes de fazer qualquer coisa, vou te pedir para ficar sóbrio. Fique sóbrio por quarenta e oito horas antes de tomar qualquer decisão inflamada".

AM me disse que eu podia ligar para ele a qualquer hora do dia ou da noite – ele estava me ensinando a ser uma pessoa melhor. Quando ele me desafiava daquela forma, eu pensava em como Lil Chris não parecia bem já havia algum tempo. Andava com uma cor de pele estranha e adormecia no meio do dia. De manhã, depois que eu ia para a academia, nós dois fumávamos um baseado e tomávamos um comprimido, e então ele me levava aonde eu precisasse ir. Às vezes eu dava uma olhada e via que ele estava dormindo ao volante.

"Chris, acorda!".

"Ah, foi mal, mano". Porém, ele bateu umas duas vezes em carros estacionados. Eu estava preocupado com ele – parecia que ele estava tomando até mais comprimidos do que eu. Mas, aos poucos, caiu a ficha de que quando eu olhava para o Lil Chris, estava olhando para mim mesmo.

Assim, joguei na privada todos os comprimidos que eu tinha e dei descarga. Queria me livrar de todo o veneno no meu corpo. Durante aqueles dois dias, eu dirigi meu Cadillac 1953 e Chris me seguia em outro carro. Eu estava prestes a acender um cigarro, mas me dei conta de que seria um erro: ao invés disso, joguei o maço pela janela.

Lil Chris ligou no meu celular: "Cara, que porra você tá fazendo? Seus cigarros acabaram de voar pela janela!".

"Eles não voaram", eu ri. "Eu os joguei pela janela. Chega. Parei". Minha filha tinha acabado de nascer; Landon tinha dois anos; Atiana, seis. Eu sabia que era hora de mudar.

Sou um *workaholic*, e tenho uns horários malucos, o que significava que o Chris também estava seguindo esses horários malucos. Os comprimidos vinham segurando um pouco, mas eu percebia que aquilo que Chris estava passando ia além de estarmos trabalhando demais. Tudo estava cobrando seu preço. No fundo do poço e no auge do meu abuso de drogas, encarei o espelho e vi alguém que valia a pena ser salvo: eu mesmo.

Tentamos nos limpar dos comprimidos e nos ajudar mutuamente ao longo do processo. Se eu encontrasse comprimidos nos bolsos dele, jogaria fora. Ele acabou indo para a reabilitação por uns dois dias, ao passo que eu basicamente apenas parei com tudo de uma vez. Tive algumas recaídas com os comprimidos posteriormente, e nunca parei de fumar maconha – mas nunca mais fumei um cigarro sequer desde o dia em que joguei o maço pela janela do carro.

Sóbrio e de cabeça limpa, só ficou mais óbvio para mim que Shanna e eu precisávamos nos separar. Entrei com o pedido de divórcio. Isso significava que eu tinha de ir embora da casa e deixar a propriedade com ela por dois meses. Assim, fui morar perto da praia num um apartamento no Ocean Boulevard, em Santa Monica. Durante esse período, eu ia de skate para todo lugar. Bama não tinha nem um ano ainda, mas quando ela e Landon ficavam comigo eu os colocava nos meus ombros e ia de skate tomar café da manhã num lugar a três quilômetros de casa. Me lembro de gente gritando comigo: "Que porra você tá fazendo? Coloca um capacete nessa criança!". Eles estavam certos: era uma coisa estúpida a se fazer, mas a sensação era incrível, como se eu estivesse cuidando dos meus filhos e não tivesse mais nenhuma preocupação sequer. Meu casamento tinha acabado e minhas bandas tinham se separado, mas eu tinha uma garotinha incrível sobre os meus ombros, meu mini-eu Landon segurando a minha mão e Atiana ao meu lado. Passeávamos por Santa Monica, pegando bolotas do chão e curtindo a praia.

Quando voltei para a casa, dois meses depois, estava sozinho naquele casarão de *Meet the Barkers* de 6 mil metros quadrados. Era muito esquisito. Eu adorava a casa, mas havia lembranças demais – e como ela tinha três andares e um elevador, não era muito adequada para crianças. Coloquei-a à venda[5]. Decidi que precisava deixar tudo para trás, ir morar em outro lugar e começar de novo.

CURTINDO COM AS CRIANÇAS

---

5 Avril Lavigne comprou a casa praticamente assim que me mudei. Depois, ela a vendeu para Chris Paul, o jogador de basquete. Por um tempo, Kanye e Kim moraram na casa ao lado.

CORTESIA DE WILLIE TOLEDO

14
E aí, garotas

Logo depois que Shanna e eu nos separamos, ela foi participar do programa *Dancing with the Stars*. Saiu em todos os veículos de imprensa que ela estava se relacionando romanticamente com seu parceiro de dança. Eu sentia que como ela estava com outra pessoa, eu ficava chateado, mas isso significava que eu podia partir para a próxima também. Nesse meio tempo, DJ AM e eu fizemos uma gig em Las Vegas, tocando na balada Pure. Como sempre, Lil Chris foi comigo. Eu estava num ponto altíssimo: *Estou solteiro, vou para Vegas este final de semana, não vou pensar na Shanna, vou cair na balada e me divertir.*

Quando AM e eu terminamos de tocar, a Paris Hilton estava na área. Ela disse: "Vem aqui, quero tomar um drink com você".

Eu pensei: *Isso é uma armação?* Perguntei a ela: "Você não é tipo amiga da Shanna?".

"É, eu conheço ela um pouco. Mas vocês não tão juntos, né?".

"Não, não estamos".

Paris disse: "Quero tirar uma foto com você". Tiramos, e então ela me disse: "Gosto de como a gente sai nas fotos". Enquanto ela foi buscar uma rodada de drinks para nós, falei com meus amigos: "Lil Chris, AM, que porra eu faço?". Eu não acreditava que aquilo estava acontecendo – Shanna e eu tínhamos acabado de terminar, e agora uma das mulheres mais famosas do mundo estava dando em cima de mim. Esse não era o meu estilo.

AM disse: "Você sabe o que fazer. Cuide disso".

Steve D, que era o gerente da Pure na época, sempre nos tratou muito bem. Ele arrumou uma sala privada para nós. Fumamos um monte de baseados e então Paris disse: "Vamos pro clube de strip".

No clube de strip, Paris e eu nos pegamos. Ficamos na balada até as oito da manhã. Eu estava me divertindo tanto naquela noite que nem me atentei para o fato de que havia vinte ou trinta fotógrafos nos seguindo para todo lugar.

Cheguei em casa no dia seguinte e dei de cara com a maior tempestade de merda de todos os tempos. Já tinha se espalhado para todo lugar a notícia de que Paris e eu estávamos juntos em Vegas. Shanna estava perdendo a cabeça e me mandando mensagens sem parar. Embora nós tivéssemos nos separado, me ver com outra pessoa a deixou louca. Mas ela precisava se acostumar: Paris e eu acabamos ficando por um bom tempo. E isso não tinha nada a ver comigo, estar com a Miss Hollywood. Eu nunca teria planejado ficar com ela, mas foi o que acabou acontecendo. Eu era um moleque do punk rock e ela era o meu completo oposto: por que ela estava interessada em mim?

Shanna e eu estávamos tão desconectados e distantes que qualquer envolvimento com uma mulher que só quisesse se divertir já era animador para mim. Isso foi no auge da fama da Paris, então tudo em torno dela parecia acentuado. Por algumas semanas, fizemos tudo juntos. Numa festa na casa dela, o Suge Knight (da Death Row Records) nos disse que ia nos casar. Você não diz não pro Suge Knight.

"Paris", disse ele, "você aceita meu mano Travis? Você vai chupar o pau dele? Você vai cavalgar no pau dele até que a morte os separe?".

"Sim".

"Travis, você promete detonar essa xoxota, na doença e na saúde, e nocautear todo filho da puta que mexer com a Paris?".

Bêbado, eu disse: "Sim".

Foram os votos mais engraçados e do gueto que ouvi na vida. Suge nos "casou" e nós entramos na brincadeira.

Certa noite, Paris e Shanna estavam ambas no Hyde Lounge, uma balada em Los Angeles. Shanna viu Paris – e foi até ela e lhe deu um soco. Paris me ligou da delegacia, chorando, dizendo: "Não acredito que aquela vadia me bateu". Me certifiquei de que ela estava bem e depois liguei para Shanna.

Eu não queria dizer *O que você está fazendo, batendo na minha namorada nova?*, e sim *Você é a mãe dos meus filhos – não aja dessa forma*. Queria me certificar de que Shanna estivesse segura, e dizer a ela que ela estava acima desse tipo de merda. Embora não estivéssemos juntos, me senti triste e fiquei preocupado com ela. Mas ela não falava ao telefone comigo. Porém, me mandou uma mensagem de texto: "Foda-se a sua namorada e eu espero que vocês dois morram, porra".

A essa altura, eu simplesmente desisti. O que restava no meu relacionamento com Shanna chegou a uma parada abrupta naquela noite.

FELIX ARGUELLES (CONSULTOR, FAMOUS STARS AND STRAPS)

Certa vez, eu estava na cama, dormindo com a minha namorada, quando meu celular tocou no meio da noite. Atendi e era Shanna, berrando feito louca.

Deixei-a falar por um segundo, enquanto pensava: *Ah, entendi, você está bêbada. E deve estar achando que ligou para o Lil Chris, porque o Lil Chris aguenta esse tipo de merda. O Felix não.* E desliguei na cara dela.

Minha namorada perguntou: "O que tá acontecendo?". É óbvio que uma garota berrando no meio da noite iria acordar a minha namorada.

Eu disse: "Ah, a Shanna está bêbada, berrando no meu ouvido sobre alguma mensagem que ela leu no celular do Travis".

Depois disso, Paris e eu continuamos a nos ver, mas com menos intensidade: ficamos indo e vindo por alguns meses. Durante esse tempo todo, eu também estava saindo com Tara Conner, que tinha sido Miss EUA 2006. Nos conhecemos quando nos sentamos perto um do outro numa balada: não estávamos nem conversando, mas Shanna achou que estávamos prestes a nos pegar, então ela jogou bebida em Tara, dizendo "Quem é essa piranha, porra?". Depois que Shanna foi embora, furiosa, pedi desculpas a Tara. Começamos a conversar e nos demos bem – mas nunca teríamos prestado atenção um no outro se Shanna não tivesse jogado aquela bebida nela. O sexo com Tara era de outro mundo: era uma garota de concurso de beleza, assim como Shanna, mas sem o peso e o histórico tóxicos do nosso relacionamento.

JAMES INGRAM (ENGENHEIRO DE GRAVAÇÃO)

Travis demora um pouco para se acostumar com as pessoas. Não o culpo – vi com meus próprios olhos gente tentar tirar vantagem dele. Então, demorou um pouco até que criássemos uma conexão. Temos uma relação estranha, porque eu trabalho para ele, mas passamos tanto tempo juntos que é mais do que trabalho.

Certa noite, bem no começo, fomos ao Matsuhisa e, depois, para a casa dele. Havia algumas garotas loiras altas, até aí tudo bem – eu já tinha saído com garotas loiras altas. Travis disse: "Chega aí pra ver o meu cinema". Eu pensei: *Legal, vou conferir o cinema.* Em retrospecto, ele estava levando as garotas pra lá, mas eu não fazia ideia. Então colocamos um filme – acho que era uma das sequências de *Matrix*. Eu estava curtindo o filme, porque gosto de ficção científica e de coisas explodindo, mas olhei para trás e o Travis estava se pegando com uma das garotas. *Ah, claro, o Travis é um rock star e aquela é a Miss EUA.* Ele estava com a Tara Conner, e uma das amigas dela, outra concorrente do Miss EUA, estava sentada do meu lado, e foi assim que acabei dando uns amassos nela. Não transei com ela, mas queria ter transado, porque você sabe como é, né. Porém, quando fui embora, fiquei sentado no carro, sem ação. *Isso realmente aconteceu? Que porra insana.*

Fui convidado para a festa de Halloween de 2006 na Mansão da Playboy. Embora Shanna e eu estivéssemos separados, eu ainda estava na lista de convidados. Lil Chris e parte da família da Famous se vestiram como os Cobra Kai, os vilões dos filmes do *Karate Kid*: máscaras de caveira e *bodysuits* com esqueletos estampados.

Tanto Shanna quanto Paris também estavam na lista de convidados, mas eu teria me safado de um assassinato naquela noite. Estava fantasiado, então eu só me aproximava das garotas e dava uns beijos. Acho que elas teriam medo de fazer isso se eu não estivesse com a minha máscara de Halloween, porque poderiam ter sido pegas por Shanna.

FELIX ARGUELLES (CONSULTOR, FAMOUS STARS AND STRAPS)

Em Vegas, Travis e AM sempre faziam shows na Pure. Certa noite, estávamos lá e não haveria show – ele tinha ido a algum evento ou feira –, mas fomos para a Pure mesmo assim; Paris estava lá com algumas de suas amigas. Como Travis tinha tocado lá muitas vezes, nossa equipe foi bem recebida, e nós cagamos totalmente para o *dress code* de Vegas: éramos as únicas pessoas que podiam chegar com tudo usando bonés e tênis. Todo mundo ficava tipo: *Que porra são esses caras?*, e então viam o Trav e ficavam tipo: *Ah, entendi.*

Na Pure, todo mundo estava perdido no seu próprio mundo, Travis estava pegando a Paris e tal. Perto do fim da noite, recebo a deixa: "Aí, vamos para o Crazy Horse[1]". Uma das coisas boas de andar com Trav é que você tem carta branca para usar todas as batcavernas, todos os túneis, tudo. Então saímos pela batcaverna no Palm[2] e havia três limos: uma para a Paris e todas as suas

---

1. Famosa casa de strip de Las Vegas. (N. do T.)
2. Resort próximo de onde ficava a Pure. (N. do T.)

amigas, uma para o Travis e todos nós, e a terceira para todos aqueles que tinham conseguido blefar que estavam com a gente.

Alguém telefonou para o Crazy Horse com antecedência e eles abriram o salão dos fundos para nós. Entramos, e foi basicamente maior noite já vivida num clube de strip, só com as pessoas que levamos. Mandaram metade das garotas da casa para o salão dos fundos. Essa noite insana durou para sempre – Vegas nunca mais foi a mesma para mim depois disso.

Durante esse tempo todo, Mark e eu continuamos a trabalhar nas faixas do +44. Fazer esse álbum foi difícil, mas terapêutico – tenho muito orgulho de como ele saiu. Depois de cerca de um ano, chamamos Jerry Finn para nos ajudar a concluir o disco, que chamamos de When Your Heart Stops Beating. Porém, depois que entregamos o álbum para a gravadora, houve muita dificuldade e pouca transparência rolando. Muitas coisas não aconteceram como deveriam.

Gravamos nosso primeiro clipe, para a faixa-título, "When Your Heart Stops Beating", e, durante as filmagens, quebrei meu braço enquanto tocava bateria. Coloquei no gelo e disse: "Vai melhorar". Dois dias depois, não tinha melhorado. Três dias depois, não tinha melhorado. Quatro dias depois, eu estava num consultório médico, tirando raio-X. Ele me disse que eu tinha fraturado o braço. Sempre toquei bateria com a maior força possível – mas nunca era pra eu ter quebrado um braço com o impacto.

O médico me disse que meus ossos estavam frágeis: eu tinha osteoporose.

"Cara, como posso ter isso?", perguntei. "Não sou velho".

"Fiz uma densitometria óssea. Você tem os ossos de uma pessoa de oitenta anos".

Confessei ao médico: "Quebrei o pé e venho tomando analgésicos pelos últimos dois anos, mais ou menos. Eu precisei deles por cerca de seis meses, e há um ano venho tomando recreativamente, mas em abundância". Por causa do AM, eu parava com os comprimidos e de fumar maconha quando precisava tomar alguma grande decisão – mas nunca por mais de 24 horas. Eu não sabia que o Vicodin exaure o seu corpo de cálcio – eu vinha tomando tanto que meus ossos tinham se tornado gravetos.

Estava com o braço quebrado, então o médico me tirou do Vicodin e me receitou Norco, um comprimidinho amarelo.

Me apaixonei por Norco.

Sob o efeito de tantas drogas, minha autoconfiança estava num pico. Meu braço esquerdo ficou engessado de quatro a seis meses, mas fiz uma turnê inteira do +44 com um braço quebrado – aprendi a fazer com uma mão tudo o que eu fazia com duas. Foi o próximo passo, depois de fazer uma turnê com o pé quebrado. Meu pensamento era: "*Vou insistir. Isso não vai me segurar. Vou superar isso e vai ser incrível*".

Nesse meio tempo, eu tinha uma gig marcada com o Game em Nova York para o AOL Sessions – eu estava na cidade com o +44. Deveria ter entrado em contato com ele semanas antes e explicado que tinha quebrado o braço, mas, na manhã da apresentação, mandei uma mensagem: "Yo, cara, quebrei o braço, acho que não vou conseguir fazer o AOL Sessions com você".

Ele respondeu: "Não, cara, chega aqui. Você consegue fazer com uma mão só".

Meu sentimento de culpa derrubou qualquer bom senso que eu pudesse ter, e eu fui para o estúdio. Não estava nem familiarizado com as músicas: aprendi-as no caminho. Quando cheguei lá, perguntei a ele se daríamos uma passada nas músicas, e ele disse: "Não, cara, você consegue. Vem fumar comigo". Fumamos uns dois baseados e tocamos ao vivo, sem nem passar o som, o que foi insano – mas entrei no meu mundo e o resultado foi ótimo. Isso contribuiu para a minha sensação de invencibilidade. Não importava como eu estivesse me sentindo *fora* do estúdio, contanto que eu pudesse engrenar o meu cérebro *dentro* do estúdio, minha habilidade faria o resto. Matei a pau.

Por volta dessa época, Lil Wayne entrou em contato comigo: "Aí, vou fazer um álbum de rock – quero que você participe". Mas ele não sabia que eu estava com o braço quebrado. O produtor dele foi à minha casa me chamar para tocar em algumas coisas e eu tive de dizer: "Meu braço está quebrado, cara, não posso mesmo tocar. Antes de quebrar o braço, eu estava trabalhando numas faixas. Por que você não as leva e faz o que quiser com elas?".

Quando a turnê do +44 chegou a Amsterdam, a Paris foi até lá para ver o show e levou a Kim Kardashian junto. A Kim organizava closets e, na época, estava trabalhando como *closet girl* da Paris. Ela pegava as malas da Paris, colocava no closet, desfazia as malas e colocava tudo onde Paris pudesse encontrar. Fizemos check-in no hotel, alugamos bicicletas e pedalamos por toda Amsterdam – é isso o que você faz por lá. Fomos eu, Lil Chris, meu técnico de bateria, Daniel, Paris e Kim.

Ficamos todos muito chapados num coffee shop. Depois, fomos para o Absinthe Bar, e então para o distrito da luz vermelha. Paris e Kim ficavam tirando fotos das garotas nas vitrines, e aquela área toda é controlada pelos Hell's Angels, então, umas três ou quatro vezes, um motoqueiro grandalhão apareceu e mandou que elas parassem de tirar fotos. Estávamos nos divertindo – descontrolados de bicicleta em Amsterdam. Para onde fôssemos havia um bando de paparazzi nos seguindo, mas eu não me importava. Estava curtindo muito e contente em deixar o mundo saber. Eu dava umas olhadas na Kim secretamente, e dizia ao Lil Chris: "Não quero nem saber se ela é a mina do closet, ela é gostosa pra caralho".

Quatro meses depois que quebrei o braço, estava de volta a Los Angeles; fizemos uma pequena pausa na turnê antes de partirmos para a Europa, de novo, e para o Japão. Fui ao médico para ver o progresso no meu braço. Ele fez um raio-X e disse: "Você não está melhorando".

Fiquei com medo. Fui de me sentir como o Superman a ter medo de *nunca* melhorar. Quando entrei no avião para voltar à Europa, estava sob o efeito de mais drogas do que nunca: Oxycontin, maconha e, agora, álcool. Cheguei no hotel e a culpa começou a pesar. Meu braço não estava se recuperando. Landon estava com três anos e Alabama tinha acabado de fazer um ano, mas eu estava em turnê, ao invés de estar em casa com as crianças. Estava com saudades deles e me sentia culpado por ser um péssimo pai. E estava mascarando todos esses sentimentos com drogas, bebida e maconha. Embora eu pudesse terminar a turnê europeia, agora eu não queria, porque estava com medo. Estava questionando tudo aquilo. Quem era eu – um pai ou um rock star?

Na França, liguei para o quarto do Mark à uma da manhã e disse: "Cara, acho que preciso voltar pra casa". Eu disse que o uso de comprimidos estava começando a causar efeitos no meu corpo e que eu estava instável. Mark, como sempre, ficou totalmente do meu lado. Ele foi muito solidário comigo ao longo desse processo todo. Aprovou que eu fosse para casa; meu camarada Gil fez a turnê no meu lugar. Eu me encontrava num momento obscuro e precisava estar com meus filhos. Tudo começava a recair sobre mim: acho que eu estava à beira de me sentir suicida.

MARK HOPPUS (BAIXISTA/VOCALISTA, BLINK-182)

Travis estava tomando muitos comprimidos, e isso o estava deixando infeliz. Ele precisava ir pra casa, e é claro que eu quero que meu amigo seja saudável, você tem de apoiar as pessoas com quem se preocupa. Sempre vi o Travis escolher o que ele quer ser e tornar isso a realidade. Quando ele quis parar de fumar, parou, não foi um problema. Quando ele quis parar de beber, parou, e isso também não foi problema. Ele estava tomando muitos comprimidos, mas nunca enxerguei isso como um problema – essa é a natureza do vício, você o esconde daqueles a seu redor.

Voltei para casa e fui descansar em Calabasas, que fica ao noroeste de LA. Antes de Shanna e eu nos separarmos, ela encontrara uma casa térrea lá, muito parecida com a minha antiga casa em Corona: sem escadas, seria segura para Alabama e Landon, e sendo um pouco fora de LA me permitia fugir um pouco de tudo[3]. Não parei de tomar comprimidos, mas diminui muito a quantidade, consumindo só o bastante para o meu corpo não surtar. Ainda fumava muita maconha. Cheguei até a contratar uma assistente extra para o estúdio: o trabalho integral dela era enrolar baseados para todo mundo. Como bônus, nós nos pegávamos quase todo dia.

Paris e eu demos uma acalmada. Era divertido ir pra balada com ela, mas nossa química sexual nunca foi lá tão boa; eu vinha me dando melhor com Tara. Shanna e eu voltamos a nos falar, e até tentamos reatar. Porém, nosso relacionamento estava tão tóxico quanto antes, e tivemos a mesma discussão tudo de novo. Se eu estivesse com ela, queria que ficássemos em casa com as crianças. Depois brigávamos e Shanna saía para a balada, então eu saía também.

Foi assim que conheci Lindsay Lohan: certa noite, fui a uma festa organizada pela marca de celulares Sidekick. Lindsay estava lá – não tínhamos nos conhecido ainda, assim, começamos a conversar. E então ela me beijou. Foi bem ousado: eu não a conhecia, mas gostava dela. Ela era gostosa e estava em todo lugar: era quase inevitável estar com ela.

Por sorte, os paparazzi não ficaram sabendo. Lindsay e eu nos falamos por telefone e trocamos mensagens pelas duas semanas seguintes e combinamos de nos ver de novo. Quando chegou a hora, eu mal entrei no lugar e recebi uma mensagem de Shanna: "Como vai a Lindsay?".

Tudo passou como um flash diante dos meus olhos: como eu tinha sido pego? Embora nosso relacionamento fosse basicamente inexistente, eu deveria estar tentando fazê-lo funcionar. Fui pra casa e disse a ela: "Eu não estava indo ver a Lindsay".

"Estava, sim". Ela deve ter hackeado meu celular: tinha lido todas as minhas mensagens. Depois disso, Shanna me disse que tinha mandado mensa-

---

3. Gosto de Calabasas porque é um lugar tranquilo e exclusivo.

gens a Lindsay: "Como vai o meu homem?". "Você vai se encontrar com o meu homem?". Nunca mais fui atrás da Lindsay: fiquei muito envergonhado, mas permanecemos amigos.

Eu me encontrava muito desconcertado com Shanna, com a vida e tudo mais. Algumas vezes, fui secretamente ver um terapeuta: Harry, o mesmo que estava ajudando a mim e ao Chris a ficarmos sóbrios. Ele era uma das poucas pessoas com quem eu poderia ser honesto e contar sobre o quão confuso eu estava: eu tinha problemas com drogas, só queria ficar em casa com as crianças, não sabia que porra fazer. Ele me disse: "Você precisa parar, olhar para si mesmo e perguntar: 'Você é o homem de quem gostaria que seus filhos se lembrassem?'. E, se não for, o que precisa fazer para chegar lá?". Isso me marcou.

Shanna e eu continuávamos a nos separar e a reatar, anunciando nosso status em nossas páginas no MySpace. Eu fazia algo grande, como dar uma festa surpresa de aniversário para ela, e as coisas ficavam legais entre a gente, pelo menos por um tempinho.

À noite, às vezes nós íamos escondidos para a garagem para podermos fumar maconha longe das crianças. Uma vez, Atiana, Landon e Bama estavam tentando nos achar: eles entraram na garagem, que estava cheia de fumaça. Eu disse: "Meu Deus, tem alguma coisa pegando fogo, saiam daqui".

"O que está pegando fogo, papai?".

"Não sei! Só saiam da garagem e vou garantir que fique tudo bem". Eles correram para dentro de casa. Isso foi um sinal de alerta: as crianças já estavam numa idade em que eu não poderia fumar baseados em lugar nenhum perto deles. Se eu fosse continuar a ser irresponsável, que pelo menos o fosse de forma mais esperta. Eu sabia que uma grande mudança teria de vir logo.

Quando entrei num momento de folga de Shanna, comecei a conversar com Kim Kardashian. Tínhamos nos mantido em contato depois de Amsterdam, e ela foi modelo da Famous – contratei Estevan Oriol para fotografar uma campanha inteira de anúncios com ela de biquíni. A *sextape* dela tinha vazado e ela tinha terminado com Ray J. Ela queria fazer um reality show, porque achava sua família interessante. E obviamente estava certa.

Respeitei o corre dela. Teve uma reunião com Ryan Seacrest e queria saber como era fazer um programa. "É caótico", eu disse a ela. "Você não tem privacidade – não é só você e sua família na casa. É algo muito pessoal, e pode ser bem foda".

Kim e eu começamos a andar juntos. Saíamos para jantar, para almoçar. Você pode pensar que eu faria as piores coisas com essa garota, por causa da *sextape* dela, mas era o exato oposto de qualquer outro encontro que tive com uma mulher: com Kim, eu queria ser o maior cavalheiro. Era muito estranho. Passávamos muito tempo juntos. Ela participou de campanhas da Famous. Ia nadar na minha casa. Assistimos aos fogos de artifício do Quatro de Julho juntos. Éramos muito doces um com o outro, como crianças, e, quando estávamos separados, ela me ligava e dizia: "Quero te ver de novo".

"Eu também", eu dizia.

Shanna e eu começamos a nos falar mais uma vez, e reatamos mais uma vez – mas, na verdade, eu queria me encontrar com a Kim (Shanna ficou sabendo do que estava rolando – ela virou um drink na Kim numa festa da Carmen Electra. Me senti péssimo). Kim e eu nunca nos tocamos. Simplesmente não era pra ser.

Família acima de tudo. Cortesia de Clemente Ruiz

15

O teto vai sair

Eu estava indo almoçar quando Mark me ligou com a pior das notícias: Jerry Finn, que produziu todos aqueles álbuns do Blink-182, tivera um aneurisma cerebral sério. Veio do nada. Mark e eu fomos visitar Jerry no hospital, e ele estava vegetando. Não conseguia falar e não parecia compreender nada do que falávamos. Eu tinha esperanças de que ele se recuperasse rapidamente, mas, depois de algumas semanas sobrevivendo com ajuda de aparelhos, Jerry faleceu em agosto de 2008, com apenas trinta e nove anos. Foi muito triste. A coisa toda foi incrivelmente estranha e assustadora: aconteceu do nada, e você não espera que seus amigos morram jovens.

Para lidar com o ocorrido, voltei minhas atenções à minha parceria com o DJ AM, que estava deslanchando. Depois de umas cem horas tocando juntos, começamos a fazer shows no Roxy em junho de 2008, sob o nome TRV$DJAM. Fizemos uma residência lá, onde tocávamos duas gigs no último final de semana do mês. O público era muito bom e por todo aquele verão senti que estava construindo uma nova base para a minha carreira musical. Começamos a gravar e fizemos uma mixtape que chamamos de *Fix Your Face*.

Tocamos em uma festa da Cadillac em Detroit – foi meio que um sonho pra mim, dado o meu fetiche por Cadillacs. Antes de subirmos no palco, eu disse brincando ao Lil Chris: "Durante o nosso set, vá pro meio da galera e dance feito louco". Do palco, eu observava o público, e havia muitos *b-boys*. Chris tinha começado a dançar break também: formaram um círculo em torno dele. Foi incrível.

Em setembro daquele ano, AM e eu fomos a banda da casa do Video Music Awards da MTV e tocamos com todo mundo: LL Cool J, Katy Perry, The Ting Tings, Lupe Fiasco. Foi incrível, e eu adorei sermos só nós dois. Podíamos fazer shows desse jeito, sem ter uma banda ou toda a infraestrutura de uma equipe de palco e turnê. Fiquei muito animado com essa apresentação do VMA: levei meu mano Che e as três crianças ao ensaio. As crianças ficaram especialmente empolgadas em conhecer os Ting Tings, e a Katy Perry foi superlegal com elas. Durante o ensaio de "Goin' Back to Cali", LL Cool J me disse: "Quando eu disser '*Give the drummer some*'[1], você pode perder a linha. Se eu disser de novo, você *perde a linha mais ainda*". Durante a apresentação, naquela noite, ele acabou dizendo a frase três vezes.

Charles "Che" Still era um dos caras mais legais que já conheci. Ele era do Inland Empire, perto de onde cresci. Enquanto eu estava ocupado ensaiando, ele brincava com Landon e Alabama. Era um cara grande, musculoso, que trabalhava para nós como segurança de vez em quando, mas apesar de sua seriedade inabalável no trabalho, quando estava de folga era um ursinho de pelúcia gigante e, mais importante, um grande amigo.

Dez dias depois do VMA, no dia 18 de setembro de 2008, AM e eu tínhamos uma apresentação marcada em Columbia, Carolina do Sul, num show gratuito com Perry Farrell e Gavin DeGraw. Era patrocinado pela T-Mobile, que levaria a mim e AM até lá num avião particular: um Gulfstream G4.

Shanna e eu ainda estávamos meio que juntos. Naquele final de semana, ela tinha vindo para a minha casa com as crianças, e não conseguíamos sair um de perto do outro. Estávamos indo e vindo o tempo todo, mas, além dessa conexão física, éramos os pais daquelas crianças incríveis. Conversando com Shanna naquele final de semana, disse a ela que eu nem sabia por que estava fazendo esse show na Carolina do Sul. Eu estava me sentindo muito confortável em casa: estava me divertindo a valer com as crianças, brincando com elas na piscina.

Meu coração estava muito dividido: eu não queria estar longe da família, mas, ao mesmo tempo, adorava tocar com AM. Uma pequena voz na minha cabeça me dizia que eu deveria tirar uma folga. Falei exatamente estas palavras a Shanna: "Nem sei se preciso ir". No final das contas, dei uma engrenada e disse: "Esse é o meu trabalho, meu ganha-pão. Todo mundo vai trabalhar. Não reclame: vá lá e faça acontecer".

Convidei Shanna para ir ao show. Ela aceitou e fez as malas. Então, no último minuto, decidiu ficar em casa com as crianças. "Só para o caso de alguma coisa acontecer", disse ela. "Não acho que Deus lhe daria algo com o qual você não fosse capaz de lidar. Se algo acontecesse com você, Trav, você superaria". Foi um tanto quanto intenso. Ela prosseguiu, dizendo que não seria capaz de fazer o mesmo – não seria capaz de lidar. Eu pensava: *De que porra ela está falando?*

---

1 "Uns aplausos para o baterista", em tradução livre. (N. do T.)

Quando Shanna desistiu da viagem, ficamos com um assento sobrando. Como era um avião particular, não precisávamos de passagens, então convidei Che. Ele era um bom amigo há uns dois anos; agora estávamos conversando a respeito do Che viajar comigo e com AM em tempo integral. "Seria irado você estar ao meu lado o tempo todo", eu disse a ele. Che quis ir para a Carolina do Sul para ver como a coisa ia funcionar – e porque estar a bordo de um Gulfstream parecia uma experiência única. Assim, fomos eu, AM, Che e, como sempre, Lil Chris. Ele se casara recentemente com sua namorada, Jessica, e tinha um filho de dois anos, Sebastian.

ARMEN AMIRKHANIAN (AMIGO)

Lil Chris era muito especial. Trabalhava duro. Ele fazia questão de estar ao lado do Travis, e, ao mesmo tempo, de estar ao lado de sua esposa e de seu filho. Era muito difícil para ele, mas ele conseguia conciliar, de alguma forma. Seus dias de trabalho com Travis eram longos, mas, no final do dia, ele sempre levava alguma coisa para eles em casa – um brinquedo para o filho, flores para a esposa – algo que os fizesse sorrir. Ele me fazia dirigir até a casa do Travis para fazer alguma miudeza, para que ele pudesse sair dez minutos mais cedo, o que era sempre engraçado. E então, no caminho para casa, ele arrumava um jeito de dirigir e colocar a bunda pra fora da janela ao mesmo tempo. Mostrava a bunda para toda a rodovia enquanto dirigia a 100, 110 km/h.

LANDON E ALABAMA

O aniversário de cinco anos de Landon estava chegando, e Alabama estava com quase três anos. Bama e Landon sempre ficavam chateados quando eu saía para viajar, mas desta vez estavam especialmente frenéticos. Alabama berrava e não parava de dizer: "O teto vai sair, papai, o teto vai sair". Perguntei a Shanna sobre o que ela estava falando, mas ela não sabia. Bama chorava histericamente, e não acalmava de jeito nenhum. Deixá-la estava me desanimando muito.

Eu ainda detestava voar, mas estar num G4 nos dava a sensação de sermos bilionários. O show foi irado: os promoters fecharam um quarteirão em Columbia para uma festa na rua, AM e eu nos divertimos muito tocando e o público foi ao delírio. Planejávamos passar a noite na Carolina do Sul e ir embora na manhã seguinte – nossos voos já estavam reservados. Chris, Che e eu estávamos conversando no camarim, prestes a sair pra balada e agir como bobos. Eu estava em modo de comemoração: parecia que o TRV$DJAM estava finalmente deslanchando pra valer.

Então AM chegou e disse: "Aí, cara, o que você acha de vazarmos daqui esta noite?".

"Nah", eu disse. "Nossa parada está marcada pra amanhã, não? Não tem erro".

Ele queria mesmo ir embora. "Por que a gente não racha um avião particular?".

Lil Chris disse: "Vamos nessa, Trav. Podemos ir pra casa. Que porra nos aguarda na Carolina do Sul?". Ele só queria ir para casa para seu filho.

Agora que eu já estava na Carolina do Sul, ficaria contente em passar a noite lá, mas era sempre bom ver meus filhos o quanto antes. Eu disse: "Qualquer coisa que vocês quiserem fazer, eu topo".

AM ligou para o nosso empresário, LV. Ele disse: "OK. Vou pensar em alguma coisa e conseguir um avião pra vocês. Tudo certo". Então, enquanto ele resolvia isso, ficamos dando um tempo no hotel, fumamos maconha e relaxamos com algumas garotas.

LAWRENCE LV VAVRA (EMPRESÁRIO)

AM estivera na Austrália – ele não ia para casa havia algum tempo. Para ele, chegar em casa, em sua própria cama, mesmo que com somente uma noite de antecedência, significava muita coisa. Falei com literalmente dez pessoas ao telefone, na tentativa de conseguir um avião de última hora. Finalmente conseguimos e eu me lembro de falar com Lil Chris e dizer que antes de passar quarenta mil dólares no meu cartão de crédito, eu precisava confirmar se AM e Travis queriam o avião. Chris tinha um modo de conseguir o que ele queria, não necessariamente o que Travis e AM queriam. Adam disse sim – Travis não falou ao telefone, por alguma razão, mas eu pude ouvi-lo dizer sim, ao fundo.

LV tinha sido empresário do AM, então eu não trabalhava com ele há muito tempo – era a primeira vez que ele reservava um avião para nós. Gus, *tour manager* do Blink-182 desde sempre, estava acostumado com a minha insistência com ele toda vez que contratava um avião. Eu ligava para ele e queria detalhes: "Qual é o histórico do avião? Quem vai pilotar? Quantas horas de voo eles têm?". E ele me mandava e-mails dizendo qual foi o último voo do avião e quem era o piloto. Se o copiloto não tivesse experiência, Gus já o teria dispensado – ele era taxativo quanto a isso. LV não conhecia esses detalhes todos: ele simplesmente reservou o avião como qualquer um faria.

Cerca de uma hora depois, recebemos um telefonema de LV e partimos para o aeroporto de Columbia. Tive uma sensação esquisita quanto àquela situação toda – mais esquisita que de costume – e fumei um baseado atrás do outro a caminho do aeroporto, mais três Vicodins e um Xanax, pra bater certo. Todos estávamos tomando alguma substância, menos AM, que estava limpo. Chegamos ao aeroporto por volta das 23h e fiz meu procedimento de rotina: *Como é o avião?* Havia alguns aviões diferentes na pista, e eu pensei: "*Qual é o nosso? Tomara que não seja o pequeno*". Dito e feito: era o pequeno. Era um Learjet 60, e parecia pequeno pra caralho.

Tirei uma foto do avião e mandei para o meu pai. Então liguei pra ele, na Califórnia, e disse: "E aí, meu camarada. Só queria te dizer, estou com uma sensação estranha. Esse avião é muito pequeno. Se alguma coisa acontecer comigo, garanta que as crianças fiquem com a casa e que elas sejam bem cuidadas. Te amo, camarada. Não sei por que estou compartilhando isso – só estou te dizendo que estou com uma porra de uma sensação bem estranha".

Ele disse: "Não se preocupe, Trav. É claro que se alguma coisa acontecer eu vou cuidar das crianças. Mas vai dar tudo certo, meu camarada".

Eu nunca ligo para o meu pai só para dizermos que nos amamos. Mas naquela noite eu quis falar: "Cara, eu te amo, estou surtando, garanta que os meus filhos fiquem bem".

Chris tirou uma foto de si mesmo ao lado do avião e mandou para sua mulher e para alguns amigos. Não sei se era uma foto de curtição ou se ele estava completamente assustado.

ROB ASTON (VOCALISTA, THE TRANSPLANTS)

Lil Chris era o melhor. Moleque branco magricela, de coração enorme, que dava 100% de si. Chris cuidava de todo mundo, mas não media palavras. Era rápido em mandar um filho da puta se foder, na cara dele.

Che era o cara mais legal. Devia ter 1,90 de altura, e em boa forma. Era o mais tranquilo possível, nunca falava alto nem incomodava. Jogava pelo time. Não posso dizer que já vi o Che de mau humor.

Quando eles estavam embarcando, Chris me mandou uma foto dele ao lado do avião, ele sozinho. Tive uma sensação esquisita quando vi a foto. Não do tipo *"eles vão acabar num acidente de avião"*, porque você nunca pensa sobre isso. Não é um pensamento normal. Mas senti um arrepio pelo corpo todo, como se estivesse olhando para o passado. Não soube dizer exatamente o que era.

Fiquei bravo comigo mesmo por não ter dito a ele pra tomar cuidado. Não que eu dizer isso fosse mudar ou impedir qualquer coisa. Mas sempre me incomodou o fato de eu não ter dito: "Tome cuidado".

Os pilotos se apresentaram: James Bland, mais velho, e Sarah Lemmon, que era muito jovem: parecia ter seus vinte e poucos anos. Nossa reação foi, tipo, *"Uau, que incrível você saber pilotar aviões"*. Perguntei se estava tudo bem com o tempo e eles me disseram que não havia com o que se preocupar.

Entramos no avião. Sentei-me ao lado da saída de emergência: eu sempre me sentava ao lado da saída de emergência. Chris e Che se sentaram à minha frente. AM estava na poltrona ao lado da minha, na outra janela. Ele tinha uma daquelas câmeras Flip e nos filmava – todo mundo estava contando vantagem. AM disse: "O que você sabe sobre um baterista, um DJ e um avião particular?". Depois, filmou Lil Chris e disse: "E aí, Ruído Branco?". Às vezes nós o chamávamos de Ruído Branco; era o alter ego rapper dele, White Noise. Estávamos todos nos mostrando: "Estamos num jatinho, seus putos". Não havia comissários – num avião daquele tamanho, quando estivéssemos no ar, um dos pilotos viria checar se estava tudo bem conosco. Preparamos drinks, mas eu já estava incrivelmente chapado. Fiquei descalço – e nunca tinha feito isso num avião. Sempre dava uma bronca nos outros que o faziam: "Vocês são uns puta de uns loucos de tirarem os sapatos – o que vocês fariam se alguma coisa acontecesse?". AM notou e começou a me encher o saco: "Ah, olha lá, parece que alguém está confortável". Meu pensamento era que o nosso voo de ida tinha sido bom; eu esperava que a volta fosse igualmente boa.

O avião rodou pela pista – parecia demorar uma eternidade. Posteriormente, descobri que eles estavam indo na direção errada na pista, na contramão. Taxiamos por cerca de vinte minutos, a ponto de todo mundo pegar no sono. Eu estava cansado, mas nunca me deixo adormecer antes da decolagem.

Fiz minha oração de costume: "Por favor, nos mantenha seguros durante este voo. Por favor, cuide de nós, por favor, nos leve para casa, para nossas famílias. Eu te amo, mãe. Eu te amo, Deus. Amém". Então fechei os olhos, esperando ver aquela linha horizontal brilhante que me avisava que estava tudo bem. Não a vi, então continuei a repetir minhas orações, apertando cada vez mais os olhos, à espera da linha horizontal, mas ela não apareceu.

O avião enfim parou e eu senti as turbinas acelerarem. O avião começou a vibrar; estávamos prestes a decolar. Pegávamos cada vez mais velocidade, se arrastando pela pista, mas justo quando estávamos prestes a sair do chão, ouvi POW! POW!

Soava como se alguém estivesse atirando no avião, mas eram os pneus dos trens de pouso estourando. E então o avião ficou fora de controle. Primeiro, a barriga do avião raspou no chão, começando um incêndio antes mesmo de sairmos do solo. Depois, a cabine começou a se encher de fumaça.

E então enfim decolamos, impulsionados descontroladamente para o ar, mas não parávamos de subir e descer: chegávamos muito alto e então descíamos e batíamos na pista de novo. Isso acontecia em intervalos de uns dez segundos – mas parecia que minutos se passavam entre cada impacto. Cada vez que descíamos, eu olhava pela janela e me segurava, porque conseguia ver o chão se aproximando.

Eu berrava a plenos pulmões: "Parem a porra do avião!". Chacoalhávamos descontroladamente. Eu estava surtando tanto que comecei a rezar em voz alta, gritando. Mas ninguém conseguia ouvir nada. O avião colidiu contra o chão quatro ou cinco vezes, com a minha vida passando diante dos meus olhos como um flash todas as vezes. Em questão de segundos, vi décadas da minha vida em pequenos trechinhos. Era como um DVD em *fast-forward*: vi minha mãe, vi meu pai, vi meus filhos, vi shows com Mark e Tom e com Rob e Tim. Parecia que o tempo tinha se desacelerado para me mostrar essas coisas.

Eu sabia que o pior estava chegando: eu ia morrer.

O avião atravessou a cerca do aeroporto e cruzou uma rodovia – então, nosso último impacto foi contra um declive. Foi o solavanco mais forte que senti na vida, e então paramos.

Eu estava todo fodido, mas meus olhos ainda estavam abertos. Não conseguia acreditar que estava vivo. Mal podia respirar ou enxergar, mas soltei meu cinto de segurança e, no meio da fumaça, fui até AM, que tinha apagado – eu o acordei com um chacoalhão. Então tentei ir adiante para chegar até Chris e Che, mas havia uma parede de fogo entre nós – eu não conseguia atravessar as chamas e minhas mãos pegaram fogo.

A essa altura, entrei em pânico. Puxei a alavanca da saída de emergência e abri a porta com um chute. AM estava logo atrás de mim. Pulei para fora – bem em cima da asa do jatinho, que estava coberta de gasolina. Meu corpo todo foi embebido por gasolina e entrou em chamas, das pernas até as costas.

Comecei a correr.

AM saltou por cima da asa, evitando o fogo. Ele corria atrás de mim, me vendo completamente envolto em chamas. Pegou seu celular e ligou para o nosso empresário, LV. Eu podia ouvi-lo gritando: "LV, o avião acabou de cair! Travis está pegando fogo! Que porra eu faço? Estou correndo atrás dele! Ajuda, porra, ajuda!".

Enquanto corria, tirei minha camisa, meu boné e minha bermuda – mas não conseguia apagar o fogo. Estava nu, correndo o mais rápido que podia, segurando meus genitais – todo o resto estava em chamas – e continuava a correr, na esperança de que isso apagasse as chamas.

Nesse momento, me senti como se estivesse correndo pela minha família. Nada me importava, exceto estar com meus filhos, meu pai, minha irmã, Shanna. A dor era absolutamente insana, nunca havia sentido nada parecido. Não achei que fosse sobreviver.

Corri até a rodovia. Havia carros vindo – eu podia ouvi-los buzinando e gente gritando – e, no meio de todo o caos, alguém berrava: "Pare, deite e role!". Continuei a correr, enquanto meu corpo queimava cada vez mais. O cara continuava a berrar: "Pare, deite e role!" – e finalmente entendi o que ele estava dizendo. Joguei-me no chão e comecei a rolar, pelado na terra. Parecia que eu estava rolando há dias.

Apaguei a maior parte do fogo, mas não das minhas pernas e pés – como esta tinha sido a única vez na minha vida que fiquei descalço num avião, minhas meias estavam ensopadas de gasolina da asa do jatinho.

AM me alcançou. Tirou a camisa e a usou para apagar o fogo das minhas pernas e pés, batendo repetidamente. Lá pela décima tentativa, ele enfim exauriu as chamas. Enquanto fazia isso, se queimou no braço e no pescoço – ele tinha saído do avião sem ferimentos. Se ele não tivesse feito aquilo por mim, eu provavelmente não teria mais pés ou pernas.

Cerca de sessenta segundos depois, o avião explodiu.

Eu estava deitado ao lado de AM, gritando:

"A *gente tá vivo?!*".

OS DESTROÇOS DO ACIDENTE DE AVIÃO.
CORTESIA DE AP PHOTO/BRETT FLASHNICK

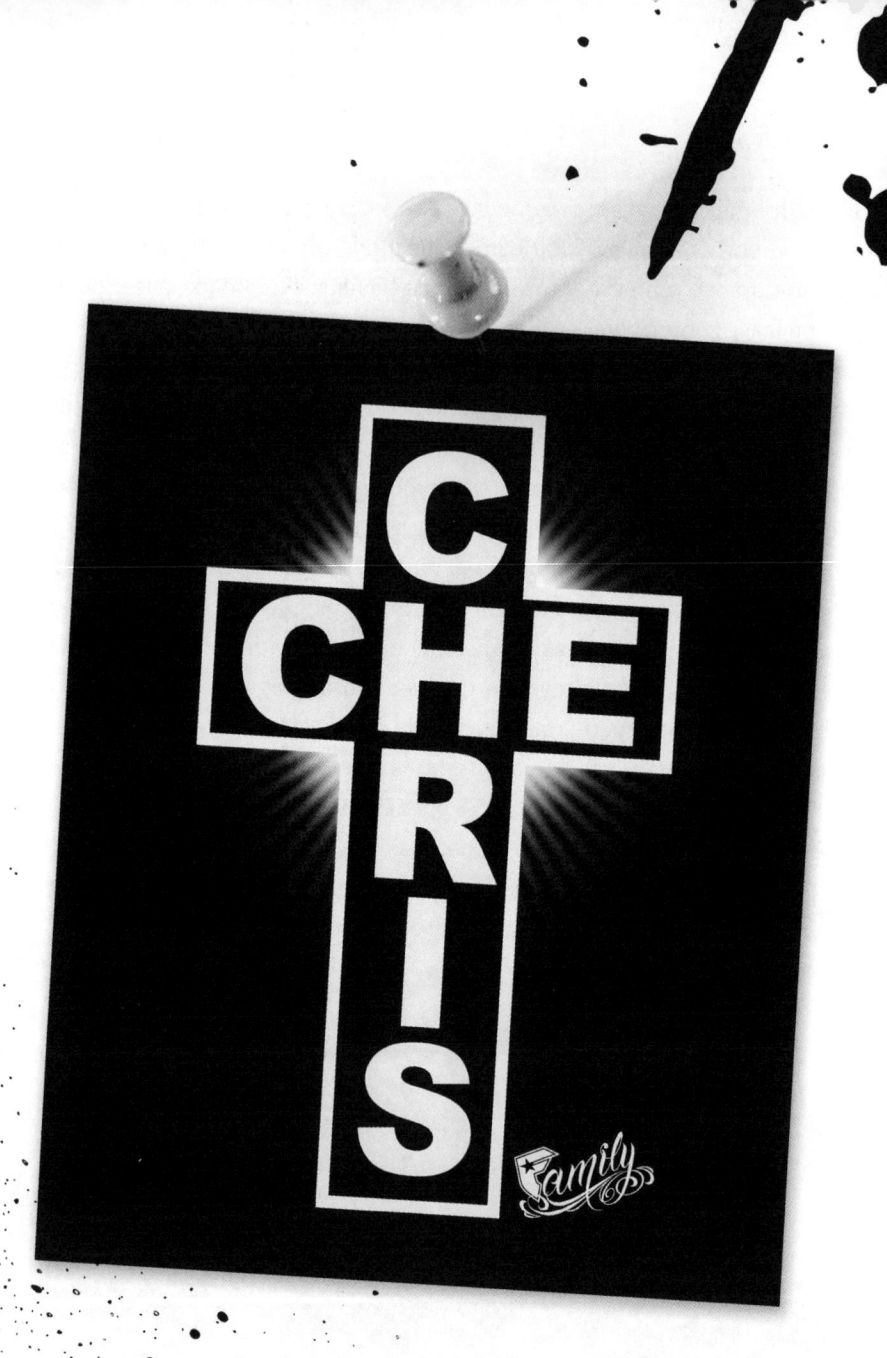

ARTE DE MAXX GRAMAJO

16
Outro estado de espírito

"Cadê o Chris?!", gritei para AM. "Cadê o Che?". Os policiais chegaram, e não foram de nenhuma ajuda. Eles nem perceberam que tínhamos sofrido um acidente – só se perguntaram o que estávamos fazendo ali. Então chegou uma ambulância e eles se deram conta do quão fodidos estávamos: éramos, na verdade, sobreviventes do acidente de avião[1].

LAWRENCE LV VAVRA (EMPRESÁRIO)

Adam me ligou da ambulância, tentando explicar: "Não acho que Che e Chris tenham saído. Não sei o que aconteceu". E então ouvi os paramédicos dizendo a ele para desligar o telefone, para que pudessem socorrê-lo, e ele disse: "LV, não entendo essa porra, acabei de sofrer um acidente de avião e tem uma mina me dizendo para desligar o telefone". Eu disse a ele para me ligar de volta quando soubesse para qual hospital iria, mas acho que ele não ligou, porque o colocaram num coma induzido.

AM e eu fomos levados às pressas ao hospital para cirurgias de emergência: eu tivera queimaduras de terceiro grau em 65% do corpo. Havia coágulos por todo meu corpo, então colocaram três filtros nas minhas pernas.

Os meses seguintes se passaram num borrão. Passávamos de uma UTI para outra, acabando no Joseph M. Still Burn Center, em Augusta, Geórgia: passei por transfusões de sangue que duraram quarenta e oito horas e por enxertos de pele enormes. Houve ocasiões em que os médicos falaram em amputar meu pé, porque eu não tinha pele o bastante para que os enxertos fossem feitos.

---

1 Não só aqueles policiais não eram muito espertos, como depois vazaram imagens da câmera da viatura que mostram AM e eu gritando de dor e ainda pegando fogo – um golpe bem babaca.

Não me lembro de muita coisa do tempo que passei na Geórgia. Era só eu no hospital, com fios ao meu redor e grampos dentro de mim. Sabia que meu pai estava lá, bem como Mark e Skye, Shanna e alguns de meus amigos mais próximos. Eu insistia em perguntar sobre as outras pessoas que estavam no avião. Eles me diziam repetidas vezes – AM está no quarto ao lado do seu, Chris e Che estão mortos, os pilotos estão mortos –, mas eu estava sob o efeito de tantos medicamentos que não conseguia registrar.

Pessoas me enviavam flores e presentes, mas eu não podia ver nada disso, porque os médicos tinham medo de que meus ferimentos infeccionassem. O telefone não parava de tocar, mas eu não podia falar – não conseguia fazer sentido de nada. Uma molecada montou uma bateria no estacionamento em frente ao centro de queimaduras e tocou todos os dias, por uma semana inteira. Eu só conseguia ouvi-los quando a janela estava aberta, mas fiquei muito grato por eles terem feito isso.

JAMES INGRAM (ENGENHEIRO DE GRAVAÇÃO)

Daniel e eu vestimos aventais e entramos para ver o Travis no centro de queimaduras na Geórgia. Quando estávamos indo embora, um médico veio até nós e disse: "Vocês precisam colocar a esposa dele sob controle. Ela saiu furiosa daqui há umas duas horas, berrando e jogando os aventais por todo lado. Uma garotinha morreu nas nossas mãos hoje – não precisamos desse tipo de merda acontecendo". Travis estava falando algumas coisas fodidas – veja bem, ele estava dizendo isso para todo mundo. Sentia muita dor e estava sob o efeito de muitas drogas.

Depois de umas duas semanas, o centro de queimaduras disse que eu poderia ser transferido para um hospital em LA. Eu não iria de avião, então contratei um ônibus para me levar de volta à Califórnia. No caminho, o motorista apanhou até ficar ensopado de sangue. Aparentemente, quando paramos no Alabama, havia algumas pessoas fazendo baderna perto do ônibus e ele disse a elas para abaixar o volume, porque havia um paciente no ônibus que precisava dormir. Mas ele era um cara mais velho, branco e cabeludo, falando com seis caras afro-americanos às três da madrugada no Sul, e eu não sei se ele falou de uma maneira das mais simpáticas. Assim, eles deram uma surra da porra nele.

Acordei, percebi que não estávamos nos movendo e, da maca, perguntei: "Por que você não está dirigindo?".

Ele disse: "Trav, acabei de apanhar, cara. Estou todo ensanguentado".

"Eu acabei de passar pela porra de um acidente de avião, não me interessa que você apanhou. Dirige, filho da puta". Eu estava completamente fora de mim.

Quando deixei a Geórgia, eu estava sob o efeito de cerca de dezenove medicamentos diferentes. Alguns meses antes, eu queria fumar maconha e tomar comprimidos todos os dias. Agora eu tinha um aplicador automático de morfina, duas enfermeiras, e precisava tomar tantos remédios que nunca mais quis tomar um comprimido sequer de novo. Na Geórgia, os remédios e a morfina fizeram um bom trabalho para mascarar a dor, mas, em LA, alguma coisa não estava certa. Eu tomava medicamentos para transtorno bipolar para meus ataques de ansiedade – se eu atrasasse vinte minutos a dose deles, subia pelas paredes.

Era como o cara no clipe de "One", do Metallica, que só quer morrer para que seu sofrimento acabe. Eu ligava para amigos e dizia: "Vou transferir qualquer quantia de dinheiro para a conta de qualquer um agora mesmo – só quero morrer. Quero que alguém me mate". Por fim, tiraram o telefone do meu quarto e me colocaram no alerta de suicídio. Era como se eu tivesse o cérebro de outra pessoa. Eu não sabia por que ainda continuava vivo – eu estava queimado e sentia que não havia razão para estar vivo.

Senti-me completamente derrotado.

Skinhead Rob estava sempre no hospital. Minhas irmãs me visitavam umas duas vezes por semana. Meu amigo James, que foi engenheiro de gravação em muitos discos em que toquei e também era meu amigo, me visitava muito. Meu pai sempre estava lá também; ele e Skinhead Rob passavam a noite no hospital, dormindo sentados numa poltrona. Meu pai e eu tivemos muitas conversas até altas horas da noite, e ele me contou muitas coisas que sempre guardara para si, sobre minha mãe, sobre a guerra. Porém, como eu estava muito dopado, no dia seguinte esquecia metade do que ele tinha contado. E Shanna aparecia por lá de vez em quando – ela ou a babá levava as crianças quando o hospital permitia. Eu queria muito ver meus filhos, porque eles me davam esperança – esses eram os melhores dias –, mas odiava que eles me vissem detonado daquele jeito.

ROB ASTON (VOCALISTA, THE TRANSPLANTS)

Eu tinha comprado passagens para visitar Travis na Geórgia, mas os empresários dele me ligaram e disseram: "Provavelmente é melhor que você fique em LA. O Travis não quer ver ninguém agora – ele está num momento ruim". Depois, seu técnico de bateria, Daniel, me disse que ele estava perguntando por mim várias vezes ao dia. Isso me deixou puto: meu melhor amigo, meu irmão, estava quase morto numa cama de hospital, e eu queria estar lá ao lado dele.

Quando ele veio para a Califórnia, fiquei ao lado dele todos os dias no centro de queimaduras. Passava a noite lá. Era duro vê-lo naquele estado. No primeiro dia, antes de entrar, eu disse a mim mesmo: "Seja forte, Rob. Mantenha a calma". Passei pela porta e imediatamente comecei a chorar. Ver Travis deitado lá, com a pele derretendo e sangue e pus por todo lado, era muita coisa, depois de termos perdido Chris e Che.

Houve momentos em que Travis achou que não fosse dar conta: ele me ligava e dizia: "Traz uma arma. Chega. Não consigo mais".

Eu dizia: "Não vou levar coisa nenhuma". Não posso culpá-lo. Não sei como é sobreviver a um acidente de avião. Foi uma estrada árdua para ele. Eu diria que foi mais difícil mentalmente do que fisicamente – e ele tinha queimaduras das mais horríveis em metade do corpo, isso quer dizer muita coisa. Durante muito tempo, o único cheiro que ele sentia era o de gasolina de avião.

Eu soube que Travis estava de volta quando ele começou a fazer piadas de novo. "Meu pai me disse que o cateter me transformou no John Holmes[2]".

Um dia, fui para casa só por uma hora, para tomar banho e trocar de roupa. Quando voltei, ele disse: "Mano, você nunca vai adivinhar quem esteve aqui". Poderia ter sido qualquer um, já que esse filho da mãe conhece todo mundo. Mas era o Tim Armstrong. Fazia três anos desde a última vez que nós dois tínhamos visto ou falado com Tim.

Então Travis disse: "É, talvez nós devêssemos fazer mais um álbum do Transplants". Ele estava me dizendo isso meio morto numa cama de hospital. Fui pego meio de surpresa. Eu disse: "Cara, não temos de fazer mais nada, nunca mais, se você não quiser. Se você nunca mais quiser fazer um show, não te culpo. Vou ficar do seu lado de qualquer jeito".

"Que nada, precisamos tocar. Temos trabalho a fazer. E eu vou enlouquecer se não tiver música". Tive uma lição de humildade rapidamente: lá estava um cara meio morto e com dores agonizantes, falando sobre gravar mais um disco.

---

2   Ator pornô americano que atuou nos anos 1970 e 1980, conhecido pelo tamanho de seu pênis. (N. do T.)

Tim e eu conversamos. Eu disse: "Eu poderia ficar aqui o dia inteiro acusando os outros, mas quero me desculpar por qualquer coisa que eu tenha feito que tenha contribuído para a sua saída da banda. Sei que não sou a pessoa mais fácil de lidar. Tenho mais falhas do que todo mundo". Ele pediu desculpas também, e o que passou, passou.

É uma merda que tenhamos precisado de algo como um acidente de avião para nos dar conta de que a vida é curta demais. Você tem de valorizar o que tem – porque nada é garantido, apenas a morte – e fazer o que lhe deixa feliz. E fazer música era o que deixava nós três felizes.

TIM ARMSTRONG (CANTOR/GUITARRISTA, THE TRANSPLANTS)

Recebi um telefonema da irmã do Travis e ela disse: "Ei, o Travis está no centro de queimaduras em Burbank. Você deveria vir visitá-lo".

Eu disse: "Pois é, que tal eu ir daqui alguns dias?".

"Não, que tal agora?".

"Sim. Agora mesmo". Fui até lá sozinho. E a primeira coisa que eu disse foi: "Estou triste pelo Lil Chris", e nós dois choramos.

LV, meu empresário, tentou me visitar e eu disse a ele para sumir dali. Eu o culpava pelo acidente, porque ele tinha reservado aquele avião para nós – disse a ele que o odiava e que Chris e Che estarem mortos era culpa dele.

LAWRENCE LV VAVRA (EMPRESÁRIO)

Travis não falou comigo por dois meses. Ele não respondia aos meus contatos e eu não podia visitá-lo. Acho que muito da raiva dele para comigo era porque eu era o empresário – por que eu os deixei embarcar naquele avião? – mas nós nunca conversamos sobre isso. Foi duro, mas quando um cara passa pelo que ele passou, meus sentimentos são a última coisa que importa.

Eu não comia a comida do hospital, especialmente a carne, porque era nojenta. Eu dava para o Skinhead Rob e dizia: "Cara, joga essa porra fora, é nojento". A equipe médica viu que eu estava perdendo peso, o que dificultava a minha recuperação. Eu já era magro, pra começar: pesava 58 kg quando fui admitido no hospital. Eles me disseram: "Olha, você não está comendo, então vamos enfiar esse tubo na sua garganta e te alimentar assim". Depois disso, passei a colaborar mais. Tomava dois smoothies de chocolate e manteiga de amendoim da Robeks[3] todos os dias, e comi carne pela primeira vez desde criança. Um dos enfermeiros era um carinha hispânico de quem eu acabei gostando muito; ele sabia que eu não gostava da maioria das opções de proteína. Então ele cozinha beef jerky em casa e me trazia em grandes sacos, além de me dar muitas bebidas nutricionais Ensure. O beef jerky era uma das poucas comidas cujo gosto me agradava. Eles queriam que eu mantivesse uma dieta de 5.800 calorias por dia. Quando fui para casa, com 72 kg, estava com barriga pela primeira vez na vida.

Passei por vinte e seis cirurgias depois do acidente, a maioria delas em LA. Durante pelo menos doze delas, eu acordei – meu corpo estava tão acostumado aos analgésicos, devido ao meu abuso deles antes do acidente, que não faziam efeito. Eu sentia tudo. Acordava gritando, ameaçando os médicos, tentando atacá-los. Além das queimaduras, eu tinha fraturado a coluna em três pontos, mas na época ninguém sabia: eu dizia aos médicos que mal conseguia sentar e que me sentia horrível. Eles basicamente respondiam: "O que você está esperando? Você acabou de passar por um acidente de avião".

Tiraram toda a pele das minhas costas para colocar nas minhas pernas. Então, a certa altura, eu ficava deitado na cama sem pele nas costas, só os músculos em carne viva. Depois recebi aloenxertos: pele de cadáver, que eles basicamente grampearam nas minhas costas. Quando eu soluçava, sentia os grampos penetrando no meu corpo – e uma vez fiquei com soluço por 24 horas seguidas, literalmente arrotando gasolina de avião em intervalos de alguns segundos. Para manter a pele de cadáver úmida, eles tinham de me molhar com uma mangueira, então eu ficava lá deitado, ensopado e morrendo de frio, com febre. Então eles colocavam meus lençóis num aquecedor, às vezes a cada uma hora, e então eu ficava aquecido pelo menos por alguns minutos – era o mais perto que eu chegava de me sentir bem, além de quando meus filhos me visitavam.

Os medicamentos para dor não estavam dando certo, e depois das cirurgias eu sentia tanta dor que usava o aplicador de morfina a cada trinta segundos. Meu histórico de abuso de comprimidos estava cobrando seu preço – meu corpo tinha desenvolvido tanta tolerância a analgésicos que nada mais parecia funcionar. Fiquei tão furioso com o médico encarregado desses medicamentos que,

---

[3] Franquia de smoothies de Los Angeles. (N. do T.)

certa noite, tentei bater nele. Depois, parti pra cima de um enfermeiro que não me ajudava. Eles me disseram que iam me mandar embora do hospital por causa do meu comportamento.

Eu disse: "Bem, vocês não estão dando atenção aos meus remédios – estou com dores constantes e acordando durante cirurgias".

Acabei conseguindo um novo médico para cuidar do meu caso, o Dr. Peter Grossman, um cara de confiança. Ele disse: "Nós vamos acertar os seus medicamentos, mas preciso que você seja paciente". Nós demos um jeito.

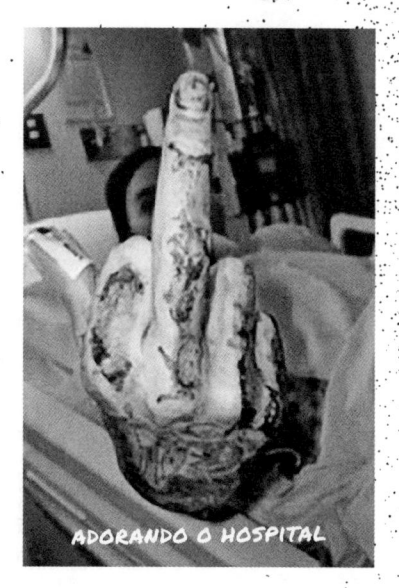

ADORANDO O HOSPITAL

DR. PETER GROSSMAN
(DIRETOR, GROSSMAN BURN CENTER)

Quando Travis chegou, fui conhecê-lo pensando que eu seria o grande apaziguador. Entrei na sala de hidroterapia com meu assistente, Kurt Richards, para me apresentar. Estabelecer uma conexão foi muito difícil: acho que ele só olhava para mim como mais um médico babaca que iria lhe dar ordens. Tentei manter meu ego de lado e compreender a posição dele: não só ele estava queimado, como também passara pelo pesadelo do acidente de avião e de seus amigos próximos não terem sobrevivido.

Já vi pessoas passarem por complicações e precisarem ter as pernas amputadas. Não acho que Travis chegou a correr risco de amputação – ele é jovem e o fluxo de sangue em suas pernas era bastante bom. Mas ele chegou muito perto de ficar com alguma sequela funcional significante. Suas queimaduras eram muito profundas, sobre uma área de superfície muito grande. Não era apenas cosmético – eram ferimentos que ofereciam perigo de vida. Quando você possui tecidos queimados, que são basicamente tecidos mortos, isso serve como um ninho para bactérias. Elas multiplicam, colonizam e penetram em partes mais profundas do seu corpo. Órgãos são infeccionados e podem começar a falhar.

Eu disse a Travis que precisaríamos ir à sala de operação para remover o tecido mórbido. Chama-se "excisão tangencial": basicamente raspamos o tecido morto com uma grande navalha. Raspamos camada após camada até obtermos algum sangramento – o objetivo é chegar ao sangramento, mas então há perda de sangue e o perigo de anemia severa.

Expliquei que provavelmente faríamos isso em estágios, e colocaríamos uma pele temporária, pele de cadáver, até que víssemos o que precisava e o que não precisava ser enxertado. O plano era esse, mas eu recebia telefonemas do diretor de enfermagem todas as noites, que me dizia o quanto ele berrava e gritava, chamando tal enfermeira de "puta" e tal médico de "cuzão do caralho". Havia enfermeiras que não aceitavam cuidar dele por ele ser tão abusivo verbalmente.

Entrei na sala de emergência bem quando Travis estava prestes a receber anestesia geral, então sua vida estava nas mãos do anestesista, e ele dizia: "Esse cara é um babaca!". Como se fosse um momento do Spicoli em *Picardias Estudantis*[4].

Pensei: *Que porra esse cara tem?*, mas disse apenas: "Cara, ele vai te colocar para dormir daqui dois minutos. É hora de se acalmar um pouco".

Eu era uma pessoa completamente diferente enquanto estava em recuperação: alguém de quem não me orgulho. Eu tinha atravessado o inferno e estava sob o efeito de muitos medicamentos. Tinha vivido meu pior pesadelo, mas então não consegui dormir por meses a fio e tinha repetidos flashbacks daquele pesadelo. Eu estava vivo, mas o que havia na minha cabeça estava me marcando demais. Queria me matar, e me impressiona que aquela pessoa – o cara que eu era no hospital – tenha escapado viva.

Durante esse período, precisei de uma transfusão de sangue enorme – que durou 24 horas. E eu estava ficando doido, porque o Dr. Grossman viajou por umas duas semanas e eu não confiava nos outros médicos: um deles era o cara que eu tinha tentado golpear. Eu disse a Shanna que estava muito abalado e precisava que ela ficasse comigo, e ela concordou em garantir que eu nunca ficasse sozinho.

Também nessa época, meu amigo James decidiu me fazer um grande favor. Ele sabia que eu tinha perdido meu computador no acidente, então ele me deu um novo e o configurou para mim. Era muito entendido de tecnologia e sabia

---

[4] Sean Penn interpretou o protagonista Jeff Spicoli no filme de Cameron Crowe de 1983 (*Fast Times at Ridgemont High*). (N. do T.)

todas as minhas senhas, então deixou a máquina pronta. Levou o computador para mim, mas eu não mexi nele por muito tempo. Fui da cirurgia direto para a transfusão, então estava basicamente nocauteado. Às vezes eu dormia por vinte horas seguidas.

Enquanto eu dormia, Shanna pegou meu laptop, e minhas contas de e-mail estavam todas abertas. Ela viu todos os meus e-mails dos três ou quatro anos anteriores, incluindo mensagens de umas treze garotas diferentes com quem eu tinha saído no ano anterior ao acidente. Íamos e vínhamos naquele período, mas isso não significava que ela queria saber daquelas coisas. Cada um fazia o que queria quando estávamos separados, mas eu nunca teria dito a ela: "Olha só, estou comendo essa e aquela ali" e tal. Ela era a mãe dos meus filhos, então tentei manter a ficha limpa, só para o caso de acabarmos voltando.

Havia muitas garotas das quais ela desconfiava e algumas das quais ela não sabia de nada. E agora estava tudo ali, em aberto.

Eu estava fodido.

Acordei e Shanna não estava lá. Tive um mau pressentimento, porque ela tinha me prometido que ficaria. Ela sabia o quão ruim era o atrito que eu tinha com alguns dos médicos, e o quão importante era essa transfusão de sangue. Abri o computador e olhei meus e-mails enviados – ela tinha escrito para cada uma das garotas. Se elas tivessem me mandado fotos nuas ou vídeos ou algum e-mail safado, Shanna viu tudo isso. Todas receberam uma mensagem nessa linha: "Vai se foder, piranha, como você ousa mexer com o meu homem? Aqui é a Shanna, vai se foder".

JAMES INGRAM (ENGENHEIRO DE GRAVAÇÃO)

Recebi uma ligação do Travis: "Viu, você colocou senha no meu computador?".

"Não".

"Por que não?".

Eu disse: "Metade do tempo que você tá acordado, você não sabe nem onde está. Não acho que você lembraria uma senha".

Se alguém queria que Travis e Shanna fossem um casal para sempre, podem me culpar. Bom, ele também poderia não ter se metido com outras mulheres. Então tem isso. Mas eu aceito levar o crédito pela gota d'água.

SHANNA MOAKLER (EX-ESPOSA)

Eu estava mexendo no computador e vi um monte de coisas ruins. Vi muitas mulheres que eu tinha pedido a ele para se manter longe. Saí do hospital naquela noite, fui para casa e chorei. Fiquei muito puta da vida. E acho que já estava fodida de vê-lo naquelas condições. Foi intenso demais.

Saí naquela noite: me encontrei com um ex-namorado. Saiu na imprensa que nós ficamos, mas isso não aconteceu naquela noite. Então Travis pensou que eu o tivesse traído enquanto ele estava no hospital, e eu não tinha. Ele tinha sofrido um acidente de avião – eu ficaria ao lado dele para sempre. Mas depois que vi tudo aquilo no computador dele, não soube mais se poderia seguir em frente com ele, romanticamente falando.

Fui ao hospital nos dois dias seguintes, mas havia muita gente, e o círculo dele não me faz me sentir bem-vinda em nenhum aspecto. Tentei ser simpática com todo mundo, mas não era legal ficar por ali. Eu tive medo de voltar ao hospital, e então acabei ficando mesmo com um dos meus ex-namorados. Não estava tentando magoar ninguém: eu só estava com a cabeça toda bagunçada àquela altura. Não fizemos sexo, mas ficamos.

Então, quando Travis saiu do hospital, ele foi nos encontrar para jantar. Estava segurando nossa filha e mal podia andar. Eu disse a mim mesma: "Foda-se todo mundo. Vou cuidar dele e vou ficar com ele pelo resto da vida".

Voltei a morar com ele. No hospital, o fizeram comer carne, então agora eu poderia cozinhar para ele. Eu usava uma panela elétrica Crock-Pot e fazia um monte de cookies. Nós engordamos juntos. Foi a época mais feliz.

Então alguém deve ter dito: "Ela ficou com o ex-namorado". Ele me questionou e eu menti pra ele. Afinal, nós finalmente estávamos num momento bom, éramos uma família e estávamos nos recuperando. Não ajudaria nada se eu falasse "Sim, paguei um boquete pra esse cara". Então menti. E ele nunca foi capaz de me perdoar.

Veja bem, ele tinha me traído com provavelmente umas cem mulheres. Algumas delas eram umas porras de amigas minhas, que teriam ficado ao meu lado e sorrido na porra da minha cara. Eu amo o Travis, mas não há nada que eu possa fazer.

Um dos meus piores momentos no hospital – além da vez em que os médicos conversaram sobre amputar a minha perna – foi entrar no computador e ver Shanna em um monte de sites de fofoca (tentei resistir, mas não consegui) com algum ator aí. Ainda acho que ela armou isso em retaliação aos e-mails. Meu coração estava errático; o hospital tesourou totalmente telefonemas ou visitas de Shanna. Justificado ou não, em qualquer outra época eu provavelmente a teria perdoado por qualquer coisa, mas, depois de algo tão dramático quanto o acidente, eu precisava cortar toda babaquice da minha vida sistematicamente. A começar por ela.

Melhorei lentamente. Toda manhã, eu era colocado numa grande panela de metal e minhas queimaduras eram limpas com uma escova de metal. Era uma agonia, mas essa sensação significava que houvera progresso. Precisei aprender a andar de novo, primeiro com um andador. Depois de uns dois dias, consegui caminhar até o meu primeiro banho que não envolvia uma panela de metal e uma escova de metal. Foi uma sensação orgástica. Eu estava de pé sozinho, não com cinco pessoas me segurando, sem escova de metal, sentindo a água nas costas. Foi um progresso enorme, porque, por um bom tempo, usei um cateter no pau e precisava da ajuda de um enfermeiro para cagar. Era como se eu tivesse dois anos de idade.

Por bastante tempo, Alabama e Landon não puderam me visitar, e isso foi incrivelmente duro. Eu era basicamente uma grande ferida aberta e não podia receber muitas visitas porque estava propenso a infecções. Quando eles enfim puderam ir, Bama levantou meu avental, curiosa para saber o que eu vestia por baixo – e eles viram meu cateter. Os dois se assustaram com aquele tubo grande saindo do meu pênis e saíram correndo do quarto.

Quando finalmente tive alta do hospital, em meados de dezembro, onze semanas depois do acidente, eu sabia que meu pé direito nunca mais seria o mesmo, mas pelo menos eu ainda o tinha.

Quando enfim cheguei em casa, estava sob um coquetel diferente de medicamentos, e a ficha da realidade caiu. Eu tinha perdido o funeral do Chris. Tinha perdido o funeral do Che. AM tinha saído do hospital três meses antes – quan-

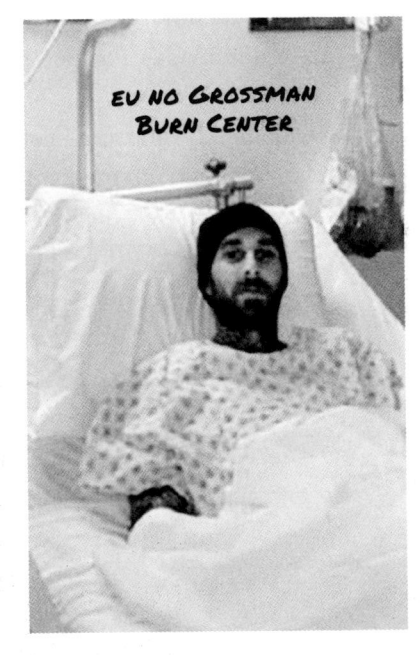

EU NO GROSSMAN BURN CENTER

do saí, fiquei sabendo que ele tinha acabado de fazer seu primeiro voo depois do acidente. Não conseguia acreditar que ele tinha voado.

Eu ainda não estava completamente curado – ainda tinha muitas feridas abertas na perna. Ligava para Kurt Richards (assistente do Dr. Grossman) todos os dias. Eles tinham de checar minhas receitas continuamente – às vezes, quando eu tomava os remédios de forma errada, tomava três vezes mais a quantidade devida de anticoagulantes, o que significava hemorragia interna séria.

Minhas pernas não estavam cicatrizando, e eu só dormia uma hora por dia. Tinha pesadelos e flashbacks intensos. Não queria sair de casa, nem entrar num carro. Todos os dias, meu psiquiatra que tratava do meu estresse pós-traumático, Jonathan Simpson, me visitava para uma sessão em casa. Eu insistia em ligar para Kurt, perguntando quando eu poderia parar com os remédios, porque eles me faziam me sentir maluco. Ele dizia: "Não sei. Talvez você precise de alguns deles pelo resto da vida. Muitos pacientes precisam".

Eu sentia que tinha visto a face da morte. Sonhava que estava morrendo e com o acidente de avião. Quando acordava, estava sempre me preparando para o impacto, esperando algo acontecer. Disse a Skinhead Rob que queria me matar. Eu sabia que precisava me adaptar – cheguei muito perto de dar entrada num hospital psiquiátrico.

Cerca de um mês depois, minhas pernas cicatrizaram e, devagar, comecei a fazer caminhadas. Pouco a pouco, melhorei, embora ainda arrotasse gasolina de avião.

Quando me encontrei com Skinhead Rob, ele disse: "Como você está, cara? Ainda tomando um monte de remédios?". Disse a ele que ainda tomava só uns três ou quatro, e ele disse: "Mano, não quero te assustar, mas você não é o mesmo, cara".

Isso era real: eu sabia que Skinhead Rob não mentiria para mim.

Depois, ouvi por acaso meu tio conversando com meu pai: "Você percebeu que o Trav parece meio lento?". Comecei a prestar mais atenção a todo mundo falando sobre mim e decidi que precisava superar tudo aquilo. Não confrontei ninguém – só parei de tomar todos aqueles remédios que todo mundo achava que eu ficaria dependente para sempre. Precisava provar que eles estavam errados.

Fui ver Kurt um dia e ele perguntou: "OK, o que você ainda está tomando?".

"Nada".

"Sério?".

"Sim, cara, não estou tomando nada".

"Como você está se sentindo?".

"Estou tranquilo", disse a ele. "Ainda fumo maconha de vez em quando, mas, na maior parte do tempo, estou tranquilo".

Vi Kurt umas duas vezes ainda. Ele me disse que eu estava curado e que não acreditava que eu não estava mais tomando os remédios: "Tenho outros pacientes que sofreram acidentes traumáticos e horríveis, assim como você, e precisam desses remédios pro resto da vida. Então, não seja tão orgulhoso: se precisar, tome. É bom que você esteja com a cabeça no lugar certo".

Nunca mais precisei tomá-los. Fiquei orgulhoso de jogar cada um daqueles negócios na privada e dar descarga. Tinha parado de tomar os analgésicos assim que deixei o hospital, e agora estava abandonando os antidepressivos também. Depois de ter sido tão dependente de comprimidos – dezenove ou vinte receitas de cada vez –, a ideia de tomá-los com fins recreativos, como eu costumava fazer, parecia insana. Foi o fim dos meus dias de tomar bolinha.

KURT RICHARDS
(MÉDICO ASSISTENTE, GROSSMAN BURN CENTER)

Nossa maior preocupação eram as queimaduras severas na sola do pé de Travis, que precisavam de enxertos. Com o tempo, depois da cicatrização, isso pode se tornar um problema funcional. Se ele tivesse contraturas – se a pele dele encolhesse –, isso poderia afetar sua capacidade de andar de maneira apropriada. E iria afetar sua profissão, porque ele usa os pés para tocar bateria. Essas são preocupações da sala de cirurgia: tínhamos de retirar o tecido ruim para que ele sarasse, mas não tanto, porque quanto mais pele original deixássemos, menor o risco de uma contratura severa. Enfim conseguimos fazer os enxertos e a cirurgia correu bem.

Quando Travis deixou o hospital, estava numa condição psicológica melhor, mas não ótima. Depois da alta, conversei com ele com bastante frequência: eu estava preocupado com o psicológico dele. Se fosse uma preocupação terrível, eu certamente não teria dado alta, mas eu tinha o pressentimento de que não tínhamos chegado no fundo ainda.

Depois de duas semanas, Travis me ligou e não estava bem. Havia menos raiva, mas mais fragilidade. Ele estava deprimido, a ponto de me deixar preocupado o bastante para acordar o psicólogo que o vinha acompanhando e dizer: "Você precisa ligar para ele agora mesmo, porque não quero vê-lo machucando a si mesmo". Travis estava melhorando, mas emocionalmente o processo ainda era lento. Digo, ele passou por um acidente horrível e perdeu seus amigos.

Travis estava tomando muitos remédios – o protocolo era tirá-lo deles lentamente ao longo dos meses seguintes. Foi infrutífero, porque quando ele decidiu que iria desistir dos remédios, simplesmente parou de tomá-los. Ele tinha insônia: tinha sido um problema durante a internação e ficou ainda pior quando ele foi para casa. Um dos meus maiores medos era que, por causa da tolerância dele aos medicamentos, algo ruim fosse acontecer. Celebridades estão acostumadas a conseguir o que querem, e nessa situação, infelizmente, não há como fazer a dor cessar por completo. Fiquei com os nervos à flor da pele por uns dois meses depois que ele saiu do hospital. Ele estava sempre lá no fundo da minha mente.

E então isso parou. Ele se recompôs e começou a fazer exercícios. Entrou num programa de corrida, mudou sua dieta e se transformou. O Travis Barker que eu conheço agora é uma pessoa muito diferente do cidadão que conheci quando o internamos. Ele é um cara e tanto.

Perdemos contato por alguns anos, mas então ele entrou em contato comigo porque estava em turnê e estava sendo pressionado a voar pelos outros caras da banda. Ele queria fotos para mostrar a eles: uma coisa é ouvir a respeito do acidente, mas é preciso ver o que aconteceu. Enviei algumas fotos bem explícitas, e ele as compartilhou com seus companheiros de banda. Espero que eles tenham se ligado, depois disso.

Se eu estivesse no lugar dele? Não sei se eu voltaria a voar. Se ele não consegue entrar num avião completamente sóbrio, por que voar, então? Mas não duvido que um dia ele me mande uma foto dele ao lado de uma janela de avião.

Passei cerca de três meses no hospital. Depois que saí, Shanna e eu íamos e voltávamos por umas duas semanas, mas então nosso rompimento final como casal aconteceu. Ela via Lil Chris e AM como pessoas que me mantinham afastado dela, porque eu estava com eles quando ia trabalhar. Então, numa briga, ela disse: "Estou contente que seus amigos tenham morrido".

Eu disse a ela: "Não me importa o quanto eu odeie alguns amigos seus, se eles morressem, eu jamais diria que estou contente por eles estarem mortos. Isso é totalmente sem coração". Ela provavelmente não falava pra valer, e só estava tentando me magoar porque estava com raiva – mas esse momento foi a gota d'água para mim. Abriu meus olhos para um rancor em Shanna que eu nunca tinha visto realmente – fosse porque nosso relacionamento ainda não tinha sido realmente posto à prova, fosse porque eu estava sempre muito chapado.

Mesmo durante esse período, Shanna dormia até a tarde. Contratei um motorista para levar as crianças à escola – eu ainda não podia dirigir – e então, depois de alguns dias, me dei conta de que elas eram meu maior sistema de apoio. Então eu ia no carro junto com elas até a escola, voltava pra casa, depois voltava para buscá-las. Queria passar cada momento acordado com elas.

CHEGA UM MOMENTO NA VIDA EM QUE VOCÊ SE DÁ CONTA DE QUEM REALMENTE IMPORTA, QUEM NUNCA IMPORTOU E QUEM SEMPRE IMPORTARÁ.

Depois que fui pra casa, houve muitos momentos em que eu caía em prantos sem razão aparente. Shanna foi embora; eu estava sozinho com as crianças. Não estava ficando louco, mas definitivamente sofrendo de estresse pós-traumático e culpa de sobrevivente. Sequer me sentia bem no meu próprio corpo: toda a pele no meu pé direito, com exceção de três dedos, era enxertada, nem a sensação era de um pé.

Quando olhava no espelho, via uma pessoa diferente, embora não tivesse acontecido nenhum dano às minhas feições. Eu estava vendo o mundo com olhos diferentes. O que aconteceu me mudou por completo, de forma que as expressões no meu rosto estavam fundamentalmente diferentes. Eu estava muito emotivo e triste, e Landon e Alabama se sentiam desconsolados. Eles queriam me deixar feliz, mas não tinham ideia do que fazer. Não paravam de perguntar: "Papai, por que você tá chorando?". A verdade é que eles eram a única coisa que me deixava feliz. Eu mal conseguia dormir – estava sempre muito inquieto na cama –, mas gostava de fazer companhia a Landon no quarto dele. Eu me deitava a seu lado, e ele me perguntava se eu ia ficar bem. Minhas pernas estavam cobertas de cascas de ferida, e Bama me ajudava a passar uma pomada especial nelas. Ela dizia que estava auxiliando as fadas das queimaduras a ajudar nos cuidados com os meus ferimentos[5].

Depois do acidente, me senti em extremos religiosos, de ambos os lados.

---

5 Dizem que no leito de morte ninguém deseja ter trabalhado mais – sempre falam que deveriam ter passado mais tempo com a família. Quando eu estava no hospital, foi *exatamente* como me senti.

Eu e a bebê Bama. Cortesia de Estevan Oriol

TALLY BRILLIANT MAS
BOARD OF AUTHORITY

DEPOIS DE CERCA DE UM MÊS QUE SAÍ DO HOSPITAL E FUI PARA CASA: A PRIMEIRA VEZ QUE ME VESTI, SAÍ NA RUA E TOQUEI NOS PADS DE ESTUDO. MINHAS MÃOS ESTAVAM DESCAMANDO E SANGRANDO.

Por um, eu pensava: Quem torturaria alguém da maneira como acabei de ser torturado? Meus dois amigos estão mortos. Sessenta e cinco por cento do meu corpo estava queimado. Fiquei internado num centro de queimaduras, passei por vinte e seis cirurgias e quase perdi a perna. Minha mão direita ainda está dormente. Que porra de sádico faria isso com alguém? Não é possível que haja um Deus.

Porém, outra parte de mim pensava: Sou abençoado por estar aqui. Ainda estou aqui com meus filhos. Ainda estou aqui com minha família. Deve haver uma razão para Deus ter me deixado aqui. Era confuso. Eu sentia muita culpa de sobrevivente: estava muito transtornado por Chris, Che e os dois pilotos terem morrido. Tinha pensamentos suicidas loucos, e não queria estar nesse estado de espírito: voltei-me para Deus e pedi a ele que me protegesse de mim mesmo. Então, depois disso, passei a rezar a cada dia. Eu literalmente contava os dias em que eu estava vivo desde o acidente – mas, às vezes, me dava conta de que cada dia me deixava vinte e quatro horas mais próximo da minha morte de fato. Cabia a mim decidir como eu gostaria de pensar no meu tempo no mundo.

Fui educado a ter fé. Seria ignorante da minha parte pensar que eu calho de estar nesse planeta por acaso. Deve haver um plano maior – e, se não houver, ficarei muito desapontado quando morrer. Não pode ser assim. Eu quero acreditar.

Se Chris e eu tivéssemos conversado sobre isso, teríamos feito um pacto: se algo acontecesse a um de nós, o outro iria descobrir o que tudo isso significa. Chris teria feito o mesmo, porque Chris podia fazer qualquer coisa acontecer. Ele iria resolver essa coisa toda com Deus.

Ainda faço minhas orações todos os dias. Falo com a minha mãe; falo com Chris; falo com Che; aqueles que faleceram e que são especiais para mim, falo com eles. Tenho de acreditar que eles têm alguma habilidade de se comunicar e de ainda me ouvir. Tenho muitas perguntas sem resposta, mas também tenho muita fé. Ainda rezo por meu pai, meus filhos e minhas irmãs.

Acontecimentos decisivos, como o meu acidente, não chegam anunciados. Eu não conseguia entender como o mundo continuava girando. Me sentia muito vulnerável, mas ninguém ao meu redor parecia se sentir da mesma forma. Se alguém falasse de sair para ir a algum bar ou até mesmo comer no McDonald's, eu não conseguia entender por que correr esse risco. Meu pai me dizia que ia me visitar, mas eu não queria que ele fosse, porque isso significava pegar 140 km de estrada.

Depois de cerca de quatro semanas em casa, minhas mãos finalmente sararam. Eu tinha sofrido queimaduras de terceiro grau nelas, mas as bolhas tinham enfim melhorado. Nesse dia, liguei para Daniel e disse a ele: "Quero um pad de estudo e algumas baquetas". Ele trouxe esse equipamento e eu o montei no quintal – na sombra, porque eu ainda não podia sair no sol. Observava meus filhos brincarem, e comecei a praticar no pad por duas ou três horas por dia.

Ia até o estúdio e não conseguia achar meu ritmo. Nada parecia certo. Eu ainda estava me recuperando do acidente – mas também não estava acostumado a tocar sem estar chapado. Conversei com Paul Rosenberg, que é um dos meus empresários, um bom amigo e um homem sábio. Ele também trabalhava com o Eminem, e me disse que o Eminem estava completamente sóbrio. Fiquei incrédulo, mas ele disse: "Demorou um pouco para o Em acertar as coisas, mas ele está 100% sóbrio agora. Está viciado em malhar". Eu o admirei – estava sóbrio e continuava a fazer coisas iradas num estilo de música que eu adorava –, mas parecia algo além do meu alcance.

Eu tinha medo de sair de casa, e me faltava motivação para fazer qualquer coisa. Ia até o estúdio só para me sentir produtivo, mas sempre que eu batia num tambor, achava que ele poderia revidar o golpe e me matar. Fui me encontrar com meu amigo Aaron Spears, baterista de música gospel que toca com o Usher. Ele me perguntou se eu vinha praticando, e eu respondi: "Não, cara, não de verdade". E ele disse: "Você precisa tocar. Há tantos bateristas que te têm como inspiração". Ele me disse que eu devia me apaixonar de novo pela bateria, e isso ajudou a me inspirar.

Por muitos meses depois do acidente, eu detestei entrar num carro – principalmente por conta do meu medo de ver um avião no ar. Não importava o quanto eu tentasse, não conseguia parar de pensar que todo avião que eu visse ia cair. Eu entrava em pânico e dizia aos meus amigos Cheese e Armen, que estavam dirigindo para mim: "Por favor, vamos mais rápido e pra longe daquele avião, porque estou me sentindo como se ele fosse cair". Imaginava o avião virando de ponta cabeça, colidindo contra o chão e entrando em chamas. Levou quase um ano até que eu parasse de ter essas visões.

Depois de alguns meses fora do hospital, estava pronto para ver AM. Conversamos bastante ao telefone e nos encontramos para tomar café da manhã. Ficamos lá sentados por horas, até o meio-dia, conversando sobre tudo o que lembrávamos daquela noite na Carolina do Sul. AM não se lembrava de nada de antes de eu acordá-lo e ele descobrir que estava dentro de um avião em chamas: ele deve ter desmaiado, ou talvez o primeiro impacto o apagou.

Descobri que Chris e Che morreram no impacto, de traumatismo craniano: nenhum dos dois estava usando cinto de segurança. Então, quando tentei ir para a parte da frente do avião para buscá-los e minhas mãos pegaram fogo, eles já tinham partido – não havia nada que eu pudesse fazer por eles. Quando fiquei sabendo disso, ajudou um pouco. Era difícil entender por que as coisas aconteceram como aconteceram. Eu nem conhecia os pilotos, mas me sensibilizei 100% por eles. Passei horas pesquisando quem eram e tentando conhecê-los.

Fui tomar café da manhã com LV. Pedi desculpas a ele: eu não deveria tê-lo culpado pelo acidente. Ele não tinha atentado para a minha lista de exigências quando reservou o avião – mas ele tão tinha conhecimento disso, então como eu poderia culpá-lo? No final das contas, nós quatro escolhemos embarcar naquele avião. Perdoei e esqueci – não era culpa do LV.

Demorou muito até que eu visse alguma foto do acidente. Quando o fiz, pude ver que a parte de cima do avião fora arrancada: o Learjet parecia um conversível. Em outras palavras, Alabama estava absolutamente certa quando me disse que "o teto vai sair".

Eu checava continuamente o site Access Help, à procura de grupos de apoio a vítimas de acidentes aéreos, mas eles eram voltados mais para pessoas que tinham perdido entes queridos, não para sobreviventes. Eu era ambas as coisas, o que bagunçava mais ainda minha cabeça.

AM já vinha voando há meses, mas eu não conseguia me imaginar entrando num avião novamente. Perguntei como ele fazia. Aparentemente, ele tomava um Xanax sempre que entrava num avião – um terapeuta disse a ele que, depois de doze anos de sobriedade, tomar Xanax para voar não faria muito mal. Mas achei que isso era um erro – eu sabia o quão fácil isso poderia se transformar numa porta para coisas mais perigosas.

Eu me sentia entorpecido, mas AM me ajudou muito. Ele se juntou a alguns grupos de apoio para pessoas envolvidas em acidentes aéreos, pessoas que tinham sobrevivido a um acidente ou tinham perdido algum ente querido num acidente. Estava passando por um processo doloroso que chamavam de "retreinar o cérebro". Eles testam como seus olhos reagem a certas coisas, e tentam ensinar ao cérebro a dar a volta numa memória, quase a apagando. Eu sentia que aquilo era uma perda de tempo para mim. Eu olharia para as minhas pernas todos os dias e diria: "Porra, eu sei por que tenho cicatrizes pelo corpo todo". Não comprei a ideia, mas AM acreditava firmemente nela.

AM checava como eu estava toda semana. Ele era a única pessoa com quem eu podia conversar de verdade. Sempre que meu amigo Cheese me levava de carro até o estúdio, eu usava óculos escuros e um capuz, e chorava o caminho todo. Quando pegávamos a rodovia 101, passávamos pelo centro de queimaduras e isso sempre mexia comigo. Ninguém ao meu redor entendia de verdade a profundidade da minha depressão. Embora AM tivesse queimado apenas uma polegada de seu corpo, ele era capaz de se relacionar com o que tinha acontecido. Mas ele sempre me dizia: "Cara, é duro pra mim, Trav, porque tudo que tenho é o Muggsy, meu gato. Você tem filhos incríveis, e sabe que tem de ser forte por eles, já eu tenho o Muggsy. Eu queria ter algo mais pelo qual viver".

Ele estava certo sobre os meus filhos: todos os dias eu era lembrado que precisava voltar aos eixos por eles. Eu tinha os filhos mais incríveis, e eles eram o meu verdadeiro propósito na vida. Eu tivera uma segunda chance, e tinha de agradecer por cada minuto com eles que me restasse. Eles me colocavam em modo de sobrevivência. Davam-me todas as minhas forças.

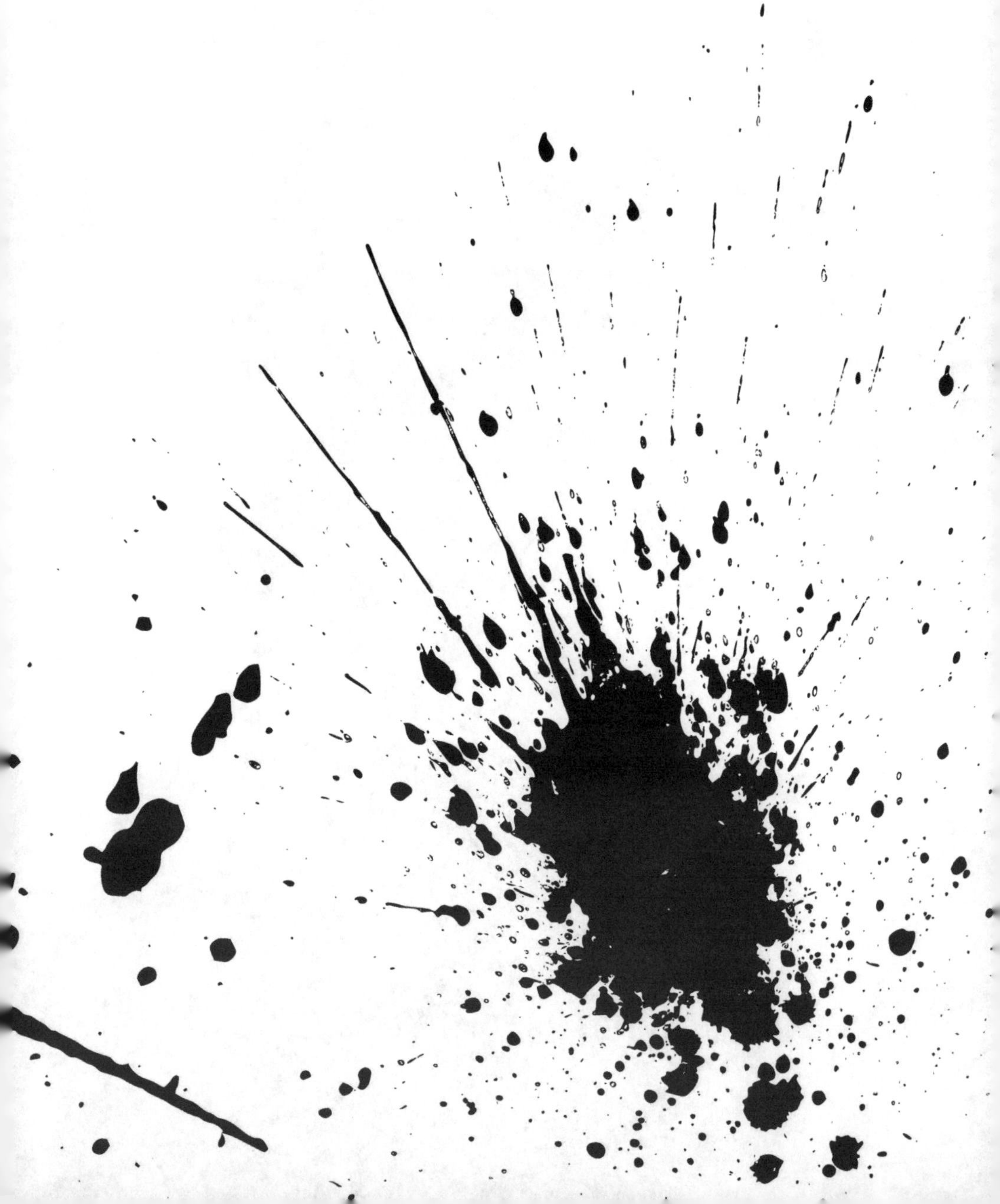

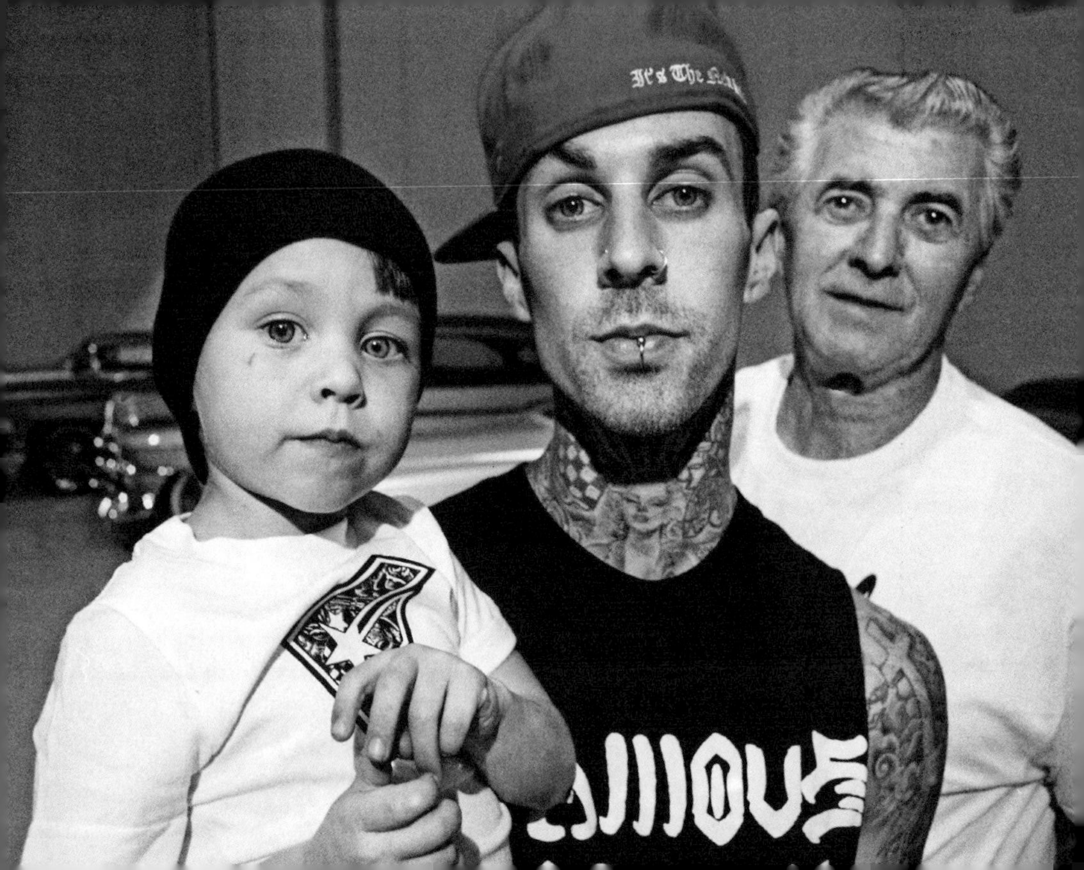
It's The

Meus filhos e minha família me dão força. Cortesia de Estevan Oriol.

Fazendo uma oração antes do show.
Cortesia de Willie Toledo

17
Fantasma na pista de dança

Quando eu estava internado no centro de queimaduras na Geórgia, Mark e sua esposa, Skye, voaram para lá na hora para me ver. E, para minha surpresa, Tom começou a me escrever cartas. Ele me enviou uma foto de nós três num submarino no Oriente Médio, de quando o Blink-182 tocou naquela base naval em Bahrein: isso simbolizava nosso passado. E havia outra foto, dele com seus filhos pendurados nele: isso era aonde a vida o tinha levado.

Eu não falava com Tom havia cinco anos. E não esperava falar com ele de novo. Eu aceitei o fato de que o Blink tinha acabado e segui com a minha vida muito antes do acidente. Porém, quando recebi aquelas cartas manuscritas, ficou óbvio para mim que ele se importava, mesmo depois de tudo que tinha acontecido.

Liguei para ele do hospital; não tenho certeza o que ele esperava ouvir de mim, mas foi legal falar com ele pelo telefone. Ele mandou umas piadas sobre eu estar numa cama de hospital, perguntando se eu estava nu. Liguei para o Mark logo em seguida e disse a ele: "Tom foi legal, engraçado – é o mesmo cara que nós conhecíamos. Não foi uma conversa estranha".

TOM DeLONGE (GUITARRISTA/VOCALISTA, BLINK-182)

Eu não via o Travis fazia uns quatro ou cinco anos. Quando o vi novamente, a maior mudança estava em sua dedicação à família. Estive com ele em seus momentos mais baixos, e acho que as pessoas ficariam surpresas ao descobrir que ele é uma criatura tão emocional. Ele tem uma fachada muito séria, e machucados e cicatrizes por tudo o que passou, mas eu o vi despido dessas coisas, e ele é muito humano, tanto quanto todo mundo.

Remontamos a banda e começamos a fazer turnês de novo. Eu estava sentado num aeroporto e Travis me deu um cartão. Dentro, havia uma mensagem dizendo que ele valorizava nossa amizade. Foi do nada, e foi muito legal. Travis não faz gestos como esse com muita frequência – não é que ele não tenha esses sentimentos, ele simplesmente não os deixa muito à mostra. Travis sempre foi calado e recluso. Ele se protege com muitas barreiras, então pode ser difícil atravessá-las. Mas, lá no fundo, existe um garotinho – exatamente como Mark e eu. Travis não expressa nada, e eu expresso tudo.

A comunicação sempre foi difícil nessa banda. Nós três somos como cachorros velhos que não vão mudar. Sabemos que essa foi a banda que nos trouxe tudo: a descrevo como um casamento disfuncional do qual nunca vamos sair. Não é tão ruim assim – já vi bandas saírem no braço em vídeos no YouTube. Isso nunca aconteceria conosco, porque ficamos em hotéis diferentes e viajamos em ônibus diferentes. Ainda temos muito respeito uns pelos outros, mas em confronto constante no processo.

Minhas interações com Travis são melhores quando estou empunhando uma guitarra. É aí que creio termos um respeito mútuo enorme. Quando nós três estamos tocando juntos, é o único momento na vida em que sou capaz de não pensar em nada mais além de que porra está acontecendo naquele momento. Quando entramos para ensaiar, antes de começar, todos estão pensando sobre alguma outra merda e tomando cuidado um com o outro. Então, quando pegamos nossos instrumentos, é como se nós três tirássemos todos os fardos da vida. É como um dispositivo de tradução.

Se eu nunca tivesse conhecido o Travis, eu não teria tudo o que há de melhor na minha vida, além da minha família. Eu não teria nada. É uma dessas coisas que você nunca diz para o outro – mas é verdade. É assim que me sinto.

No início de 2009, uns dois meses depois de eu sair do hospital, Tom veio de San Diego e nós três nos reunimos na minha casa. Tivemos algumas conversas bem sinceras e abertas e discutimos os porquês de termos nos separado. Em pouco tempo, concordamos que voltaríamos. O plano era que nós três fizéssemos do Blink-182 uma prioridade, mas que cada um de nós teria espaço de sobra para trabalhar em nossos outros projetos. Concordamos em entrar em estúdio dali a uns dois meses e ver o que aconteceria.

Uma semana ou duas depois, recebi um telefonema: Mark e Tom estavam animados para entrar em estúdio e não queriam esperar dois meses. Para mim, era muito mais sério do que eu imaginava. Naquela altura, eu não estava nem saindo muito de casa ainda. Tinha medo de sair de casa, medo de entrar num carro. Eu não saía nem para andar na rua: só queria ficar deitado na cama, fumar quantidades enormes de maconha e me esconder. Mas não queria dizer isso a eles. Precisava provar a mim mesmo que conseguia sair de casa e ainda tocar bateria.

Topei ir bem prematuramente, porque a sensação de estar no estúdio era muito boa. Eu não diria a verdade a ninguém: que eu ainda não estava pronto para estar lá. Minhas pernas ainda estavam descamando. Eu não sentia nada na minha mão esquerda, só o dedo indicador e o polegar. Não deixaria Tom e Mark saberem o quão assustado eu estava, nem mesmo que minha mão estava dormente. Minhas mãos ainda estavam cicatrizando: sangravam toda vez que eu tocava bateria. Nesse primeiro dia, compusemos a música que se tornou "Up All Night".

Logo depois disso, tomei coragem para ligar para o meu médico e dizer a ele que minha mão esquerda estava dormente. Eu já tinha falado sobre isso quando estava internado, mas não tinha dado muita ênfase porque não queria passar por mais cirurgias, só queria ir para casa. Ele me disse que eu precisava ver um neurologista imediatamente: fiz um monte de exames, que indicaram que meu nervo ulnar estava comprimido. Cerca de uma semana depois, passei por uma cirurgia; provavelmente nunca sentirei a mão esquerda por completo, mas ainda consigo usá-la para tocar bateria, que é o que importa para mim.

AM e eu continuamos a tocar juntos. Tínhamos um vínculo especial por termos sobrevivido àquele acidente, compartilhávamos uma experiência da qual muito poucas pessoas saem vivas. Apreciávamos nossa amizade, adorávamos fazer música juntos e éramos gratos por estarmos vivos. Tiramos do nosso set um remix do Johnny Cash: "Ring of Fire", com uma batida de Black Rob, e AM disse: "Nunca mais vamos tocar essa música". A letra diz: "Caí nas chamas de um anel de fogo / Caí, caí, caí, enquanto as chamas subiam"[1]. Era um dos nossos remixes mais populares, mas seria real demais.

Naquela primavera, fizemos um dos nossos maiores shows, no Coachella. Tocamos por uma hora, e Warren G subiu no palco para fazer "Regulate" conosco. Sempre que AM e eu tocávamos, checávamos se Warren G estava dispo-

---

1 Tradução livre de "*I fell into a burning ring of fire / I went down, down, down, as the flames went higher*". (N. do T.)

nível – quando ele podia ir ao show, terminávamos o set com "Regulate" e todo mundo ia à loucura. Warren G e seus rapazes nunca tinham visto nada como o Coachella. Depois que nosso set acabou, eles ficaram observando a multidão por horas, boquiabertos, conferindo as garotas sob o efeito de ecstasy dançando *twerk* no ombro de alguém. Enquanto isso, eu tentei ver o show do The Killers, mas eles usavam muita pirotecnia e eu ainda não estava pronto para isso.

Ganhamos muita atenção com o show no Coachella. Havia gente que não tinha ouvido nada sobre nós além de "aquele DJ e o baterista que quase morreu num acidente de avião". A maioria dos DJs no Coachella eram caras como o Deadmau5, DJs de renome. E, de repente, nós estávamos no meio deles.

Depois do nosso set, me encontrei com Bill Fold, meu antigo colega de quarto que fora empresário dos Aquabats – e depois fundou tanto o Coachella quanto a produtora Goldenvoice. Ele me disse: "Tinha ouvido que vocês estavam criando certo burburinho, mas não sabia como seria. Até onde eu sabia, o AM tocava paradas de sucesso nas baladas. Coloquei vocês no show por amor. E fiquei de cara. Vocês foram incríveis pra caralho".

Antes do agora reunido Blink-182 fazer qualquer show, fizemos nossa primeira sessão de fotos, com Michael Muller. Cheguei para a sessão, e a ideia dele era que fôssemos fotografados com fogos de artifício nas mãos. Eu tinha saído do centro de queimaduras havia cerca de dois meses, então era algo ainda muito próximo, mas eu não quis causar problemas ou deixar Mark e Tom desconfortáveis. Acendi o meu e tentei jogar pela equipe, mas precisei parar e dizer: "Não consigo. Faço uma sessão de fotos normal, mas não quero segurar algo que esteja pegando fogo". Depois de ser engolfado por fumaça e fogo, parecia que eu estava brincando com o fato de 65% do meu corpo ter sido queimado. Porém, quando me manifestei, todo mundo foi compreensivo.

Em julho, o Blink-182 deu início à turnê de reunião em Las Vegas. Não tínhamos uma produção enorme: nenhum show de luzes, nenhum tecladista secreto escondido, nenhum cara tocando guitarra atrás das cortinas. É o que a maioria das bandas de rock faz hoje em dia. Éramos só nós três, fazendo o que deveríamos fazer. Naquela noite, toquei com a banda no Hard Rock, e então AM e eu fizemos um show de *after party* na balada Rain, onde tocamos nosso set do Coachella do começo ao fim, com a produção completa. Foi demais.

Quando AM e eu saímos do palco, minhas mãos estavam ensanguentadas de tocar por mais de quatro horas numa noite. Estávamos só falando bobagem, nos divertindo muito depois do show, quando AM disse: "Trav, estou fodido, cara. Estou com vontade de usar bagulhos pesados e tocar o foda-se". Pensei que ele estava falando só do nosso estado de espírito normal depois do acidente, que significava não estar muito bem. Estávamos ambos mentalmente fodidos, mas, àquela altura, AM estava bem pior do que eu. Quando ele disse isso, me lembrei de como ele costumava entrar na minha sala de ensaio quando eu tinha quilos de maconha lá. Ele pegava a maconha, colocava na frente do rosto, sentia o cheiro e dizia: "Um dia, um dia... serei capaz de fumar um baseado na praia". Ele sabia que tinha uma personalidade propensa ao vício – na época em que usava muita droga, pesava 130 kg. Sabia como sua vida ficava quando perdia o controle, então não achei que ele falava sério quando disse aquilo – mas foram as últimas palavras que ele me disse. Elas não param de ecoar na minha cabeça.

Ao longo das duas semanas seguintes, estive em turnê com o Blink. Twittei dizendo que era ótimo estar de volta a fazer shows com meus irmãos. AM twittou de volta, dizendo: "Espero que isso não signifique que não vamos mais fazer um som juntos, mano. Sei que você gosta mais de tocar com eles do que comigo, mas espero que ainda possamos fazer nosso lance".

Eu disse a ele: "Tá de brincadeira, mano? Adoro tocar com você. Não mudaria em nada. Só estou dizendo que é bom estar de volta à banda".

Então a turnê chegou a Nova York, e eu mandei uma mensagem para ele: "Yo, estou em Nova York, vamos nos ver". Não obtive resposta.

Eu estava tendo meus próprios pensamentos mórbidos com muita frequência na época, então tentei preencher cada minuto do dia. No dia 29 de agosto, o Blink tinha um show marcado em Hartford, Connecticut, então, durante o dia, entrei em estúdio com o grupo de rap Slaughterhouse para trabalhar numa faixa para o meu álbum solo. Eu tinha enviado uma batida a eles umas duas semanas antes e eles adoraram, então nos reunimos para trabalhar na faixa.

Eles fizeram uma pequena pausa na gravação das rimas, e eu vi uma galera amontoada na frente de um computador, conversando. Fui até lá para ver o que estava rolando. Daniel passou o computador para mim e disse: "Sinto muito, Trav".

Era uma matéria dizendo que AM tinha morrido de uma possível overdose. Entrei em choque: parecia que havia uma pedra na minha garganta que eu não conseguia engolir. Os caras do Slaughterhouse tentaram me confortar – eles conheciam o AM também –, mas eu não conseguia nem falar. Parecia que uma parte de mim tinha morrido. Caí em prantos e saí do estúdio[2].

AM tinha ido para Nova York, mas não convidou ninguém para ir com ele. Geralmente um dos nossos empresários viajava com ele, e na época ele tinha uma namorada, mas foi sozinho propositalmente – até onde conseguimos decifrar, ele queria ficar chapado sem que ninguém o impedisse.

Encontraram dez comprimidos de Oxycontin na garganta dele. Um só já te faz derreter, então me perguntei: será que ele não conhecia as drogas novas? Será que ele calculou errado porque, na época em que usava, pesava 130 kg e precisava de muito mais drogas para ficar chapado? Ele teria feito de propósito? Até hoje, ainda não sei. Penso sobre isso o tempo todo.

LAWRENCE LV VAVRA (EMPRESÁRIO)

Adam era uma das melhores pessoas que se poderia conhecer. Era um cara amável, embora se preocupasse um pouco demais a respeito das coisas erradas. Adorava ganhar dinheiro, adorava gastar dinheiro, adorava socializar. Era um galanteador. Assim que fazia check-in num hotel, já estaria com vários aparelhos diferentes, mandando mensagens para, às vezes, três ou quatro garotas ao mesmo tempo. Em voos longos, ele nunca queria conversar sobre a carreira; era sempre: "Aí, o que você acha dessa mina?".

O choque foi tão grande quando ele faleceu porque ele era a última pessoa que você imaginaria morrendo de overdose – pela forma como ele ajudou tantas outras pessoas, você pensaria que, se ele estivesse passando por problemas, conseguiria buscar ajuda. Ele ajudou meu irmão a ficar sóbrio. Tentou deixar Travis sóbrio umas vinte vezes.

Nunca vi isso com nenhum outro artista: ele se lembrava de algo pelo qual eu estava passando e me ligava para dizer: "Como você tá hoje, cara? Deu tudo certo?". Isso não acontece da parte de outros músicos – são pessoas inerentemente egocêntricas. Travis de vez em quando entra em contato comigo, o que acho que é um reflexo de AM fazer isso com ele.

Em retrospecto, e vendo o que aconteceu no mundo da música eletrônica e

---

2 Joe Budden, do Slaughterhouse, fez uma rima sobre esse momento numa faixa chamada "Pray for Them": "*Reminded my past is darker / Cause when AM died, I was starin' at Travis Barker / Wishin' there was something I could say to make him cheer up / And so I prayed, and he teared up*" ("Me lembrei que meu passado é mais escuro / Porque quando AM morreu, eu estava encarando o Travis Barker / Desejando que houvesse algo que eu pudesse dizer para consolá-lo / E então rezei, e ele chorou", em tradução livre).

EU E DJ AM.
CORTESIA DE ESTEVAN ORIOL

dos DJs – se o acidente não tivesse acontecido, e se Adam não tivesse falecido, ele provavelmente seria um artista dance do mais alto escalão, ganhando quatrocentos ou quinhentos mil por show. Travis e Adam tinham se tornado bons amigos, e o céu era o limite para eles.

Depois que AM morreu, eu era o único sobrevivente que restava daquele Learjet: era como se eu estivesse numa versão da vida real do filme *Premonição*, em que eu trapaceava a morte e o destino viria acertar as contas comigo. Fiquei com medo de entrar no ônibus do Blink-182 e ir para o próximo show: parecia que eu podia morrer a qualquer momento. Enquanto AM estava vivo, eu sentia que, por ele ter sobrevivido, eu poderia sobreviver também. Agora, meu sistema de apoio tinha morrido; eu poderia conversar com qualquer terapeuta do mundo por horas, mas não seria a mesma coisa, porque eles não tinham estado naquele acidente aéreo. Minha conexão com AM ia muito além de termos um vínculo especial: quando ele morreu, foi como se eu perdesse uma parte de mim.

Fizemos o show, mas eu estava um lixo. Fiquei no meu ônibus até a hora de tocar, chorando o tempo todo. Entrei no palco, toquei mecanicamente e voltei direto para o ônibus. Depois do show, fizemos uma pausa na turnê para que eu pudesse ir ao funeral de AM na Califórnia. Eu tinha perdido os funerais de Che e de Chris, porque estava inconsciente numa cama de hospital no centro de queimaduras, mas eu não perderia o funeral de AM. Não me importava se eles me tirassem da banda: eu precisava ir.

Voltei de ônibus para a Califórnia, quatro dias seguidos de viagem, só parando para abastecer, chorando durante todo caminho.

O funeral foi mais difícil do que eu esperava: parecia que eu estava enterrando AM, Chris e Che todos juntos. A maioria dos funerais a que fui na infância e adolescência tinha sido com os caixões abertos e, embora eu não quisesse ver AM morto, queria vê-lo uma última vez – porém, como ele era judeu, o caixão permaneceu fechado.

Depois, dei meia volta e viajei por mais quatro dias seguidos para retomar a turnê do Blink. Foram alguns dos shows mais difíceis da minha vida. Fizemos um tributo ao AM durante os shows, com algumas fotos dele em telões de LED. Fazíamos um minuto de silêncio e então tocávamos "Ghost on the Dance Floor".

Eu só queria me esconder. Tinha medo de sair na rua; tinha medo de andar de ônibus. Só queria me encolher em posição fetal e fugir de tudo. De algum modo, sobrevivi às três semanas seguintes até o final daa turnê. Não saía do ônibus, não fazia passagem de som. Só tocava os shows diariamente, em geral com a cabeça baixa, chorando ao longo de todo o set. O último dia da turnê foi quando o acidente completou um ano. Eu estava vivo, mas não estava vivendo de verdade.

Cortesía de Willie Toledo

18
O baterista merece alguns aplausos?

Quando voltei para casa da turnê de reunião do Blink-182, finalmente fiz os raios-X e as ressonâncias magnéticas que deveria ter feito um ano antes, e esses exames revelaram que minha coluna estava fraturada em três pontos. Os médicos perguntaram: "Por que você não falou nada? Você deve ter tido dores sérias".

"Bom, sim, mas eu achei que, como passei por um acidente de avião, *jamais me sentiria cem por cento*". No hospital, me disseram que levaria uns dois ou três anos até que eu estivesse funcionando devidamente, e que eu poderia nunca mais me sentir o mesmo – eu só devia ficar contente por ainda estar vivo. Isso ressoou para mim – tentei não reclamar, não lastimar, não tomar nada por certo.

UMA MENTALIDADE FORTE É A ARMA MAIS PODEROSA QUE VOCÊ PODE TER.

No hospital, comi muita carne para ajudar meu corpo a se recuperar, e mesmo depois que saí, tentei ir a churrascarias com Shanna e as crianças; não gostei de nenhuma. Mas assim que consegui voltar a ser vegetariano, quis ir ainda mais fundo e me tornei vegano[1]. Há muitas formas de obter proteína para o corpo que não envolvem o consumo de carne, e simplesmente acho que meu corpo funciona melhor como vegano: nunca me sinto pesado. Mas uma

---

1 Não é só uma escolha pessoal: ser vegano é importante para cuidar do planeta: são necessários 2.500 litros de água para produzir meio quilo de carne bovina, e o cultivo de pastos para alimentar gado consome mais da metade do suprimento de água dos Estados Unidos. Pouco mais de meio hectare de terra agrícola pode produzir 16 toneladas de alimentos vegetais ou 170 kg de carne, enquanto que uma fazenda com 2.500 vacas leiteiras produz a mesma quantidade de lixo que uma cidade de 400 mil habitantes. A agricultura animal é responsável por mais emissões de gases de efeito estufa do que todos os meios de transporte.

alimentação vegana não é o suficiente: é preciso também uma alimentação *saudável*. É possível ser um vegano de junk food. Eu costumava viver de Red Bull e burritos de feijão, queijo e arroz, e nunca bebia água. Era vegetariano, mas era nojento. Hoje, tento beber sucos todos os dias; boa alimentação no corpo significa boa energia[2].

Depois do acidente, minha mão esquerda ficou dormente por muito tempo: passei por várias cirurgias, e não tinha certeza de que ela voltaria a funcionar. Porém, mesmo se eu jamais conseguisse voltar a tocar bateria, queria terminar meu álbum. Esse foi um dos objetivos que me incentivaram a seguir em frente: quis terminá-lo porque Lil Chris era muito apaixonado por esse projeto. Ele me encorajava mesmo: "Trav, cara, todos esses artistas querem trabalhar com você". Ele provavelmente me motivou mais do que qualquer empresário que já tive. Fazer um álbum solo significava que eu podia fazer o que quisesse, musicalmente – e o que eu queria era colaborar com todos os meus MCs e músicos favoritos, numa retribuição ao hip-hop, gênero que eu amo tanto.

Eu passava todo o meu tempo no estúdio que Mark e eu compramos – o nome oficial era OPRA, mas nós só chamávamos de "o laboratório". Tinha duas salas, Estúdio A e Estúdio B, e eu tinha baterias montadas por todo lugar, de forma que pudesse me alternar entre a gravação de um novo álbum com o Blink e os trabalhos no meu álbum solo. Além disso, reunimos os Transplants e começamos a trabalhar em músicas novas – toda terça-feira (a maioria dessas músicas acabou no nosso terceiro álbum, mas uma delas, "Saturday Night", acabou no meu disco solo). O Transplants é provavelmente a banda mais produtiva da qual já fiz parte: Tim consegue compor um gancho em minutos, e basicamente 100% das vezes é um gancho incrível.

TIM ARMSTRONG (CANTOR/GUITARRISTA, THE TRANSPLANTS)

As Terças dos Transplants se tornaram um novo estágio do negócio criativo que criamos: todos nós temos agendas e vidas malucas, mas toda terça-feira,

---

2   Hoje, também sou investidor de um restaurante vegetariano incrível, o Crossroads. Meu amigo Toby Morse, da banda H2O, me apresentou ao chef do restaurante, Tal Ronnen: ele já cozinhou para Bill Clinton, Oprah Winfrey e Steve Wynn, e trabalhou no casamento de Ellen Degeneres e Portia de Rossi. O mundo vegano é bem pequeno – quando há chefs como Tal, você ouve falar deles. Então eu sabia sobre ele, e sabia que ele era totalmente do punk rock. Ele me abordou num show do Bad Brains, dizendo que queria que eu me envolvesse com o restaurante (não só ele é um grande chef, como também tem um ótimo gosto musical). Ele me revelou a visão que tinha para o restaurante e eu fiz uma degustação da comida, que era deliciosa. Fiquei confiante que se ele tivesse seu próprio restaurante em LA, daria muito certo, e é um enorme sucesso. Assim, sou investidor de três restaurantes: o Crossroads, mais duas franquias do Wahoo's Fish Tacos.

haja o que houver, nos reunimos às 10h da manhã. Acho que foi minha a ideia de termos um dia para retomar o que fizemos no início, no meu porão: apenas celebrar a música e se divertir, sem nem ter um disco em mente. Era uma vibe ótima, amigos fazendo música por fazer, sem uma agenda de interesses de verdade. Eu nem sei o nome real do estúdio do Travis. Nós chamamos de "o laboratório" – ele é o cientista louco. Basicamente, ele tem quatro baterias – estou bem certo de que elas ficam microfonadas o tempo todo. Ele não faz muita pré-produção quando vai gravar uma faixa de bateria. Deixo uma guitarra lá, porque sou canhoto. Apareço lá, avisando de última hora, para compor um gancho ou qualquer outra coisa.

Eu ficava o dia todo no laboratório e só ia para casa quando começava a pegar no sono. De manhã, acordava e corria para lá[3]. Com toda a ação rolando num mesmo lugar, coisas empolgantes podem acontecer. A música "After Midnight", do Blink-182, é baseada numa batida que gravei para o rapper Yelawolf. É uma batida maluca: tem *double strokes* muito rápidos no chimbau. Gravei algumas batidas para o Yela ouvir e outras para o Blink ouvir. Quando o engenheiro de som que trabalha com o Blink colocou as batidas para tocar, tocou a sessão errada – mas quando Mark e Tom ouviram, ficaram loucos. Eu falei que aquela batida nem era para ser do Blink, mas eles disseram: "Não, nós adoramos". Então começamos a compor em cima dela, que acabou se tornando uma das minhas músicas favoritas daquele álbum, *Neighborhoods*[4].

Convidei Slash para tocar no meu disco solo, e ele respondeu: "Porra, claro". Eu crescera ouvindo Guns N' Roses, e já tinha tocado com ele em uns dois eventos beneficentes para sua instituição de caridade, que ajuda adolescentes em situação de risco. Sempre que eu tocava com ele, ficava na bateria a noite toda, e ele fazia um rodízio dos outros músicos: gente importante, como Flea e Ozzy Osbourne. Assim, enviei três músicas para que ele escolhesse, e ele gostou da canção dos Transplants. Ele é um cara muito humilde e pé no chão: chegou no estúdio sem ajudantes. Trouxe uma guitarra e um ampli pra dentro

---

3   Um dia típico para mim é acordar cedo, comer, treinar, tocar bateria, comer de novo, tocar bateria, treinar e ir dormir – não mudaria essa rotina por nada no mundo.

4   Foi um álbum difícil de fazer – foi muito estranho estar em estúdio sem Jerry. Ele tinha um ouvido ótimo e era um quarto membro da banda. Sempre teve liberdade para ser sincero conosco. Às vezes, quando um de nós diz algo sobre como melhorar alguma música, os outros caras podem não entender – mas quando era Jerry quem dizia, nós sempre concordávamos: "OK, claro, o Jerry sabe das coisas".

e quebrou tudo. Slash sabe que pode me ligar a qualquer hora e eu farei o que ele precisar[5].

Foi a mesma coisa com Tom Morello na faixa "Carry It", que também conta com Raekwon e RZA, do Wu-Tang Clan: ele chegou, plugou a guitarra e começou a tirar dela uns barulhos de golfinho que não dava nem para acreditar. Os Cool Kids vieram e nós trabalhamos em "Jump Down"; um dos MCs deles, Chuck Inglish, tocava um pouco de bateria, então montamos dois kits. Toquei no kit "cocktail" – cowbells, tons, esse tipo de coisa – enquanto ele tocou a bateria principal. Inventamos um ritmo juntos e matamos a faixa em um dia.

Alguns caras vinham ao estúdio; outros só gravavam rimas ou ideias de ganchos e me enviavam. Contei com trinta e cinco convidados no álbum, incluindo alguns dos meus músicos e MCs favoritos: Lil Wayne, Snoop Dogg, Game, Swizz Beatz, Rick Ross, Pharrell Williams, Busta Rhymes, Lupe Fiasco, Dev, Ludacris, E-40, Slaughterhouse, Yelawolf, Twista, Lil Jon, Kid Cudi, Tech N9ne, Bun B, Beanie Sigel e Cypress Hill. Dei o título de *Give the Drummer Some* ["uns aplausos para o baterista", em tradução livre], que é algo que o James Brown costuma dizer a

COM SLASH.
CORTESIA DE ESTEVAN ORIOL

---

5   De vez em quando a mulher dele, Perla, me liga e diz: "Olha só, tem um cara dando uma festa na casa dele – e ele vai pagar trinta mil a você e ao Slash se vocês tocarem lá por quarenta e cinco minutos". Claro, sem problemas.

sua banda. Fiquei com medo de soar óbvio demais, mas teve gente que gostou muito desse título.

KEVIN BIVONA (TECLADISTA)

Quando eu tinha dezoito anos, me juntei aos Transplants como tecladista de apoio numa turnê. Essa turnê acabou e os Transplants também acabaram por um tempo. Eu não tinha nada em vista, então arrumei um emprego em telemarketing, o que era uma merda. Mas, certo dia, recebi uma ligação do Travis – ele estava trabalhando numa sessão do Bun B e queria que eu fosse até o estúdio para tocar teclado. Eu já tinha tocado algumas coisas de hip-hop antes, então era familiarizado com a vibe. Depois, Travis começou a trabalhar em seu álbum solo, *Give the Drummer Some* – toquei em algumas faixas e, por fim, fizemos batidas juntos.

Certa vez, estávamos indo de LA até Austin para participar do South by Southwest. Eu tinha um estúdio montado no lounge dianteiro do ônibus, e nós estávamos criando batidas de hip-hop juntos. A certa altura, o Travis acendeu um baseado e começamos a fumar. E então o ônibus parou. O motorista olhou pra trás e disse: "Estamos num ponto de inspeção na fronteira do Novo México com o Arizona". *Fodeu*, nós pensamos, porque os dois estados são tolerância zero. Abrimos a janela e saíram umas nuvens de fumaça. O Travis ficou tipo: "Cara, acende um cigarro. Acende dois cigarros!". Eu estava fumando dois cigarros ao mesmo tempo, na tentativa de tirar o cheiro de maconha dali. Coloquei-os numa mesa como se fossem incensos e acendi mais dois, fumando a todo vapor. Por sorte, ninguém entrou no ônibus, mas poderíamos ter nos dado muito mal.

A faixa de bateria que eu dei para o Lil Wayne quando estava com o braço quebrado tinha se tornado parte da música "Drop the World", que ele fez com o Eminem. Foi legal ouvir a faixa finalizada: eu não fazia ideia de como eles acabariam usando as minhas partes. Quando chegou o Grammy daquele ano, Em e Wayne se apresentaram com Drake (fazendo uma música dele, "Forever") e me convidaram para tocar com eles. Fiquei de cara: eu sabia que Em tinha seu próprio baterista, que Wayne tinha seu próprio baterista e que o Drake tinha seu próprio baterista. Foi uma das maiores realizações musicais da minha carreira.

Eu comecei tocando em casas de show para cem pessoas. Ou, às vezes, dez pessoas. O Grammy parecia outro planeta. Fizemos um ensaio: três dos melhores rappers em atividade, uma banda irada e eu. Foi competitivo – era o retorno de Em, Wayne estava no auge da carreira, e Drake estava faminto porque ainda nem tinha lançado seu álbum, embora já estivesse causando bastante burburinho – mas todo mundo foi superprofissional.

No dia da cerimônia do Grammy, chegamos naquele grande recinto vazio. Todos os assentos tinham folhas de papel com os rostos das pessoas: me dei conta de que o lugar ficaria lotado com todo mundo que era importante na indústria musical. Cada um dos meus ídolos do passado, do presente e do futuro estariam lá. Não dá pra pensar muito nisso, senão você fode com sua própria cabeça.

Eu também tinha tocado no BET Awards com o T.I., logo depois que ele saiu da cadeia. Já tinha participado da premiação antes, com o Jamie Foxx, mas com o T.I. foi muito louco, foi como entrar numa briga. Foi bem emocionante, sabendo que esse cara tinha ficado preso por um ano e eu faria parte de sua primeira apresentação depois da soltura. Ele é muito calado e muito sério – muito determinado. É provavelmente a única pessoa que não participou do meu álbum que eu gostaria que tivesse participado. Acho que foi apenas uma falha de comunicação.

A coisa mais louca daquele BET Awards foi que a cerimônia aconteceu no mesmo final de semana que o festival Electric Daisy Carnival, e eu toquei nos dois. Eu vinha fazendo alguns sets com o DJ A-Trak como um tributo a AM. Fo-

Primeira apresentação no Grammy Awards. Cortesia de Eric Voake

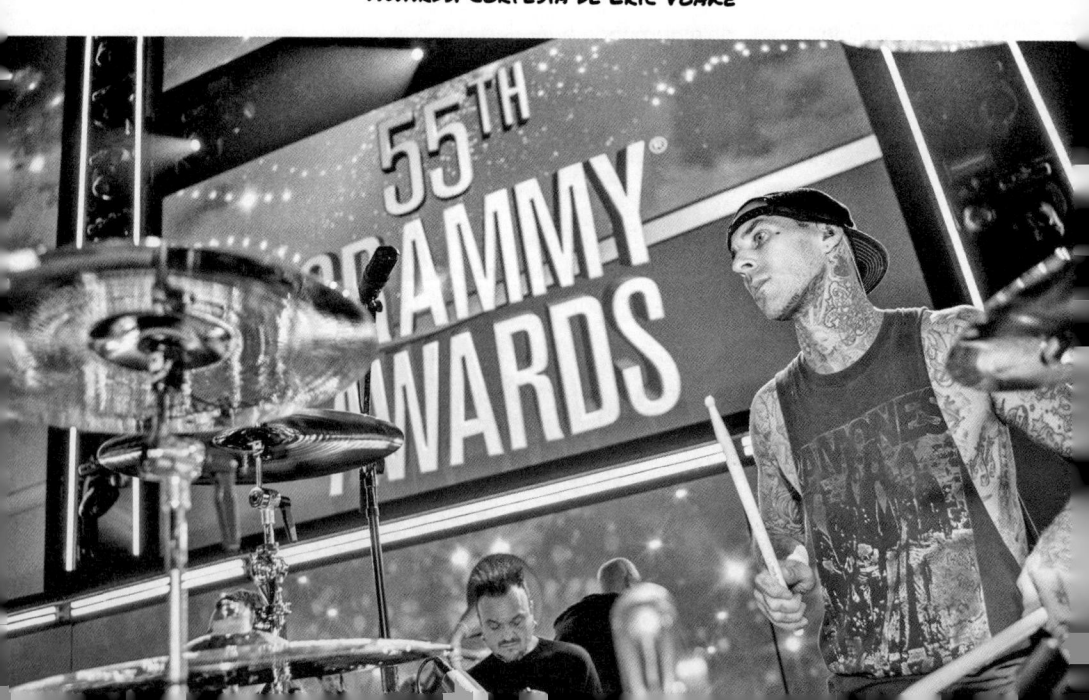

mos convidados para tocar no EDC, que é uma rave completa: gente fantasiada de pirulito e de Bob Esponja. Então, quando saí do ensaio com T.I. para fazer uma passagem de som com A-Trak, fui caminhando pelas ruas do centro de LA e, de rappers com correntes de ouro chegando em SUVs Escalade, passei a ver garotas vestidas de fada e caras fantasiados de coelho. O centro de LA estava muito louco, e eu adorei participar de ambos aqueles mundos.

Nessa mesma época, recebi um telefonema de Ron Fair, um famoso produtor e executivo de gravadora: "A Mary J. Blige vai gravar um cover – ela quer muito que você participe".

Quando cheguei ao estúdio, descobri que íamos fazer um cover de "Stairway to Heaven", do Led Zeppelin. Fiquei, tipo... Eita. É o tipo de coisa que não se faz de jeito nenhum. Mas então Mary cantou – não gravando, cantou só ali na sala mesmo – e a interpretação dela era muito boa. Pensei: *Isso soa muito, muito bem*. Bolamos o arranjo no Capitol Studios e gravamos tudo em um dia. Havia ótimos músicos presentes – Steve Vai, Orianthi, Randy Jackson – e foi um prazer enorme trabalhar com Mary. Ela é muito humilde e uma grande cantora.

Eu não queria só tocar as partes do John Bonham – que graça teria eu fazer isso? Então toquei como eu mesmo. Gravamos ao vivo: todos nós éramos bons o bastante para tocar a música inteira de uma vez. Não estávamos tentando ser o Led Zeppelin, mas eu estava na melhor companhia possível para pelo menos tentar uma *pontinha* disso. Uma semana e meia depois, tocamos a música no *American Idol*, onde, pelo programa ser ao vivo, tivemos ainda mais espaço para reinterpretar e improvisar. Não poderíamos ser editados.

No dia da gravação, no estúdio, nós debatemos sobre o que a letra falava. Ninguém sabia.

Antes de lançar meu álbum, montei uma mixtape para deixar todo mundo aquecido. O DJ Whoo Kid foi quem orquestrou a coisa toda, dizendo: "Vou te mandar dezessete faixas", e eu disse a ele que tínhamos de terminar em duas semanas, de modo que a mixtape saísse um pouco antes do álbum *de fato* e um não interferisse no outro. Ele falava: "Vou te mandar algumas coisas do Wiz amanhã", ou "Vou te mandar alguma coisa do Tech N9ne", e todo dia me mandava algo novo. Eu ficava no meu estúdio esperando os e-mails: quando chegavam, abríamos as faixas na mesa de som, jogávamos no Pro Tools e eu começava a tocar bateria.

Quinze dias depois que entreguei o disco à gravadora, recebi um telefonema do meu representante na Interscope: eles acharam que o álbum era hip-hop demais, o que não fazia o menor sentido para mim. Todo mundo estava na maior expectativa, e nós estávamos nos preparando para fazer o primeiro videoclipe.

Dois dias depois, me ligaram de novo. Agora estavam dizendo que o álbum não era hip-hop *o bastante*.

Qual é a porra do problema desses caras?, pensei. Embora eu soubesse que seria necessário gerenciar uma operação maior, paguei pelo clipe do meu próprio bolso, o que garantiria que eu teria controle criativo. A coisa mais importante, na minha cabeça.

Porém, essa experiência toda me ajudou a cruzar uma barreira, à medida que me deu mais confiança para lançar meus trabalhos futuros de maneira independente. Quando você trabalha com uma gravadora, tem gente demais opinando – e hoje em dia, no faroeste da distribuição de música online, a coisa que você mais precisa de uma gravadora, que é a habilidade da equipe em vender álbuns, se mostrou um grande problema. No início da minha carreira, embora ocorressem discordâncias, é claro, eu achava que, como uma pessoa criativa, tinha a confiança das gravadoras para saber o que eu fazia bem, dar a cara pra bater e detonar. Se não desse certo, pelo menos a responsabilidade era minha. Talvez eles estivessem nervosos, mas nunca senti isso. Pelo menos não tanto quanto sinto hoje, quando acho que pessoas cujas responsabilidades são marketing, distribuição e *vendas* estão só atrapalhando, tentando ditar a sua carreira e o som da sua música.

Quando gravei *Psycho White*, com o Yelawolf, dois anos depois, lancei por conta própria, cuidando de tudo, do marketing na internet aos cartazes de rua. Já recuperei o dinheiro investido e sou o dono das masters pelo resto da vida. A Interscope ainda me deve dinheiro por *Give the Drummer Some*.

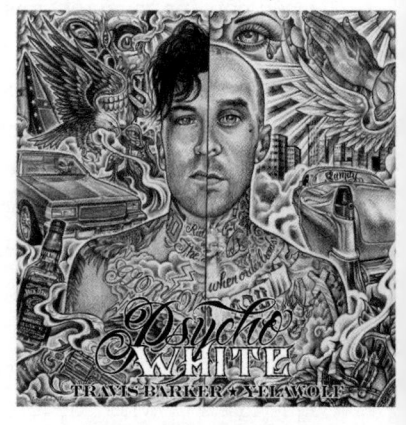

ARTE DE FRANCO VESCOVI. CORTESIA DA LaSALLE RECORDS

YELAWOLF (RAPPER)

Eu conhecia o Blink, mas fiquei interessado de verdade no Travis quando ele começou a aparecer em clipes de hip-hop. Era tipo: "Caramba, o que esse cara está fazendo aí? Isso é insano". Eu era um fã à distância – me lembro do Travis aparecendo em algumas feiras com a Famous. Usei meus contatos para conhecê-lo. Ele é da Costa Oeste e eu sou do Sul, mas somos realmente farinha

CURTINDO COM LANDON E ALABAMA ANTES DE TOCAR COM O RUN THE JEWELS. CORTESIA DE ANDREW BUI

do mesmo saco: cultura de carros, rebeldia, amor por hip-hop, amor por rock 'n' roll, amor pela cultura de rua.

Quando você toca com Travis, ele leva a gravação a um outro nível. Da primeira vez que me apresentei com ele, eu tinha uma música, "Pop the Trunk", que estava fazendo certo sucesso. Eu a toquei com Questlove, a quem não quero desrespeitar: ele é um gênio. Porém, quando toquei "Pop the Trunk" em LA com Travis, foi explosivo. Estritamente na minha opinião: acho que Travis é o melhor baterista quando se trata de acompanhar artistas de hip-hop. E Questlove viria em segundo lugar. Ambos são incríveis.

A compreensão do Travis de um metrônomo e um click está muito acima da de qualquer outra pessoa. Ele tem potência, volume e consistência no som – o som da caixa dele é sempre o mesmo. É intocável quando a questão é manter um padrão de bumbo e caixa em cima de tempos triplicados de chimbau. E ele faz algo que ninguém mais faz: toca o pedal de bumbo com o dedão e um sintetizador 808 com o calcanhar.

Em "Push Em", de *Psycho White*, ele gravou uma bateria sintetizada que tinha um padrão de punk rock – ou, na minha cabeça, de bluegrass. Então começamos a construir algo em cima disso, que se tornou uma mistura tóxica de padrões de rima e batidas: isso é você, isso sou eu, isso é como soamos quando perdemos completamente a linha. Não havia ninguém por perto para nos passar suas impressões – éramos só eu e ele mandando ver. Então Tim Armstrong e Skinhead Rob chegaram e fizeram o gancho improvisado. Essa

Relaxando com Alabama no ônibus de turnê.
Cortesia de Willie Toledo

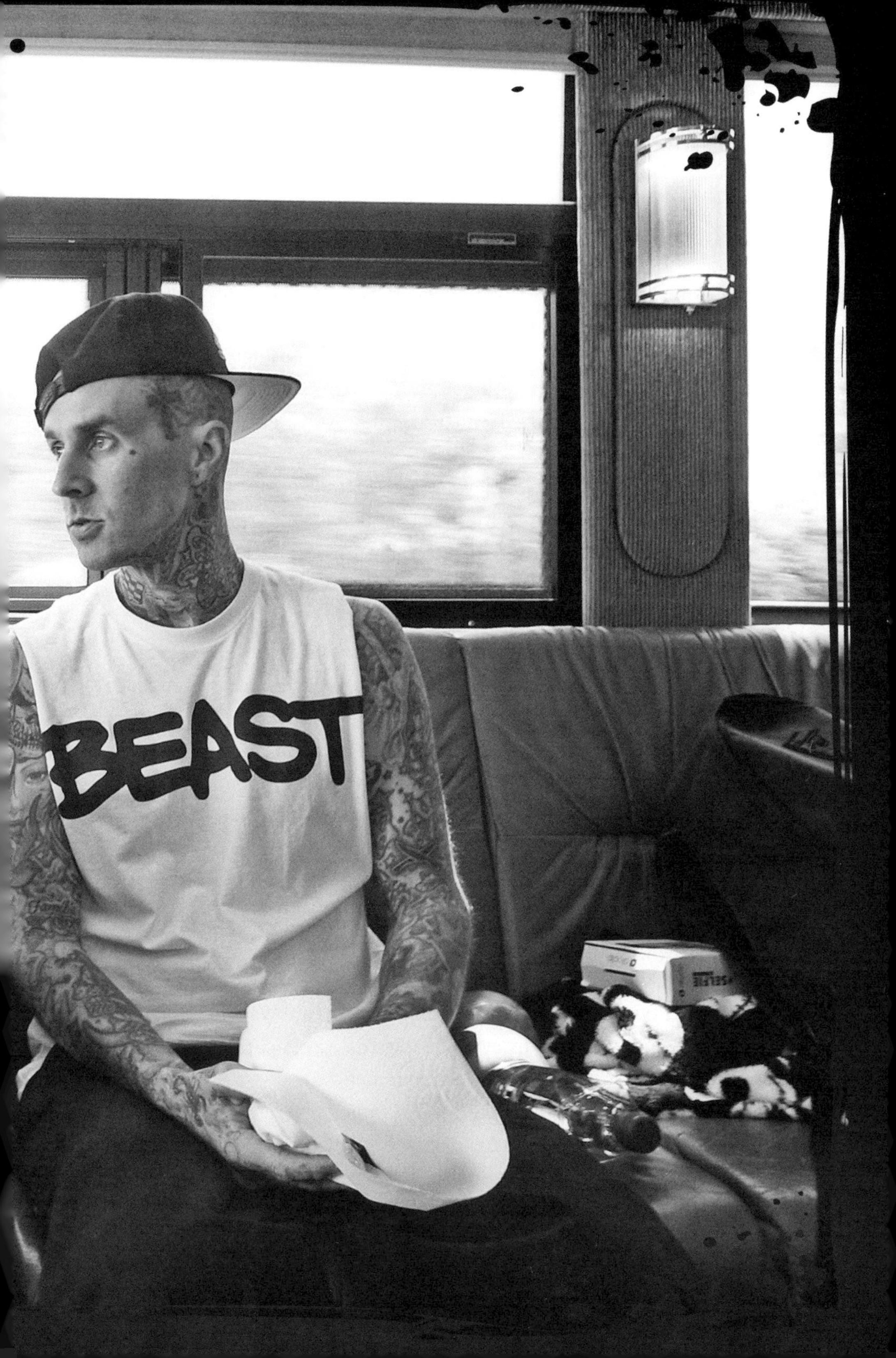
BEAST

música é especial. Ela precisa de um contexto certo para ser tocada – em alguns shows, a molecada perde a cabeça.

LAWRENCE LV VAVRA (EMPRESÁRIO)

Não sabíamos o que esperar de um cara branco de Fontana fazendo um álbum de hip-hop, mas ele vendeu mais de cem mil cópias em seis meses – no anos 90, teriam sido dois milhões de cópias. Nós insistíamos em querer orquestrar singles palatáveis para o rádio, e ele não nos deixava. "O primeiro é para mim e o próximo é para todo mundo", ele vivia dizendo. Poderíamos ter arrumado o Dr. Luke para produzi-lo com a Katy Perry num refrão, mas Travis não queria fazer isso.

O primeiro single foi "Can a Drummer Get Some", com rimas de Lil Wayne, Rick Ross, Swizz Beatz e Game. No dia do clipe, todos apareceram – mas então Wayne ficou no trailer. Seu assistente nos disse: "Wayne não vai fazer o verso dele. Tem alguma coisa rolando".

Eu perguntei: "Você poderia trazer ele aqui para eu trocar uma ideia?".

Wayne saiu do trailer e me disse: "Esse verso é o Wayne antigo – preciso fazer uma rima nova. Não é a rima que eu quero que as pessoas escutem". Ele tinha gravado antes do meu acidente e antes de ir para a cadeia. "Eu nunca diria essas coisas hoje". Não quis entrar no porquê disso, mas disse: "Fica frio – vou gravar a rima e te mandar. Também vou pagar pela minha parte no clipe, já que não vou participar hoje". E foi o que ele fez. É um homem de palavra.

Cerca de uma semana depois, Wayne perguntou se eu gostaria de sair em turnê com ele. Era sua turnê I Am Music II, na primavera de 2011, com ele, Rick Ross e Nicki Minaj. Eu fazia um set com Mixmaster Mike e Yelawolf, tocava bateria com Rick Ross e, em cada cidade, diferentes artistas que tinham participado do meu álbum subiam no palco comigo, como Paul Wall, Bun B, Jay Rock e os Cool Kids. Landon e Bama estavam de folga da escola para o *spring break*; eu os levei comigo e nós nos divertimos como nunca.

Nicki Minaj ensinou Bama a dançar. Ela também rezava com Nicki e suas bailarinas toda noite, participando do abraço coletivo delas antes de entrarem no palco. Landon ensinou a Wayne coisas sobre bonés de aba reta. Naquela turnê, nós assistíamos ao show do Wayne todos os dias. Às vezes, antes do show, ele vinha buscar Landon no nosso camarim. Wayne o levava até seu camarim, debaixo do palco, e Landon escolhia as roupas que ele usaria no palco. Landon então ficava curtindo com ele até a hora de Wayne subir no palco, e os seguranças levavam Landon de volta. Wayne é um cara muito legal.

Lil Chris e eu tínhamos conhecido Rick Ross bem no início da carreira, quando ele estava despontando com o single "Hustlin'". Ele agiu como um tio perdido das crianças: depois de sair do palco, ele as pegava e saía correndo pela arena. Estava pingando de suor e colocava seu cordão de diamantes da Maybach Music em uma delas.

Eu adorava ter a companhia de Landon e Alabama, e acho que é importante que eles conheçam todo tipo de gente. Meus filhos estão crescendo convivendo com o Boo-Ya T.R.I.B.E. – samoanos-americanos que são três vezes maiores do que uma pessoa comum – e conhecendo gente com tatuagens na cara. Não quero que eles cresçam numa bolha; não quero que eles julguem. Eles conheceram todo mundo e já viram de tudo.

SOU QUEM SOU POR ESCOLHA PRÓPRIA. A SOCIEDADE ME REJEITA PORQUE SOU DIFERENTE: EU REJEITO A SOCIEDADE PORQUE ELA É TODA IGUAL.

Na noite do último show, a assistente de Nicki foi até o meu camarim e disse: "A Nicki quer fazer uma coisa faz tempo".

"E o que seria?".

"Ela quer fazer uma lap dance para você no palco hoje à noite".

"Porra, não precisa me forçar". Ela fazia lap dances no palco todas as noites: para Wayne, para Drake, para alguém da plateia; e é devidamente conhecida por sua bela bunda: foi a melhor lap dance da minha vida.

Quando saio em turnê, só faço as malas na manhã da viagem. Levo o mínimo possível. Uso os mesmos shorts todos os dias em uma turnê: shorts camuflados cobertos de patches e de sangue. Comprei-os usados numa loja de artigos militares: não gosto de usar nada que seja novo. Só uso uma camiseta depois de lavá-la umas duas vezes. Ou uso a mesma por meses a fio, até que esteja velha e desbotada.

Meus shorts de turnê são perfeitos: eu os tenho há anos e só os lavo no final das turnês. Depois de treze ou quatorze shows, já aconteceu de eu entrar numa sala e dizer: "Meu Deus, que fedor é esse?". E são os meus próprios shorts.

Sair em turnê é, para mim, quase como sair de férias, só porque não tenho tantas interrupções. Ainda trabalho como se estivesse duro. Não preciso ir ao estúdio todo dia, não preciso trabalhar todo dia – eu provavelmente poderia só relaxar. Mas ainda sou voraz. Quero me manter ocupado, me manter produtivo, me manter criativo – aproveitar cada minuto que tenho.

Acho que peguei essa ética de trabalho do meu pai, porque eu o vi ralar muito. Ele tentava dar à nossa família a melhor vida possível – e dá duro até hoje. Eu comprei uma casa legal para ele e basicamente o aposentei, mas ele não para. Ele ainda faz algumas coisas para mim, como ir ao banco ou ao depósito, mesmo quando eu digo a ele que não precisa. Ele está mais feliz quando está trabalhando, e eu sou do mesmo jeito.

TRABALHE MUITO, SE DIVIRTA MUITO.

As crianças com Nicki Minaj.
Cortesia de Chris Roque

A FAMÍLIA FAMOUS

19
C.R.E.A.M.

O auge da Famous Stars and Straps foi por volta de 2007, depois de duas temporadas de *Meet the Barkers*. Quando o programa foi ao ar, nosso negócio estourou e, por um tempo, não conseguíamos dar conta dos pedidos. A Famous sempre foi uma máquina independente: nunca, nunca, nunca pedimos a ajuda de ninguém, de modo a subcontratar nosso negócio. Contratei mais gente, compramos a briga e a marca só continuou a crescer. Àquela altura, estávamos faturando cerca de cem milhões de dólares em venda por ano.

Então aconteceu o acidente de avião, e a companhia ficou um pouco encrencada. Fiquei incapaz de responder perguntas ou de fazer qualquer coisa pela Famous por uns seis a oito meses, enquanto estava internado em centros de queimaduras e hospitais. Da forma como o ramo da moda funciona, com as coleções sazonais planejadas com bastante antecedência, minha ausência teve consequências que duraram anos. Naquela época, eu estava muito fora de mim, não conseguia pensar com clareza.

Já precisei me livrar de algumas pessoas incompetentes na marca ao longo dos anos. Meu acidente expôs quem realmente sabia o que estava fazendo. Estavam tentando manter tudo funcionando sem mim, tentando tomar boas decisões, mas algumas pessoas não funcionavam no dia a dia a menos que eu estivesse dando as ordens. Agora que estou recuperado, estou novamente envolvido com o design, e tudo, de A a Z, passa pela minha aprovação. Quando estou em turnê, faço tudo por e-mail, mas quando estou em casa passo um dia da semana na Famous. Recuperamos as vendas anuais para mais de US$ 40 milhões.

A gente se tornou grande o bastante a ponto de receber ofertas generosas de compra da marca. Considerei todas com muita seriedade – quando alguém te oferece US$ 100 milhões, você tem de pelo menos pensar a respeito – mas, no fim das contas, sempre decidi que queria ficar com a Famous. Sempre tive medo do que outra pessoa poderia fazer com ela.

Eis o cenário clássico de quando alguém quer adquirir a sua marca: eles tentam ganhar o máximo de dinheiro possível, para justificar o preço que pagaram por ela. Assim, começam a vender seus produtos para muitas redes grandes de lojas para as quais você nunca sonharia em vender, nem em um milhão de anos. Isso funciona por um tempo, mas quando deixa de render o dinheiro que os donos da marca esperam ganhar, eles ampliam a distribuição para lojas inferiores. Dessa forma, ao invés de seus negócios principais serem com revendedores que você gosta de verdade, com seus revendedores classe A, você começa a fazer a maior parte dos negócios com revendedores de preço reduzido, só para tentar alcançar aqueles números anualmente. Quem quer que tenha comprado a marca não se importa com a integridade da marca, ou com o que ela significava para você quando a construiu. Não é o papel deles: o que eles querem é espremer o máximo de dólares que conseguirem da marca, e então partir para a próxima. Ao passo que o meu objetivo com a Famous sempre foi a longevidade. Tenho orgulho de, depois de dezesseis anos, ainda estamos aí fazendo a coisa acontecer.

Em 2006, no auge de tudo, Puff Daddy me ligou para falar a respeito de comprar a Famous. Conversamos duas vezes e eu disse a ele: "Fico lisonjeado que você adore a marca, mas não estou buscando vendê-la, nem atrás de um sócio... Tenho uma visão do que quero fazer com ela". Só tenho amor e respeito pelo Puffy: ele é um dos homens de negócios mais inteligentes do hip-hop – e foi o primeiro cara a me colocar num clipe de rap, "Bad Boy for Life".

Depois, recebi um telefonema do irmão do Tommy Hilfiger: "E aí, o Tommy quer fazer uma reunião com você. Queremos trazê-lo para a família Hilfiger e colocá-lo na nossa rede de distribuição". Encontrei-me com Tommy quando estava em Nova York para fazer um show com AM. O escritório dele era todo elaborado – cinco andares com uns quiosques e mostruários malucos – mas, no final das contas, não era a minha praia.

A compra que chegou mais perto de acontecer foi pela DC Shoes. Eu tinha um tênis assinado na DC e um bom relacionamento profissional com Ken Block, um dos fundadores da marca; eles tinham ganhado rios de dinheiro com os meus produtos assinados. Nós queríamos entrar no mercado de calçados, e eu queria acesso às fábricas deles na China e ao departamento técnico. Eles passaram meses analisando nossas finanças: sabiam tudo sobre a minha marca, de dentro para fora, a ponto de se tornar um pouco invasivo.

Logo antes do meu programa de TV estrear, eles deveriam ter colocado na mesa uma oferta de trinta milhões de dólares; estávamos prontos para lançar uma contraproposta de quarenta ou cinquenta. Então, no dia em que deveriam nos enviar a oferta, a DC Shoes foi comprada pela Quiksilver, e isso pôs um ponto final na história. Provavelmente foi uma bênção o negócio não ter acontecido: eu sempre tive medo de que talvez eles transformassem a Famous numa marca de esportes de ação, ao passo que eu tinha em mente uma marca de estilo de vida mais enraizada na música.

Um dos nossos itens mais vendidos de todos os tempos é uma camiseta simples: tem o retrato de Benjamin Franklin da nota de cem dólares, com uma bandana sobre o rosto, como se fosse um bandido, e os dizeres GET MONEY. Aconteceram inúmeros assaltos ao redor do mundo em que os criminosos estavam usando essa estampa numa camiseta ou num moletom. Muitos canais de notícias nos ligavam para que comentássemos a respeito, alegando que estaríamos instigando as pessoas a roubar dinheiro. Mas era só um slogan motivacional: vá ganhar o seu. Ganhe algum dinheiro. *Não o dos outros.*

Neste momento, a Famous é a minha ideia de uma máquina bem lubrificada: temos cerca de cinquenta funcionários, incluindo uma equipe de vendas, atendimento ao consumidor, estamparia, expedição e recebimento e empregados do depósito. Sabe-se que nós temos a infraestrutura, e estamos mostrando cada vez mais que somos capazes de entregar um bom serviço.

Em 2005, Johan Espensen e Rob Dyrdek vieram até mim: eles tinham uma ideia de camisetas estampadas com um tema de armas de fogo – metralhadoras e pistolas. Tinham criado todo um hype em torno dessa marca imaginária, e já tinham recebido setenta ou oitenta mil dólares em pedidos, mas não tinham como atendê-los. Os dois me propuseram nos tornarmos sócios, e eu aceitei. Chamamos a companhia de Rogue Status. Demos a partida e *bum* – ao final do primeiro ano, a marca estava rendendo algo entre US$ 4 milhões e US$

UMA DAS CAMISETAS MAIS VENDIDAS DA FAMOUS: "GET MONEY"

10 milhões. Mais tarde, fundimos a Rogue Status com outra marca, chamada DTA, da qual Johan e eu ainda somos donos. DTA é uma sigla para *Don't Trust Anyone* ["não confie em ninguém"]: não confie no governo, não confie na polícia, não confie na sua ex-namorada escandalosa.

DTA
DON'T TRUST ANYONE

GREG WEISMAN
(CONSELHEIRO GERAL, FAMOUS STARS AND STRAPS)

Houve um período, no final dos anos 90 e início dos 2000, que todo artista do mundo da música, do hip-hop em especial, decidiu que queria uma marca de roupas, do mesmo modo que toda celebridade tinha um restaurante nos anos 80. Não é coincidência que isso tenha acontecido num momento em que a indústria musical passava por mudanças tectônicas. Os dólares não chegavam mais tão facilmente quanto costumavam chegar pelas fontes tradicionais. Todos os agentes e empresários cuja renda vinha das tentativas de encher os bolsos de seus artistas disseram: "É melhor passarmos para os bens de consumo, porque não dá mais para ganhar dinheiro vendendo CDs".

Assim, aconteceu uma corrida do ouro entre os artistas, em particular entre os músicos. Bem, na prática, Travis começou a marca em 98, 99, antes dessa grande corrida do ouro, e o fez a partir de uma paixão pelo estilo de vida com o qual crescera e o qual todos os seus discípulos vestiam. A paixão pela Famous é tão profunda quanto qualquer outra que já vi. Há centenas, talvez milhares de indivíduos que têm o emblema da Famous Stars and Straps tatuado. Rick Ross, entre outros, tem uma tatuagem do logo da Famous.

FELIX ARGUELLES
(CONSULTOR, FAMOUS STARS AND STRAPS)

Tudo que tem a ver com o Travis, ele tenta implementar à marca, o que é legal. Certa vez, ele me disse uma coisa que eu transformei no décimo primeiro mandamento: "Se a banda morre, a marca morre". Ele não vai ser o rosto da marca, levantando a bandeira. Isso poderia dar um empurrão, mas não é o que ele quer fazer, porque "se a banda morre, a marca morre". Espiritualmente, se você quer deixar algo para trás, seus dias estão contados. Mas uma vez que você se desconecta disso, começa a perceber que tem a oportunidade de fazer algo muito maior que você.

JEREMY TWITCH STENBERG
(PILOTO DE MOTOCROSS FREESTYLE E DE PICAPES OFF-ROAD)

Conheci Travis na Warped Tour em 1999. Nós estávamos correndo na turnê e todos os dias tentávamos ver o Blink tocar. Às vezes, os encontrávamos saindo do almoço. Era legal, porque eles se empolgavam com motocross tanto quanto nós nos empolgávamos com a música deles. Depois disso, trombei Travis umas duas vezes – conversávamos aleatoriamente em alguma festa de lançamento por vinte minutos. Então um dos meus contratos terminou e eu pensei: "*Cara, seria irado correr pela Famous*". Assim, entrei em contato com Trav e agora estou entrando no meu quarto ano com a Famous.

As pessoas olham para nós e pensam que somos cuzões por causa das tatuagens. Mas se elas tirassem um tempo para conversar conosco e descobrir nossas personalidades, veriam que somos pessoas normais. Travis é o cara mais humilde e mais bacana. Vejo gente o abordá-lo tentando botar banca, e ele se mantém o mesmo cara: "E aí, cara, beleza? Obrigado por vir ao show". Ele nunca faz tipo, e eu admiro isso.

Quando se trata de uma marca de roupa, a questão é criar um movimento. Como as pessoas leem sua marca? Quando elas compram seus produtos de um revendedor, sentem alguma conexão com você? Isso depende de muitos fatores: como é o seu marketing, com quem você se associa, o quão boa é a marca, como você trata as pessoas que compram seus produtos.

Somos muito cuidadosos quanto a quem a Famous patrocina: queremos só os atletas mais irados e os músicos mais talentosos. Queremos o cara que não só detona no que faz, mas também tem uma química com a gente. Toda a família Famous anda junta. Yelawolf e Hopsin sempre vão andar de skate com o nosso time. Twitch – Jeremy Stenberg – é um piloto de motocross, mas ele também tem uma porrada de tatuagens e uma coleção de carros. Trabalho com Datsik e Hopsin: todos nós temos interesses similares, e quando Twitch está participando dos X Games, vamos todos lá para assisti-lo e torcer por ele. Quando o A Day to Remember toca em LA, toda a família Famous vai ao show.

TIM MILHOUSE (AMIGO)

O Blink chegou num ponto em que se tornou tão grande e tamanha máquina que havia três técnicos de bateria. O Travis precisou arrumar alguém que sabia que porra estava fazendo, então deixei de ser técnico dele. Comecei uma banda de punk rock chamada The Kinison, e a gravadora do Travis, a LaSalle, acabou assinando contrato conosco. Saí da banda logo depois disso. Eu estava ganhando um dinheiro bem bom com um emprego de verdade numa universidade, e precisaria parar de ganhar cinquenta dólares por semana numa turnê. Simplesmente não fazia sentido.

O Travis estava mais envolvido com o circuito de festas naquela época, curtindo por LA e indo pra balada. Nós nos mantivemos em contato, mas nossas vidas estavam seguindo direções opostas. Mas aí alguém que estivera no começo da Famous tentou processar o Travis, dizendo que *eles* tinham começado a marca. Do nada, recebi um telefonema do advogado do Travis me chamando para testemunhar em nome dele e da Famous a respeito de como a marca foi criada, porque eu era a única outra pessoa na sala, além do Travis e desse outro indivíduo, quando os contratos foram assinados. Fiquei a postos para ir ao tribunal, mas nunca precisei: o caso foi abandonado ou resolvido.

Eu ouvi falar do acidente de avião, é claro, e tentei ligar para o Travis. Sua caixa postal estava cheia e a caixa de entrada do e-mail dele também. Então comecei a ver entrevistas sobre o Travis no MTV News, com pessoas como Jermaine Dupri. *"Cara, agora não tem mais como entrar em contato com ele"*, pensei.

Porém, cinco meses depois disso, mandei um e-mail dizendo apenas: "Yo, e aí?". Travis respondeu de imediato: "O que tá pegando?". E nós começamos a andar juntos de novo. Reestabelecemos nossa amizade e, por fim, voltei a trabalhar para a Famous; hoje, sou gerente de marketing.

No que diz respeito à personalidade, Travis permaneceu o mesmo. Seu senso de humor permaneceu o mesmo. O dinheiro te muda – não há o que fazer quanto a isso. Mas não acho que ele tenha se esquecido de onde veio. Ele permaneceu o mais pé no chão possível no nível de sucesso que tem. Sempre teve uma paixão por garotas, tatuagens, música, carros. Hoje ele só tem casas maiores e mais carros – só é exagerado.

NUM ESTÚDIO DE TATUAGEM: PRIMEIROS ANOS

20
Cuidado

Recentemente, estava indo de carro buscar minha filha na escola. Estava obedecendo o limite de velocidade, e nem era um carro chamativo, como meu Rolls-Royce ou um dos meus *lowriders*. Um policial vinha na direção oposta, e acho que a minha aparência o desconcertou. Ele me mandou parar e falou pelos alto-falantes: "Mãos para fora do carro!".

O policial veio até a minha caminhonete e começou a me perguntar de que bairro eu era, qual era a minha gangue, onde eu tinha cumprido pena, se eu ainda estava em condicional, se eu tinha armas no carro. Depois de umas quatro perguntas, eu disse: "Qual é o seu problema? Por que fui parado? Você deve estar de brincadeira".

Foi o que bastou: ele me fez sair da caminhonete, me jogou contra a viatura, me revistou, me imobilizou, me colocou no banco traseiro da viatura, algemado, e vasculhou meu carro à procura de armas, drogas, qualquer coisa. Durante os quarenta e cinco minutos seguintes, ele levantou os assentos da minha caminhonete, olhou debaixo do carpete, tudo – mas não havia nada para ele achar. Só fiquei lá sentado no banco traseiro da viatura, cada vez mais puto.

Ele mexeu na minha carteira: "OK, de onde você conseguiu todo esse dinheiro? Não achei nada na sua caminhonete – onde você escondeu?".

"Escondi o quê? Que porra de problema você tem?".

"Onde você conseguiu todo esse dinheiro?".

"Eu *trabalhei* por esse dinheiro".

"O que você faz?".

"Sou músico – toco bateria".

"Ah, falou. Com quem?".

"Várias bandas".

"Que bandas, então?".

"De vez em quando toco numa banda chamada Blink-182. Outras vezes, já toquei com Too Short, toquei com Eminem, toquei com T.I. Já toquei com o Transplants".

Ele começou a se dar conta de que tinha cometido um erro. "Por que você não falou nada quando eu o parei?".

"Senhor, você não me perguntou se eu era músico quando me parou, nem me deu chance de falar. Você me perguntou se eu era traficante de drogas, de que bairro eu era e onde eu tinha cumprido pena na cadeia. Você não me deu uma única oportunidade de lhe dizer que eu sou músico – não que quem eu sou deveria importar".

"Isso é papo furado!". Ele estava agindo como se eu estivesse tentando armar pra cima dele.

"Não é papo furado – você estava sendo despropositado".

"Você tem ideia das coisas que eu passo diariamente?".

"Não me importa o que você passa diariamente. Você é policial e foi a isso que se dispôs. Você estava errado, cara. Olhou para as minhas tatuagens e presumiu algo que não é verdade. Tenho um amigo que é policial e não age assim".

Ele soltou as algemas e alegou que tinha me parado porque o meu carro não tinha placa na frente. Meio que me apontou o dedo como se na tentativa de me fazer me sentir culpado pela infração – como se quisesse que eu me desculpasse por *alguma coisa*. Não me desculpei.

"Você tem problema", eu disse a ele.

"Se você tem mais alguma coisa a dizer, vou ter que te deter e te levar pra delegacia".

Apenas fui embora.

Toda vez que estou tendo um dia ruim, sei que as coisas poderiam ser bem piores – experimentei isso em primeira mão. É preciso mais energia para ser negativo do que para ser positivo: tento transformar toda a minha energia negativa em algo positivo, mesmo quando fico com a impressão de que está tudo uma merda. Todo mundo passa por altos e baixos, mas eu cheguei à conclusão de que a maneira como superamos as situações ruins define quem somos como seres humanos, e todo dia tento ser um ser humano melhor.

Meus filhos vão a uma boa escola e, às vezes, quando vou levá-los ou buscá-los, os outros pais me olham desconfiados. No primeiro dia de aula de Landon – ele só ia ter orientação por umas duas horas, então, ao invés de dirigir todo o caminho até em casa e voltar, fiquei matando tempo no estacionamento, sentado perto de um arbusto, jogando no celular – um segurança veio até mim e disse: "Alguém disse que viu você fumando e mijando num arbusto".

Eu ri e disse: "Olha, cara, imagino que eu seja diferente de todos os outros pais que trazem os filhos a essa escola, mas eu não estava mijando no arbusto e não estava fumando um cigarro, então, por favor, não me acuse de ter feito essas coisas".

"Bom, outros pais disseram que viram você fazer".

Fiquei irritado, mas só disse: "Não, sinto muito, mas não foi o que aconteceu. Só estou aqui fora matando tempo até o meu filho sair".

Depois disso, ficaram tranquilos na maior parte do tempo; anos depois, doei um milhão e meio de dólares à escola para que os alunos pudessem ter aulas de música no currículo.

Faço o meu melhor para aprender com meus erros e ensinar o mesmo para os meus filhos, mas enquanto tento ao máximo manter a calma – para o bem *deles*, pelo menos –, Deus sabe o quanto já fui testado.

Tive um confronto sério com um bando de paparazzi em Calabasas. Quando me mudei, era uma vizinhança bem anônima, mas alguns anos depois outras celebridades começaram a se mudar para lá. Britney Spears comprou uma casa perto da minha, Justin Bieber foi meu vizinho por um tempo e, agora, sua antiga casa está ocupada pelos Kardashians. É um condomínio fechado, mas os paparazzi se aglomeram diante dos portões, de modo que possam seguir os carros das estrelas quando elas saem. Assim, às vezes eu saía de casa com as crianças, só para tomar café da manhã num lugar ali por perto, e todo um comboio nos seguia.

Um dia, fui até um desses fotógrafos: eu sabia que ele era o líder daquela equipe toda de paparazzi. Eu disse: "Olha, eu sei que vocês têm um trabalho a fazer, mas eu tenho três filhos. E às vezes vocês chegam correndo com oito caras, e assustam de verdade as crianças. Se vocês realmente precisam tirar a minha foto, dá pra maneirar um pouco? Tipo, venham em *dois*. Não vou nem ser babaca. Vou deixar vocês tirarem fotos; vou deixar vocês me filmarem".

"Claro, Travis, sinto muito".

No dia seguinte, às 7h30 da manhã, estou entrando para tomar café da manhã com Bama, Landon e Atiana. Alguns fotógrafos jogam câmeras na minha cara: "E aí, Trav, o que você vai fazer agora?".

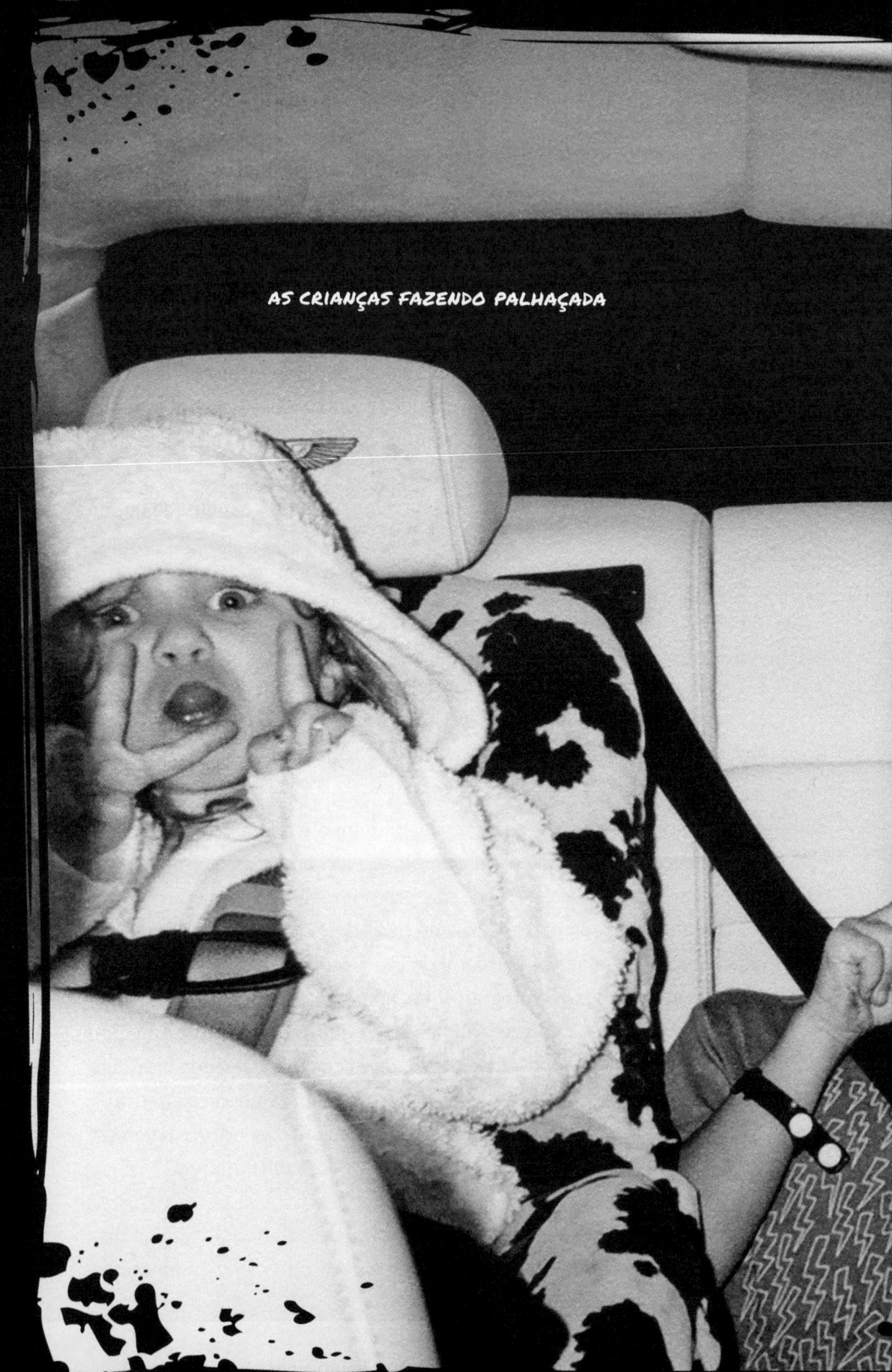

AS CRIANÇAS FAZENDO PALHAÇADA

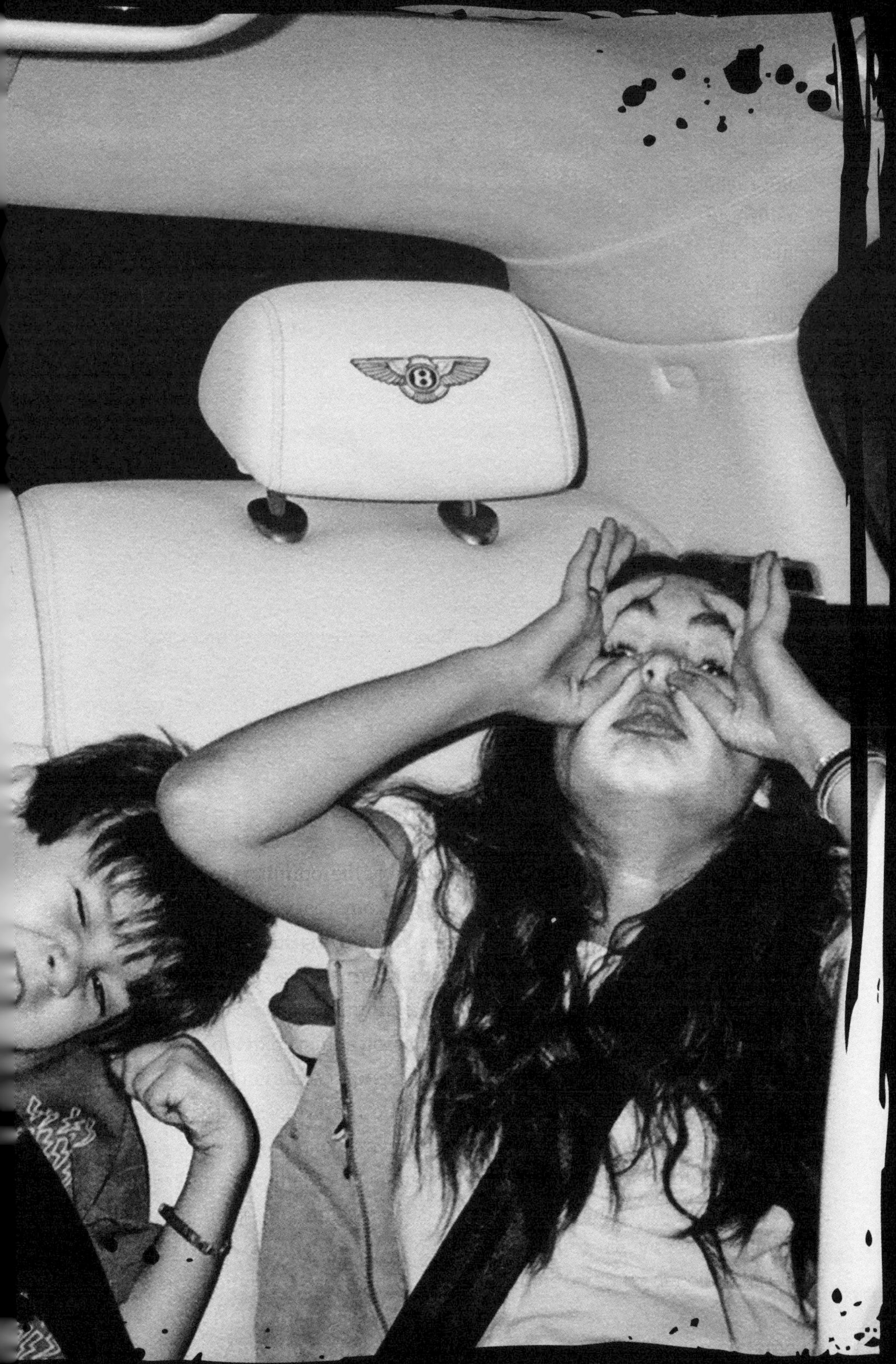

"Cara, qual é o seu problema? Sai daqui – tira essa porra dessa câmera da minha cara".

"Por quê? O que você vai fazer?". O cara achou que estava me intimidando, e ele estava testando meus limites. Então o empurrei para o lado e cuspi nele.

"Que porra é essa, cara?", ele disse.

"Me encontre aqui fora em quarenta e cinco minutos, depois que eu terminar o meu café da manhã, e vou te mostrar o que eu vou fazer", eu disse, e entrei. Enquanto comíamos, olhei pela janela e pude ver um bando de sete paparazzi do lado de fora. Então liguei para Skinhead Rob e Cheese e pedi para eles colarem. Expliquei o que tinha acontecido e disse que ia parar com aquilo de uma vez por todas. Também liguei para a babá das crianças, Judy, e pedi que ela me encontrasse no restaurante.

Quando Rob e Cheese chegaram, saímos do restaurante juntos. É claro que o cara esquentadinho que estava com a câmera na minha cara não estava mais na área. Mas havia todo um bando de outros caras, incluindo dois sentados num carro, que eu reconheci de outra vez que eles incomodaram a minha família.

Cheese, Rob e eu tiramos os dois do carro e a coisa virou uma competição de empurrões. Minha esperança era a de que eles me batessem, pare que pudéssemos acertar as contas de uma vez por todas, mas eles nem empurravam de volta.

Está tudo registrado – eles filmaram o tempo todo. Assim que viram a gente se aproximar, apertaram o botão de "gravar" das câmeras. As imagens são ruins, porque as câmeras acabaram no chão. Tinha gente saindo do estacionamento aos gritos. Judy estava levando as crianças para o Escalade – infelizmente, antes delas irem embora, viram claramente tudo o que estava acontecendo e ficaram morrendo de medo. Me senti péssimo por eles estarem testemunhando aquele confronto, mas os paparazzi me levaram ao limite.

Por fim, a polícia apareceu. Pegaram depoimento dos paparazzi e depois me abordaram. "Eles disseram que você roubou uma câmera", disse o policial.

"É, pegamos uma câmera", eu respondi. Devolvi a câmera sem problemas, mas expliquei: "Esses caras ficaram em cima de mim e basicamente me desafiaram para uma briga. Se estou por aí bancando o trouxa com alguma garota ou fazendo alguma coisa estúpida, eles têm todo o direito de me documentar – tenho um bom relacionamento com paparazzi em outras partes de Los Angeles que são tranquilos e respeitosos. Mas estou cheio desses caras correndo pra cima de mim, me seguindo até em casa, chegando em bando e me confrontando quando estou levando meus filhos para almoçar. Já deu, cara".

Os policiais basicamente disseram para todo mundo ir pra casa, e ninguém prestou queixa contra ninguém – mas os paparazzi nunca mais voltaram a me incomodar em Calabasas.

Foi depois disso que comecei a treinar MMA. Aprendi boxe e jiu-jitsu. Essas artes marciais se tornaram meu novo vício e me deram uma disciplina que eu nunca tive antes.

Uma ou duas semanas depois, eu estava no carro com as crianças quando outro motorista me cortou. Fiquei esquentado.

Bama se assustou, dizendo: "Meu Deus, não faça isso, pai!". Ela achou que aquela coisa toda ia acontecer de novo. Eu sabia que eu é que tinha causado aquilo, e me senti péssimo. *Quer saber?*, pensei. *Se alguém me cortar, grande coisa. Estou com as crianças no carro.*

Falei pra ela que eu não sairia do carro e não entraria numa briga. Então comecei a aprender: mesmo se eu não estivesse com as crianças no carro, grande coisa. Não posso controlar todo mundo que está na rua dirigindo, nem nada ao meu redor – exceto a mim mesmo. Hoje, acredito muito em atitude mental positiva. Mesmo quando não estou pensando nisso conscientemente, tenho de dar um bom exemplo aos meus filhos. Isso aborda tudo, da minha ética de trabalho à maneira como lido com situações hostis – quem eu sou hoje determina quem eles serão no futuro.

CORTESIA DE CHRIS ROQUE

21
Vamos começar hoje

Em janeiro de 2013, recebi um e-mail do meu mano Z-Trip, um DJ que também era um grande amigo de AM. Ele dizia: "Ei, Trav, o LL Cool J e eu vamos tocar no Grammy e queríamos saber se você topa fazer um som com a gente. O Tom Morello, do Rage Against the Machine, também vai participar, e o Chuck D, do Public Enemy". Era só janeiro, mas eu já estava *amando* 2013 pra caralho.

Uma semana antes do Grammy, nos reunimos no meu estúdio para ensaiar "Whaddup", música do LL. Z e eu fomos os primeiros a chegar: ficamos recordando os velhos tempos com AM. Depois o LL chegou: foi maneiro, não só porque ele é o LL e eu cresci ouvindo sua música, mas também porque eu tocaria com alguém que fazia parte da minha história com AM, da primeira vez que fizemos o MTV Video Music Awards juntos.

Começamos a tirar a música. LL me disse: "Porra, Trav, se você vai tocar com a gente, quero que você enlouqueça na bateria. Quero que o final seja fora de controle – mas precisamos de uma introdução doida também. Nos primeiros vinte segundos, quero que você faça um solo de bateria. E então quero que a música vá crescendo cada vez mais". Lá estava eu sentado, tentando descobrir qual era a definição de *fora de controle*. Para Tom Morello e eu, o significado acabou sendo dobrar o tempo no final, à medida que o som ficava mais cheio, quase como uma música do RATM acabaria. Passamos a música duas vezes – não era nem o arranjo final, mas podíamos dizer que estava animal. E nem tínhamos tocado com Chuck D ainda – LL disse: "O Chuck vai vir, mas ele está na Home Depot agora".

LL ligou para Ken Ehrlich, produtor executivo do Grammy, e contou o quão empolgado estava. Assim, na quarta vez que tocamos a música juntos, o cabeça do Grammy estava no meu estúdio como testemunha. No dia seguinte, cheguei para ensaiar e LL estava usando uma camiseta "Family" da Famous. *Nossa, isso é incrível*, pensei. O ensaio foi ótimo e LL me convidou para o jantar oficial do Grammy, mas naquela noite eu estaria na função de pai. Passamos a música mais umas cinco ou seis vezes: Chuck D estava lá, e toda vez ele dizia "*Let the drummer get wicked*"¹, era como se a minha infância entrasse quebrando as paredes e me desse um soco na cara. Quando não estávamos ensaiando, eu ouvia a música onde quer que fosse, por horas e horas, decidindo o que queria fazer no solo de bateria. Landon e Bama aprenderam a música e se jogavam na parede fazendo karaokê, fingindo ser LL e Chuck D. Eu adorava expô-los a música boa – e, nesse caso, a lendas.

No dia do Grammy, combinamos de nos encontrar nos bastidores antes de tocar e nos certificar de que estava todo mundo na mesma onda. LL estava ocupado apresentando a premiação, mas os outros se reuniram. Tom e eu tocamos aquela parte juntos umas vinte vezes, talvez, para entrar em sincronia. De repente, alguém com um walkie-talkie disse: "Estamos prontos para colocar vocês no palco". Uma vez que você está no palco, não há espaço para pensar e não há espaço para errar. Você sobe lá e quebra tudo.

Nada contra os outros artistas que tocaram, mas a nossa apresentação foi a mais louca da noite. LL e Chuck D cercaram a minha bateria, e Chuck me encorajava, apontando para mim na hora do solo. Z-Trip estava detonando e Tom Morello fazia os sons mais malucos na guitarra. Não tinha naves espaciais ou gente pendurada no teto. Eram luzes brancas e a gente mandando ver. Quando saímos do palco, eu disse a mim mesmo: "Se eu nunca mais me apresentar, estarei satisfeito". Acho que tive essa sensação toda vez que toquei no Grammy.

O Blink-182 estava fazendo uma turnê anual, tocando pelo mundo todo, até como *headliner* em alguns festivais na Europa, para mais de cem mil pessoas. Mas Tom não fazia muito esforço para que sentíssemos que ele queria estar lá. Ele apareceu pouco antes da turnê começar e com um comportamento introvertido. Depois, à medida que começamos a fazer os shows e o dinheiro começou a entrar, ele ficava animado com o Blink de novo.

Por volta dessa época, ele saiu da banda abruptamente; mandou um e-mail para mim e para o Mark dizendo que estava cheio da banda e de nós. Então, no dia

---

1 "Deixa o baterista ficar louco", em tradução livre; referência ao verso "*Hear the drummer get wicked*", da música "Welcome to the Terrordome", do Public Enemy. (N. do T.)

seguinte, mandou um novo e-mail dizendo que deveríamos esquecer tudo o que ele tinha dito, e que ele queria que nós três fizéssemos terapia em grupo com Tony Robbins. Ele até pediu para seu empresário encaminhar toda a nossa troca de e-mails para o Tony Robbins. Aparentemente, Tom e Tony conversaram sobre isso, mas nós não tínhamos nenhum interesse em nos consultar com Tony.

COM TOM MORELLO, Z-TRIP E CHUCK D NO GRAMMY. CORTESIA DE ERIC VOAKE

Alguns meses depois, finalmente terminamos o terceiro álbum dos Transplants, *In a Warzone*. Rob e eu vínhamos fumando mais baseados do que nunca: talvez dez ou doze por dia, por uns dois meses seguidos, sempre com seda de charuto Backwoods, que eu adorava. Para mim, fumar maconha nunca parecera uso pesado de drogas, especialmente depois que parei de usar todo o resto: eu só estava fumando uma planta, algo que era produzido pela natureza[2]. Porém, cerca de uma semana depois que concluímos o álbum, senti uma sensação estranha na garganta, como se tivesse um pedaço de comida entalado. Cheguei até a colocar os dedos na garganta e vomitar, mas a sensação continuou e eu não conseguia entender o que era. Comecei a estressar por causa dessa coisa na minha garganta: estava começando a me perturbar. Eu não me sentia doente: só era como se eu tivesse um inchaço na garganta, ou como se alguém estivesse tentando me estrangular.

Então comecei a ter crises de ansiedade. Um dia, no estúdio, me senti tão fraco que mal conseguia ficar de pé. Eu acordava no meio da noite com ataques de pânico completos. Assim, fui a um otorrino. Fiz três consultas. Ele fazia procedimento atrás de procedimento, colocava uns aparelhos na minha garganta, e, no fim das contas, não sabia dizer exatamente o que era: talvez fosse uma infecção, ou talvez algo relacionado a sinusite, mas parecia que ele estava chutando. Ele até achou que pudesse ser por causa das minhas tatuagens na cabeça: quando ele disse isso, eu só ri e procurei outro médico.

Depois de me consultar com vários outros otorrinos, fui enfim a um gastroenterologista, e a primeira coisa que ele disse foi: "Preciso te colocar no soro – você está

---

2 *Wish You Were Here*, do Pink Floyd, foi a trilha sonora da minha vida por uma década.

com uma aparência horrível". Assim, fiquei internado num pequeno hospital por três horas, no soro, e fiz exames de sangue. O médico disse: "Acho que precisamos fazer uma endoscopia – detesto pensar que seja um problema gástrico, mas se o seu otorrino não encontrou nada, precisamos checar". Então concordei com o exame. Fiz o procedimento na manhã seguinte: eles me sedaram e enfiaram um tubo pela minha garganta para olhar o meu estômago e o meu esôfago.

No dia seguinte, o médico me ligou e disse: "Você tem oito úlceras e uma síndrome chamada Esôfago de Barrett. Há células pré-cancerígenas por todo o seu esôfago". Ele me receitou remédios para as úlceras no ato, me disse para parar de fumar imediatamente, e pediu uma endoscopia a cada três meses.

Liguei para o meu amigo Dr. Brian Weeks: "Ele disse que eu tenho Esôfago de Barrett – o que isso quer dizer?".

Ele respondeu: "Trav, isso é um alerta enorme. Sugiro que você dê ouvidos ao médico. Esôfago de Barrett é irreversível, então você não tem chance de melhorar: o esôfago não se regenera fácil assim. Mas há uma possibilidade de piorar. E se você desenvolver câncer no esôfago, suas chances não serão boas".

Era o fim: eu precisava ficar sóbrio. Depois do acidente de avião, eu não usei mais nenhuma outra droga – mas concluí que se só fumasse maconha, não seria nada de mais. Sempre me imaginava como o Willie Nelson, fumando com oitenta anos. Mas aparentemente a combinação de maconha em excesso com um estresse louco era um problema. Parei de fumar de imediato e nunca mais fumei desde então: ouvi o alerta em alto e bom som e obedeci.

A VIDA É COMO UM CARTÃO DE CRÉDITO. TUDO O QUE VOCÊ COLOCA NO CARTÃO, VOCÊ UM DIA VAI PAGAR. O AMANHÃ NÃO É GARANTIDO, MAS TUDO O QUE VOCÊ FAZ COM SEU CORPO, A MANEIRA COMO VOCÊ GASTA SEU TEMPO — SE NÃO TE FAZ BEM, UM DIA VOCÊ VAI ACABAR PAGANDO O PREÇO.

Precisei reaprender como fazer tudo sóbrio, coisa que eu não era havia quase vinte anos. Precisava dirigir sóbrio, ir dormir sóbrio, encarar meus problemas sóbrio. Encontrar meu ritmo no estúdio foi especialmente doloroso. Precisava sair em turnê sóbrio, ir a programas de TV sóbrio: não podia contar com nada para mascarar meu nervosismo. Tudo tinha que ir embora.

Quando gosto de alguma coisa, me vicio nela. Um amigo meu me disse que gostava de fumar um cigarro de vez em quando, a cada duas semanas. A questão é, se eu fumar um cigarro, vou sair para comprar um maço inteiro antes de terminá-lo. Tudo que já tive na vida, quis em abundância: comprimidos, sexo, maconha. Então, quando finalmente fiquei sóbrio, substituí tudo isso por exercícios e bateria – mais até do que eu já estava acostumado. Esses se tornaram meus novos vícios.

Eu já corria todo dia, mas comecei a ter aulas de boxe, aprender jiu-jitsu, fazer uma hora e meia de cardio por dia. Essas coisas me dão um barato sério. Comecei sem saber nada de jiu-jitsu, mas adoro aprender. Adoro treinar pesado e gosto de ver gente se esforçando naquilo que amam. Não assisto a reality shows em que as pessoas vão às compras ou começam discussões: gosto de assistir a UFC e *All Access*, programa que mostra boxeadores e lutadores de MMA treinando por sete ou oito semanas, se preparando para uma luta e, enfim, vencendo. Na maior parte da minha vida, eu tomo as decisões, seja na minha marca de roupas ou num álbum solo. Gosto de fazer uma aula de artes marciais em que alguém me dá uma surra. Não quero estar sempre no controle.

Embora tenha sido forçado a parar de fumar e beber, tenho orgulho de ter permanecido limpo. Recentemente, fui a uma festa em Vegas que foi o caos. Um grupo de garotas na minha mesa me pediam para tomar uns shots, e foi esquisito não participar. Por um momento, pensei que pudesse ser OK: *Faz um ano e meio que estou sóbrio, poderia tomar um shot*. Não havia ninguém me dizendo para não tomar, mas eu simplesmente não me deixei seguir por esse caminho. Enchi meu shot de água e comecei a beber com as garotas. Elas não faziam ideia.

Depois de noites como essa, começo a ter sonhos em que comecei a fumar maconha de novo: são, na verdade, pesadelos, porque, neles, não sei como parar e fico arrasado pela culpa de ser um pai horrível. Sou um viciado, sei que as crianças vão descobrir e fico desapontado comigo mesmo. É terrível pensar que eu posso envelhecer e morrer sem ter me tornado a pessoa que quero ser – mesmo que isso seja apenas em sonho.

Recentemente, coloquei a conversa em dia com meu chapa Kurt Sutter[3]. Foi inspirador conhecê-lo: eu não tenho amigos sóbrios de verdade, exceto por Tim Armstrong e Toby Morse, mas Kurt está sóbrio há vinte e cinco anos. No dia que

---

3   O criador da excelente série *Sons of Anarchy*. Ele é um filha da puta maneiro.

AM faria quarenta e cinco anos, disse a Kurt que, em dias como aquele, que são particularmente profundos para mim, como o aniversário do acidente, eu só queria fumar um baseado ou tomar comprimidos o bastante para adormecer. Mas passei a entender como o meu uso de drogas era só um círculo vicioso: mascarava meus problemas, mas não os resolvia. Eu sempre tinha desculpas para o porquê de usar drogas. Kurt me disse: "O abuso de drogas nos mantém longe do amor e nos distancia da verdade. Você é um puta lutador, Travis, e tem muito a descobrir".

Adoro estar atento e de cabeça limpa. Quando eu ficava chapado o tempo inteiro, não conseguia malhar ou correr a qualquer hora do dia, porque estava muito chapado e entorpecido, e às vezes não conseguia responder a perguntas ou entender as coisas. Viver a vida sem drogas controlando essa experiência – e ser capaz de se lembrar do que aconteceu, no dia seguinte – dá uma sensação muito boa. AM costumava dizer: "Fique sóbrio e realmente sinta seus sentimentos" – tenho sido muito mais feliz desde que segui esse conselho. Preciso me manter sóbrio e saudável. Landon tem onze anos e Alabama, nove. Eu só tinha treze anos quando a minha mãe morreu – quero ter certeza de que estarei aqui com eles por muito mais tempo do que isso. A melhor sensação do mundo é estar com a minha família e meus filhos. Ouvimos as mesmas músicas – tudo, de punk rock a hip-hop. Dançamos, cantamos, andamos de skate, de moto, tocamos bateria, rimos. Não há nada que goste mais do que estar com eles.

SELFIE COM ALABAMA E LANDON

As crianças me veem ser tatuado o tempo todo: às vezes chamo dois ou três artistas para me tatuarem ao mesmo tempo. Elas compreendem como as tatuagens são uma parte permanente de quem eu sou. Não curto a ideia de remover tatuagens. Todas elas são memórias. Tem gente que diz: "Porra, cara, seria muito irado poder tirar tudo e ser tatuado tudo de novo". Mas todas elas são experiências pelas quais passei. Eu as tenho por um motivo; me livrar delas seria como arrancar uma página de um livro. Não vai acontecer, então mantenho todas elas.

Meus filhos poderão ter tatuagens quando chegarem à idade permitida por lei – só quero que falem comigo primeiro, já que conheço muitos dos melhores tatuadores do mundo. Landon e Alabama já me tatuaram: certa vez, quando Chuey Quintanar e Franco Vefovi estavam me tatuando, eles pediram se podiam usar o equipamento e fizeram uma parte da minha coxa esquerda.

Quando Alabama tinha apenas três anos, inventou uma música que cantava pela casa: "Papai tá no meu caminho-inho / Mamãe tá no meu caminho-inho / Ati tá no meu caminho-inho / Landon tá no meu caminho-inho / o gato tá no meu caminho-inho / a maçã tá no meu caminho-inho...". Desde pequenininha ela já sabia quem mandava! Aos seis anos, Landon ficou chateado e fez sua própria canção: "Água nos meus olhos / Ninguém pode disfarçar / Só eu, eu mesmo e mim / Só eu, eu mesmo e mim". Desde bem novos, os dois já eram compositores cheios de autoexpressão.

Shanna e eu nunca mais seremos um casal, mas estou ligado a ela pelo resto da vida: ela é a mãe dos meus filhos. Fico muito feliz que ela tenha seguido em frente e arrumado um novo namorado. Embora as coisas não tenham dado certo entre nós dois, acabamos com esses filhos maravilhosos. Eu não trocaria ser pai deles por nada. Por eles, faço qualquer coisa e passaria de novo pelas piores partes da minha vida. Pelos meus filhos, eu passaria por outro acidente de avião. Pelo bem deles, quero que tudo dê certo para Shanna.

SHANNA MOAKLER (EX-ESPOSA)

Gostaria que o Travis se permitisse desfrutar de tudo aquilo pelo qual ele deu tão duro. Mas eu o vi se transformar num homem forte e muito incrível. Acho que ele é um pai fenomenal. Ele é muito romântico e atencioso quando quer. Uma vez, ele encheu o foyer da casa com cem balões roxos e chamou uma limo roxa para nos levar ao show do Prince. Hoje, ele investe todo esse amor e atenção em Alabama.

Sendo rabiscado por Big Sleeps e Chuey Quintanar na Famous Bodega. Cortesia de Clemente Ruiz

Embora Shanna e eu não estejamos juntos há anos, Atiana ainda é parte da minha família. Em muitos finais de semana em que fico com a guarda das crianças, ela vem junto. Ela já saiu em turnê comigo, vai à Disneylândia e ao Grammy conosco. Está com dezesseis anos, e eu sempre tentei ao máximo não afastá-la de nós, mesmo depois do divórcio. Ela é minha filha e eu a amo.

Desde o acidente, não fiz uma turnê sem meus filhos: é bom para eles e bom para mim. Não andei mais de avião desde então, mas construí um ônibus chamado Stormtrooper, que se tornou nossa casa sobre rodas[4]. Isso só vale para os Estados Unidos, então sempre que tenho shows na Europa pego o navio *Queen Mary 2* para ir e para voltar: cada trecho leva sete dias. Você pode ter tempo ou dinheiro, mas não pode ter ambos: essa verdade duplica quando se trata da sua família.

GUS BRANDT (EX-TOUR MANAGER DO BLINK-182)

Quando a banda voltou, depois do acidente, Travis pegou o *Queen Mary 2* do Brooklyn até Southampton. Foi engraçado porque cruzeiros, em especial este, são cheios de pessoas que juntaram algum dinheiro, e é tudo muito bom e enfeitado. Travis tinha seu próprio enclave na frente do navio, com seu próprio mordomo, que ficava encarregado de conseguir comida vegana para ele. Quando fizemos check-in, John Cleese estava na fila do lado – só contei para

---

[4] Esta provavelmente é uma má ideia: tenho um Google Alert para acidentes de avião. Meu lado psicótico sempre quer saber sobre eles, mas sempre surto quando leio a respeito, porque já passei por um deles.

o Travis mais tarde, porque ele estava em seu próprio mundo com os filhos. Eram ele, as duas crianças, a babá, um segurança e Jack, seu assistente – e todos usavam roupas da Famous. Travis tinha bagagem Louis Vuitton ao lado de sacos de lixo cheios de brinquedos e comida. Era a justaposição mais engraçada, com aquelas pessoas empertigadas no navio – tudo muito Família Buscapé. Olhavam para Travis como se ele fosse um merdinha, quando na verdade ele era capaz de comprá-los e vendê-los cem vezes.

Quem tem alguma noção pré-concebida sobre o Travis quase sempre se surpreende, porque ele tem a fala bem calma e é bem tranquilo. Ele pode ser esquentado, mas raramente vi isso acontecer.

No entanto, quando cruzei o Atlântico pela primeira vez, o *Queen Mary 2* não estava disponível para a viagem de volta, então embarcamos num navio um pouco menor rumo aos EUA. O clima durante a viagem estava sofrível: ondas de 10 metros e ventos a 270 km/h. Isso dia após dia; um avião, pelo menos, quando atinge uma zona de turbulência, dez minutos depois, talvez uma hora, no máximo, já passou. Mas, no navio, aquilo durou seis dias. Foi quando comecei a pensar: *Talvez eu devesse ter vindo de avião*[5].

Então eu imagino o pior cenário possível: se o avião caísse no oceano, eu estaria exatamente onde estou agora. E pelo menos *este* filho da puta flutua. Viajar, de forma geral, é difícil para mim: estou sempre esperando o pior ou me preparando para um impacto. No navio, eu deixava nossos coletes salva-vidas bem ao lado da cama – só por desencargo. Se alguma coisa acontecesse, eu queria que nós fôssemos os primeiros nos botes salva-vidas. Quando você toma o *Queen Mary 2* em sentido oeste, da Europa para os EUA, eles dão uma festa quando o navio chega no local onde o *Titanic* afundou e tocam a trilha sonora do filme – o que é muito assustador e desagradável.

Mesmo no navio, estou sempre treinando e tocando bateria para permanecer na minha melhor forma, mas nunca sei para quê. Meus filhos costumavam me perguntar: "Pai, para que você está praticando?".

"Só por praticar".

"Você não tem show essa semana".

---

5   É algo que me desanima, mas não existe um jeito bom para eu ir para a Austrália, Japão e América do Sul sem ser de avião. Há alguns navios que vão para esses lugares, mas apenas como parte de um cruzeiro ao redor do mundo. Assim, se eu fosse para a Austrália para uma turnê, precisaria passar cinco meses viajando em sentido oeste para voltar para casa. Quem sabe um dia.

"Isso mesmo. Não preciso ter um show. Tenho de ser bom no que faço e continuar a melhorar". Eles entendem que você não simplesmente acorda um dia e é um grande músico e famoso. Recentemente, quando desembarquei do navio em Nova York, recebi um e-mail de Daniel, meu técnico de bateria, perguntando se eu queria tocar no *America's Got Talent*. Recebi a música menos de vinte e quatro horas antes da apresentação e a toquei ao vivo na TV com um grupo acrobático doido chamado Acro Army. Essas participações de última hora são as coisas mais divertidas da minha carreira: tocar com o Steve Aoki no *Jimmy Kimmel Live*, fazer um show com o YG no House of Blues, participar da grande apresentação de retorno do Chris Brown no BET Awards depois que ele saiu da cadeia – para esta, repassei umas cem vezes, mas quando chegou a hora, ao vivo, eu simplesmente improvisei. Geralmente, essas são minhas performances prediletas.

Apenas uma semana depois, Demi Lovato me enviou uma mensagem de texto, convidando a mim e as crianças para o show dela. Na noite anterior ao show, ela perguntou se eu tocaria com ela. Recebi a música e, quando cheguei lá, descobri que eu e ela faríamos um solo de bateria juntos. Acabou que foi incrível, e não teria sido tão divertido se tivesse havido uma semana para ensaiar.

Depois de ter crescido assistindo luta livre com o meu pai, realizei um sonho tocando o show de intervalo no WrestleMania 31. Kid Ink me pediu para tocar com ele e, uma semana depois, Skylar Grey me convidou para tocar com ela também. Decidimos combinar as duas apresentações para fazer um show ainda mais espetacular. Fui para San Jose: só no estádio havia 80 mil pessoas, além dos sete milhões que estavam assistindo pela TV. E não era só molecada – na primeira fileira, reconheci Jimmy Iovine e Rick Rubin. A produção era mais intensa do que qualquer show de rock em que já toquei: quando acabávamos uma música, efeitos pirotécnicos disparavam pelo estádio todo.

Pouco antes da última turnê do Blink-182, Tom me mandou uma mensagem dizendo que estaria em LA no dia seguinte. Falei para ele entrar em contato comigo: acabamos indo ao meu restaurante, Crossroads, e foi muito legal. Relaxamos e conversamos sobre nossas famílias. Lá pela metade do jantar, Tom disse: "Sabe que eu nunca tinha jantado com você?". Nós nos conhecíamos havia tantos anos e nunca tínhamos nos divertido juntos como naquele dia. Foi ótimo trocarmos uma ideia sem ser em turnê e nos reconectarmos de verdade como pessoas.

Isso não durou. O Blink-182 deveria entrar em estúdio para gravar um novo álbum no início de 2015 – não tínhamos lançado um álbum completo desde

Neighborhoods, de 2011 (embora tenhamos soltado um EP de Natal intitulado Dogs Eating Dogs), e continuávamos a prometer aos fãs que havia novas músicas chegando. Para mim, era estranho sair em turnê sem material novo no repertório, como se todo dia fosse dia de nostalgia.

Tom não queria entrar em estúdio sem que o Blink tivesse um novo contrato, então deixamos um engatilhado. Concordamos em começar a gravar no dia 5 de janeiro: estávamos reservando o espaço e ajeitando tudo. A ideia era ocupar uma casa inteira, exatamente como fizemos no álbum Blink-182. Às 20h da véspera de Ano Novo, recebi um e-mail do empresário de Tom, dizendo que ele estava fora. Trocamos uma porção de mensagens e a conclusão era clara: Tom não queria gravar. Ele não faria nada relacionado ao Blink em 2015. O empresário disse que não sabia se ele sequer voltaria fazer algo com o Blink.

Em alguns aspectos, foi um alívio: depois de anos de vai e vem com Tom, nós sabíamos a nossa posição. Não se pode forçar uma pessoa a fazer algo que ela não quer: eu queria genuinamente que o Tom fosse fazer qualquer coisa que o satisfizesse. E como essa era a terceira vez que ele saía da banda abruptamente, ficou muito claro o que ele queria. Mas nós tínhamos um show marcado: a banda estava comprometida a tocar no Musink Festival, um festival de tatuagem/carros/música do qual fui curador. Marcamos um almoço no Crossroads com Matt Skiba, do Alkaline Trio, e perguntamos se ele faria o show conosco. A resposta dele foi: "Porra, claro!". Publicamos uma declaração dizendo que Tom tinha deixado a banda por tempo indefinido e que Matt faria o show conosco; Tom, então, negou que tivesse saído da banda.

Só os ensaios para aquele show já foram demais – me diverti tocando aquelas músicas como não me divertia havia anos. Matt estava animado de estar conosco e isso fez uma diferença enorme. Fizemos alguns shows de aquecimento e os fãs entoavam "Skiba! Skiba!" todas as noites. Nossa química era ótima e, no Musink, detonamos[6].

Queremos entrar em estúdio com Matt o quanto antes. Há questões legais a serem resolvidas com Tom, mas estou empolgado para fazer músicas novas.

---

6   Fazer a curadoria do Musink se tornou uma das minhas coisas favoritas. Bill Hardy me convidou para fazê-la em 2014 e gostei tanto que acabei me tornando sócio. É um festival/convenção que abarca tudo que eu amo: tatuagens, carros clássicos e música. Contamos com quinhentos dos melhores tatuadores do mundo. Exibimos mais de quarenta carros de tirar o fôlego. E, em 2015, entre as bandas estavam Yelawolf, Prayers, Bad Religion, Off!, Ignite, Rancid, The Interrupters, Sick of It All e o Blink-182 em seu primeiro grande show com Matt. A sensação é diferente quando você está cercado de amigos e família, não apenas algumas bandas aleatórias que você contratou.

Em 2014, eu estava detestando aquelas sessões, mas agora estou pilhado. O Blink-182 não é a única coisa que faço musicalmente, mas ainda amo e respeito a banda e, quando toco com o Blink, não tento fazê-lo soar como um dos meus projetos paralelos.

Devo muito ao Tom, a começar pelo dia em que ele achou que eu seria um bom baterista substituto de emergência. Ele sempre será alguém importante na minha vida, e espero que ele encontre a felicidade que procura.

Toda manhã em LA, quando estou voltando para casa depois de deixar as crianças na escola, falo com meu pai. Quando eu era pequeno, eu era simplesmente uma porra de um asno às vezes: era um pé no saco, e acho que ele estava com medo de que eu acabasse como um zero à esquerda, então tinha constantemente de gritar comigo ou me dar uma lição. Fico muito orgulhoso não só de ter alcançado os padrões dele na minha vida, mas também de ter ido além, espero. Amo meu pai e estamos mais próximos do que nunca.

Quero que ele possa relaxar, mas ele não tem interesse algum em se aposentar. Trabalha para a Famous e me ajuda a cuidar da minha coleção de carros, porque compartilhamos da mesma paixão automotiva. Há pouco tempo, a coluna de direção do meu Impala 1963 estava frouxa, então ele se encarregou de mandá-lo para um cara do outro lado do país, especializado em restaurar colunas de direção de Impalas. No momento, o estou ajudando com seu Cadillac Coupe de Ville 1957. Estamos colocando um motor LS3 nele, cortesia do meu amigo Delmo, e pintando de *black cherry*. Estamos curtindo nosso vício por carros clássicos – juntos.

Não faz muito tempo, meu pai passou por um susto de saúde: ele caiu no chão da minha casa. Corri com ele para o pronto-socorro e ele ficou internado por umas duas semanas até que fizessem exames e tentassem descobrir o que estava acontecendo. Ele ficou no mesmo hospital de Fontana em que minha mãe morreu: tentei transferi-lo para o Cedars-Sinai, mas ele não queria ir. Sempre que eu chegava no estacionamento, tinha uma sensação deprê muito estranha. Mas a experiência toda frisou o quão importante é nosso tempo juntos, porque pode ser cortado a qualquer momento.

Tenho um ritual antes de entrar no palco: faço uma oração, com o nome de todas as pessoas que conheci e amei que se foram, e penso nelas. A oração costumava ser bem curta, e a minha mãe era a única pessoa na lista. Porém,

Eu e meu pai. Cortesia de Estevan Oriol

perdi muita gente ao longo do caminho, incluindo Chris, Che e AM. Hoje, tenho de parar por vários minutos e passar pela lista toda – mas ela me lembra de quanta sorte eu tenho em estar vivo, e o quanto essas pessoas significaram na minha vida.

Eu sempre quis me manter humilde e pé no chão. Nunca me esqueci de onde vim. Não importa o que o sucesso me traga, minhas maiores prioridades são (e sempre foram) minha família, fãs e pessoas queridas. Quando eu era criança, sonhei que um dia poderia ser baterista profissional, mesmo que fosse só por uma noite. Esperava que talvez, uma única vez que fosse, eu pudesse estar no palco diante de mil pessoas. Minha vida se tornou algo muito além disso – depois que alcancei meus sonhos, me esforcei ainda mais para mantê-los vivos e para ir ainda mais longe, superando minhas próprias expectativas. Uma das melhores coisas a respeito do meu sucesso é que posso retribuir à minha família: ajudo minhas irmãs e garanto que meu pai viva numa casa legal.

Quero passar o maior tempo possível com meus filhos. Não sei por quanto tempo estarei por aqui; o amanhã não é garantido para ninguém. Porém, enquanto estiver vivo, quero estar com eles e guiá-los. Tenho a oportunidade de apresentar a eles tudo o que eu amo: ensino bateria, levo-os a exposições de carros, desenho tatuagens de brincadeira neles.

AULA DE MÚSICA DE SÁBADO DE MANHÃ NA CASA DOS BARKERS

LANDON TOCANDO BATERIA COMIGO NO PALCO.
CORTESIA DE CHRIS ROQUE

Tenho baús cheios de cada peça de arte que eles fizeram. Adoro ficar em casa com as crianças. Raspo a cabeça de Landon e faço um moicano nele, e tranças no cabelo de Alabama. Minhas irmãs me ensinaram a fazer trança quando eu era pequeno, então há vezes em que me sinto como minha mãe e meu pai ao mesmo tempo. Mas eu não trocaria isso por nada no mundo – às vezes até levo Bama para fazer as unhas.

Ao acordar, todo dia começa comigo preparando o café da manhã das crianças e levando-as à escola. Depois, vou para o estúdio ou para a academia, dependendo do dia da semana. Fazemos todas as atividades depois da escola em família. Às segundas, busco-as na escola e vamos jogar tênis juntos. Às terças, treinamos boxe. Elas fazem a aula infantil e eu, a de adultos. Às quartas, jiu-jitsu. Às quintas, Alabama tem treino de cheerleader e Landon, basquete. Às sextas, Alabama tem ginástica olímpica e Landon, boxe. Aos sábados, Alabama tem treino de cheerleader de manhã: os adultos não podem assistir, então fico no carro, praticando bateria num pad de estudo. Aos domingos, as crianças têm aulas de canto e bateria.

Eu mesmo dou as aulas de bateria: os dois querem fazer o que o pai faz. Eles veem o quanto eu dou duro.

NÃO HÁ GLÓRIA NO TREINO, MAS, SEM TREINO, NÃO HÁ GLÓRIA.

No décimo aniversário de Landon, ele tocou um set na bateria com um jovem DJ, E-Fresh, que é absurdamente bom. Tocaram três músicas: "Bersek", do Eminem, "Jump Around", do House of Pain, e "(You Gotta) Fight for Your Right (to Party!)", dos Beastie Boys. Arrumei um palco para eles e eles levaram bem a sério. Vários amigos deles queriam ser roadies e técnicos de bateria. Achei que iria orientar Landon durante o set, mas ele detonou – não precisei dizer nada a ele durante toda a apresentação.

Pude ver meu pai num canto durante o set de Landon: ele estava chorando. No final, ele se aproximou e disse: "Meu camarada, isso me traz muitas lembranças. Me faz pensar de quando você era criança". O ciclo se completava: meu pai me via batendo nos tambores quando eu era criança, e agora nós dois víamos Landon. Chamo Landon de "meu camarada" e Alabama de "Cookie" – os apelidos dos meus pais. Tudo tem sua volta. Meu pai fez de mim um homem. Eu o amo por isso, e não há como agradecê-lo o bastante pela forma como ele me criou. Espero poder fazer o mesmo pelos meus filhos.

Quando vou às competições de *cheerleaders* de Alabama, não consigo nem gritar o nome dela, de tão choroso que fico – não posso ficar tão emotivo, porque devo fazer o papel de pai e torcer por ela. Tenho um orgulho inacreditável dela: a todo lugar que a equipe dela vai, parece pegar sempre o primeiro ou o segundo lugar. Landon e eu estamos sempre lá: nós torcemos um pelo outro em família. Nem acredito que meus filhos estejam fazendo as coisas que fazem, e se apresentando diante de outras pessoas – sei como é isso.

Ver o quão rápido eles estão crescendo me mata. Queria mantê-los crianças pelo máximo de tempo possível. Landon já vai a encontros de brincadeira e dorme na casa dos amigos. Hoje, ele gosta da mesma música que eu: colocar na Radio Disney não o agrada mais, porque ele acha que é coisa de neném. Bama anda pela casa de salto alto e eu a escuto falar sobre crushes que tem na escola. Mas os dois ainda acham que o Papai Noel é real. Às vezes eles discutem sobre isso, mas, quando o fazem, eu digo a eles que são doidos. Eles me desafiam quanto à Fada do Dente, e eu digo: "Não, ela existe, e cola em casa tarde da noite".

Alabama inventou um beijo da família. Primeiro, você faz um beijo de borboleta (com os cílios), depois, um beijo de esquimó (com o nariz), e por fim um beijo normal (com os lábios). É assim que beijamos um ao outro: hoje, eles não gostam de fazer isso na frente dos amigos, mas se saem de casa sem fazer o beijo de três etapas comigo, dizem que a sensação é esquisita e voltam para dá-lo.

Sempre tenho o maior orgulho de levar as crianças em turnê: já estivemos em arenas com o Blink ou com Lil Wayne, e já estivemos em casas de punk rock sujas com os Transplants, mas ambas as coisas são divertidas pra caramba. Nos dias de folga, damos uma escapada e vamos a um parque aquático, ou pegamos nossas bicicletas e exploramos a cidade. Todo dia em que acordo, estou vivendo um sonho. Uma noite dessas, toquei bateria com os Misfits e com o Run the Jewels, tudo no espaço de uma hora. Amo o que faço. A cada dia, meu objetivo é ser o melhor pai, músico, amigo e pessoa que posso.

Quando eu era adolescente, achava que não chegaria aos 21 anos. Quando fiz 21, achei que morreria antes dos 33, e assim por diante. Nunca me preocupei com as consequências de nada, nem uma vez sequer. Só fiz o que quis. Um dia, disse que queria morrer antes de ficar velho – rapaz, isso foi estúpido. Agora, cheguei aos 39 anos e estou mais feliz do que nunca.

Tenho muita vida para viver – só estou na metade do caminho. Este livro não é o fim da minha história.

EU E AS CRIANÇAS

OS AMADOS FRENCHIES DA NOSSA FAMÍLIA

Agradecimentos

Gostaria de agradecer a Deus, minha incrível mãe, Gloria (RIP, Cookie); meu incrível pai (meu camarada) e Mary; minhas incríveis irmãs, Randalai e Tamara; meus humanos Landon, Alabama e Atiana; Brandt e Kelsie; Britney e Brandon. E obrigado a Mark Hoppus, Lawrence "LV" Vavra, Paul Rosenberg, Kev-e-Kev, Sophie McNeil, todo mundo da Deckstar, da Killer Distribution, a família Famous, Tim Milhouse, Felix, Luca, Angel Rubio, Jason Redwood e toda a equipe de arte, meus irmãos Skinhead Rob e Tim Armstrong, a DTA Posse, Dr. B, Matt Skiba, Noel Paris, Randy Stewart, Frank Velasquez, Mike Ensch, Dana White e o UFC, Steve Aoki, meu irmão Yelawolf, Twitch, Dominick Cruz, Travis Browne, Mix Master Mike e Dianne, Neal H. Pogue, James Ingram, Daniel e Kristen Jensen, todo mundo da Zildjian e da OCDP, da Remo, Brian (Big Bass) Gardner, Christian Jacobs e todos os Aquabats, Jack "Cheese" Altounian, Armen Amirkhanian, Pascal, Paul Wall, minha advogada incrível, Lisa Socransky Austin, Greg Weisman, Chuey Quintanar, Franco Vescovi, Mr. Cartoon, Willie Toledo, Estevan Oriol, Mark Vaillancourt, Big Boy, Chris Roque, Kevin (Shock) Bivona, Jimmy (Shruggs) Gully, Deora, Afrojack, John Sanchez, Chris Siglin, Ruben Marietta, Jaycen Joshua, Ryan Leonard, Chris Light, Ryron Gracie e toda a família Gracie, Lil Wayne, Tony Jeffries e todo mundo da Box n Burn, John Caleb, James Rasmussen, Killer Mike e El-P do Run the Jewels, Cedric e Omar do Antemasque, Tim Wade, Liz Catana, Judy Nduati, Joanie Morris, Y.G., Meg Dieter, Brian McClellan, Peter Grossman, Kurt Richards, todo mundo do Grossman Burn Center, Bun B, The Game, Big Egypt, Big C. Dreads, Ezec (Danny Diablo), Gus Brandt, Chad Noyes, Clemente Ruiz, Darryl Eaton, Terry Doty, Edgar Sanchez, D Face, Jeff Gelinas e toda a família Gelinas, Shepard Fairey, Flea, Bill Fold, Paul Tollett, Skylar Grey, DJ Ill Will, Kid Ink, Rick Ross, Ice-T, Jesse Ignjatovic, Rodney Jerkins, Josh Brenner, Sabina Kelly, Dr. Khalsa, Kojak, Demi Lovato, Puff Daddy, Bad Lucc, Problem, Modsun, Toby Morse, Rip Hayes, Rafael e Dave do Prayers, todo mundo da LaSalle Records, Jody (Riffraff Highroller), Laura Walter, Samantha, Jonathan

Simon, Aaron Spears, Keith Sutter, Timo, Tyga, Ty Dolla $ign, Iamsu!, Wiz Khalifa, Usugrow, Cy Wallace, todo mundo da Active Ride Shop, Z-Trip, Huero, Wacks, Power 106, DJ E-Man, Eric Dlux, Jeff G., Krystal Vee, Myles Kovacs e todo mundo da *Dub*, George Keshishyan e todo mundo da Platinum Motorsports, Will Power (Supa Hot Beats), Tilly's, Luke Burnett e Charis, Dalton da Hillview Customs, Dell Uschenko da Delmo Speed Shop, a KROQ, Ray Coomer, Brent Vann, A-Trak, Shanna Moakler, Big Sleeps, o Slaughterhouse, Mouse Lopez, Rudy Ruiz, Woody Dutton, Melissa Kennedy e Ultimate Ronnie.

Um *grande* obrigado a Gavin Edwards. Eu não poderia ter escrito este livro com nenhuma outra pessoa. Você transformou a minha vida em um livro, você é incrível pra caralho!

RIP: obrigado, Che Still, Lil Chris Baker, Adam "DJ AM" Goldstein, Trigz, Paulie B, Stuart Teggart, Gary Haber e Proof, por todas as boas lembranças. Saudades eternas, meus irmãos.

DISCOGRAFIA SELECIONADA
E PARTICIPAÇÕES ESPECIAIS

CORTESIA DE WILLIE TOLEDO

The Aquabats, *The Fury of the Aquabats!* (1997)

Este foi o primeiro álbum de verdade que gravei – antes dele, o mais próximo disso tinha sido a demo do Feeble. Foi num estúdio de verdade, com microfones profissionais e uma sala de bateria – numa gravação de bateria, a sala tem que ser grande o bastante para se conseguir bons timbres. Fomos para um estúdio de ensaios em Orange County e compusemos durante uma semana. Bill Fold e Paul Tollett apareciam para ouvir nosso progresso – era algo especial para eles, pois também era seu primeiro lançamento.

Blink-182, *Enema of the State* (1999)

Este álbum foi abastecido por café e Marlboro Light. Encarei como uma corrida: queria gravar as baterias o mais rápido que pudesse. Sentíamos que estávamos fazendo algo grande. Estávamos bem ensaiados e as músicas estavam todas definidas; ao contrário de hoje, em que a maioria das bandas compõe no estúdio.

Blink-182, *The Mark, Tom and Travis Show (The Enema Strikes Back)* (2000)

Este álbum ao vivo foi compilado de alguns shows diferentes da nossa turnê mundial de *Enema of the State*: durante os shows, nós não sabíamos que as gravações poderiam entrar no disco. Tocávamos as músicas na velocidade da luz, e as piadas de pênis estavam no auge absoluto. Foi uma representação perfeita de como soávamos e de quem éramos na época.

Blink-182, *Take Off Your Pants and Jacket* (2001)

Começou a pressão. Nossos dois álbuns anteriores foram muito bem sucedidos e, por causa de todo o nosso sucesso comercial, achamos que tínhamos algo a provar. Algumas das nossas músicas se tornaram mais obscuras e nós demonstramos habilidades mais técnicas – havia gente que não tinha se dado conta de que nós estávamos tirando onda com as boy bands no clipe de "All the Small Things", então precisávamos mostrar que não éramos uma boy band. Tínhamos um sucesso enorme na MTV, e adorávamos isso, mas ainda éramos uma pequena banda de punk rock do Sul da Califórnia.

Box Car Racer, *Box Car Racer* (2002)

Na turnê de *Take Off Your Pants and Jacket*, eu tinha sempre uma bateria de estudo no meu camarim, e Tom começou a trazer um ampli para fazermos um som. Começamos a tocar uns ritmos mais lentos e mais pesados – ele estava ouvindo muito Fugazi, e eu o fiz curtir Quicksand. No Blink, tudo era muito rápido, então era legal tocar algo lento e pesado com Tom. Depois, trabalhamos no restante das ideias no meu depósito em Corona. Fechamos 80% do álbum antes de entrar em estúdio. "Cat Like Thief", a música com a participação de Tim Armstrong, tinha uma batida muito esquisita, quase parecia que os compassos estavam ao contrário. Os Transplants estavam começando na mesma época, foi um tempo muito legal – eu estava experimentando com muitos estilos e me sentia livre e criativo.

Transplants (2002)

O primeiro álbum do Transplants foi como uma caixa enorme de fogos de artifício. Mesclamos tantos gêneros que não se encaixavam, mas que, no álbum, complementaram uns aos outros. Quando o ouvi pela primeira vez, eram demos bem cruas, mas tinha muita potência. A dinâmica de pergunta-e-resposta entre as vozes de Tim e Rob era genial. "Diamonds and Guns", "Romper Stomper", "117", "We Trusted You" – não é nem justo mencionar só algumas das faixas e não as outras. Eu acharia esse álbum clássico mesmo se não tivesse tocado nele: é obrigatório para quem cresceu ouvindo punk rock e hip-hop. A arte foi feita por Mister Cartoon e as fotos por Estevan Oriol, e contamos com participações especiais de Son Doobie (Funkdoobiest), Davey Havok (AFI) e Danny Diablo. O álbum todo foi feito no porão do Tim – era escuro pra caralho, não tinha nem lâmpada. Algumas das músicas tinham uns loops doidos, outras tinham a minha bateria por cima – o conjunto fazia você querer dirigir rápido demais, socar alguém ou achar algum outro jeito de infringir a lei.

Blink-182 (2003)

Essa foi a minha época favorita no Blink. Projetos paralelos, como o Box Car Racer e o Transplants, tinham começado a acontecer; fronteiras e muros estavam sendo derrubados. Estávamos com a cabeça muito aberta e contentes em tentar coisas novas, mas ainda sabíamos quem éramos como banda. Tudo o que fizemos nesse álbum foi diferente, a começar pelo estúdio, que era apenas uma casa que alugamos em San Diego. Fumei muita maconha naquela casa, enfumaçando vários cômodos – o que foi estranho, porque eu sabia que era a casa de uma família de verdade, mas é a vida. Comecei a treinar boxe nessa época, então, quando estava chapado, passava horas socando um saco de pancadas enquanto Mark e Tom trabalhavam nas partes deles. Também tive aulas de guitarra na casa, com um professor local. As gravações demoraram um ano, mas é o nosso melhor trabalho até hoje, na minha opinião.

Pink, "Unwind" (de *Get This*, 2003)

Tim Armstrong me deu um toque e disse: "Olha, estou trabalhando com Alecia[1] e queremos que você toque bateria numas músicas". Ele compôs algumas músicas

---

1 O nome verdadeiro da Pink é Alecia Moore.

só pra ela, mas muitas outras eram canções ou ideias que não tinham entrado no primeiro álbum dos Transplants. Gravamos talvez trinta músicas para aquele disco. Ele mudou algumas delas – foi bem doido, porque eu estava acostumado a ouvir Tim e Rob cantá-las, e agora a Pink as estava cantando. Mas ela arrasou.

Ela é uma grande artista. Estávamos terminando o trabalho em estúdio com ela, e então os Transplants entraram na Warped Tour. Assim, ela foi conosco e trabalhava o material com Tim no ônibus. Hoje, a Warped Tour está mais para uma turnê pop, mas na época era de punk rock, acontecia em estacionamentos de terra batida com punks e skinheads, e ela foi muito legal. Alecia entrou na nossa sintonia e nós gravamos algumas coisas no ônibus. Gravei algumas faixas de bateria no corredor. Só cabia um bumbo, não tinha como encaixar um suporte de caixa, então Skinhead Rob ficou segurando a minha caixa e outra pessoa, o chimbau. Em certas sessões, você tem de inventar as partes de bateria sem saber como serão os vocais: seja apenas cuidadoso, não seja excessivo ao tocar e deixe espaço para todo mundo.

Bun B, "Late Night Creepin'" (de *Trill*, 2005)

Quem não gostaria que sua primeira batida fosse para o Bun B? Cresci adorando hip-hop, e eu ficava cabreiro de não me poder envolver mais com o estilo além de ouvir e curtir os álbuns. O legal dessa batida é que toda a percussão é tocada ao vivo: chocalhos e pandeiros de verdade. Na época, eu ainda não tinha uma bateria eletrônica e não sabia programar nada. Eu tinha um bumbo de dezoito polegadas que soava praticamente como uma bateria eletrônica 808: foi muito mais fácil para mim tocar tudo ao vivo do que aprender a programar.

The Transplants, *Haunted Cities* (2005)

Este foi o segundo lançamento dos Transplants: um álbum muito mais enraizado no hip-hop, com convidados como B-Real e Sean Dog, do Cypress Hill, e o Boo-Ya T.R.I.B.E., que era como uma família para nós. Trabalhamos em algumas coisas na casa do Tim, outras no ônibus de turnê, mas a maior parte foi feita num estúdio. Continuamos a mesclar gêneros: os Transplants sempre misturaram as partes mais sinistras e perigosas do gangsta rap com o feeling rústico do punk rock. Pessoas de todos os tipos iam aos nossos shows, de punks a criminosos. A banda se separou depois de uma turnê para divulgar esse álbum, mas estou certo de que se tivéssemos continuado a viajar, teríamos tido um sucesso enorme.

T.I., "You Know Who" (de *King*, 2006)

T.I. foi uma grande influência para mim. Por um tempo, toda manhã, ao acordar, eu malhava assistindo ao canal BET – antes de fumar um baseado. T.I. tinha uma música chamada "Motivation", que era um hino para mim. Eu me identificava com boa parte das letras e com o rolê dele. Quando o Blink estava em turnê, se eu tivesse dois dias de folga em Atlanta, encontrava T.I., seu empresário, Clay, e toda a galera dele. Se estivessem gravando um clipe, eles diziam: "Trav, cola aí, aparece no clipe". Eu ia até lá, fumava um pouco de maconha com eles e aparecia no clipe. Eles me enviavam as faixas em que gostariam que eu tocasse bateria – acho que para este álbum ele me mandou duas. Toquei nas duas e eles escolheram uma.

Às vezes, os rappers me mandam faixas com sons futuristas de sintetizador, que na verdade não precisam de bateria ao vivo e soariam estranhas se eu tocasse nelas. Mas esta tinha metais, guitarra, um pouco de piano e um clima Motown descontraído – era a combinação perfeita.

+44, *When Your Heart Stops Beating* (2006)

Mark e eu estávamos recolhendo os cacos depois que o Blink e os Transplants se separaram. Tomamos a decisão de continuar a fazer música juntos. Embora houvesse muita melodia e muitos refrãos de cantar junto, este álbum foi muito sombrio. Mark e eu estávamos encontrando a nós mesmos, encontrando o ritmo sozinhos. "When Your Heart Stops Beating", "Chapter 13" e "Make You Smile" são as minhas favoritas. O álbum foi gravado no nosso estúdio, o OPRA. A maior parte foi ao vivo, mas programei algumas coisas na bateria eletrônica SP-1200. Foi maneiro estar novamente numa banda com Shane Gallagher, que tinha tocado comigo no Doyt, anos antes. Viajamos um bom tanto – até que eu tive de parar porque estava usando drogas demais. A camiseta que usei na maioria das fotos de divulgação dizia tudo, e previa os tempos ruins que viriam: HOW TO MURDER YOUR LIFE ["como assassinar sua vida"].

DJ Skee Presents: *Expensive Taste* (mixtape, 2007)

O Expensive Taste era, basicamente, eu, Paul Wall e Skinhead Rob. Eu produzi tudo. Passava de doze a quinze horas por dia no estúdio fazendo batidas, e então Paul e S.R. trabalhavam em cima da maioria delas. Não sabíamos se íamos lançar por uma gravadora e não queríamos ficar esperando por um contrato. Acabamos mostrando as faixas para o Skee, que era um amigo meu – e ele se ofereceu para lançar a mixtape. Foi minha primeira tentativa de fazer batidas, aprender a programar e a usar diferentes teclados – minha introdução a fazer algo que eu amava.

Avril Lavigne, "I Don't Have to Try", "Runaway", "I Can Do Better", "Alone" (de *The Best Damn Thing*, 2007)

Recebi e-mails de Dr. Luke e Avril ao mesmo tempo – eles diziam que eu era um dos bateristas favoritos de Avril e queriam que eu fosse tocar em algumas faixas. Eu respondi que adoraria, sem problemas. Cheguei no estúdio e eles colocaram as músicas para eu ouvir: Josh Freese tinha gravado as baterias, e obviamente ele é ótimo, mas eles não tinham ficado contentes com o resultado. Eu disse: "OK, não vou tocar o que ele tocou, porque vocês querem refazer. Me indiquem a direção que vocês querem e vou dar a minha própria cara". Gravamos seis ou sete músicas, matamos em um dia. Tornei o verso de "Runaway" um pouco mais *funky* ao acrescentar alguns contratempos, mas todas as músicas eram canções pop-punk conduzidas pela guitarra em 4/4; foi fácil para chegar e tocar junto. Avril já tinha gravado as partes dela, então eu sabia a cadência vocal e poderia complementá-la.

Dr. Luke estava lá. É sempre bom quando você está numa situação dessas e alguém está claramente na posição de produtor, dizendo: "É isso o que eu quero". Ele foi muito claro. Avril também estava presente. Foi uma sessão tranquila.

Danny Diablo, "Livin' by the Gun" (de *Thugcore 4 Life*, 2007)

Danny Diablo é uma lenda do punk rock e hardcore de Nova York, também conhecido como Lord Ezec. É um bom cara, não importa o quão assustador ele pareça se você procurá-lo no Google. Fez parte de bandas muito legais, como Crown of Thorns, e era meu parceiro, então lançamos um de seus álbuns pelo LaSalle, o meu selo. Fui creditado como baterista nesta faixa, mas, na verdade, é o Tim Armstrong, que foi o produtor, fazendo loops com algo que toquei para ele. Outro dia, Tim me disse: "Trav, tenho uns noventa minutos de você tocando a 120 BPM". Não me importa como ele vai usar isso – é o Tim, e eu confio nele.

The Federation, "Black Roses" (de *It's Whateva*, 2007)

Eles são uma banda de hyphy, um movimento que surgiu na região da baía de São Francisco e é de hip-hop animado. Tem seus próprios passos de dança e é um estilo que sempre existirá ali naquela área. E40 é o rei do hyphy. Esses caras eram os novatos promissores – estavam muito hypados na época, e ainda são bons amigos. Ainda converso bastante com o Goldie.

TRV$DJAM, *Fix Your Face* (mixtape, 2008)

AM e eu passávamos incontáveis horas ensaiando, mas, na maior parte das vezes, fazíamos shows de 45 a 60 minutos. Esta mixtape documentou o set que tocávamos no nosso primeiro ano fazendo shows juntos, uma mistura de todos os gêneros que adorávamos, em especial hip-hop nova-iorquino. Lançamos a mixtape de modo que assistir aos nossos shows fosse como ouvir um álbum na íntegra: nós a tocávamos do começo ao fim.

The Game, "Dope Boys" (de *LAX*, 2008)

Fiquei sabendo do The Game por meio do DJ Skee, que sempre está por dentro de tudo antes do estouro. Ele lançou a mixtape do The Game, que simplesmente quebrou tudo. Todo mundo falava dele e, de repente, havia uma guerra para assinar contrato com ele. A Interscope assinou e o tornou parte do G-Unit. Acho que o 50-Cent viu que o moleque ia roubar seu brilho. Os dois acabaram numa celeuma que chegou ao ponto de trocarem tiros: era uma merda do tipo "alguém vai morrer".

Eu o conheci mais ou menos nessa época, quando recebia todo mundo no meu estúdio. Ele apareceu lá – éramos como amigos desde sempre antes mesmo de gravarmos qualquer coisa juntos. Foi uma das pessoas que ficaram ao meu lado no hospital depois do meu acidente e fez um grande discurso no funeral do Lil Chris.

Esta faixa tem uma bateria de rock grandiosa, chimbaus abertos, uma batida 2/4 poderosa e viradas rápidas de caixa e tom. Muitos produtores gostam de acrescentar programações à minha bateria para preencher o som, mas, em alguns momentos desta faixa, sou só eu. No final, ele me deixou enlouquecer nas viradas. Foi um grande single – foi incrível.

The Centerfolds, "Goodbye" (do EP *The Centerfolds*, 2008)

O Centerfolds era um pequeno e maneiro trio de punk rock de Riverside. Quando entrei no Blink, eu tentei ajudá-los o máximo que pude. Colocava-os nos shows, até atuei como empresário deles por uns dois meses, só na tentativa de ajudar. Ainda falo com Tim Floyd: hoje ele é diretor de uma escola. A mulher dele, Holly, era a melhor amiga de Melissa na época que eu e ela éramos casados. Eles estavam gravando uma demo e me convidaram para tocar uma música. Sem problemas: fui até um estúdio bem pequeno em Riverside, chamado Love Juice, ouvi a canção umas duas vezes, detonei e pronto, em uma hora estava feito.

Faixas como esta quase podem ferrar com a sua cabeça, porque elas pedem por um certo tipo de padrão de bateria, mas não é legal soar igual a todo mundo. É muito fácil tocar junto: o que é difícil é ser criativo sem prestar um desserviço à canção.

Wale, "OG'z" (single, 2008)

A Interscope entrou em contato comigo dizendo: "Temos um artista novo chamado Wale – é um rapper muito irado". Eu já era fã dele. Já o tinha visto tocar; ele era de DC e tinha uma banda de go-go[2] o acompanhando, isso já me conquistou. A gravadora me pediu para tocar no álbum dele e me enviou a música. Não era um som com um tratamento total de rock: era algo funkeado, em que quase pude fazer uma bateria de go-go por cima.

---

2 Subgênero do funk particular a Washington, DC, originado em meados dos anos 1960. (N. do T.)

TRV$DJAM, *Fix Your Face Vol. 2* (Coachella 2009) (mixtape, 2009)

Com o passar do tempo, AM e eu nos preparamos para o Coachella e decidimos atualizar nosso set, que passou a se basear mais em EDM; AM estava se interessando pesadamente por música eletrônica, como Daft Punk, Glitch Mob e Justice, mas incluímos alguns de nossos sons preferidos de Johnny Cash, Queen e The Zombies. Esta mixtape abriu os olhos de muita gente: ainda encontro pessoas que dizem que esta é sua mix para malhar. Na época do Coachella, tocamos este set no KROQ Weenie Roast – fechamos a noite e acho que eles esperavam que tocássemos música de fim de festa, mas acabamos tornando a festa ainda maior.

Skillz, "Celebrate Life" (de *The World Needs More Skillz*, 2010)

Ele é o *hype man* de Jazzy Jeff quando Jazz Jeff atua como DJ: tem um estilo *old school*. Sempre foi um MC irado, mas é famoso por seus "raps de retrospectiva" de fim de ano: rima sobre todos os assuntos que foram importantes nos doze meses que passaram. Era um grande amigo de Adam, então, depois que Adam faleceu, fez uma música chamada "Celebrate Life". Foi muito comovente, e ressoou muito para mim. Skillz me pediu para tocar nela – obviamente, eu faria qualquer coisa que ele precisasse. A música não pedia uma bateria muito grandiosa: só coloquei um pouco de tempero.

Lil Wayne feat. Eminem, "Drop the World" (de *Rebirth*, 2010)

Wayne e eu nos conhecemos por causa da Famous: eu vi fotos dele usando bonés da marca. Ele sempre se interessou por skate e pela Famous, e nós temos uma equipe de skate desde quando começamos.

Eminem entrou em contato comigo depois da morte de AM. Andamos juntos por um tempo, tiramos algumas fotos, colocamos a conversa em dia. E então ele me convidou para fazer alguns shows. Na época, eu ainda fumava maconha, mas todo mundo me dizia para não fumar perto dele, porque ele estava sóbrio. Assim, não levei nada comigo e pude observar como eu poderia ser sem maconha. Não um rapper branco de Detroit, é claro, mas sóbrio. Nesse meio, muita gente usa drogas e muitos dos nossos ídolos, de Jimi Hendrix a John Bonham, morrem de overdose. Eminem é um dos melhores rappers de todos os tempos e, hoje, está sóbrio. Ele foi um bom exemplo e uma influência positiva para mim.

Rihanna, "Rockstar 101" (clipe, 2010)

Eu tinha feito um remix de "Umbrella", mas não conhecia a Rihanna pessoalmente. Minha amiga Lisa sempre dizia: "Preciso juntar você e a Rihanna".

Eu disse: "Pô, quando quiser – ela é demais". Depois, fui para Nova York com Chris e alguns manos, para fazer um show com AM. Aquela noite foi festa atrás de festa – acho que era a Fashion Week. Teve uma enorme festa de aniversário para o Kanye West na Louis Vuitton: eu estava subindo a escada e a Rihanna, descendo.

Ela me viu e disse: "Adorei o remix que você fez. Porra, você arrasou – gosto mais do que a original".

"Ah, obrigado".

Depois, ela me convidou para aparecer no clipe da música "Rockstar 101". Participei e, umas duas semanas depois, ela disse: "Quero aprender a tocar bateria pra fazer um negócio tipo a Sheila E. na minha próxima turnê". Assim, nos encontramos, ela me mostrou uma bateria de tocar em pé que ela tinha montado e, sério, ela pegou jeito muito rápido. Ela aprendia tudo muito rápido: tem muita musicalidade. Eu notava que ela não estava se encontrando comigo só pela curtição ou para estar comigo: ela queria aprender a tocar bateria. Tinha alguém filmando o tempo todo, para que ela pudesse se lembrar de tudo – mas é claro que as nossas aulas acabaram parando no YouTube.

Algumas semanas depois, fui a um show dela e ela detonou. Veio para o meio da plateia e tocou bateria, com todos os truquezinhos que ensinei a ela. Foi muito maneiro.

Ela é totalmente pé no chão. Saíamos juntos por um tempo – quando eu ia para Vegas, íamos para a balada juntos. Gostávamos de fumar muita maconha e conversar sobre música. Fomos juntos para uma festa para comemorar quando um amigo meu, Dominick Cruz, ganhou o cinturão de peso leve do UFC. Rihanna ficou com a gente a noite toda, dançando e curtindo. Ela é demais.

Mickey Avalon, "The Fast Life" (single, 2010)

Fiz uma música chamada "The Fast Life" para Mickey. Peguei um sample do Black Rob, fiz um loop, e inventei essa ideia para uma canção (depois, substituí a parte cantada com Skinhead Rob). Era perfeita para Skinhead Rob, e a música ainda é uma das minhas favoritas. Toquei-a ao vivo com Mickey algumas vezes. Ele abriu para o Blink, e me pediu para aprender oito músicas. Fazia um show de meia hora e eu tocava com ele. Tenho muito orgulho desta música. Ela me lembra "The Metro", do Berlin, e surf rock e hip-hop. Isso é exatamente o que gosto de fazer quando produzo: misturo estilos e o resultado é algo mais interessante do que o que você está acostumado a ouvir no rádio.

Pensei em Mickey o tempo todo enquanto criava a faixa: ele estava vivendo uma vida mais alucinada do que qualquer outro gangsta rapper que eu conhecia na época. Houve vezes em que entrei no estúdio e pensei: *Isso não tem cheiro de maconha*. Ele estava fumando heroína nos fundos.

Paul Wall, *Heart of a Champion* (álbum, 2010)

Produzi metade deste álbum. O hip-hop do Texas, de Houston em especial, tem seu próprio movimento: um som que difere daquele de Nova York ou de LA. Porém, neste álbum, Paul quis mostrar que era capaz de fazer mais do que esse som. Ele tem muita musicalidade e é muito talentoso. Sua cadência é ótima: ele se encaixa bem nas batidas e tem um bom senso rítmico. É um profissional e um dos meus melhores amigos.

Eddie Rap Life, *Piece of Mind* (mixtape, 2010)

Eddie é um aspirante a rapper e skatista de Rhode Island, que eu conheci por meio de alguns membros da minha equipe de skate. Ele tinha uma mixtape que estava causando certo burburinho em LA. Queria vê-lo fazer sucesso: abri meu estúdio para ele e fizemos uma mixtape que tinha tudo, de samples do Slayer a originais.

Nottz, "Intro" (de *You Need This Music*, 2010)

Nottz é da Virginia e o trampo dele destrói tudo. Ele é procurado para fazer batidas fortes, de apavorar. É um grande produtor: quando você ouve uma de suas batidas, fica quase injusto para a pessoa que produziu a faixa que vem antes ou depois da faixa do Nottz. Participei do álbum solo dele: toquei bateria e ele me pediu para fazer um vídeo disso. Foi demais tocar no álbum dele. Gosto de atender ao que os caras precisam e dar uma segurada quando for apropriado, mas esta faixa foi demais: bateria de rock grandiosa e porrada. Posteriormente, começamos a trabalhar em um novo projeto: Nottz como produtor, eu na bateria e ele e Asher Roth nas rimas. Ele é o cara mais engraçado – se algum dia parar de produzir, poderia ser comediante.

Tech N9ne, "Hard Liquor" (da mixtape *Bad Season*, 2010)

Tech é o artista de rap mais irado do Meio-Oeste. Tem um culto de seguidores – eu costumava ver fotos dele com o rosto pintado e em suas performances teatrais. É capaz de cuspir rimas: faz parte daquela turma que consegue rimar muito rápido. Fizemos esta faixa que entrou na mixtape dele e na minha. Consegui colocar uma bateria potente, mas sem mudar o suingue da música. Ele é irado; sempre vou vê-lo tocar quando ele está na cidade.

Travis Barker, *Let the Drummer Get Wicked* (mixtape, 2011)

Este foi o aquecimento para o meu álbum *Give the Drummer Some*. Fiz uma parceria com o DJ Whoo Kid, que me enviou versos, às vezes com faixas, e eu acrescentava baterias ou fazia bizarrices com as batidas. Eu recebia uns dois ou três e-mails do Whoo Kid por dia e ficava o tempo todo no estúdio, gravando baterias sobre as batidas que ele me mandava. Contei com convidados tão incríveis – Tech N9ne, Wiz Khalifa, Royce da 5'9", Clipse, Big Sean – que quase poderia ser um álbum.

Travis Barker, *Give the Drummer Some* (2011)

Este álbum era um sonho não só meu, mas também de Lil Chris. Enquanto eu ficava no estúdio fazendo batidas, ele saía para o rolê e reunia rappers para trazer até mim. Eu produzi tudo, exceto por uma faixa que o Pharrell coproduziu comigo. Contei com todo MC que eu poderia sonhar no meu álbum, dos que eu cresci ouvindo àqueles que adoro hoje. *Give the Drummer Some* foi um trabalho 120% meu. Foi desafiador e recompensador poder retribuir algo a um gênero com o qual cresci – só que de um jeito novo, com bateria ao vivo. Gostei tanto que, agora, estou trabalhando na parte dois.

Blink-182, *Neighborhoods* (2011)

Este foi o primeiro álbum que compusemos depois do meu acidente de avião. "Up All Night" foi a primeira faixa que gravamos no meu estúdio em North Hollywood; durante as gravações, eu ainda estava enfaixado e tinha feridas nas mãos e nas pernas, e a minha mão esquerda estava dormente. Não estava nem perto de estar pronto para entrar em estúdio, mas estava animado em gravar novamente. Minhas faixas favoritas do álbum são "Up All Night", "After Midnight" e "Hearts All Gone". Este álbum surgiu lentamente via internet – passamos algum tempo juntos no estúdio, mas trocamos muitos arquivos. Depois de tanto tempo separados e com tantos projetos paralelos, tínhamos nos acostumado e trabalhar de maneira independente, então este foi o primeiro passo para encontrarmos um jeito de trabalhar juntos como banda de novo.

Britney Spears, "Don't Keep Me Waiting" (de *Femme Fatale*, 2011)

Recebi um telefonema de Rodney Jenkins, que é um grande produtor. Ele disse: "E aí, cara, estou trabalhando num disco da Britney. Alguém da produção dela pediu que você tocasse bateria, e eu adoraria que você tocasse". Então, dois dias depois, fui até o estúdio e toquei bateria por umas duas horas. Ela não estava lá e, na época, não havia vocais nas faixas. Sempre fico animado em oportunidades como esta, por serem tão distantes daquilo pelo qual sou conhecido. E gosto de tocar de tudo, então é divertido e diferente.

Depois disso, os empresários dela ligaram para a minha assessoria de imprensa dizendo que ela estava gravando um novo clipe e eles queriam que eu interpretasse o par romântico dela. Era para uma música diferente da que eu tinha gravado, então pareceu bem aleatório. Eu topei, mas o timing não deu certo. Quando enfim assisti o clipe, eles tinham escalado um modelo supergalã:

o total oposto de mim. Ele parecia o que se espera de um par romântico da Britney, ao passo que eu ficaria parecendo um criminoso.

Já fiz pontas em clipes em que eu não tive nada a ver com a música, como com o Three 6 Mafia e outros clipes de rap: "Só queremos que você entre, dê uma curtida no som e olhe para aquele lado". Mas normalmente estou tocando bateria; quase sinto que tenho mais energia quando toco. Digo a eles que fico mais confortável atrás da bateria – você não vai me convencer a dançar no seu clipe.

Britney sempre foi legal comigo – quando eu saía com a Paris, ela estava sempre com a gente. E em Calabasas ela morou no fim da minha rua.

Tinie Tempah, "Simply Unstoppable (YES Remix)" (single, 2011)

Tinie é um talentoso rapper do Reino Unido. Por um tempo, o rap britânico seguiu um determinado estilo: Dizzee Rascal e todo aquele grime[3]. Depois, ficou mais parecido com o hip-hop americano. Tinie Tempah é maneiro, mas não fiz tanta coisa aqui: eles me mandaram a gravação e me pediram para tocar bateria. Depois, usaram a faixa para um comercial de Lucozade, que é tipo um Gatorade europeu, comigo, Tinie e Katie Taylor (campeã mundial de boxe). Quando me convidaram para aparecer no comercial, eu disse: "Faço, claro". Não faço comerciais quando não gosto do produto, mesmo quando o dinheiro é bom, mas eu de fato gostava do Lucozade: quando estou em turnê pela Europa, é a minha bebida de preferência no palco.

Swizz Beatz feat. Lil Wayne & Lenny Kravitz, "Rock N Roll" (single, 2011)

Fizemos isto há anos, mas acho que agora o clipe finalmente vai sair. Swizz Beatz é como o Yela: meu irmão de outra mãe. Ele sempre me chamou de Twin ["Gêmeo"]. Quando comecei a fazer remixes, ele disse: "Foda-se isso, a gente devia fazer um álbum junto e quebrar tudo". Acabamos fazendo cada um seu álbum solo, mas foi ele quem criou o gancho de "Can a Drummer Get Some".

Ele me disse que ia correr o Gumball Rally, uma corrida ao redor do país nos

---

3   Estilo de hip-hop inglês que emergiu no início dos anos 2000. (N. do T.)

carros mais caros entre os carros caros. É o grupo mais louco de pessoas: estilistas, fotógrafos, rappers, lutadores, sheiks de Dubai. E eles correm em carros tipo Ferraris e Lamborghinis. Eu disse: "Porra, temos que fazer isso".

"Vamos correr juntos, Twin", ele disse. Fomos com o Rolls-Royce Phantom dele: basicamente, éramos eu, dirigindo a 220 km/h[4] com um baseado na boca, Swizz no banco do passageiro e Lil Chris no banco de trás. Estávamos na velocidade máxima do Phantom, a ponto de superaquecer. Eu estava com o acelerador no chão e as Lamborghinis ainda nos ultrapassavam zunindo.

Passamos por um policial multando uma das Lamborghinis, que provavelmente foi pega por estar a 260, 290. Pisamos fundo, chegando a 220, e passamos pelo policial – o que ele ia fazer? A função de Chris no carro era ficar de olho na polícia – e nós fizemos a corrida inteira sem sermos pegos. Há todo tipo de maluquice – gente que foi parada e, para voltar à corrida, pagou duzentos mil para o policial soltar. E você pode conseguir pontos bônus se tirar uma foto segurando a arma de algum policial.

A corrida durou umas duas semanas e, toda noite, íamos para a balada na cidade em que estivéssemos. No final, conseguimos o prêmio de Carro Mais Sujo, porque nós nunca o lavávamos – decidimos que isso só nos atrasaria. Era um Phantom de US$ 500 mil, mas nós o gastávamos como se fosse um Ford Pinto.

Royce da 5'9", "Legendary" (de *Success is Certain*, 2011)

Um dos MCs mais irados de todos os tempos, Royce mora em Detroit. Ele e o Eminem cresceram desafiando um ao outro: acho que a história é que os dois começaram como amigos e, depois, passaram por momentos de discórdia. Fui chamado para tocar nesta música de um dos álbuns dele, e é claro que fiquei muito honrado. Depois, ele começou o grupo Slaughterhouse com Joe Budden, Joell Ortiz e Crooked I: não há nenhum outro grupo na história com quatro MCs tão sórdidos quanto esses.

Eu estava na companhia deles no estúdio no dia em que descobri que AM tinha morrido. Fui embora do estúdio e eles me enviaram os versos depois: entraram no meu álbum como "Devil's Got a Hold of Me". É uma faixa muito sombria:

---

4   240 km/h na descida.

aquela notícia deu o tom. Foi pesado. Gravamos esta faixa pouco depois; recebi uma ligação de Paul Rosenberg, empresário do Eminem e do Slaughterhouse, perguntando se eu podia virá-la do avesso o quanto antes. Fiquei contente com isso: era uma música muito enérgica que pedia bateria ao vivo, e não doía tocar ouvindo o Royce rimar. Ele é um monstro. Como baterista, sempre que se tem a letra ou o gancho, é fácil determinar o que tocar e o que não tocar.

The Cool Kids, "Sour Apples" (de *When Fish Ride Bicycles*, 2011)

Houve todo um movimento nostálgico de rap, inspirado por tudo o que aconteceu no final dos anos 1980 e começo dos 1990. O som era tipo Beastie Boys antigo. Os Cool Kids são Chuck Inglish e Mikey Rocks; eu os ajudei em uma música deles, eles me ajudaram numa música minha, e nós viramos bons amigos. Saímos na turnê I Am Music, com Lil Wayne. Eles me disseram que queriam que eu tocasse nesta faixa, então montei minha bateria eletrônica em algum hotel na Flórida e gravei às duas da manhã.

Young Dro, "Check Out My Swag" (single, 2011)

Dro faz parte da galera do T.I. Dá para vê-lo ao fundo nos clipes do T.I., e ele rimava aqui e ali. Ele é demais: um cara muito engraçado e um MC muito esperto. O vocabulário dele é insano, o que é muito importante para um rapper: ele manda palavras que outros rappers nunca pensaram em usar nas rimas. Dro costumava vir até LA: fumávamos maconha no carro e ele implorava pra tocar Mickey Avalon. Era muito engraçado, porque ele tinha um sotaque caipira muito forte de Atlanta, e se vestia de Polo dos pés à cabeça: camisa, calça, sapatos. Você nunca o imaginaria querendo ouvir Mickey Avalon falando sobre injetar heroína e depois foder a sua vadia.

Bury the Hatchet, "Cyanide Serenade" (single, 2011)

Esta foi uma banda que Skinhead Rob teve por um tempo. Ele me disse: "Ei, cara, você toca nessa música?". Fui ao estúdio bem rapidamente e matei. Qualquer coisa que S.R. precisar, eu sempre topo.

Scroobius Pip, "Introduction
(de *Distraction Pieces*, 2011)

Danny Lohner me abordou – ele estava fazendo remixes de algumas faixas do Die Antwoord e queria que eu tocasse bateria[5]. Alguns meses depois, ele voltou a entrar em contato comigo e disse: "Não sei, cara, aconteceu alguma coisa com o remix e eu acabei usando a música e a bateria com um outro cara, o Scroobius Pip, tudo bem pra você?". Claro, eu disse. Quando ele me enviou a faixa, fiquei impressionado: não só eles tinham mudado tudo de lugar, criando uma faixa muito diferente, como o resultado não se parecia com nada que eu já tivesse ouvido. É meio rap, meio *spoken Word*, meio punk pra caralho – é muito inteligente.

Eu adoraria entrar em estúdio com o Scroobius numa próxima vez – acho que ele é meio que um gênio musical. Até hoje converso com ele via Twitter: ele é um grande fã de MMA e sempre comparamos nossas preferências quando tem algum evento do UFC.

Young Jeezy, "Talk to Me"
(de *TM 103: Hustlerz Ambition*, 2011)

Conheci Jeezy no New York Rock Corps. O primeiro single dele, "Soul Survivor", estava muito bem falado nas ruas na época, e a equipe dele tinha umas setenta pessoas. Somos bons amigos desde então.

Travis Barker & Yelawolf, *Psycho White*
(EP, 2012)

Paul Rosenberg (empresário do Eminem) estava trabalhando para mim e me enviou uma mixtape e uma foto do Yelawolf. Ele me avisou para não ficar bravo, porque o Yelawolf se parecia comigo. Olhei para a foto e pirei: ele era a minha versão rapper branco sulista. Mas quando ouvi a mixtape, fiquei boquiaberto. Ele era a verdade.

Duas semanas depois, coincidentemente, Rob Dydrek estava de rolê com Yelawolf e disse que ele queria me conhecer. "Porra, traz ele aqui", eu disse. Ele veio, fomos para o estúdio já nesse primeiro dia e gravamos a maior parte do

---

5 O Die Antwoord é uma dupla sul-africana de hip-hop avant-garde; Danny foi guitarrista do Nine Inch Nails.

nosso EP *Psycho White*. Nós nos demos bem instantaneamente: era como um irmão perdido há muito tempo. Tínhamos muita coisa em comum: skate, Cadillacs, rap, rock, Johnny Cash, tudo. Nunca planejamos lançar nada – estávamos só curtindo a vibe e fazendo umas coisas legais. Depois de uns dois anos disso, nos demos conta de que tínhamos um material ótimo, que as pessoas deviam ouvir. O disco é cheio de músicas e ideias que são pouco ortodoxas para o rap, como os assovios sombrios e os tambores marciais em "Whistle Dixie". Produzi tudo sozinho, com exceção de "Can't Push Us Around" – Tim Armstrong e eu fizemos essa juntos e o Yela de cara adorou. "Push' Em" teve um clima de punk-rock-mais-bluegrass em tempo dobrado – criei a faixa enquanto estava em turnê com o Lil Wayne, às três da manhã num quarto de hotel na Flórida.

Faço qualquer coisa para ele e a recíproca é verdadeira.

Xzibit, "Napalm" (de *Napalm*, 2012)

Cresci ouvindo Xzbit – ele fazia parte daquela turma toda do Snoop Dogg e do Dr. Dre. Perdi contato com ele depois do meu acidente, mas ele me mandou mensagens, veio me visitar, tocou o disco para eu ouvir, e eu toquei bateria em cima na hora. Quando ouvi, pensei: "Porra, o Xzibit tá *puto*". Adoro isso – sou fã de hip-hop e de punk rock porque ambos os estilos têm um sentimento definido por trás deles: a raiva. Quando se está tocando bateria ao vivo em álbuns de hip-hop, o melhor que se pode esperar são batidas como esta sobre as quais tocar.

Chester French, "Black Girls", "Female Version" (de *Music 4 TNGRS*, 2012)

Da primeira vez que o Blink se reuniu, fizemos um show da T-Mobile, e AM e eu tocamos na *after party* – foi a única vez que nós dois tocamos num mesmo show que o Blink. Depois, fomos dar uma volta pelo público, todo de gente importante de LA: atores, atrizes, quem quer que estivesse fazendo sucesso na época. Dois moleques brancos magricelas, com camisas Polo muito arrumadinhas, se aproximaram e disseram: "Prazer em conhecê-lo, Travis. Somos de uma banda chamada Chester French e acabamos de assinar contrato com o Pharrell Williams. Só queríamos te mostrar a nossa música e ver se podemos ser amigos".

Fiz a lição de casa: Pharrell realmente tinha assinado contrato com eles.

Eram dois jovens formados em Harvard e estavam trabalhando num álbum. Pensei: "Uou, isso é interessante". Levei-os em turnê conosco porque eram uns garotos muito bons – abriram para o Blink. E foram muito agradecidos. Os moleques tocavam todos os instrumentos e eram meio que gênios. Tornaram-se bons amigos meus e, quando me pediram para gravar em duas faixas do segundo álbum deles, fiz de bom grado. As estruturas de suas músicas são bem mapeadas e não monótonas, como as canções pop 4/4 de costume, carne de vaca. Eles são compositores e músicos muito criativos.

Jerome Flood II, "Sixteen" (single, 2012)

Jerome é um baterista incrível, que venceu um torneio de bateria do Guitar Center; acho que fui jurado naquele ano. Todo mundo que vence esse torneio se disciplinou e praticou da maneira como eu acredito que se deve praticar. Ele entrou em contato comigo e disse: "Estou trabalhando num álbum de bateria. Gosto muito do que você fez no seu álbum, você faria uma participação no meu, tocando um solo de 24 compassos?". Claro, eu disse: era legal ver outro baterista se inspirando a fazer um álbum, e eu quis demonstrar apoio.

Gravei o solo em uma tarde no estúdio. Ouvi o groove, mas não ensaiei nada: só toquei. Quando eu anunciei que faria um álbum solo, acho que as pessoas me imaginaram fazendo algo assim, com muitos solos de bateria, mas eu queria alcançar um grupo diferente de pessoas, por isso trabalhei tanto com MCs e outros músicos. Mas foi divertido fazer algo só para bateristas. Jerome é um bom amigo até hoje.

Steve Aoki, "Cudi the Kid" (de *Wonderland*, 2012)

Steve era um grande amigo de AM; eu já o tinha encontrado umas duas vezes. Estava trabalhando no meu álbum solo e ele, no dele. Toquei bateria numa música na qual ele estava trabalhando, chamada "The Misfits". Fiquei muito empolgado, porque soava muito nova e progressiva: electro punk rock. Steve nunca canta de fato em suas faixas, mas nesta ele estava berrando.

Eu tinha uma música que fiz com Kid Cudi: ele veio ao meu estúdio numa época em que queria compor canções, então fizemos uma música num estilo bem folk à la Beatles. Toquei a faixa para o Steve, e ele se empolgou mais com ela do que com "The Misfits". Eu tinha gostado mais de "The Misfits", então nós trocamos. Fazia sentido: ele tivera muita sorte com seu remix de "Pursuit of Happiness" com Cudi, então transformou a minha faixa naquilo que se tornou "Cudi the Kid", que virou um hino dançante de música eletrônica. Adorei a interpretação dele da música e como ele adicionou dinâmicas: os versos são pequenos e depois a faixa cresce. Acabamos gravando um clipe para "Cudi the Kid", com crianças no papel de Cudi, Aoki e eu – meu filho Landon me interpretou. Coloquei "The Misfits" no meu álbum, e Aoki e eu temos uma relação muito legal desde então.

Ele é um workaholic como eu. Não desperdiça um único minuto do dia. Faz trezentos shows por ano – mas ele viaja de avião. Um dia está na Espanha, no outro, na Rússia, no seguinte, na Filadélfia. Quando não estou usando meu ônibus, às vezes eu o alugo para ele. Steve e eu tocamos juntos o tempo todo – recentemente, fizemos um show no Shrine e aparecemos no *Jimmy Kimmel Live* com Waka Flocka Flame para tocar "Rage the Night Away".

STEVE AOKI (COLABORADOR)

Já estive em um milhão de ônibus de turnê – e o do Travis é o melhor do mundo. Ele transformou o veículo num apartamento propriamente dito. Já produzi muita música naquele ônibus, só porque é tão confortável. Isso mostra o quão importante é o ambiente. Às vezes quando estou no ônibus, encontro livros de colorir antigos de Landon e Alabama – não é uma caverna de solteirão, porque Travis é um homem de família. Ele não precisa me dar aquele ônibus – está alugando seu bem mais estimado para mim. Quando estou no ônibus, respeito-o como se fosse a casa do Travis. Nós o mantemos brilhando, mesmo quando tiramos os sapatos. Raramente deixo outras pessoas entrarem naquele ônibus.

The Transplants, *In a Warzone* (2013)

Este foi, basicamente, o álbum de reunião dos Transplants: trabalhávamos nas gravações uma vez por semana, no que chamávamos de "Terças dos Transplants", e só fazíamos pausas quando um de nós precisasse sair em turnê. Alternávamos entre o OPRA, meu estúdio, e o The Boat, que é o estúdio do Flea. Entrávamos em estúdio, fazíamos um som e depois ouvíamos o resultado, compondo duas ou três canções por dia, fácil. Rob e eu fumávamos uns vinte baseados por dia cada um. Contamos com convidados como Bun B, Equipto e Paul

Wall. A faixa de abertura, "In a Warzone", é uma boa indicação de qual é a sonoridade do álbum: abrimos com os punhos em riste. Em sua maioria, o álbum é hardcore punk – não estávamos experimentando com muitos estilos de música. Isso não foi uma estratégia, foi apenas o que saiu de nós na época.

Run the Jewels, "All Due Respect" (de *Run the Jewels 2*, 2014)

El-P e Killer Mike me influenciaram muito e sempre admirei o trabalho dos dois. A cadência de Killer Mike sobre qualquer batida te faz querer tocar bateria. Nós nos tornamos amigos e, quando eles estiveram em LA, gravaram com Zack de la Rocha, do Rage Against the Machine, e me convidaram para ir ao estúdio. Eles me chamaram para tocar no álbum, e eu fiquei muito empolgado. El-P é um dos melhores produtores que meus ouvidos já ouviram – é um cientista maluco dos sons, como se Jesus Cristo em pessoa descesse e produzisse a batida. Enviaram-me o arquivo, e era uma batida doida com congas, chocalhos e bongôs. Abri o arquivo no estúdio e, depois de ouvir uma vez, coloquei para tocar novamente de imediato e comecei a gravar. Fiquei tão animado que nem me preocupei em aprender o padrão da bateria – só comecei a tocar. Depois de quatro takes, não consegui escolher um favorito, então mandei os quatro para El-P.

DJ Deorro, "Kill it with a Kickdrum" (faixa, 2015)

DJ Deorro me abordou e disse: "Quero criar algo com você que realmente demonstre a sua habilidade na bateria". E ele não estava mentindo: nos primeiros dezesseis compassos, já tinha um solo de bateria. Toquei com ele no Coachella, na Sahara Tent, uma hora depois de ter feito um set com o Run the Jewels. O movimento do Deorro é chamado de "PandaFunk", então ele colocou pessoas com fantasias de panda no palco, tocando violino. É um artista muito talentoso; acho que esta música é uma obra-prima.

Riff Raff, "Spazz Out" (single, 2015)

Riff Raff veio até mim – ele tinha um gênero e uma sonoridade em mente. Ao invés do rap convencional pelo qual era conhecido, queria sintetizadores oitentistas pesados e uma bateria potente. Como referência, me mandou alguns vídeos dele cantando sobre progressões de acordes aleatórias: quando eu estava no estúdio, todo mundo que ouvia esses vídeos imediatamente se apaixonava pelo que ele fazia.

Afrojack, "Work" (single, 2015)

Recebi um telefonema: Afrojack queria entrar em estúdio comigo. Acontecia que ele tinha alugado todo o complexo do Record Plant, o que significava que ele estava trabalhando em quatro ou cinco salas ao mesmo tempo. Usher estava em uma delas; Chris Brown, em outra. Ele me deu uma faixa altamente enérgica para ouvir, e então voltou uma hora depois e perguntou se eu estava pronto para gravar. Eu disse: "Já gravei". Ele ouviu o resultado e adorou o que eu acrescentei. Depois, disse: "Porra, você já está aqui mesmo. Pode tocar em outras nove músicas?". Eram todas diferentes umas das outras: ele é muito inovador e progressivo. E fazer o clipe foi divertido: tive a oportunidade de destruir uma bateria branca.

Travis Barker feat. Kid Ink, Ty Dolla $ign, Iamsu! & Tyga, "100" (single, 2015)

Retornei de uma turnê e senti a necessidade de entrar em estúdio. Ter ideias demais estava quase me deixando com ansiedade. Kevin Bivona e eu fizemos esta batida e pensei de imediato que soava como algo que poderia tocar no rádio. Toquei a faixa para Ink, que então gravou um refrão – consegui ouvir o potencial no ato. Tyga é meu vizinho; quando o encontrei, disse: "Tenho uma música que acho que pode arrebentar no rádio". Ele gravou seu verso, depois Ty Dolla $ign regravou o refrão e Iamsu! acrescentou mais um verso. A música tem tanta gente que você está acostumado a ouvir, que imediatamente soa como se o lugar dela fosse mesmo no rádio. O fato dela ser um enorme sucesso de verão significa muito para mim. É um ótimo aquecimento para o restante do meu álbum.

ANTEMASQUE, segundo álbum
(título e data de lançamento ainda por anunciar)

Adoro Cedric e Omar desde o início do At the Drive-In – nossos caminhos quase se cruzaram tantas vezes. Mas então recebi um telefonema do Cedric, que disse: "Ouvi dizer que você gosta muito de Dag Nasty e de Hüsker Dü – é verdade?". Quando respondi que adorava as duas bandas, ele disse: "Estamos trabalhando num segundo álbum – topa participar?". Aceitei na hora, e ele me enviou algumas músicas – não ouvi outra coisa por duas semanas seguidas. As músicas eram incríveis: tecnicamente desafiadoras, mas ótimas para se cantar junto, no meio do caminho entre rock progressivo e punk rock. Eles vieram para LA para gravar comigo, e eu disse que seriam mais do que bem-vindos para se hospedarem na minha casa. Matamos oito ou nove músicas em três ou quatro horas, num dia – não achavam que seríamos tão rápidos, então tinham reservado três dias de estúdio. "Bem, vamos fazer mais algumas músicas". Fizemos mais quatro faixas no dia seguinte, incluindo um cover de "One More Time", de Joe Jackson. Os caras são fantásticos – por que não andávamos juntos há uns dez anos?

EDIÇÕES ideal

Este livro foi composto em Caecilia LT Std, com textos auxiliares em Cal GothicTextura, Balmoral D, Permanent Marker Pro, DIN e Cut the crap.
Impresso pela gráfica RR Donnelley, em papel offset 75g/m² e couchê brilho 115g/m².
São Paulo, Brasil, 2016.

travis barker